中国高铁出版工程——科普系列

创新中国范例
——百年京张路

曲思源　曲远程　编　著

西南交通大学出版社
·成 都·

图书在版编目（CIP）数据

创新中国范例：百年京张路 / 曲思源，曲远程编著. —成都：西南交通大学出版社，2023.4
中国高铁出版工程. 科普系列
ISBN 978-7-5643-8935-2

Ⅰ. ①创… Ⅱ. ①曲… ②曲… Ⅲ. ①高速铁路－智能设计－华北地区 Ⅳ. ①U238

中国版本图书馆 CIP 数据核字（2022）第 181468 号

中国高铁出版工程——科普系列
Chuangxin Zhongguo Fanli——Bainian Jingzhanglu
创新中国范例——百年京张路
曲思源　曲远程　编著

责任编辑	杨　勇
封面设计	曹天擎
出版发行	西南交通大学出版社 （四川省成都市金牛区二环路北一段 111 号 西南交通大学创新大厦 21 楼）
发行部电话	028-87600564　028-87600533
邮政编码	610031
网　　址	http://www.xnjdcbs.com
印　　刷	四川煤田地质制图印务有限责任公司
成品尺寸	170 mm × 230 mm
印　　张	24.25
字　　数	435 千
版　　次	2023 年 4 月第 1 版
印　　次	2023 年 4 月第 1 次
书　　号	ISBN 978-7-5643-8935-2
定　　价	68.00 元

图书如有印装质量问题　本社负责退换
版权所有　盗版必究　举报电话：028-87600562

序

一条京张路，百年铁路来。"京张"两个字在中国人心中有着特殊分量。百年前，京张铁路成就了我国自主设计和施工铁路的梦想，创造性的设计闻名世界。百年后，京张高铁应用高科技，构建智能铁路，彰显大国技术，进一步巩固和提升了中国高铁的领跑优势，以革命性的创新再次屹立世界之巅。两个"京张"见证了中华民族伟大自主创新的光荣与梦想。

习近平总书记说："我经常看中国近代的一些史料，一看到落后挨打的悲惨场景就痛彻肺腑！"京张铁路就见证了这样一段屈辱伤痛的历史，更见证了中华民族从站起来，富起来，到强起来的伟大飞跃。2019年12月30日，北京至张家口高速铁路开通运营，习近平总书记指出："回望百年历史，更觉京张高铁意义重大。"2021年1月19日，习近平总书记乘京张铁路赴张家口赛区考察北京冬奥会、冬残奥会时指出："我国自主创新的一个成功范例就是高铁，从无到有，从引进、消化、吸收再创新到自主创新，现在已经领跑世界。要总结经验，继续努力，争取在'十四五'期间有更大发展。"在以习近平同志为核心的党中央领导下，中国铁路以奋斗者的姿态创造着人间奇迹。在广袤的中华大地上，纵横交错的铁路网在不断延展，为中华民族复兴伟业，谱写着壮丽诗篇。

京张铁路留给人们的不仅是段铁路，更是詹天佑等先辈传承给我们的民族精神、意志和力量。中国自主创新是从詹天佑那一辈人开始发力的。詹天佑是"中国铁路之父"，也是我国首位铁路总工程师。对国家独立和强盛的追求，对实业救国、铁路强国的热切盼望，詹天佑以实际行动将"爱国敬业、自主创新、追求卓越"这十二个字深深地印在了每一位中国人心中。京张铁路就是一部史诗，记载了中国人民抵御外侮、自强不息的民族精神；京张铁路是座丰碑，镌刻着中华儿女救亡图存、振国兴邦的坚定信念。一百多年后，重构京张高铁正在竖起铁路强国、民族复兴的又一丰碑。作为世界首条时速350 km的智能高铁，京张高铁在列车自动驾驶、智能调度指挥、北斗卫星导航系统应用等方面实现了重大突破，不仅展现了中国铁路科技成就，更彰显出北京冬奥会的中国智慧。技术、创新、人才锻造了今日的京张高铁，信息化、自动化、智能化带来了全球化视野，把中国高铁建设发展事业推到了世界前列。

从京张铁路到京张高铁，两条钢铁巨龙同框同向，成为镶嵌在神州大地上的新地标，见证了中国铁路的飞速发展，见证了铁路为民的矢志初心，见证了我国自主设计修建零的突破到世界最先进水平的跨越。两条铁路相映成辉组成的新京张线，见证着中国铁路的发展和中国综合国力的飞跃，也镌刻着千千万万奋斗者不为人知的爱国奉献故事，谱写出的自强不息、勇于创新的中国人复兴梦想和强国情怀。

中国人在两次京张铁路建设和运营管理中自主创新的精神值得提炼和继承，对这本书的出版表示衷心的祝贺！从饮水思源到同舟共济，从知行合一到思行致远，中国铁路上海局集团有限公司正高级工程师曲思源博士就是这样一位杰出的实践者。他从事铁路运输实践与研究三十年，曾在北京交通大学、西南交通大学、同济大学三所著名院校一流的交通运输专业求学。他结合铁路运输岗位多年的实践积累，笔耕不辍，为普及中国高铁科普知识做出了突出的贡献！从京张铁路到智能京张高铁，其中的内涵极其丰富，本书从新的认知角度细致而深度集中展示了一百多年前，詹天佑发扬爱国图强、自力更生、艰苦奋斗的精神，主持修建了中国自主设计、施工的第一条铁路——京张铁路，凝结着中国人创新、智慧的"人"字形铁路和"竖井开凿法"让世界都为之惊叹。百年后的今天，"八纵八横"的高铁网在祖国广袤大地上纵横延展，纯中国血统的"复兴号"来往穿梭，"最强大脑"实现智能运行、"最强引擎"保障爬坡应急、"最强内饰"改善旅客体验，京张高铁的开通运营更是开启世界智能铁路发展之先河。智能京张树起中国高铁的新标杆，再次展现出享誉世界的中国速度、智慧、创造和标准。中国铁路从未停歇自主创新的脚步！奔跑向前！希望更多的社会人士关心中国铁路的发展。

旗帜指引方向，方向决定道路，道路决定命运。坚持人民至上，坚持自信自立，坚持守正创新，坚持问题导向，坚持系统观念，坚持胸怀天下……具有5 000多年文明历史、创造了新中国70多年伟大成就的中国人民和中华民族完全有能力全面做强自己！这是百年京张留给今日中国的启示！在实现"两个百年"奋斗目标、实现中华民族伟大复兴中国梦的新征程上，新的伟大必将书写出更新、更美的篇章！

同济大学交通运输工程学院

徐行方　教授

2022年9月10日

前　言

　　天地交而万物通，上下交而其志同。百年京张是一个中国铁路创新工程的典范。2019年既是京张铁路全线通车110周年，也是"中国铁路之父"詹天佑逝世100周年纪念之年。2019年年底，作为流淌着中国血脉的标杆式线路，从设计到建成运营都是百分之百的"原创精品"，世界第一条智能高铁——京张高铁全线通车，悄无声息地在青龙桥站地下4 m位置，通过隧道穿越，与地面上长城脚下的老京张铁路的"人"字形线路组合成一个立体的、气势宏大的"大"字。可以说，京张高铁让沿途百姓享受到出行"红利"，成为京津冀一体化向前推进的坚强支撑。而且，跨越110年的新旧京张铁路穿越时空交会，书写着新的历史篇章。

　　京张铁路百余年的风雨历程是一项项填补空白的"世界之最"，是中国人攻坚克难、自主创新的最佳写照。詹天佑主持设计和修建的京张铁路，是第一条完全靠中国人自己的力量设计、建造的铁路。在国家积弱、内忧外患、备受欺辱的年代，完全依靠自己的力量完成铁路的建设是多么不易。詹天佑的智慧才能发挥得淋漓尽致，演绎出中国铁路早期建设史上的一大奇迹，也充分体现出詹天佑等一批铁路工程师们强烈的爱国主义情怀和民族自尊心，正是他们才奠定了中国铁路发展的基础。京张铁路已经成为中华民族众志成城、勤劳、智慧的象征，更是中国自主创新之路的生动写照。

　　世界正处于百年未有之大变局，国家之间的竞争归根结底是科技与人才的竞争。习近平总书记指出："自主创新是我们攀登世界科技高峰的必由之路。"我国要成为科技强国，就必须勇于探索、敢于突破、锐意进取，最关键的是始终坚持独立自主、自主创新。100多年过去了，国家的强大让我们的生活发生了翻天覆地的变化，老的京张铁路已经不能满足运输需求，修建高铁已被提到重要日程。沿着京张铁路与先辈的足迹，我们新一代铁路工程师们修建了京张高铁，并为2022年北京和张家口联合举办的冬季奥运会提供保障服务。京张高铁虽然建设速度十分惊人，前后仅用时3年多，但在建设之前却用了7年的时间来研究，设计图纸堆起来足有几层楼那么高。可见，京张高铁设计之艰、优选方案之难。建设者们无数次走在这条线路上，他们熟悉这里的每一座山、每一条河、每一根钢轨，这都是为了找到那个适合京张高铁建设的最佳方案。

　　看到这个场景，我就时常想起詹天佑和他的伙伴们修建京张铁路时的情景，他们一定比我们走得更多、行得更远、吃的苦更多。新一代的铁路建设者们把京张高铁建设好、把我们的祖国建设好的精神继承一直没有改变。智能高铁时代，靠的是勇于创新、勤于实践、甘于辛苦、追求卓越的大国工匠们，他们用自己的才华和拼搏为中国的铁路发展书写出中国发展最坚韧不屈的脊梁，中国的高铁才能取得令国人骄傲、世界为之动容的伟大成绩。京张高铁的建设最大限度地体现了"智能化"，是世界上首次全线采用智能技术建造的高铁，从蓝图到成整个项目周期内的信息全程记录，通过数字化的管理，做到了精细、精准的施工标准。在之后的运营阶段，京张高铁实现"复兴号"智能动车组自动驾驶，一证通行、刷脸进站，沿线的高铁站内也配备智能服务的机器人，在后台运营方面，车站内部的环境、能源监控系统将保证车站的高效运转。中国"智"造正成为中华民族伟大复兴的强大助推器。

　　古今中外，人同此心，心同此理。有位研究贝多芬的作家说："任何人想创造或欣赏璀璨之美，就必须能直投灵魂深处，否则将永难达此境界。"多种因素促成了这本书的写作。2022年是詹天佑诞生160周年，西南交通大学出版社给我出了撰写京张铁路的命题作文，我不加思索就答应了，这个作文是百年不遇，我必须承担。很多事情历历在目：20世纪90年代初期，我在北方交通大学学习时，京张铁路就是铁路运输人的开学第一课。我记得当时有一位老师告诉我，北方交通大学原来叫作铁路传习所，曾经的第一位校长叫作俞人凤，他曾经修建过京张铁路，是詹天佑的得力副手之一。我们作为新一代的铁路"运输人"还去过京张铁路参观学习，我被八达岭脚下的"人"字形开创模式所打动，记忆深处一直有青龙桥站前的詹天佑铜像的影子，我们在詹天佑铜像下鞠躬，詹天佑始终是我们铁路专业大学生们的楷模。

　　大学毕业后，我被分配到哈尔滨铁路局牡丹江铁路分局车站现场的第一项工作就是测量车站准备启用的一条新的企业专用线，站长让我去测量坡度是否超过6‰。这个数值是铁路调车的临界点，若是超过的话，调车作业风险安全防控措施将要补强。我当时就想到了詹天佑艰苦地勘测京张铁路的情景，于是迅速采取措施去测量发现已超过阈值并制定了强化措施。后来，我通过选拔到铁路分局当了列车调度员。当时我们所处的山区铁路，货物列车常常需要后部补机，两个机车前拉后推才能在高坡峻岭确保货列行进，等下坡后到某个中间站停车常常要人工摘开后部补机，效率十分低下。如何在下坡时自动提钩是一个技术难题。我想到了詹天佑改进"詹式车钩"以及京张"人"字形铁路机车前拉后推的情景，于是就主动参与了这个课题，在调度指挥中承担试验的任务。

最终，经过几代工程师的努力，实现了后部补机自动提钩，大大提高了运输效率，成为我们当年最优秀的科研成果之一。成功那天，几代工程师抱在一起，开心的眼泪直流，我也不知怎么就想到了京张铁路开通的那一天的场景。

21世纪初期，孙道临导演拍摄的一部《詹天佑》的电影开拍，其中有一片段是：在积劳成疾、已感到身体难以支持的情况下，詹天佑作为中国政府代表，前往哈尔滨和符拉迪沃斯托克（海参崴）等寒冷之地，准备艰难地与美、英、法等多国代表周旋讨论俄国对远东铁路监管的问题，以维护中国权益。詹天佑在原中东铁路一个俄罗斯式样的车站下车查看车站设备的场景。寒冷的冬天，我曾组织过横道河子和亚布力一带的车站积极配合拍片。整个影片讲述了詹天佑历经艰难险阻，以他的智慧巧妙化解了各方面的阻挠、克服了重重困难，京张铁路提前两年竣工。詹天佑在参加完符拉迪沃斯托克（海参崴）的会议三个月后，心力衰竭，溘然长逝。他在有限的生命中靠努力创造出无限的可能，把生命全都奉献给了中国的铁路事业。

如今，代表我国铁路先进水平的高铁技术已经发展到智能高铁阶段，智能高铁引领铁路现代化。时光飞驰，2009年8月，我在中国铁道科学研究院参加高铁技术培训的时候，添乘我国第一条高铁——京津城际铁路考察，高铁的发展速度让我耳目一新。我又从北京北站添乘老京张铁路实地考察，等到了南口站时，我瞻仰过詹天佑曾经主办的南口机车厂。詹天佑不仅是京张铁路建设的总设计师，也是运营管理的总设计师，我对詹天佑的贡献和精神都有了全新的认识，京张铁路开通时使用的设备和运营组织技术都是当时世界上最先进的，他在设计京张铁路的时候就想到了需要引进世界最先进的机车，否则就是有"人"字型铁路、没有最先进的机车也拉不动。当然，他还在组织在高坡峻岭间设置多处安全岔道，就是为了防止机车下坡时速度控制不止时发生脱轨事故。这就是一个系统工程。我还能想到，我在北京和成都念书时，几乎每天都能从詹天佑铜像经过，看到他的目光，母校的"知行"和"竢实扬华"校训一直激励着像我们这样的一代一代铁路人自强不息，努力拼搏，自主创新。

王阳明说："知之真切笃实处即是行，行之明觉精察处即是知。"从自主设计修建零的突破，到世界最先进水平，从时速35 km到350 km，百年京张记载了中国铁路的发展，也展现了中国综合国力的飞跃，一系列变化折射的是中国自主创新的力量，带领我们从一个梦想驶向另一个梦想。本书结合百年两次京张铁路建设的历史重任和难点，对中国铁路自主创新的重点内容以及修建过程中的主要关键点进行了细致的描述，描绘了两次修建京张铁路的技术比较存在的异同，并通过京张智能高铁开通运营一年多来的运营实践摸索出智能运营的管理经验,集中展现了当今科技的力量。特别是在智能高铁的描述中,我写了群体的工匠精神,这就是詹天佑精神的传承。中国高铁发展到今天的规模和技术水平,绝非一时之功,更非一人之力,而是千千万万中国人的工匠精神之体现。

  京张铁路和智能京张高铁都是中国铁路最值得骄傲的事,我有责任编写这本书,也能写好这本书。我怀着崇敬的心情设计这本书的框架和内容,一系列变化折射的自主创新的力量也激励着我。我又想到了我刚到上海铁路局部门工作时,突然意识到路局机关所处的位置恰巧就是淞沪铁路的始点位置,目前还保留着淞沪铁路的遗迹。淞沪铁路是当时的英国偷着修建的,我想詹天佑在路过这段铁路时一定感怀过,在此基础上认为自主创新修建中国铁路是多么重要;复兴号的自主产权标准达到了84%,复兴号三个字反过来念就是"好幸福",我在乘坐京张智能高铁的过程中,看到自动驾驶的场景,就是这种"好幸福"的感觉。我感受到了中国高铁的发展速度,也感受到了作为一个中国人的自豪!

  我的孩子曲远程觉得这个事意义很大,他说:"我对詹天佑修建京张铁路的故事本身就很熟悉,在晚清和民国期间那个落后的年代,他工程技术精深,不断在实践中精益求精,勘测、修路、主持统一铁路标准功勋卓著。我的曾爷爷、爷爷、老爸都是铁路工作者,都经常讲詹天佑的故事,詹天佑更是老爸的偶像,詹天佑的'勿屈己而徇人,勿沽名而钓誉'一直是老爸的人生态度,老爸还经常讲在西南交通大学当学生时一直住在以詹天佑名字命名的宿舍'眷诚斋'。我要加入这本书的写作之中,重点是要参考一下詹天佑后代们写的詹天佑的真实故事。当然,百年京张还要加入冬奥会的内容,要为北京冬奥会贡献微薄之力!"

  我的父亲曲明祥知道我写京张百年路这件事后,告诫我说:"'京张'两个字在中国人心中有着特殊分量。百年前,京张铁路成就了我国自主设计和施工铁路的梦想,创造性的设计闻名世界。百年后,京张高铁应用高科技,构建智能铁路,彰显大国技术,进一步巩固和提升了中国高铁的领跑优势,以革命性的创新再次屹立世界之巅。两个'京张'见证了中华民族伟大自主创新的光荣与梦想。第一,你走进铁路部门工作就是我当初给你选的路,你现在也从事铁路运输业近三十年了,写这本书算是一个总结,作为铁道运营管理科班出身的技术人员一定要体现技术的水准,要采取精准、精细的写法,写出别人想不到、写不出的内容,体现我国铁路三所顶尖大学交通运输专业的水平。第二,当智能京张高铁开通的时候,我看到老京张建设者的后代抱着前辈的遗像登乘第一列350 km/h智能动车组的时候,这就是一种中华民族自主创新、自强不息精神的继承。并且,两个京张连接在一起,代表着中国最先进的生产力。你的《智能高铁技术应用纵横》的书刚写完,京张高铁实际就是智能科技的示范、运用和验证。当时詹天佑建设的就是一条天路，110年后建造智能京张技术的天壤之别，把两次建设京张铁路艰难的过程前后对比的写出，社会体制的优越性和高科技技术的发展也就相应地要体现出来，要把这本书写得荡气回肠！我要亲手把这本高铁技术人员写的百年京张书送给老京张和智能京张车站与部分旅客。"

从本书与市场类似书的比较分析看，当前市场上有一些类似书，可分为两类：第一类，写詹天佑的故事，也就是老京张铁路，但仅仅围绕詹天佑的故事展开，对于新时期的京张铁路没有分析，京张铁路的延续发展介绍的内容不完整。而且，对于詹天佑对中国铁路的贡献分析缺少完整性，本书整体阐述了詹天佑除了自主建设京张铁路贡献外，还描绘出他协助组织设计了中国铁路网在民国时期的规划，还有詹天佑对铁路运营管理包括标准、规章、人员管理等方面的创新技术和方法的贡献等有了进一步的完整描述。第二类，写的多是报告文学作品，一是写智能京张建设的过程，叙述的是建设中的智能设备和建造使用的过程，过多的还集中在当代的技术人员的奋斗精神，对于智能高铁的整体框架技术分析得少、不够完整；二是虽然将智能京张高铁与老京张铁路联系在一起，但多半是报告文学作品由作者发表的一篇一篇文章整合而成，缺乏系统性，很难体现这两条铁路融合在一起的整体思考，也就是说深度和广度都不够，需要进一步提炼和挖掘。

本书将当代智能高铁技术等理论引入研究中，并结合智能京张铁路为世界第一条智能高铁的修建和运营管理提出当代智能高铁精神，再回忆100多年前，对詹天佑自主创新修建京张铁路的过程、难度以及精神进行详细的描述。百年京张记载了中国铁路的发展，也展现了中国综合国力的飞跃，一系列变化折射的是中国自主创新的力量，带领我们从一个梦想驶向另一个梦想，是一种全新的分析框架，也是一项富有挑战性和探索性的工作，产生了许多新发现，也提出了许多新见解，具有开拓性、前沿性。

本书的写作和出版意义主要有：

（1）迎接2022年年初北京冬奥会召开，把最能代表中国人精神的两条京张铁路情况以及冬奥会的组织情况向世界人民展示，为中国人民以及世界人民提供中国京张文化的精神食粮和文化大餐。

（2）诠释"人民铁路为人民"的宗旨。通过百年京张自主创新方面的内容和细节以及精神需要提炼和做系统、全面的分析，也就是通过分析时隔百年，从逐梦到现实的过程，从京张铁路到京张高铁，见证了中国铁路的飞速发展，见证了铁路为民的矢志初心。京张高铁引领世界的超高技术水准，更让我们自豪。同时，京张高铁彰显了社会主义制度的巨大优越性。

（3）弘扬詹天佑精神和京张铁路精神。百年京张路，而今再出发。中国铁路担当"交通强国、铁路先行"历史使命，以智能高铁建设发展为新起点，必将不断增进人民福祉、助力国家富强。京张高铁不仅连接着过去与未来，世界高铁看中国，京张智能高铁都是研发者、设计者们一遍又一遍地去试，一次又一次地去改而最终形成的，其间还要了解各个地区的地形等。中国高铁的快速发展是我国国力提升的显著标志，通过京张铁路的智能化，"中国铁路"的名片在世界上将越来越绚丽。在为实现中华民族伟大复兴而努力奋斗的今天，我们更应该继承和弘扬以"爱国、创新、自力更生、艰苦奋斗"为主要内涵的詹天佑精神，更应该继承和弘扬以"爱国、奋斗、敬业、工匠、创新"为主要内涵的京张铁路精神。本书对自主创新建设的京张铁路在晚清、民国时期的情况，中华人民共和国成立后其运营和变迁，新时期的京张铁路的精神以及变与不变等都做了细致的分析。从此意义上可以说，本书是百年京张自主创新方面内容和细节最系统、最全面的书。同时，本书通过传统铁路与高铁技术飞跃发展的对比分析，彰显出新时代的伟大。

作为铁路工程师，身处这个高铁的时代是我们的幸运，高铁带来快捷与方便的背后是一代代工程师们的积累与贡献！我将风格、结构、内容、实用、教育、感情、激励、高度、定位、连贯性等概念和理念融合在一起撰写这本书，并寻找突破点，力争用新的认知和丰富的内容打造完整的百年京张路，使之成为精品。但鉴于作者的专业能力和水平，书中的不完善以及疏漏不足之处难免，望业内人士和广大读者批评指正。感谢亲朋好友的关心和厚爱，感谢我的三个母校的校友们支持、帮助以及提供的建议、资料和珍贵的照片，感谢网络上很多未名作者撰写的智能京张的文章和信息，这些都对本书内容的丰富和充实提供了有利的参考。感谢西南交通大学出版社付出的努力！"交通大学"四个字的确立已有100周年，当时就是为了"交通救国"而成立了交通大学。如今，时代已经发展到交通强国阶段，交通大学更会发挥优势，创造出新的辉煌！从"交通救国"到"交通强国"跨越的100年，历史赋予我们新的重任，新的历程已经启程！

写这本书的过程也是品读京张铁路、集中学习的过程。这本书写完后，我久久不能平静，我用荡气回肠的标准来衡量这本书的质量。百年历史，现代智慧，必将极大振奋民族精神，有利于凝聚海内外中华儿女为实现中华民族伟大复兴而团结奋斗，京张铁路的自主创新的精神也必将永存！

曲思源
2022 年 4 月 26 日

目 录

第一篇 智能京张 2019

第 1 章 智能京张高铁的酝酿 ·············· 3
1.1 新时代催生智能京张高铁建设 ·············· 3
1.2 我国高铁崛起和发展 ·············· 10
1.3 我国高铁技术概况 ·············· 12
1.4 智能高铁概述 ·············· 17
    1.4.1 智能高铁概念及特征 ·············· 17
    1.4.2 总体框架 ·············· 17
    1.4.3 技术体系 ·············· 19
    1.4.4 技术标准 ·············· 22
1.5 我国智能高铁发展阶段 ·············· 24

第 2 章 智能建造的力量 ·············· 28
2.1 反复优化的设计续写辉煌 ·············· 28
    2.1.1 京张高铁线路与区域的布局关系 ·············· 28
    2.1.2 精品工程总体设计要求 ·············· 30
    2.1.3 铁路工程为什么使用 BIM ·············· 31
    2.1.4 最佳的设计技术团队 ·············· 35
    2.1.5 京张高铁智能设计 ·············· 38
2.2 最终设计方案的提出 ·············· 52
    2.2.1 绿色选线设计要求 ·············· 52
    2.2.2 线路选址方案 ·············· 54
    2.2.3 "三隧三站"关键设计 ·············· 59
    2.2.4 精细化施工组织与管理设计 ·············· 64
2.3 攻克隧道咽喉工程 ·············· 66
    2.3.1 突破正盘台隧道瓶颈 ·············· 67
    2.3.2 八达岭长城脚下打隧道及建车站 ·············· 71
    2.3.3 清华园隧道环境保护 ·············· 81

  2.3.4 东花园隧道自动控制降水与预警系统 …………………… 84
 2.4 造世界最好的桥 ……………………………………………………… 84
  2.4.1 官厅水库大桥 ………………………………………………… 85
  2.4.2 土木特大高架桥 ……………………………………………… 86
 2.5 "四电工程"一项都不能少 ………………………………………… 89
  2.5.1 "四电工程"指的是什么 …………………………………… 89
  2.5.2 电力及供电电气化创新 ……………………………………… 89
  2.5.3 通信信号设备安装方面主要创新 …………………………… 91
  2.5.4 其他智能技术的应用 ………………………………………… 93

第3章 智能装备的奥秘 ……………………………………………………… 95
 3.1 坚固的工务基础工程 ………………………………………………… 95
  3.1.1 基本概述 ……………………………………………………… 95
  3.1.2 无砟轨道 ……………………………………………………… 96
  3.1.3 工后沉降 ……………………………………………………… 98
  3.1.4 无缝线路 ……………………………………………………… 98
  3.1.5 智能化铺轨 …………………………………………………… 101
 3.2 最强大脑的高速运转 ………………………………………………… 102
 3.3 稳定的动力之源 ……………………………………………………… 105
 3.4 "复兴号"升级版更智能 …………………………………………… 108
  3.4.1 "复兴号"设计 ……………………………………………… 108
  3.4.2 智能动车组及技术创新 ……………………………………… 110
 3.5 世界首次速度350 km/h引入自动驾驶 …………………………… 116
  3.5.1 北斗卫星彰显实力 …………………………………………… 117
  3.5.2 5G通信技术的应用 ………………………………………… 122
  3.5.3 CTCS-3+ATO级列车运行自动控制 ……………………… 123

第4章 智能运营的惊喜可期 ………………………………………………… 134
 4.1 京张高铁站站城融合的价值 ………………………………………… 134
  4.1.1 什么叫站城融合 ……………………………………………… 134
  4.1.2 "十六字"建设理念 ………………………………………… 135
  4.1.3 京张高铁站房站城融合设计基本思路 ……………………… 136
 4.2 高品质车站 …………………………………………………………… 139
 4.3 运营组织与管理基础 ………………………………………………… 153
  4.3.1 运输组织与管理过程 ………………………………………… 153

    4.3.2 高速铁路运输组织的内容 ·················· 154
    4.3.3 高速铁路列车开行综合性计划 ·············· 155
    4.3.4 高速铁路列车开行方案 ···················· 157
    4.3.5 京张高铁客流特征 ························ 160
  4.4 列车运行的神经中枢——智能京张高铁调度指挥 ········ 161
    4.4.1 列车运行的依据——列车运行图 ············ 161
    4.4.2 京张高铁智能设计与技术 ·················· 165
    4.4.3 4.0 版的运营调度系统 ···················· 170
    4.4.4 智能调度框架和技术关键 ·················· 176
    4.4.5 调度指挥中心 ···························· 180
    4.4.6 京张高铁开通运营前的联调联试 ············ 185
  4.5 智能运维 ·· 187
    4.5.1 高铁基础设施运用状态检测 ················ 187
    4.5.2 防灾与异物侵限监测系统 ·················· 192
    4.5.3 动车组列车运行状态监测及健康系统 ········ 193
    4.5.4 精细的防洪防汛保障 ······················ 207

第 5 章 智能京张与冬奥会 ································ 210
  5.1 智能京张建设历程 ·································· 210
  5.2 京张智能高铁智能化服务需求与功能分析 ············ 214
    5.2.1 京张高铁智能化服务总体需求 ·············· 214
    5.2.2 京张高铁智能化服务功能 ·················· 216
  5.3 京张高铁助力冬奥会 ································ 218
    5.3.1 迎接冬奥会 ······························ 218
    5.3.2 冬奥列车 ································ 219
    5.3.3 票务服务 ································ 222
    5.3.4 贴心设计 ································ 223
    5.3.5 "雪之梦" ······························ 227
  5.4 高铁美学下的视觉文化 ······························ 228
    5.4.1 提炼新京张文化 ·························· 228
    5.4.2 融合地域文化、奥运文化、冰雪文化 ········ 229
    5.4.3 注重保护老京张铁路的相关文物和文化 ······ 229
    5.4.4 宣传和展示京张铁路文化 ·················· 230
  5.5 百年京张的惊艳 ···································· 231

第二篇　京张铁路 1909

第 6 章　京张铁路建设准备 ······ 239
6.1　中国初期铁路的艰难诞生 ······ 239
6.2　晚清政府对铁路的态度和政策 ······ 243
6.3　为什么要自主修建京张铁路 ······ 246
6.3.1　修建京张铁路的重要性 ······ 246
6.3.2　自主修建京张铁路的可行性 ······ 248
6.3.3　京张铁路总工程师人选 ······ 249
6.4　留美攻读生涯 ······ 250
6.5　中国最好的工程师 ······ 258

第 7 章　艰难的京张铁路建设 ······ 262
7.1　不辞辛苦勘测选线 ······ 262
7.1.1　勘测经过 ······ 262
7.1.2　三条线路 ······ 265
7.1.3　勘测报告 ······ 269
7.2　工程准备 ······ 271
7.3　首段工程初战告捷 ······ 273
7.3.1　首段工程顺利 ······ 273
7.3.2　人为困扰 ······ 275
7.4　攻克难题自主创新 ······ 276
7.4.1　设计创新攻克难题 ······ 276
7.4.2　地形复杂战胜天险 ······ 279
7.4.3　因地制宜架设桥梁 ······ 285
7.5　精打细算避免浪费 ······ 287

第 8 章　京张铁路成功运营及其影响 ······ 291
8.1　京张铁路开通运营 ······ 291
8.1.1　京张铁路通车全国振奋 ······ 291
8.1.2　京张铁路建成初期对发展沿线经济的作用 ······ 297
8.2　修建京张延伸线 ······ 299
8.2.1　艰苦的勘测 ······ 300
8.2.2　艰难的修建 ······ 303

  8.3 设计中国的铁路网 ·················· 304
  8.4 詹天佑精神与对中华工程师学会的影响 ·········· 308
    8.4.1 詹天佑精神 ··················· 308
    8.4.2 詹天佑与中华工程师学会 ············ 312
    8.4.3 开创科学管理之先河 ·············· 315
    8.4.4 中国铁路必须自主化 ·············· 323
  8.5 三位京张铁路副手 ··················· 324
    8.5.1 设计沪宁铁路火车轮渡的颜德庆 ········· 325
    8.5.2 对"人字形"设计起到决策参考作用的陈西林 ··· 326
    8.5.3 当过铁路管理学校（现北京交通大学）校长的俞人凤 ··· 327

第9章 京张铁路再揭秘 ···················· 329
  9.1 百年西直门站 ····················· 329
  9.2 青龙桥站采风 ····················· 330
    9.2.1 青龙桥站 ···················· 330
    9.2.2 詹天佑铜像 ··················· 336
    9.2.3 苏州码子 ···················· 338
    9.2.4 列车指挥设备 ·················· 340
  9.3 京张铁路应该从哪里算起 ················ 342
  9.4 八达岭下留下的谜 ··················· 344
  9.5 清华园站和张家口站的回忆 ··············· 346

第10章 今天的京张铁路 ···················· 349
  10.1 新中国成立后的京张铁路 ··············· 349
  10.2 开往春天的列车 ··················· 354
  10.3 京张铁路遗址公园 ·················· 357
  10.4 新时代的京张铁路精神 ················ 360
  10.5 京张铁路的变与不变 ················· 361

参考文献 ··························· 371

第一篇

智能京张 2019

2019 年 12 月 30 日,京张高铁开通运营。正如习近平总书记所说,回望百年历史,更觉京张高铁意义重大。

在历史长河中回望,在岁月激流中前行,百年京张始终承载着中国人的强国之梦和复兴大业。如今,在京张铁路与京张高铁穿越百年历史,完成立体交汇的时刻,我们在怀念先贤之际,不禁感叹祖国今朝之强大。两条京张线,见证了中国人从自己设计建设第一条"争气路"到成为世界高铁"领跑者"的发展历程,中国高铁不断铺就民族复兴之路,筑就新中国的辉煌荣光。

第1章 智能京张高铁的酝酿

1.1 新时代催生智能京张高铁建设

1. 提供京津冀协同发展新契机

交通是社会进步的根本保证。要想促进城市的发展，就必须从根本上解决交通问题，也就是说要以交通来拉动经济的发展和维护政治的稳定。京津冀协同发展是党中央、国务院在新的历史条件下作出的重大决策部署和重大国家战略。京津冀协同发展规划确定了"区域联动、轴向集聚、功能互补、节点支撑"的布局思路。打造"轨道上的京津冀"的重点是加强城际铁路建设，强化干线铁路与城际铁路、城市轨道交通的高效链接，加快构建内外疏密有别、高效便捷的轨道交通网络。2015年12月，国家发展改革委和交通运输部联合发布的《京津冀协同发展交通一体化规划》提出：扎实推进京津冀地区交通的网络化布局、智能化管理和一体化服务，到2020年基本形成多节点、网格状的区域交通网络。京津冀地区城际铁路网规划示意如图1.1所示。

在京津冀协同发展交通一体化必须先行的基础上，京张高铁又是京津冀协同发展重点交通一体化中的重要组成部分，也是京冀协同发展的重要抓手。京张高铁的建设与开通将很大程度上促进京津冀"交通瓶颈"一体化的建设与发展，可为打造京津冀一体化创造有利条件。京张高铁的建设不仅带动北京周边区县发展，而且承担北京境内城际轨道交通重责。京张高铁通车后，可直接为京张两地旅客出行带来便利，京张资源的交流、整合、互补更容易化为现实，京张发展步入全新的充满希望的高铁时代。京张高铁的建成势必促使两地人员流动增加，从而推动两地文化、教育、人才、信息等领域的深度交流及合作。

例如，京张高铁将带动北京科技、金融和人才优势与张家口市优良的环境资源和旅游资源深入互补，以高速度、高效益促进京张两地的联动发展。当把京张高铁作为促进城市发展的一种手段时，就意味着必须做好相关产业的对接规划、资源整合，还涉及旅游、餐饮、房产等领域。高铁的建设将会

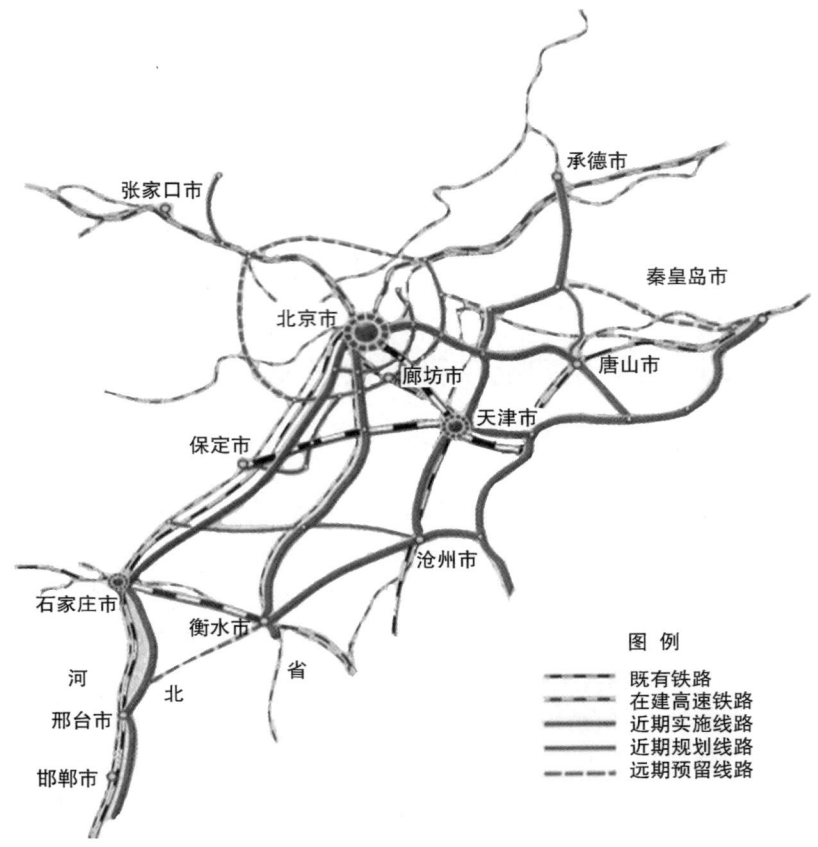

图 1.1 京津冀地区城际铁路网规划示意图

促生区域经济圈的形成。如北京和张家口两地丰富的旅游资源及旅游线路将相互整合，张家口的草原风光、冬季滑雪、葡萄酒园、三祖文化等与北京的故宫、颐和园、八达岭等景区共同编排旅游线路。张家口丰富的农副产品会越来越多地进入北京市场、端上北京市民的餐桌。随着京张两地的旅游、餐饮、房产等行业的不断整合和扩大，京张高铁还将带动两地之间人员的高速流动，进而加速推动两地之间在文化、教育、人才、信息方面的交流与合作。京张高铁的开通运行，张家口也将融入北京"1小时生活圈"，成为北京市民观光、休闲、度假、休闲的"后花园"。高铁的修建在很大程度上塑造了城市形象，为城市各项经济的发展提供了品牌支持，从而增强城市的凝聚力。从发展的角度看，还要把一体化规划建设作为推进京津冀铁路建设的重要原则，进一步明确京津冀铁路网及各项目的功能定位和建设标准，使京津冀铁路网更好融入全国铁路网。在加快新线建设的同时，要高度重视既有铁路的作用，尤其要利用既有线富余能力，主动提供市域（郊）运输服务。京张高铁线路走向区域一体化发展如图1.2所示。

图1.2 京张高铁线路走向区域一体化发展图

另外，京张高铁对改善京张两地交通条件，实现京津地区协同发展的战略布局具有重要的意义。例如，北京市区的西北部地区汇集了众多高等院校和企业，周边工作和生活人群的出行要求与道路建设和公共交通运载能力缺口较大。京张高铁清华园道的建成，将从地下穿越北京市区西北部的核心区，全长5.33 km。隧道穿越多处地铁、城市道路及众多重要市政管线，将大大减少延庆、昌平等远郊区县与北京市中心的通勤时间，提高群众搭乘交通的意识，从而减少市内私家车的数量，缓解北京市区西北部地区的交通压力。

2. 连接西北、华北铁路网

京包兰通道是我国铁路网主骨架之一，是西北华北区际通道的重要组成部分，也是内蒙古北部口岸与天津港外贸和国际交流及宁夏、蒙西地区与首都北京联系的最直接通道，在路网中具有重要地位。

随着我国经济的发展与西部大开发，老京张铁路已经无法满足运量需求，北京至张家口之间急需一条新的快速铁路客运通道。从地理位置上来说，北京是中国政治、经济、文化发展的中心，张家口市地处京津冀经济圈和晋冀蒙经济圈的交汇处，是京冀晋蒙四省区市交界区域的中心城市。京张高铁的开通能够实现张家口与北京的沟通，能够在很大程度上实现信息、文化资源的共享，充分地带动张家口地区的发展和进步。京张高铁是京兰通道重要组成部分，如图1.3所示。

图 1.3　京张高铁是京兰通道重要组成部分

也就是说,既有京张线建成年代久远,技术标准低,线路平纵断面条件差,线下设备普遍存在病害。同时,京沙线设备陈旧、条件差、技术落后,主通道丰台—沙城—张家口南段客货行车量大,平行列车运行图能力利用率达到 99%。既有京张线北京北至康庄段部分单线线路坡度大(可达 3‰)、曲线半径小、运营条件差,且开行 S2 线 16 对(北京北—延庆)内燃动车组,平行列车运行图能力利用率达到 95.8%。既有线已经不能满足区域经济社会发展对运输数量和质量的需要,严重制约了沿线客货运需求的增长,是京包兰通道的"卡脖子"地段之一。

实现张家口交通的建设和发展,在很大程度上促进了我国西部经济发展,对于西部地区的开发有着非常重要的作用。京张高铁即京包高铁京张段,是国家规划实施的重点建设项目,是"八纵八横"通道之一京兰通道的东段。京张高铁的建设将进一步加快京兰高铁通道的形成,构建起西北、内蒙古西部、山西北部地区高铁运营网络,对增进西北地区与京津冀地区人员的交流往来,促进西北地区与京津冀地区协同发展发挥重要作用。同时,京张高铁的开通,能够实现此区域旅客流量的增加,这对于实现整个经济圈的发展和壮大有着无比重要的促进意义。

3. 打通北京冬奥会的重要通道

2022 年 2 月 4 日至 2 月 20 日,北京市和张家口市联合举办冬季奥运会,这是中国历史上第一次举办冬季奥运会,也是继 2008 年北京夏季奥运会和南京青年奥运会之后,中国第三次举办的奥运赛事。

京张高铁这一国家重点建设项目也自然成为北京冬奥会的重要交通保障设施。中国政府打造沿北京市至张家口和延庆、张家口至崇礼的基础设施,分 3 个区域布置竞赛场馆和非竞赛场馆,建设 3 个相对集聚的场馆群。北京市区北部的奥林匹克中心区主要承办冬奥会 5 个冰上项目;北京市西北部的延庆区用作雪车、雪上大项和滑雪大项中的高山滑雪比赛场地;河北省张家口市承办北京市承办以外的所有雪上比赛。为此,在京张高铁列车直达张家口市的基础上，京张高铁还需设有首次直达比赛核心区的太子城站，可以直接到达奥运比赛的核心区。张家口把冬奥会等作为快速发展的最大引爆点，作为推动张家口地区一翼跨越腾飞的重要抓手，借势发展绿色产业、深化协同发展、推动精准全力，打造体育、活力、健康、文明、富强之城，向世界展示中国全面建成小康社会成果，展示美丽中国形象。京张高铁助力于北京冬奥会，如图1.4所示。

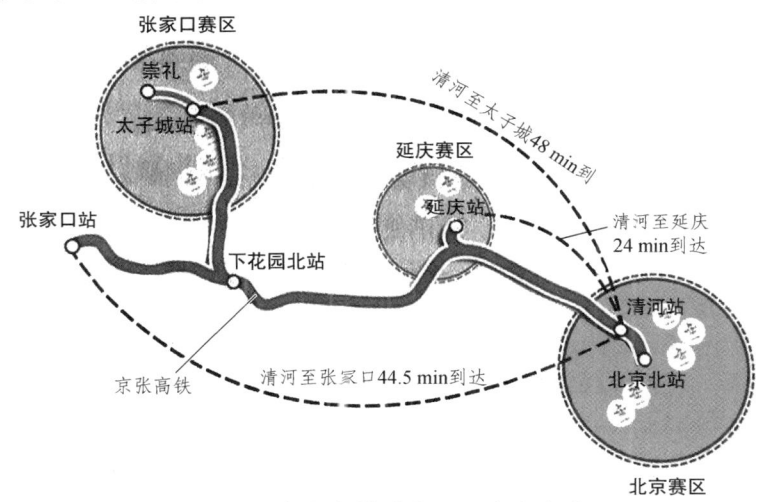

图1.4　京张高铁助力于北京冬奥会

2022年冬奥会期间，京张高铁是联动北京、延庆、张家口三赛区的有力交通工具，来自世界各地的外国友人到中国观看奥运盛景时，往来于北京和张家口分赛场之间，可看到京张高铁沿线一座座气势恢宏、颇具特色的高铁站，看到明亮大气的高铁车厢，坐在舒适宽畅的高铁座椅上，感受着列车快速平稳地运行，体验着高铁优质的服务，享受到前所未有的美好出行体验。

4. 实现智能高铁技术落地示范线的需要

智能交通是智能城市首要的组成部分，也是百姓最能体验到智能水平的领域。当人们乘坐高铁出行时，首先要查找高铁线路和时刻表、出发和到达城市的高铁站公交线路、轨道交通站点、高铁车站停车场、购票取票点、进站口安检、车站与车上的冷热水供应、公共卫生间、实时气候等信息。如今这些都不需要询问陌生人，也无须通过繁杂的网页搜索，而是通过智能手机咨询的方式获得相关导航信息，而机器人将通过机器学习功能，捕捉到最有用的信息来查询。未来，也可通过智能手机或现场的人工智能机器人，采取最直接快速的方式回答旅客的询问。

铁路的快速发展已成为我国国力提升的显著标志。我国建成了世界上最现代化的铁路网和最发达的高铁网，路网规模、列车时速、运营效率均走在世界前列，服务经济社会发展的能力显著提高。特别是近年来，聚焦交通强国、铁路先行目标任务，中国国家铁路集团有限公司（以下简称"国铁集团"）全面贯彻落实"绿色、共享、开放、廉洁"高铁建设理念，积极开展铁路工程建设、关键装备和运用维护等技术创新，积极推进云计算、大数据、物联网、人工智能、BIM（建筑信息管理系统）等先进技术与高铁融合发展，依托京张高铁，全力打造"智能京张"，并将进一步形成智能高铁应用示范方案，构建智能高铁技术标准体系，成为引领世界的智能高铁应用国家。以京张高铁开通运营为标志，中国铁路这张"国家名片"将越来越亮丽。

京张智能高铁对北京和张家口智能城市建设的贡献突出。智能城市的重要组成部分是智能交通，当人们乘坐高铁出行时，面临的主要城市基础设施是轨道交通、公交等交通形式。当地与高铁接驳系统的智能化运行就显得至关重要。首先，城市交通智能化升级、配套、协同将成为必然，如高铁支付采用了互联网购票、微信支付方式，而城市交通若还落后于此，就不能为旅客出行带来一致的便捷性。其次，沿线城市的智能产业也会相继发生转型升级，智能化的市场机会将满足企业家引进新产品、新服务和新商业模式的要求。最后，智能城市的出行方式转变也会加速智能城市的发展。

可以说，京张智能高铁的开通可创造出高铁整体智能运营的管理模式。该模式将建设、运营、维修保障等智能化，实现全天候、全流程、全系统和全员都无缝覆盖的智能运转的体系。这一智能创新阶段是智能型高铁的更高技术水平、更好管理水平的新场景应用。

5. 京张铁路文化的传承

张家口处于华北平原、内蒙古高原、黄土高原等地理单元的交会点，是北方边陲重要的交通枢纽，时人云"陆地商埠之天然形势"。大地理环境的风采已经决定了张家口地缘条件的优越属性。京张高铁的地理位置和奥运任务决定了这将是一条具有特殊意义的铁路。100多年前，詹天佑在北京和张家口之间主持修建了第一条中国人自己建设的铁路——京张铁路。而在京张铁路正式通车第110年之际，京张高铁又将用最新的技术和理念，重走同一条路线。京张高铁像它的前辈一样，为这片古老而厚重的土地带来活力和变化。两条铁路跨越百年相遇，其间是一代代中国铁路人的探索与突破。从这个角度看，京张高铁是传承京张铁路百年历史的文化线，是全面展示中国铁路建设尤其是中国高铁建设成果的示范线，又是落实"一带一路"倡议引领中国高铁走出去的政治使命线。京张高铁线路走向如图1.5所示。

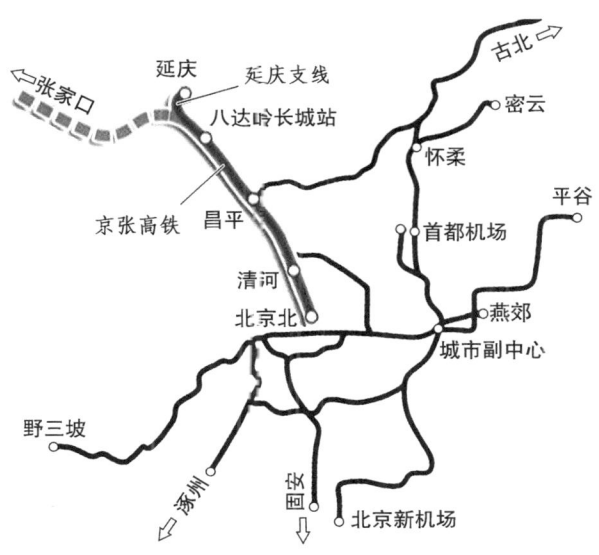

图 1.5　京张高铁线路走向图

如果说，京张铁路是中国人实现自己铁路梦想的一个起点，那么，京张高铁则是中国高铁迅猛发展的一个重要标志。从时速 35 km 到时速 350 km，从备受外国讥讽的铁路小国到如今高铁里程世界第一，新、老京张铁路可见证中国铁路百年圆梦的历程。作为京津冀城际铁路网的重要组成部分，京张高铁将飞跃式地改善京张两地的交通条件，构建京津冀协同发展的一体化网络，将京张城市经济社会发展的战略互动推向多元化、多层次、大规模、广角度的领域。

智能设计、绿色设计、文化设计是京张高铁设计最亮眼的几大特色。首次利用智能技术进行智能化设计，开启了我国智能高铁新时代；利用绿色设计技术，打造了一条绿色环保景观线；首次进行铁路文化设计，将京张高铁打造成了传承老京张铁路百年历史传统的文化线。

综上，京张高铁是中华民族回望百年，在国家和民族发展历史上写下的一个醒目的注脚。一条绿色环保的智能高铁应运而生，生逢其时。京张高铁是京津冀协同发展的重要基础工程，是北京冬奥会重要交通保障设施，被誉为中国铁路发展"集大成者"、智能高铁示范工程。智能京张铁路是我国的首条智能高铁，是中国第一条采用中国自主研发的北斗卫星导航系统、设计速度为 350 km/h 的智能高铁，也是世界上第一条最高设计速度 350 km/h 的高寒、大风沙高铁，当然也是世界首条智能高铁。同时，京张智能高铁还可减少京张高铁沿线、长城和官厅水库一带北京空气和水源涵养区大量燃油车辆的尾气排放，利用轨道交通绿色出行、智能出行，并通过高铁这一现代化交通工具有效保护与合理开发华北山地冰雪旅游资源，对于保护首都生态安全屏障和重要水源、服务承办 2022 年冬季奥运会、破解环京津贫困带发展难题和促进京津冀一体化建设都具有重要意义。

1.2 我国高铁崛起和发展

作为一种安全可靠、快捷舒适、运载量大、低碳环保的运输方式，高铁已成为世界交通运输业发展的重要趋势，并在世界上多个国家得到发展，集中反映了一个国家铁路线路结构、列车牵引动力、高速运行控制、高速运营组织与管理等方面的技术进步，体现了一个国家的科技和工业水平。高铁促进了地区经济的发展，推进了城镇化进程，对经济发达、人口稠密地区的经济效益和社会效益的贡献尤为突出。高铁的发展也极大地改变了人们的时空观念。

高铁起源于日本，发展于欧洲，兴盛于中国。我国在借鉴国外高铁先进技术的基础上，逐步形成了具有中国特色的高铁技术体系。我国高铁通过坚持原始创新、集成创新和引进消化吸收再创新相结合的原则，经过十多年的励精图治，从最初使用引进国外技术、联合设计生产的和谐号动车组，到如今全部采用具有完全自主知识产权的标准化、系列化、简统化"复兴号"动车组。我国已成为世界上高铁建设里程最长、运行速度最高、运营场景最丰富、对自然环境适应性最强的国家，并以"复兴号"中国标准动车组在京沪高铁实现 350 km/h 商业运营为标志。我国高铁在勘察设计、工程建造、高速动车组、列车控制、牵引供电、运营管理、安全保障等领域取得一系列自主创新成果。我国高铁技术发展创新阶段如图 1.6 所示。

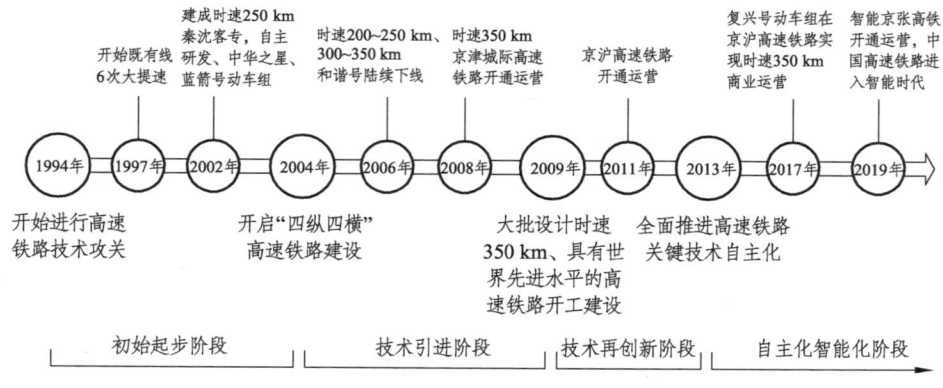

图 1.6　我国高铁技术发展创新阶段

在 2004 年前为孕育阶段，我国主要进行技术引进和学习，尝试自主开发技术，在此期间的成就包括"广深准高铁""秦沈客运专线"等线路及"大白鲨""中华之星"等第一代高铁电力机车。2004 年 1 月，国务院常务会议讨论并原则通过中国铁路史上第一个《中长期铁路网规划》，以大气魄绘就了超过 1.2 万千米的"四纵四横"快速客运专线网。2004 年到 2008 年主要为中国高铁的引进消化吸收阶段，在此期间，引进了日本、德国、法国等国家的高铁技术进行探索和发展，发展步伐明显加快。2008 年 8 月，中国第一条高铁京津城际高速铁路开通运营。从此，中国铁路跨入高铁时代。2008 年 10 月，国家发改委颁布的《中长期路网规划（2008 年调整）》中规划建设"四纵四横"客运专线。中国高铁从并跑到领跑始于 2008 年，以科技部和原铁道部联合发起实施的《中国高速列车自主创新联合行动计划》为标志，2008 年至 2012 年为自主创新阶段，诞生了被欧洲人称为"中国高铁革命"的"和谐号"CRH380 系列的高速列车。2012 年至 2018 年为持续创新阶段，在和谐号 380 系列平台技术的基础上继续拓展创新。2016 年 7 月，国家发改委、交通运输部、中国铁路总公司（国铁集团前身）联合发布了《中长期铁路网规划》，勾画了新时期"八纵八横"高铁网的宏大蓝图：到 2020 年，中国高铁线路里程将达到 3 万千米；到 2025 年，高铁线路里程将达到 3.8 万千米（实际 2020 年年末就已超过 3.8 万千米）；到 2030 年，高铁网基本连接省会城市和其他 50 万人口以上的大中城市，实现相邻大中城市之间 1~4 h 到达的城市圈。2017 年 6 月，中国标准动车组复兴号在京沪高铁正式双向首发，开启了领跑世界高铁的步伐。2018—2020 年，中国智能高铁核心自主创新方面取得了新的阶段性成果。"十四五"期间，高速及智能化成为中国铁路重要发展方向。

2020 年 8 月，国铁集团发布《新时代交通强国铁路先行规划纲要》称，至 2035 年，全国铁路网要达到 20 万千米左右，其中高铁 7 万千米左右，20 万人口以上城市实现铁路覆盖，50 万人口以上城市高铁通达。从 2021 年到本世纪中叶，铁路战略目标将分"两步走"。第一阶段到 2035 年，实现 3 个"世界领先、世界前列、全面增强"。第二阶段到 2050 年，全面建成更高水平的现代化铁路强国，形成辐射功能强大的现代铁路产业体系，建成具有全球竞争力的世界一流铁路企业。同时，未来高铁的发展应着重考虑速度、效益、节能环保和经济性等技术指标的综合提升。

可见，高速铁路虽然是一种交通工具，但它承载着人们对于幸福生活的渴望。背靠日益强大的祖国，中国高铁突飞猛进的发展已成必然。通过自主创新，中国高铁建设已经形成较为完备的高铁技术体系，高铁技术水平和运营组织能力步入世界先进行列，部分领域技术达到世界领先水平。

1.3 我国高铁技术概况

国际铁路联盟（UIC）将高铁定义为：新建高铁的设计速度达到 250 km/h 及以上，经升级改造的高铁设计速度达到 200 km/h。高铁是复杂的系统工程，是当今许多前沿科学技术，即信息技术、自动控制和新材料、新工艺等多种技术门类、多专业综合的高新技术的创新和集成。高铁最大的特点是高速度、高安全性、高密度、高舒适性，围绕这些特点，高铁运营系统主要由六大核心系统构成，分别是工务工程、牵引供电、通信信号、动车组、智能运输（运营调度与客运服务系统等）、养护维修，各系统之间既自成体系，集中体现各系统的巨大技术进步，又相互关联、相互影响、相互匹配、协调运转，发挥着关键作用。高铁六大系统关系如图 1.7 所示。

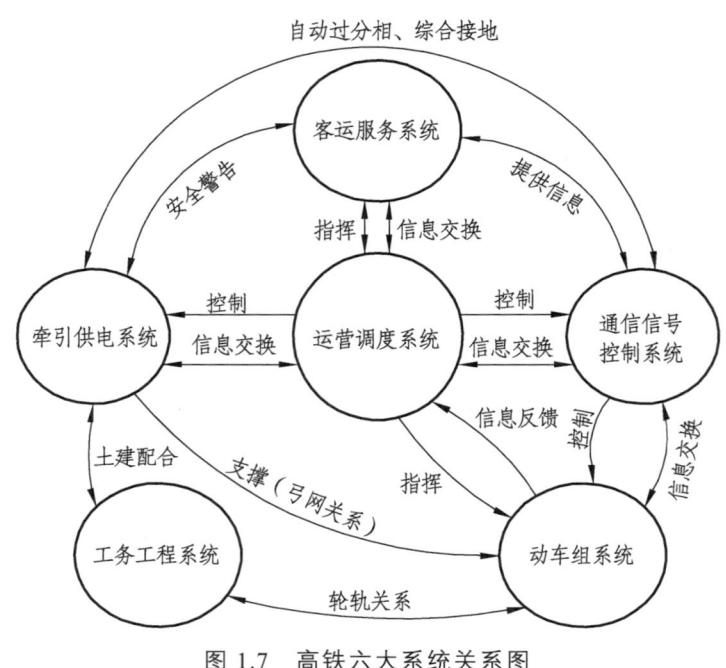

图 1.7　高铁六大系统关系图

中国高铁技术标准体系和安全保障体系分别如图 1.8 和 1.9 所示。

· 第 1 章 智能京张高铁的酝酿 ·

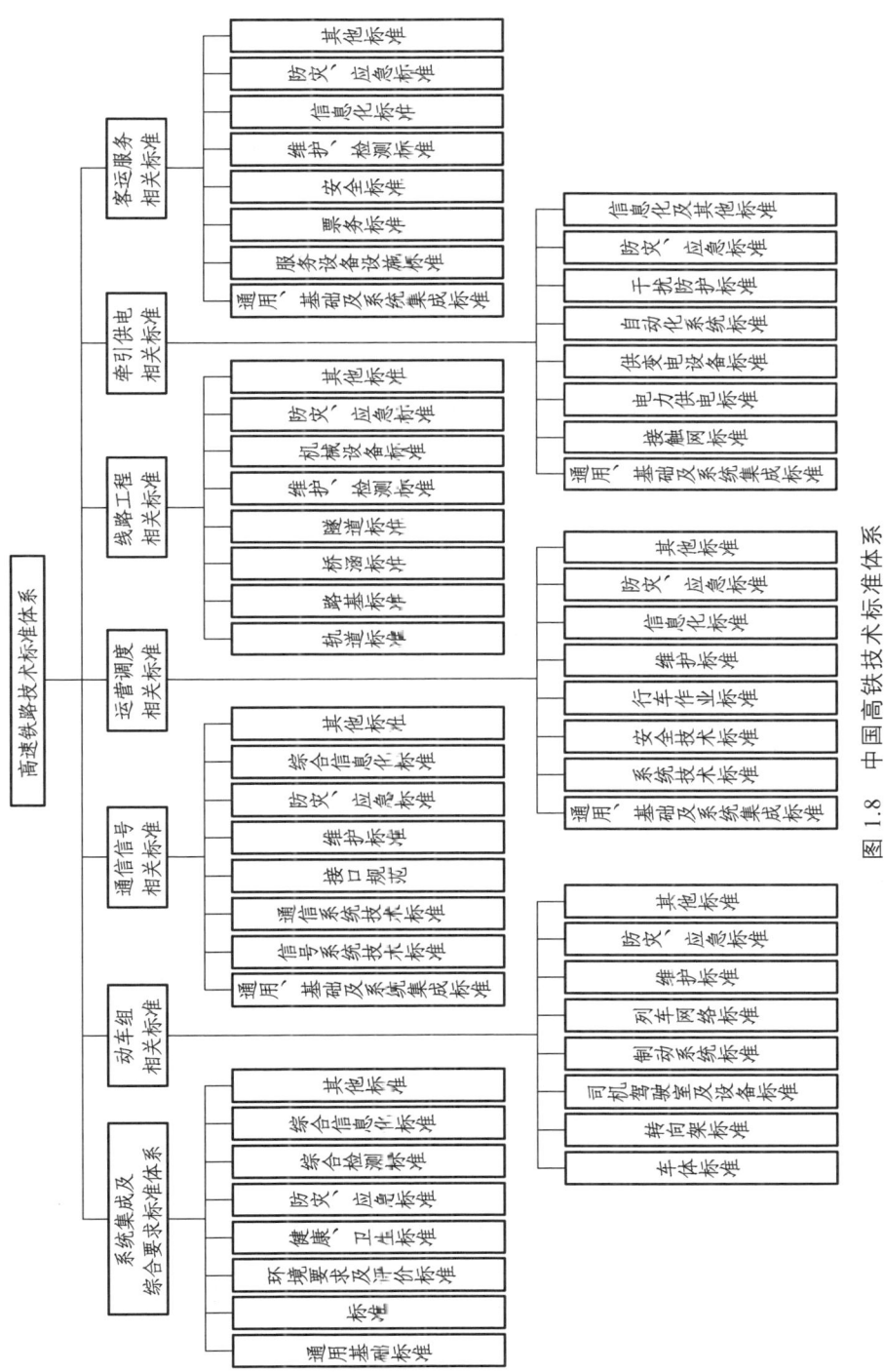

图 1.8 中国高铁技术标准体系

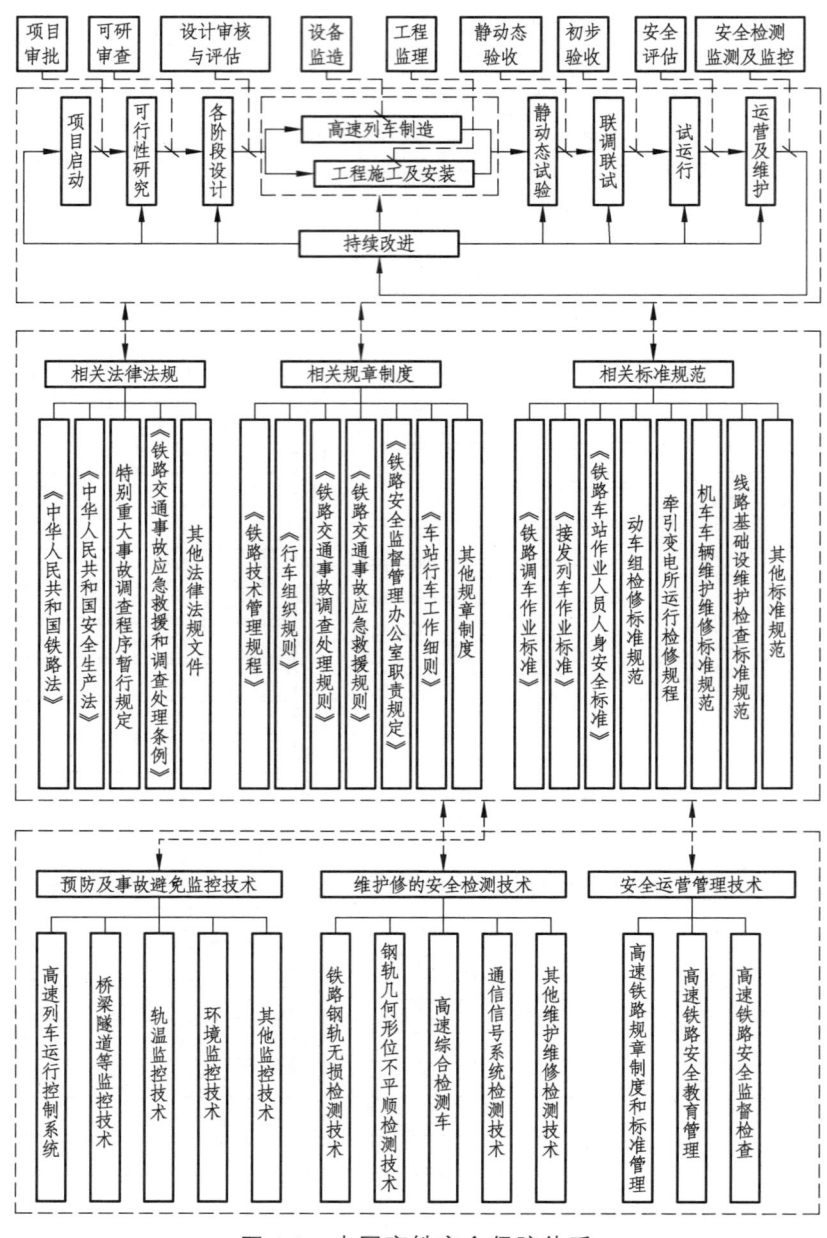

图 1.9 中国高铁安全保障体系

1. 工务工程

工务工程系统是实现列车高速运行的基础。工务工程通常由路基、轨道、桥梁、隧道和站场工程构成。高铁要求线路的空间曲线平滑，平纵断面变化尽可能平缓；要求路基、轨道、桥梁具有高稳定性、高精度和小残余变形。在线路技术方面，我国高铁采用道床和路基强化技术、无砟轨道、无缝道岔、跨区间超长无缝线路等，提高了轨道平顺性、刚度均匀性，大大减少了维修工作量，既保证了高速行车安全，又满足了旅客舒适度的要求。

2. 列车运行控制

信号与通信技术是整个高速铁路网络的"大脑和神经"，时刻保持着列车安全、高速运行。高铁信号与控制系统是集计算机控制与数据传输于一体的综合控制和管理系统，由车载子系统、地面子系统、联锁子系统、调度集中系统 CTC（Centralized Traffic Control）和通信系统构成，是高速列车安全、高密度运行的基本保证。该技术涉及行车安全的信号系统及电路设计，必须符合故障-安全的要求，并采用集中管理、分散控制为主的集散式控制方式。列车运行控制系统是对列车运行实现自动控制的系统，包括车载设备和地面设备，就是列车通过获取地面信息和命令，控制列车运行速度，并调整与前行列车之间的距离。我国在参照欧洲铁路列车运行控制系统（ETCS）技术规范的基础上，结合我国高铁实际，研发了中国列车控制系统 CTCS，以分级（CTCS—0/1/2/3/4）的形式满足不同线路运输需求，在不干扰动车组乘务员正常驾驶的前提下，有效保证列车运行安全。

3. 牵引供电

牵引供电系统的主要功能是为高铁列车运行提供稳定、高质量的电流，通常由供电系统、变电系统、接触网系统、电力系统和远程监控系统构成。与普速列车的电力牵引相比较，高速列车电力牵引具有功率更大、所受阻力更大、受电弓移动速度快、电流易发生波动性等特点。牵引供电技术依靠专门的外部装置，从三相电力系统接受电能向单相交流电气化铁道形式的列车输送电能，是列车运行的不竭动力。在高速列车运行过程中，受电弓通过在接触网上的滑行接触完成电能传输，为列车运行提供牵引动力。

4. 动车组

动车组是高新技术的系统化集成，涉及机械、材料、电子计算机、网络通信、工程仿真等领域的最新技术。我国高速动车组的关键技术被归结为九大类：系统集成、车体、转向架、牵引变压器、牵引变流器、牵引电机、牵引控制、制动系统、列车网络控制系统。我国通过引进、消化、吸收、再创新采用分散式动车组技术，其发展主要经历了 3 个阶段：

第一代动车组：主要以速度 200～300 km/h 的"和谐号"动车组为主，编组类型按速度等级、车种车型确定，主要有 4 个系列运营动车组及检测用动车组。其中：

CRH1：CRH1A、CRH1B、CRH1E；中车青岛四方机车车辆股份有限公司制造。CRH2：CRH2A、CRH2B、CRH2C、CRH2E、CRH2G；青岛四方庞巴迪铁路运输设备有限公司制造。CRH3：CRH3A、CRH3C、CRH3G；中车唐山机车车辆有限公司制造。CRH5：CRH5A、CRH5G；中车长春轨道客车股份有限公司制造。

CRHAJ、CRHBJ 不同的字母表示不同速度等级、编组形式等差异，具体如下：A——运行速度 200 km/h、8 辆编组、座车；B——运行速度 200 km/h、16 辆编组、座车；C——运行速度 300 km/h、8 辆编组、座车；E——运行速度 200 km/h、16 辆编组、卧车。

第二代动车组：主要是速度 350 km/h 的"和谐号"高速动车组，用字母 A、B、C、D 表示各技术平台的动车组型号。其中：CRH380A/AL 代表四方股份制造；CRH380B/BL 代表长客股份或唐山公司制造；CRH380CL 代表长客股份制造；CRH380D 代表青岛 BST 公司制造。其中 CRH380AL、CRH380BL、CRH380CL 为 16 辆编组，其余均为 8 辆编组。

第三代动车组："复兴号"中国标准动车组。中国标准动车组与 CRH 系列动车组的区别，形成了中国标准体系，并自行设计、自主研发，拥有全面自主知识产权。

5. 运营调度和客运服务

高铁运营调度系统是集计算机、通信、网络等现代化技术的现代化综合系统，对列车运行计划和基础设施维修计划进行审批和管理，指挥列车运行，是完成高铁运输组织特别是日常运营的根本保证，通常由计划调度、列车调度、动车组调度、综合维修调度、供电调度和客运服务调度构成。其中，CTC（调度集中控制系统）是调度中心（调度员）对某一调度区段内的信号设备进行集中控制、对列车运行直接指挥管理的技术装备。

客运服务系统是基于高铁高速度、高密度、大客流的特点，以旅客为中心，从旅客角度分析其从购票进站到乘车出站全过程所需的信息和资源，有效利用计算机技术、网络技术和移动互联等先进的技术手段，为旅客提供高效、便捷的出行服务的信息系统。

6. 养护维修

针对各种设备，各国高铁都构建了实时监测和闭环管理的高铁设施设备安全检测监测系统，通过实时采集和分析各种移动设备与固定设施信息，构建了风、雨、地震等自然灾害及异物侵限监测系统。目前，正在运用大数据方法，评估分析高铁设备设施的运用、维护、检修信息，掌握服役状态和性能变化规律，为修程修制优化、故障预测、故障处置等提供技术支撑。

1.4 智能高铁概述

1.4.1 智能高铁概念及特征

智能高铁是指广泛应用云计算、大数据、物联网、移动互联网、人工智能、北斗导航、BIM、5G等新一代信息技术，综合高效利用资源，实现高铁移动装备、固定基础设施及内外部环境间信息的全面感知、泛在互联、融合处理、主动学习和科学决策，实现全生命周期一体化管理的智能化高铁系统。

智能高铁是落实国家交通强国战略、推进大数据、人工智能、区块链等新一代信息技术与铁路运输深度融合发展的重要举措，是提升铁路运输服务质量、保障运输安全、增强经营管理效率的重要手段，能够实现客运需求化、经营市场化、管理一体化，是引领高铁发展的重要战略方向。

智能高铁的发展目标是：更加安全可靠，更加经济高效，更加温馨舒适，更加方便快捷，更加节能环保。

智能高铁的特征主要有：

（1）全面感知。对高铁运输系统中移动设备、固定设施、自然环境、其他相关要素等进行全面透彻的信息感知。

（2）泛在互联。各类信息进行广泛、深度、安全可信的交互，实现信息共享。

（3）融合处理。充分利用不同时间、空间的多源、异构传感器数据资源，解决数据不一致、不完整问题，为综合决策提供充足的依据。

（4）主动学习。积累大量数据和知识，不断迭代，适应铁路外部市场和环境的变化。

（5）科学决策。基于大数据分析、知识推理等方法，从海量数据中提出决策信息，辅助运营管理和经营决策。

1.4.2 总体框架

智能高铁总体组成可概括为"一核三翼"，即以一个智能高铁大脑平台为核心，包含智能建造、智能装备、智能运营三大板块。智能高铁技术体系框架设计采用分类分层设计原则，自顶而下划分为板块、领域、方向、创新、支持平台五个层面，可概括为三大板块、十大领域、十七个方向、N项创新、一个平台。智能高铁致力于实现铁路运输全业务流程、全价值链条、全生命周期、全生态体系的整体智能化。我国智能高铁技术体系框架如图1.10所示。

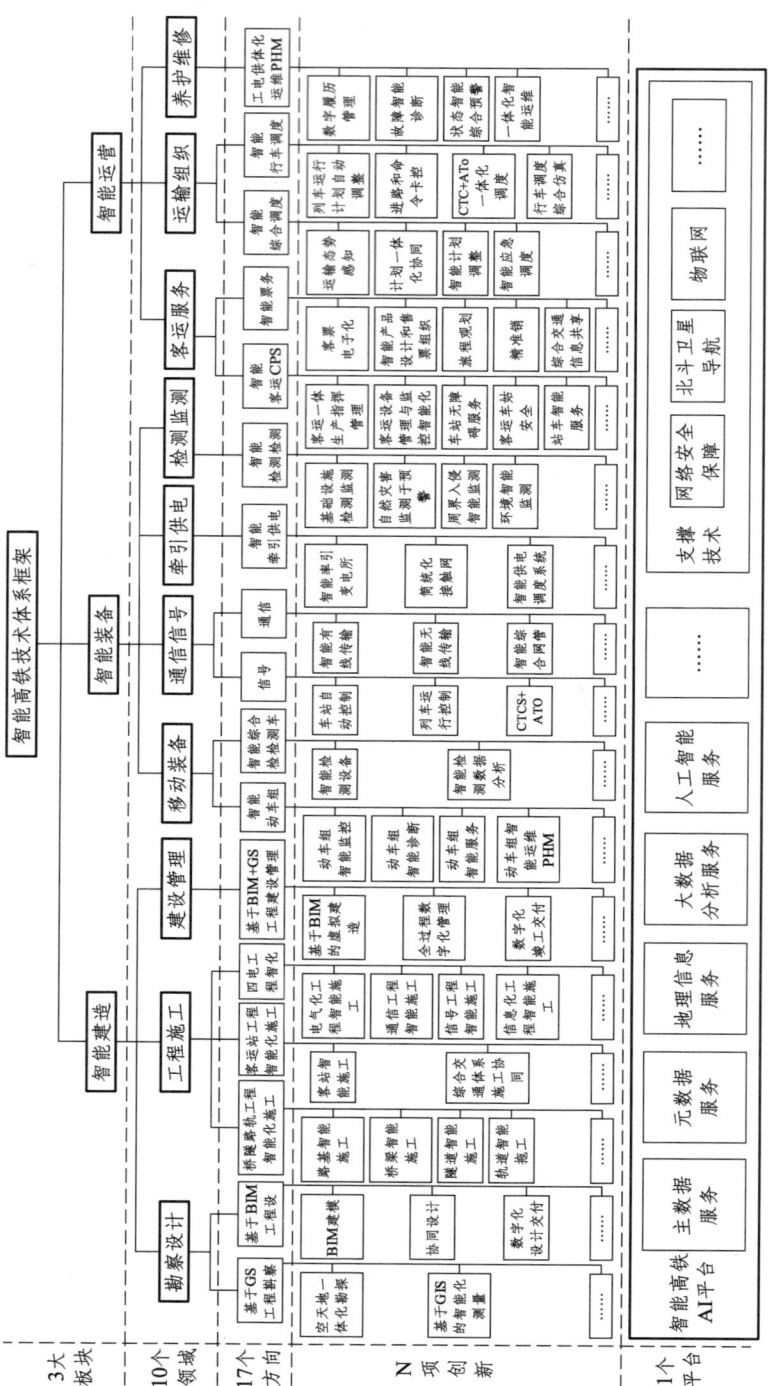

图 1.10 我国智能高铁技术体系框架

智能高铁大脑平台是智能铁路的外延，是智能铁路最终发挥效果、对外提供能力的载体。智能高铁大脑平台是实现智能建造、智能装备、智能运营三个复杂系统互联互通、协同互动、有机统一的神经中枢，基于智能建造、智能装备、智能运营系统感知获取的数据，开展数据的汇聚、治理，建成智能高铁大数据资源湖，支持开展跨专业、跨行业的多维智能分析，为智能诊断、智能预测、智能决策等提供支持。

十大领域指在三大板块框架下勘察设计、工程施工、建设管理、移动装备、通信信号、牵引供电、检测监测、客运服务、运输组织、养护维修等领域。

十七个方向指在三大板块、十大领域框架下基于 GIS 工程勘察、基于 BIM 工程设计、桥隧路轨工程智能化施工、客运站工程智能化施工、四电工程智能化施工、基于 BIM+GIS 工程建设管理、智能动车组、智能综合检测车、信号、通信、智能牵引供电、智能检测监测、智能客运 CPS、智能票务、智能综合调度、智能行车调度、工电供一体化运维 PHM 等方向。

1.4.3 技术体系

智能铁路是一个技术密集型的概念。智能铁路需要一整套技术进行支撑，这些技术大体上可以分为三类。智能高铁技术体系如图 1.11 所示。

1. 通用技术

信息化是智能化的基础和前提，智能化是信息化的高级阶段和发展方向。智能铁路首先需要基础信息、数据处理技术的支撑，以实现最根本的数据采集、数据传输、数据处理等功能。从数据生命周期来看，通用技术又可以分为数据感知、传输、处理及应用等几个环节。其中：

（1）大数据平台：基于开源技术和组件迭代优化铁路数据服务平台软件，进一步优化完铁路数据服务平台架构和功能，持续提升平台的开放性、安全性和稳定性。

（2）数据湖管理应用：进一步深化铁路数据湖构建和应用研究，形成数据资源成套管理办法标准规范，采用成熟技术与自主开发相结合的方式，攻克数据治理关键技术瓶颈，全面提升铁路数据湖的数据质量，进一步完善铁路大数据安全体系，还要突破大数据采集、存储、分析、共享等全过程关键技术，持续推进铁路数据资源汇集共享。

图 1.11 智能高铁技术体系

（3）人工智能应用：深入提炼铁路文本、语音、图像等典型分析场景，优化和提升基于深度学习、机器学习算法的铁路典型场景应用模型，研发满足人工巡检、技术规章、应急预案、铁路事故调查等海量非结构化数据的文本分析引擎，研发满足各专业监测、检测图像视频等非结构化数据的图像智能分析引擎，突破传统非结构化数据分析的技术壁垒。

2. 处理技术

智能高铁的核心理念是最大化模拟、延伸和扩展人类智能，赋予机器思维、判断、决策的能力，主要依靠智能处理技术。智能处理技术是实现铁路大脑的核心支撑。智能处理技术以人工智能理论为基础，侧重于信息处理的智能化，既包括传统的知识工程、智能规划等技术，也包括新兴的混合增强智能、量子智能计算等技术。

（1）物联网技术是依靠传感器、射频识别、无线传感网络等技术，采集高铁固定设施、移动设备、外部环境状态等信息，运用智能计算技术对各类信息进行分析处理，实现智能化决策和控制。

（2）大数据技术是解决高铁海量内外部信息的采集、汇集、治理、分析挖掘等核心技术，在运输调度、移动设备和固定设施检修与监测、经营管理、客运组织与服务等方面，能够有效提升智能高铁的数据实时接入、在线计算处理、数据价值挖掘、关联业务分析和辅助决策能力。

（3）云计算具有组件化、虚拟化、服务化的技术特性，能提供集中统一、按需服务、弹性扩展、安全可控的硬件资源，以及平台组件和应用软件的集中服务，促进智能高铁运营管理的高度互联协同。

（4）人工智能技术基于大数据和新型高性能计算架构，应用深度学习、机器学习、自然语言处理、跨媒体智能、大数据智能、类脑智能等方法，使高铁移动装备和固定设施具有学习、推理、思考、决策等能力，可用于人脸识别、列车自动控制、非法侵入识别、故障智能诊断、智能语言客服等方面。

（5）下一代移动通信主要包括 5G 等作为智能高铁重要通信基础支撑技术，主要应用于高铁智能客站、技术站场设备互联、高速列车运行控制等，具有传输速度高、带宽大、低延时、高可靠等特点。

3. 专用技术

铁路是一个多学科、跨领域的复杂系统，建设智能铁路，需要在铁路既有各领域实现技术的突破及创新，包括机器人建造技术、铁路 BIM 技术、智能动车组技术、自动驾驶技术、智能牵引供电技术、行车安全预警技术、列车运行图编制理论、智能调度技术、智能运维技术及全面电子客票技术等。通过以上技术的综合应用、集成创新，最终实现智能铁路的整体目标。关键专用技术包括：

（1）高铁建造过程中及技术领域较多，对铁路勘察、设计、施工等系统的协同性要求也越来越高，对质量、进度安全、成本一体化管理的需求极为迫切。为满足这一需求，智能建造的目标包括：形成 BIM 智能建造标准体系，实现基于 BIM 的协同设计与智能施工，建立 BIM+GIS 工程管理平台，最终建成智能工地。智能建造将 BIM、GIS、数字孪生、施工机器人、自动化质检、预制化与拼装化等技术与先进的工程建造技术相融合，实现高铁勘察设计、工程施工、建设管理全过程的智能化管控。智能建造关键技术主要涉及基于领域知识的智能技术、全生命周期信息一体化协同、智能工地技术 3 个业务领域 15 项关键技术。

（2）智能装备将全方位态势感知、自动驾驶、运行控制、故障诊断与健康管理（PHM）等技术与先进装备技术相融合，实现高铁移动装备和基础设施全生命周期的安全化、高效化和智能化管理。智能装备关键技术主要涉及智能动车组、智能运行控制、新一代铁路移动通信、智能牵引供电、智能安全保障、智能检测监测6个业务领域27项关键技术。

（3）智能运营将泛在感知、智能监测、增强现实、智能视频、事故预测及智联网等技术与高铁运营技术相融合，实现个性化服务、预测化运维和智能化运营。智能运营关键技术主要涉及智能客站、智能票务、智能调度、智能运维4个业务22项关键技术。

1.4.4 技术标准

智能高速铁路技术标准是贯穿智能高速铁路设计、建设的成套智能化标准的总称，是构建智能高速铁路全连接信息物理系的准则。智能高速铁路应用标准主要是面向上述应用系统的功能组成、业务流程、用户面、技术条件等方面的标准规范。主要体现在：

（1）勘察设计标准：包含"空天地"一体化工程勘察标准、基于BIM工程设计标准等可扩展类目。"空天地"一体化工程勘察标准可细分为基于GIS的智能、"空天地"一体化智能测绘、数字化勘察交付等方面的标准；基于BIM的工程设计标准细分为BIM建模、协同设计和数字化设计交付等方面的标准。目前已形成或规划的相关标准包括铁路工程信息模型设计阶段实施标准等。

（2）工程施工标准：包含桥隧路轨智能化施工标准、客运站工程智能化施工标准、"四电"工程智能化施工标准等可扩展类目。桥隧路轨智能化施工标准可细分为路基智能化施工、桥梁智能化施工、隧道智能化施工、轨道智能化施工等方面的标准；客运站工程智能化施工标准可细分为客站智能施工、综合交通体系施工协同等方面的标准；"四电"工程智能化施工标准可细分为电气化工程、通信工程、信号工程、信息化工程等方面的标准。目前已形成或规划的相关标准包括铁路无轨道板枕智能建造技术规程、高速铁路路基智能填筑技术规程、铁路盾构隧道智能建造技术规程等。

（3）建设管理标准：包含基于BIM的虚拟建造标准、全过程数字化管理标准等可扩展类目。基于BIM的虚拟建造标准可细分为铁路工程信息模型、工程信息型交付精度、BIM模型服务技术、工程建设竣工BIM验收等相关标准；全过程数字化管理标准可细分为工程管理平台、前端监测设备、工程交付、应用验证等相关标准。

（4）移动装备标准：包含智能动车组标准、智能综合检测车标准等可扩展类目。智能动车组标准可细分为动车组智能监控、动车组智能诊断、动车组智能服务等方面的标准；智能综合检测车标准可细分为智能检测设备、智能检测数据分析等方面的标准。

（5）通信信号标准：包含通信和信号两个方向。信号方向包括列车运行控制标准、列车自动驾驶 ATO 标准等可扩展类目，通信方向包含智能调度通信、车地高速移动通信等可扩展类目。列车运行控制标准和列车自动驾驶 ATO 标准可细分为功能需求、接口定义、试验验证等方面的标准。

（6）牵引供电标准：包含智能牵引变电所标准、简统化接触网标准等可扩展类目。智能牵引变电所标准可细分为智能一次设备、广域测控保护系统、辅助监控系统等方面的标准；简统化接触网标准可细分为新型腕臂和定位装置方案、装备服役性能等方面的标准。

（7）检测监测标准：包含基础设施检测监测标准、自然灾害监测与预警标准等可扩展类目。基础设施检测监测标准可细分为移动装备检测监测、工务设备设施智能检测监测、电务设备设施智能检测监测、供电设备设施智能检测监测等方面的标准；自然灾害监测与预警标准可细分为高速铁路沿线风、雨、雪等自然灾害监测，周界入侵监测，异物侵限监测，外部环境监测等方面的标准。

（8）运输组织标准：包含智能综合调度标准、智能行车调度（调度集中 CTC）标准等可扩展类目。智能综合调度标准可细分为运输态势感知、计划一体化协同、智能计划调整、智能应急调度等方面的标准；智能行车调度（调度集中 CTC）标准可细分为列车运行计划自动调整、进路和命令卡控、行车调度综合仿真等方面的标准。

（9）客运服务标准：包含智能客运标准、智能票务标准等可扩展类目。智能客运标准可细分为客运一体化生产指挥管理、客运设备管理与监控智能化、站车重点服务、站车客运安全、站车智能服务等方面的标准；智能票务标准可细分为客票电子化、智能产品设计和售票组织、旅程规划、精准营销、综合交通信息共享等方面的标准。

（10）养护维修标准：包含工电供一体化运维标准、动车组智能运维标准等可扩展类目。工电供一体化运维标准可细分为数字履历管理、故障智能诊断等方面的标准；动车组智能运维标准可细分为故障预测、健康评估、运维分析等方面的标准。

2022 年 8 月，国际铁路联盟（UIC）发布实施由我国主持制定的《高速铁路设计——基础设施》标准和《高速铁路设计——供电》标准，两项标准均是相关领域的首部国际铁路标准。国际铁路联盟是铁路行业最具影响力的专业国际标准组织。此次发布的两项标准由中国国家铁路集团有限公司组织专家主持，法国、德国、日本、西班牙、意大利等 10 余个国家的 20 余名专家参与，历时4年编制而成。两项"标准"在总结世界高速铁路设计成功经验、系统集成先进技术的基础上，引入中国高速铁路总体设计理念，吸纳中国高速铁路列车荷载图式、线间距、路基填料分类、隧道围岩分类等基础性关键指标，推介中国CRTSⅢ型板式无砟轨道和动车组修程、接触网系统等优势技术，最终确立了国际铁路联盟高速铁路总体设计、线路、路基、桥梁、隧道、轨道、车站、动车组运用检修设施、维修设施、综合防护、环境保护、牵引供变电、接触网、电力供配电和远动系统等领域的设计理念、关键参数和技术要求，为世界高速铁路建设运营贡献了中国智慧和中国方案。

1.5 我国智能高铁发展阶段

我国较早开展了智能高铁的系统研究，率先提出"智能高铁"概念，制定了智能高铁体系架构和发展战略，并在京张高铁、京雄城际等工程中开展了探索和创新应用。2017年，我国高铁开始进入智能化引领阶段，全面启动智能京张高铁建设。"复兴号"动车组在京沪高铁实现以速度350 km/h运营，为我国高铁智能创新拉开了序幕，成效较为显著，主要表现在以下方面。

在信息化建设方面：构建了一体化信息基础平台，打造六大业务应用系统，不断健全网络安全和信息化治理体系。数字铁路与智能设备共同构成智能铁路。其中：数字铁路是智能铁路的中枢神经和大脑，通过对物理铁路进行数字化，再结合信息系统实现智能铁路的虚拟映射；智能设备是智能铁路的五官和四肢，监控和执行智能化操作。

在工程建设方面：积极推广应用新材料、新工艺、新技术。

在设施设备检修方面：推行了工务、电务、供电设备"三合一"养护检修体制。

在安全防护方面：构建了高铁设施设备安全检测监测闭环管理系统、自然灾害及异物侵限监测系统。

在供电系统方面：配备智能供电设备、智能供电调度、智能供电运行管理及通信网络组成的智能供电系统，实现智能故障诊断、预警、自愈重构等功能，形成供电系统健康评估体系。

在运输调度方面：作为高铁运营组织的大脑与神经中枢，调度指挥系统的本质是复杂信息的管理与决策系统，因此信息获取的实时、精细化与管控的精准、高效化两方面密不可分，相辅相成。基于人工智能的高铁智能调度指挥系统，实现智能动态调度、智能协同控制、智能换乘调度、智能故障诊断等功能，达到路网整体列车调度效率最优，并不断提升系统应急决策和处置能力，提高运营效率和旅客满意度。

在客运服务方面：构建了双中心、双活架构的"12306"客票系统，已成为全球最大交易量的铁路票务系统，并不断完善"12306"网站及自助服务设施；支持多国语言国外银行卡支付；拓展票种形式（定期票、联程票、常旅客票等）；可实现电子客票、刷脸进站及检票；提供行程规划及资讯服务，以及 Wi-Fi 全覆盖、站内导航服务；可实现行李托运及同步安检，并提供个性化及无障碍服务等。

按照规划，2018—2020 年，我国智能高铁完成智能京张、智能京雄高铁示范工程建设，构建智能铁路技术标准体系，初步形成智能铁路应用格局，人工智能、BIM 等新技术与铁路融合后形成智能建造、智能装备、智能运营等成套理论和技术体系，将为实现智能铁路战略提供重要技术保证。其中：京张高铁智能综合调度系统试用，面向客运生产全过程进行运输作业流程贯通、信息互融、专业协作和局站一体化管理，全面提升高铁运输管理效率；高铁灾害监测大数据分析系统、基础设施视频大数据应用系统等新技术试用，实现铁路沿线自然灾害、重点区域等风险报警和防控；研发故障预测与健康管理（PHM）系统，实现数据实时监控与分析；在铁路主数据中心搭建国家地震台网数据交换平台，实现高铁地震预警系统与中国地震台网的互联互通；持续推进北斗示范应用，为运营监控、安全监测、应急通信等提供精准、稳定、可靠的时空信息服务，保障京张高铁运营安全。

智能高铁的建设是一项长期性、持续性、渐进性的复杂工程，为有序推进智能高铁的分期、分阶段可持续发展。中国智能高铁发展阶段如图 1.12 所示。

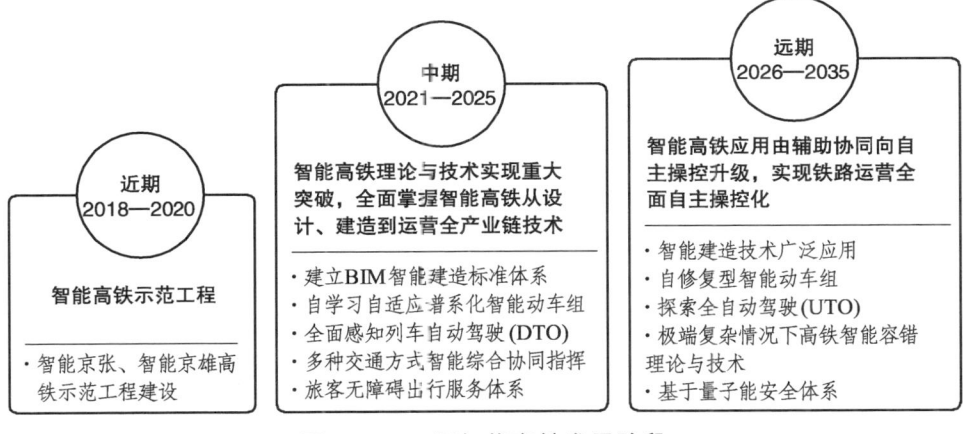

图 1.12　中国智能高铁发展阶段

京张高铁构建了涵盖技术体系、数据体系和标准体系的智能高铁 1.0 体系架构，为智能铁路建设发展积累了经验，在单项或局部领域的业务融合应用形成了良好示范作用。但是跨专业、跨领域、跨内外网信息互通互联需持续加强，信息资源综合利用率亟待提升，新技术对业务辅助决策支撑能力需进一步提升，系统整体效能亟需全局优化。因此，有必要在智能高铁 1.0 创新成果基础上，进一步加大智能建造、智能装备、智能运营技术攻关，推进示范应用，构建更加科学、先进、可持续发展的智能高铁体系。

到 2025 年，智能高铁在安全可靠、方便快捷、经济高效、温馨舒适、节能环保等方面实现整体效能更优，取得显著成效，支撑新时代铁路高质量发展。5G、大数据、人工智能、物联网等新技术运用更充分，数据挖掘和智能应用更深化，新技术应用结合更紧密，构建更具创新性、引领性的智能高铁 2.0 体系架构，实现设计—建设—运维一体化的智能建造、感知与互联更全面的智能装备、综合管理与便捷服务融合的智能运营、信息高度共享的基础平台，推动自主创新成果在成渝中线的工程化示范应用，多项智能高铁技术创新处于世界领先水平。

展望 2035 年，实现智能高铁全面自主控制，持续领跑世界高速铁路发展。广泛应用智能建造技术，研制自修复型智能动车组，探索全自动无人驾驶，突破极端复杂情况下高铁智能容错理论与技术，构建基于量子、区块链等智能安全体系，建成基于 CPS 的智能高铁大脑平台，并在立体感知、自主决策、主动学习中全面发挥作用。主要表现在：

（1）智能高铁 2.0 顶层设计。围绕全生命周期与全业务融合目标，研究提出满足大系统整体效能最优的智能高铁 2.0 体系架构，优化完善技术体系、数据体系、标准体系；开展数字孪生、大数据智能、可解释人工智能、量子通信等前沿使能赋能技术在智能高铁领域可行应用场景分析。

（2）智能建造关键技术研发应用。基于数字孪生、模数一体化技术等，深化面向全生命周期的协同化设计、数字化制造、智能化施工、装配式建造技术应用。开展铁路工程智能勘察与多源信息融合表达技术研究，建设铁路智能选线与集成设计关键技术研究及自主平台；深化桥隧路轨道智能施工，推进智能工厂建设；探索基于数字孪生的智能建造技术，研发铁路工程全时全域全系数字孪生平台。

（3）智能装备关键技术研发应用。研制具备全面感知与泛在互联能力的智能装备，持续深化智能动车组智能监控、智能诊断、智能服务，深化高速综合检测车技术研究；深化动车组智能驾驶技术，突破列车运行控制与调度指挥一体化技术研究，优化基于 5G-R 的铁路多媒体调度通信系统；开展智能牵引供电系统多能源融合应用技术研究,推动简统化接触网智能升级;开展云边融合的检测装备智能化、监测检测视频智能分析和预警技术研究,推进"空天地"一体化在基础设施和外部环境监测的应用;探索"物联网+数字孪生"动车组状态感知关键技术。

（4）智能运营关键技术研发应用。开展面向综合立体交通网和多种交通方式深度融合的 MaaS+全行程智能服务技术研究,深化基于 CPS+数字孪生的增强型智能车站技术研究,推进新型站台安全立体化防护建设;开展基于智能综合调度的全过程、全要素运输资源统筹优化与服务升级技术研究,推进新一代列车运行图智能编制系统建设,升级优化智能调度集中系统;深化基于 BIM 的设施设备全生命周期智能运维技术研究,深化动车组 PHM 技术,探索动车组轮轨一体化智能运维技术。

总之,中国高速铁路将在数字化、网络化、智能化方向上继续开拓进取,全面推进高铁技术创新,积极与世界各国分享智能高铁的成功经验,携手共筑人类命运共同体。

第 2 章　智能建造的力量

2.1　反复优化的设计续写辉煌

2.1.1　京张高铁线路与区域的布局关系

随着我国高速铁路的快速发展，高速铁路车站的规划建设将推动周边区域的开发建设，有利于城市空间的有效拓展与内部结构整合优化，促进交通、产业、城镇的融合发展。同时，随着后工业化时代的到来以及可持续发展理念的深入人心，高速铁路站区的发展呈现出新的趋势，以高速铁路车站为核心的综合交通枢纽将与周边功能区域深度融合，交通职能与其他城市职能也将进一步整合，以构建多元、绿色、畅达的新型高速铁路站区。因此，在高速铁路建设推动城镇群分工以及竞争的广度与深度均大幅扩展的新形势下，合理确定新建高速铁路客运站的站址选择与站区规划布局，是当前我国不断完善区域铁路基础设施网络、持续推进站城体有序协调发展新形势下的研究重点。

京张高铁西连接大张客专、大西客专，西北连接张呼铁路、集张线、集包线，通过北京与京沈客专、京唐城际、京津城际、京沪高速、京广客专等高等级快速客运干线相连接，形成了西北、蒙西、晋北至京津冀、东北、华北等地便捷的快速铁路干线。京张高铁是国家铁路网京包兰通道及西北至华北区际通道的重要组成部分，是承担西北与华北、东北等地区之间中长途客流为主的通道，对形成北京至呼包鄂便捷通道具有重要意义。

1. 京张高铁线路走向

国家发展和改革委员会、自然资源部、住房和城乡建设部与原铁路总公司联合发布的《关于推进高铁站周边区域合理开发建设的指导意见》(以下简称《指导意见》)指出，应合理确定高铁车站选址和规模，新建铁路选线应尽量减少对城市的分割，新建车站选址尽可能在中心城区或靠近城市建成区，确保人民群众乘坐高铁出行便利。

京张高速铁路位于北京市西北、河北省北部境内，东起北京市，途经北京市海淀区、昌平区和延庆区，由延庆区康庄镇入河北省境内，跨官厅水库，经怀来县、下花园区、宣化区西迄于张家口市，呈东西向沟通两市。

京张高速铁路线路的确定，综合考虑了城市规划、路网构建、经济状况、运输需求、保护区以及整体绞路设计等多方面因素，在双客站设置、京张铁路遗址公园设置、奥运支线设置以及对于环境保护区的统合考虑方面独具特色。

2. 区域布局发展要求"四网融合"，轨道交通需求出现新特征

新特征主要表现在：旅客出行需求总量增长，也就是在行政区域出行多，出行效率高要求，差异化服务需求呈现明显。《北京城市总体规划（2016年—2035年）》中提出建立分层交通发展模式、打造1小时交通圈。构建分层交通发展模式，服务不同需求特征，构筑多次、多模式的轨道交通体系，实现不同层次轨道交通网络的融合发展。

北京市轨道交通与铁路融合发展策略（北京交通发展研究院2018年8月）提出，目前轨道与铁路主要存在4个层次的网：

（1）城市轨道交通：服务范围以城市市区内部中长距离为主，适当外延，平均运行速度为30～35 km/h。

（2）市域（郊）铁路：服务于中心城区边与市区范围各中小城镇（城市副中心或组团）的出行，运行速度高于城市轨道交通。平均运行速度为50～80 km/h。

（3）城际铁路：服务于首都都市圈相邻城市之间的出行（线路起点均在京津城市群范围内），平均运行速度为250 km/h。

（4）高速铁路：提供北京市与其他距离大于300 km城市间联系，平均运行速度不低于250 km/h。

4个网络的服务功能和服务圈层是不同的，而乘客的出行可能是跨区域的、跨层的。为了给乘客提供高质量、高水平、快速便捷的出行服务，4个网络之间需要实现融合。

北京市编制的城市总体规划旨在打造轨道上的都市圈，在有条件地区制定都市轨道交通规划，推动干线铁路、城际铁路、市域（郊）铁路、城市轨道交通四网融合。"四网融合"的建设目标是以干线铁路（高速铁路、普速铁路）、城际铁路、市域（郊）铁路、城市轨道交通四个层次轨道交通网络为基础，以无缝衔接、一体高效的轨道交通枢纽为支撑，以灵活多样的运输组织为补充，形成服务功能明确、运营相互兼容的多层次轨道交通组织形式。

"四网融合"提出的时机取决于多层次轨道的发展时机以及相互之间的需求，这也为铁路站房的站城融合设计提供了契机和发展思路。"四网融合"的实现，需要以区域层面的圈层模式作为基础，需要以城市层面的线网布局作为依托，更需要以作为交通站域节点的建筑空间立体化设计作为保障。随着城市的快速建设与发展，城市交通工具日趋丰富，居民的出行方式更加灵活与多样，尤其是轨道交通的快速发展，大大提高了居民的出行效率。高铁站房作为城市间交通的重要载体，其功能不仅要满足铁路客运需求，同时要融合城市的多种交通方式及功能需求，功能定位由"单一的铁路客运场所"向城市"复合功能"转化，高铁站房也向"综合交通枢纽"转化。

2.1.2 精品工程总体设计要求

高铁建设，设计为先。建设一条高铁首先需要做好设计工作。高铁设计是一项庞大复杂的工程，涉及线路、车站、桥梁、隧道、动车组、供电、轨道、信号等诸多专业，还需要充分考虑地形、人口、城市、环保、风俗习惯、施工难度等因素，工程师通过大量的调研、勘测，才能为工程施工设计提供最科学可靠的方案，这样才能让高铁惠及更多的人，又能节约建设开支，保护环境。

"精品工程、智能京张"是京张高铁的设计定位。努力把京张高铁打造成"安全、舒适、便捷、快速、节能、环保"的世界一流现代化高铁。"精品工程"就是通过精心设计、组织、精心施工，使京张高铁设计新颖、安全可靠、技术先进、品质一流，集中国高铁建设运营技术和管理水平之大成，成为优质工程、创新工程、生态工程、人文工程和廉洁工程；"智能京张"就是要采用云计算、物联网、大数据、人工智能、移动互联网、BIM等先进技术，通过信息的全面感知、实时传输、融合处理和科学决策，打造智能车站、智能列车、智能线路，实现旅客智能出行、铁路智能运输。

在具体设计过程中，高铁主要以城市间旅客运输为服务对象，在进行线路规划时首先要考虑线路所经过城市的经济发展情况，同时规划设计应以快速、方便、安全、舒适及减少环境干扰为主要思路，兼有为既有线分流客运等功能。高铁规划和建设时要符合保护环境、保持水土、节约土地及保护文物等的要求，主要体现在：

（1）做好线路的总体规划，考虑与其他线路的衔接和配合。高铁线路的规划要符合铁路网总体规划，与城市总体规划及其他交通方式、农田水利和其他工程建设相协调，做到布局合理。

（2）避绕各类不良地质体，无法避绕时应在详细地质勘察的基础上结合特殊岩土、不良地质的特性，做好工程整治措施，保证运营安全。

（3）结合地形地质条件，优化线路平面、纵断面，减少拆迁工程量，合理确定工程类型，统筹考虑边坡及排水工程，做好工程方案比较。

（4）考虑既有交通走廊、高压电力线、重要地下管线、军用设施及易燃、易爆或者放射性物品等危险物品的影响。

（5）京张高铁沿线还需要广泛采取降噪技术、绿色技术，站区使用再生能源、光伏发电、新型节能环保光源等新技术、新材料。

高铁定线设计的自然条件与工程条件总体要求是：线路空间曲线按列车运行速度及速差设计；车站分布应根据城市分布、客运量、运输组织、设计输送能力及养护维修、救援等技术作业要求，结合工程条件等因素综合研究确定，站间距离宜为 30~60 km；逐步形成"客货分线、客内货外"的总格局；综合研究确定客运站数量，客运站站址选择结合城市总体规划和引入方向，形成综合交通枢纽；路基、桥涵及隧道等工程类型选择应进行技术经济分析后确定；路基与桥梁的分界高度应根据地质条件及地基处理措施、填料性质及运输距离、当地土地资源、建筑物拆迁、城镇交通要求等情况进行技术经济分析后确定；选线、桥梁、轨道设计应统筹考虑，减少钢轨伸缩调节器的设置；平面曲线和竖曲线地段应避免设置钢轨伸缩调节器；引入枢纽引起的既有线改建应符合相应技术标准规定。

高铁与其他铁路、公路比较，以桥梁方式交叉跨越的总体要求：宜采用高铁上跨的方式；困难条件下经技术经济分析后采用高铁下穿方式时，应按有关规定采取可靠的安全防护措施；京张高铁注重绿色环保设计，对路基、桥梁、隧道及其他相关场地进行绿化和景观设计，沿线采用内低外高、内灌外乔的设计，形成立体多层绿化带；以隧道引入城区，降低铁路对周边环境的影响；采用跨区间无缝线路、声屏障和隔声窗等工程措施和技术，进行降噪减振设计。

2.1.3　铁路工程为什么使用 BIM

铁路工程建设是一项复杂的系统工程，具有以下难点：建设周期长，参建单位多，协同组织难度大；专业、设备、物资、档案、质量等标准高，接口多，技术管理难度大；施工环境复杂、质量安全风险控制责任重大；建设期技术、投资、进度、质量、安全、外部协调的控制水平，与建设推进和安全运维等。因此，铁路工程建设迫切需要打通信息技术和传统建设接口，推

第一篇 智能京张2019

进铁路建造过程的精益、智能、高效、创新、绿色协同发展。

智能运营的基础是智能建造。BIM（Building Information Model）即建筑信息模型，是一种应用于工程设计建造管理的数据化工具，通过参数模型整合各种项目的相关信息，在项目策划、运行和维护的全生命周期中进行共享与传递，使工程技术人员对各种信息作出正确理解和高效应对，为设计团队、运营单位等各建设主体提供协同工作的基础，在提高生产效率、节约成本和缩短工期方面发挥了重要作用。基于 BIM 的智能建造技术能够推动工程实景建模、可视化协同设计、智能化建造、工程建设质量的全生命可追溯闭环管理，可提升工程建造决策和管理水平。可见，BIM 是工程建设全生命周期智能化、信息化、精细化施工的重要辅助手段。

BIM 的深入应用和发展有利于整合设计、生产、施工、运输等各个产业，有利于企业生产组织模式创新，有利于市场资源合理配置，有利于推动各国相关领域发展，如美国、新加坡、日本、韩国及欧洲等多个国家，均已在建筑行业提出了 BIM 应用要求并建立了相关的 BIM 企业级和行业级应用标准。我国房建、水电等行业已在全力推广 BIM 技术的应用。经过最近几年的快速发展，我国铁路行业 BIM 正在逐步完善，并积极参与国际铁路标准的制定。随着中国铁路信息化建设的高速发展，BIM 技术将成为铁路工程建设行业发展的必然趋势。

项目 BIM 设计应用包括：资源配置、协同设计、BIM 设计建模、建模过程中发现的问题及解决方案、建立构件库、IFD 编码验证、模型属性及构件检查、正向设计探索。BIM 最大的特点是"所见即所得"，可通过软件和数字化技术建立三维拟工程模型，构建与现场情况完全一致的工程信息库，模拟整个工程的建造过程，实时监控工程的进展，实现从现场原材料管理、钢筋加工、混凝土拌制、运输养护到内业资料整理的全套信息化服务。作为"智能高铁"时代的主要技术之一，BIM 在设计、建设、施工等方面应用优势如下：

（1）规划设计阶段的辅助决策。规划设计是一个有所借鉴、有所创新、不断改进和完善的过程。新的设计需要在原有设计的基础上进行改进和创新。智能设计系统中包含大量的设计实例，以便为当前设计提供有价值的参考。随着基础设施与电子设备组合并通过网络化联系，数据收集、整合、分析水平大幅提升，通过对大数据挖掘处理，实现跨学科技术支撑，为设计提供新的思路和工具。

（2）提高数据信息创建质量和利用率。BIM 简化了专业协调工作难度，提升了设计人员的协作能力，使各专业基于同一模型基础上进行工作。这个集成、共享的模型可以及时提醒信息间相互矛盾的问题，促使数据更加一致性；模型自动协调更改功能使得设计修改工作更加方便快捷；可视化界面便于参与方对设计进行优化。

（3）提高施工管理精细化。主要体现在：利用 BIM 三维可视化功能加上时间维度，可提前进行施工工艺和工序模拟，有效发现设计存在的问题，便于施工前与相关设计单位进行沟通处理，减少返工及资源浪费；通过 BIM 模型的展示，参建各方更加直观、清楚地理解设计意图，便于排查施工重难点及风险源，从而协同各方采取针对性措施，对工程施工质量、安全及进度进行有效控制；BIM 数据库可以实现工程基础信息的实时快速获取，通过合同、计划与实际施工的消耗量、分项单价、分项合价等数据的多算对比，实现对项目成本风险的有效控制。

（4）提高项目管理水平。通过 BIM 的应用，可以随时随地、直观快速地将施工计划与实际进展进行对比，同时进行有效协同，施工方、监理方甚至非工程行业出身的业主领导都对工程项目的各种问题和情况了如指掌。

我国自"十五"期间开始进行初步 BIM 研究工作，"十一五"期间已经开发了基于 BIM 技术的多个软件并应用于示范工程中，随后在一些高端复杂项目中开始试点应用，但此阶段 BIM 技术聚集于设计阶段。"十二五"期间，BIM 技术得以快速发展，并逐步向预制加工、施工、管理方向延伸。BIM 在铁路领域的应用如图 2.1 所示。

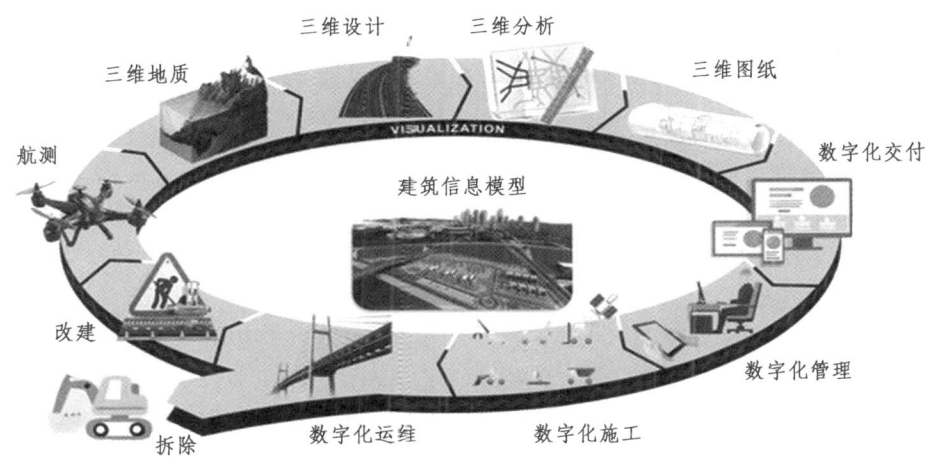

图 2.1　BIM 在铁路应用图

BIM 技术在铁路应用主要体现在：探索项目设计中同一专业内部、不同专业间的协同设计；实现设计优化，解决用传统二维图纸表达复杂三维形态难题，提高设计准确率，对复杂三维形态的可实施性进行拓展；探索 BIM 在铁路建设项目管理中的应用场景。以建设项目的进度、质量、安全、环保、投资控制等管理目标为主线，探索应用 BIM 进行设计变更、进度跟踪、质量安全和投资控制管理的实施方法；探索基于 BIM 的项目管理方法、流程及模式，以标准化管理为目标，促进管理手段的提升。BIM 在铁路应用上的设计流程图如图 2.2 所示。

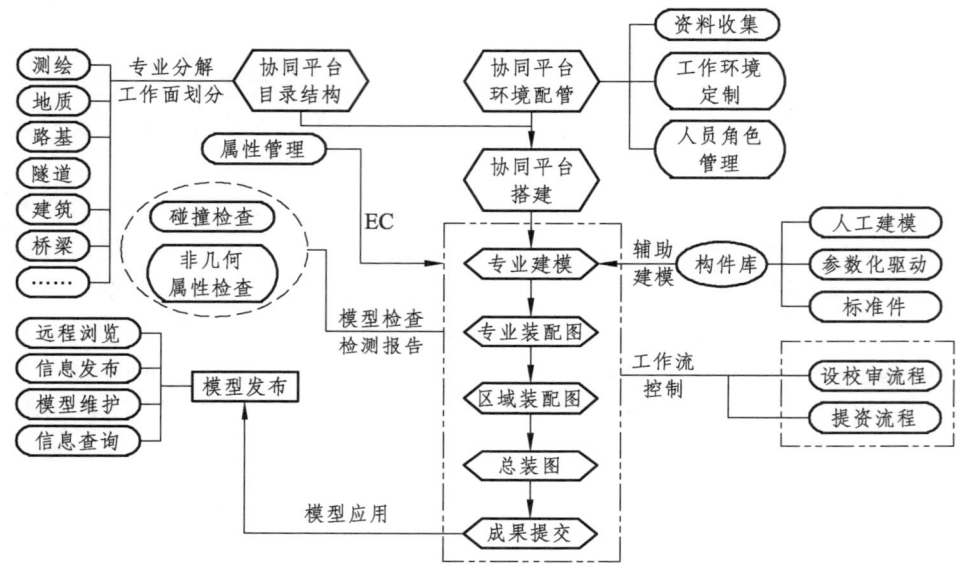

图 2.2　BIM 在铁路应用上的设计流程图

京张高铁在智能建造方面全线首次采用 BIM、GIS 等技术，构建了铁路 BIM 参数化协同设计平台和三维设计体系，建立了全线、全专业三维 BIM 模型，构建了建设、设计、施工、监理单位统一的协同管理平台，实现了建造阶段进度、质量、安全检测监测数据的融合，为数字化竣工交付和全生命周期管理奠定基础。

京张高铁首次实现了以 BIM 技术为核心、围绕铁路工程全生命周期的体系化应用实践，搭建了基于 BIM+GIS 的工程建设管理平台（以下简称"平台"），开展全线建设管理和"三站三隧"精益化的施工应用。同时，平台以标准化管理为抓手，以云大物移智等技术为核心，按照"一门户、六体系、N 应用"模式搭建。平台不仅建立了支撑协同应用的铁路三维空间数据体系，而且搭建了以进度质量安全相互校核的业务管理模型，实现了形象化与自动推演的进度管理、自动感知预判的安全风险管理、持续追踪的人机料质量溯源管理。此外，平台强化了工程建设数据多角度、多维度、多尺度综合分析应用，强化了现场"人、机、料、法、环"等全要素管理水平，形成了面向竣工交付的数字资产，实现数字资产从建设向运营的转移。

京张高铁 BIM 设计是智能京张的先导工程，其本质是以 BIM、地理信息系统（GIS）以及现代信息技术为基础，实现京张高铁建设过程的全面数字化，带动组织形式、管理模式和建设过程的变革，以及工程建设过程和产品的变革。京张高铁 BIM 技术应用于以下几方面：

（1）京张高铁协同设计体系的建立。京张高铁全线设计参与专业多，且各专业都有各自独特的设计需求和方法，也都有各自独特的数据特点。专业间业务接口复杂、数据交互繁多、协调难度大。传统二维 CAD 设计存在各专业内和专业间数据相对离散、逻辑关联性不高、信息大量冗余等问题，无法满足数字建造对数据的要求。为了解决这一问题，设计采用了基于 BIM 技术的协同设计体系，在协同平台建立项目所需的模板库、单元库、材质、线形库、特征库及标准配置；结合各专业工作内容分解，建立项目结构树，按规范命名并建立关键文档；模型划分按照项目总表、区域总装、专业分装、模型分拣等层级进行划分；制定实施流程。

（2）京张高铁勘察设计信息获取与利用。京张高铁勘察设计主要涉及地形、地物、地质、水文、气象、军事、电力、植被、经济、人文等基础数据的获取、处理以及融合工作。京张数字铁路的信息获取利用了航天遥感、航空摄影、无人机、飞艇、倾斜摄影、近景摄影、机载激光雷达（Lidar）、地面三维激光、倾斜影、GPS、室内定位、工程物探、超前地质预报、各类传感器等现代信息采集技术，利用遥感判释、图像识别与信息提取技术，大大地丰富了传统勘察设计数据的获取手段。同时针对勘察数据多元化的特点，采用了以传感网和信息平台为支撑，以大数据分析、云计算为手段，对数据进行叠加处理，同时也能对各种数据进行融合处理的多源数据融合处理技术。融合后的数据可以使勘察信息更加直观，勘察人员可以获得更多的信息，勘察效率与质量都能得到保证。

（3）京张高铁基于 BIM 技术，采用了铁路行业的 BIM 标准体系，构建了包含线路、地质、路基、桥梁、隧道、站房、电力、接触网、通信、信息、防灾、机械、动车、车辆、轨道等的数字模型，是我国首条全线、全专业基于 BIM 技术的数字化应用项目，为"智能京张"实现提供了充足的数据支撑。京张高铁建设的成功为 BIM 行业标准提供了技术支撑。

2.1.4　最佳的设计技术团队

新时代赋予新重任，新时代呼唤正能量。一流的高铁必须有一流的勘察设计团队。中铁工程设计咨询集团有限公司（中铁设计）受原铁道部委托，为京张高铁进行可行性研究及设计。2008年12月，中铁工程计容询集有限公司开始京张高铁项目的前期研究,到2019年12月30日京张高铁开通运营，历经11年时间,完成了这项具有划时代意义重大项目的前期研究和全阶段设计工作。京张高铁设计团队奋发拼搏、勇于创新，全力打造出精品工程"智能京张"，取得了一大批设计创新成果。京张高铁首次全线、全专业采用了BIM设计技术，并在列车自动驾驶、智能高度指挥、故障智能诊断、北斗卫星导航、生物特征识别等方面实现了重大突破。

2008年8月，速度350 km/h的京津城际铁路开通后，对京张高铁勘察和设计就正式开始。综合勘察实验室团队以"空天地"三类技术+数据平台为主体，采用技术手段与装备、组合模式与融合应用、多源数据管理与拓展应用三层结构，基于多源数据融合和统一数据标准，构建铁路工程地质多源数据管理与服务平台，初步形成了全域覆盖、空间立体、动态监控的"空天地"一体化工程勘察技术体系，通过多技术协同、多源数据融合应用，达到艰险复杂山区铁路工程地质勘察全域覆盖、多参数定量、全过程服务的目标。"空天地"一体化工程勘察技术体系通过多种有效手段的协同配合和综合运用，从多维度、多层次、多参量进行工程地质勘察，为复杂地区铁路勘察提供了全周期、一体化解决方案，满足复杂地形地质条件下的深埋长大隧道、跨深谷河渡桥梁、陡坡路基及活动断裂、滑坡、岩溶等重大不良地质区段勘察需求。优秀设计师用7年时光量天测地、踏遍青山，续写了京张这座不朽丰碑。这些可能是很多人不太会注意到的细微之处，但恰恰正是这些智能且人性化的设计，向世界展示了中国的大国工匠精神。高铁建设管理平台如图2.3所示。

图 2.3 高铁建设管理平台

在设计高铁的过程中,利用 BIM 技术把二维的图纸变成三维的实景模型,解决二维设计中无法表达以及表达不清的问题,还能让高铁在整个建造与运营周期中实时受到监控保护,可提高施工效率。另外,最具创新的高铁智能建造技术是新型大国重器,新型盾构机技术可完成高铁的隧道建设一体化成型、线路规划和建设的智能化。通过 BIM 技术的智能仿真和智能设计,对高铁建造工程进行全面优化;在 BIM 的共享平台式管理的基础上,针对勘测阶段实行了电子化专项监理制、设计阶段的审查鉴定、施工图的建设单位审核制,保障施工过程严格执行技术标准、质量管理和施工质量检验制度。高铁建设的 BIM 技术包含了智能化的数字孪生的含义,也是技术与管理融合的先进建造智能技术。BIM 协同设计体系建设如图 2.4 所示。

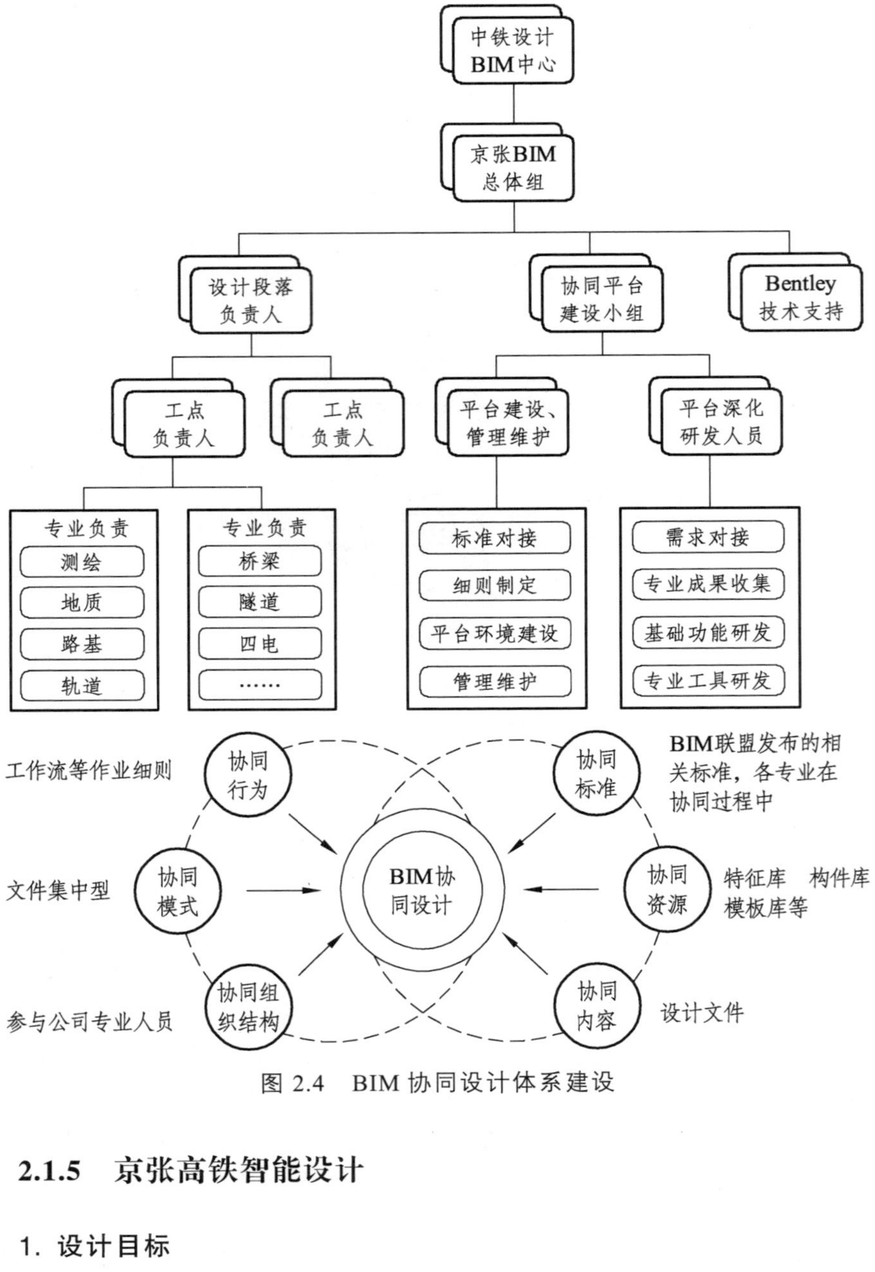

第一篇 智能京张 2019

图 2.4　BIM 协同设计体系建设

2.1.5　京张高铁智能设计

1. 设计目标

中国铁路建设已取得了辉煌的成就，其中，信息化、智能化发挥了重要的作用。智能铁路是现代新技术在铁路领域的综合应用，是铁路建设必然的发展方向。人工智能、大数据、BIM 等新技术与铁路融合后，形成智能铁路的基础技术体系和理论框架。智能铁路分为智能建造、智能装备和智能运营，为实现智能铁路战略提供重要保证。BIM 技术是智能铁路建设的重要技术发展方向和核心技术之一。作为铁路工程设计的源头，基于 BIM 技术的三维设计为智能铁路的施工建设及运营维护提供了可靠的数据基础。京张高铁智能设计目标体系图如图 2.5 所示。

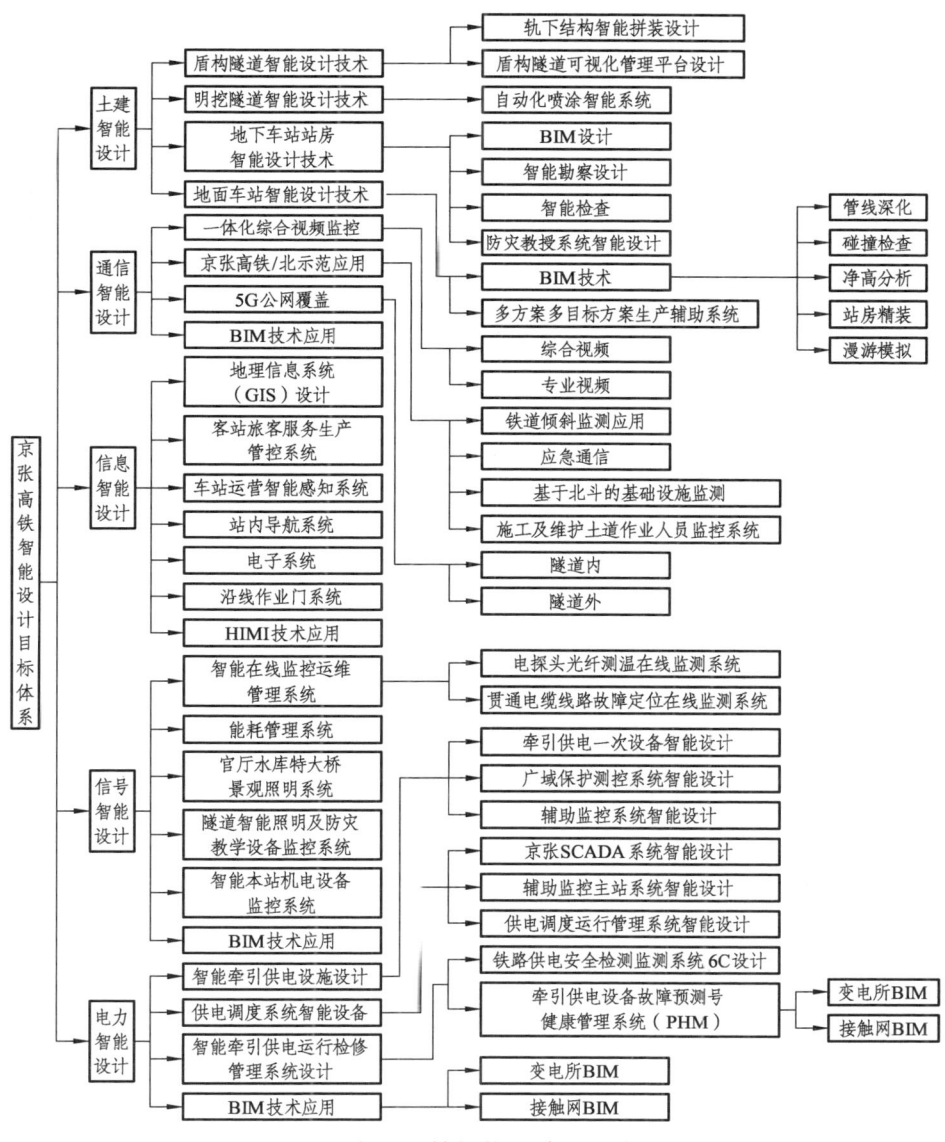

图 2.5　京张高铁智能设计目标体系图

2. 基于 BIM 的协同设计平台建设

1）整体建设目标

BIM 技术是基于三维数字设计所构建的可视化建筑信息模型，同时也是一种先进的管理理念。中铁设计以"BIM 设计水平达到同行业先进水平；协同设计达到工程化应用程度"为核心目标，针对智能铁路总体框架以及建设特点，提出了通过基于 BIM 技术的协同设计，为铁路工程建设提供贯穿于铁路全生命周期的全要素数据信息，形成完整、准确、实时更新的数字铁路的总体思路，从而打破铁路建设中各专业、各阶段的信息断层，有效管理工程信息的采集、传递、交流和整合，为智能铁路建设提供可靠的数据基础。

2）协同体系建设的重点和难点

首先，铁路设计专业多、接口复杂、流程阶段多，是协同体系建设解决的重点问题。利用 BIM 技术，将各专业内及各专业间的内在逻辑关系抽象出来，然后利用相关的计算机技术对其进行表述，得到参数化数学模型。在这个模型中，各个组件之间的联系是动态的，任意专业输入条件的改变，都会影响到与其相关联的组件，进而影响到整个复杂的系统。通过建设包含全专业的参数化数学模型，构建了专业内和专业间数据层面的强耦合关联关系，强化了数据层面的协同能力。依托面向工程对象的多专业、多层级、多粒度的技术，对数字孪生铁路进行精细化管理，这也正是数字孪生铁路具备动态、可感知特性的原因。

其次，针对设计中的重难点工程，传统二维设计需要对比分析各专业的各类图纸来确定优化设计方案。利用 BIM 技术，可动态抽取不同维度各专业设计成果，将其集中在同一维度中进行表达和分析，提升设计能力。

最后，针对传统设计过程中文件流转流程复杂等特点，利用 BIM 技术对其进行优化。基于 BIM 技术的专业间协同设计，让各专业在同一个信息模型上开展工作，使很多原本是串行的工作转为并行，专业间的配合更多是依靠定制的流程引去驱动全要素信息模型中数据层面的直接交互，各专业数据层面逻辑联系更紧密，配合度更高，从而促进设计质量的提升。同时，这种工作方式还能让年轻的技术人员更快、更深入地了解相关专业的设计意图和思路，掌握专业间如何配合、如何合理解决冲突等方法和技巧。

3）标准体系研究与建设

推进 BIM 标准体系研究与建设是铁路 BIM 技术发展的核心，制定相关 BIM 标准不仅是铁路 BIM 研发的基础，也是铁路建设周期中信息充分共享的支撑。依据铁路 BIM 联盟发展规划，未来铁路行业内应根据 BIM 推进工作的需要，制定政策，建立措施，完善相关机制，尽可能地为建设各方提供支持和帮助。同时，实现标准化是铁路工程 BIM 项目发展的重点方向，也是提高铁路工程信息化水平的基本前提。

为了更有效地规范 BIM 设计、充分发挥 BIM 协同设计在铁路设计行业的优势，同时结合 BIM 业务建设与管理应用的实际工作，参照铁路 BIM 联盟相关标准体系，中铁设计对相关的设计方法、流程、质量保证以及组构等方面进行了深入研究，制定了技术标准体系和实施标准体系，从整体架构、BIM 建模标准、编码标准等多方面进行规范和定义，形成了一套行之有效的技术与管理应用标准体系，为各专业领域开展 BIM 设计提供了准绳。

4）协同设计体系应用与实践

基于 BIM 的协同设计是指参与单位之间、参与专业之间、相关设计阶段之间的信息交付和工作协调。铁路工程建设涉及专业多达二十几个，站前专业如线路、站场、桥梁、路基等，站后专业如暖通、给排水、机械、电力等，每个专业内或不同专业间都要密切配合与协作，确保信息沟通顺畅、准确。传统的二维设计抽象复杂，多专业图面零乱繁杂，很难直观表述模型的设计意图，特别是工程进行时因图纸差错导致的返工，单专业错误可能导致其他专业的图纸变更，大幅增加了设计工作量，严重影响工程进度，甚至增加项目成本。应用 BIM 技术能够使各专业协同设计与作业，在设计初期及时沟通，进行模型汇总整合，及时修正错误确保设计信息及时准确地呈现，将传统方式下项目后期出现的问题提前解决。完善的 BIM 模型可最大限度降低图纸变更带来的损失，从根本上减少因之而产生的人力、物力浪费，确保数据的统一性与准确性，有效提高各方的协作效率。

3. 京张高铁 BIM 技术应用

京张高铁全线、全专业采用了 BIM 技术进行三维信息模型设计，形成一条基于 BIM 技术的数字铁路。为实现设计、施工、运营维护全生命周期、一体化管理的智能铁路打下基础。

如前所述，京张高铁 BIM 设计是智能京张的先导工程，其本质是以 BIM、地理信息系统（GIS）以及现代信息技术为基础，实现京张高铁建设过程的全面数字化，带动组织形式、管理模式和建设过程的变革，以及工程建设过程和产品的变革。京张高铁 BIM 技术应用于以下几方面。

1）京张高铁协同设计体系的建立

京张高铁全线设计参与专业多，且各专业都有各自独特的设计需求和方法，也都有各自独特的数据特点。专业间业务接口复杂、数据交互烦琐，协调难度大。传统二维 CAD 设计存在各专业内和专业间数据相对离散、逻辑关联性不高、信息大量剩余等问题,无法满足数字建造对数据的要求。为了解决这一问题,设计采用了基于 BIM 技术的协同设计体系。

首先,依据《新建北京至张家口铁路站前工程招标预算编制原则》文件中的 10 个标段和 26 个招标预算子单元,按照站场、路基、隧道、桥梁、动车所、信号等设计起始里程范围,全线 BIM 工作划分成 56 个设计段落,并确定了模型总装的牵头专业。其次,基于 Project Wise 平台进行二次开发,形成符合设计习惯及项目特点的设计协同工作管理平台,将贯穿于项目设计过程中的信息以三维模型为载体进行集中、有效的管理,并按照以下方式进行管理。

(1)在协同平台建立项目所需的模板库、单元库、材质、线形库、特征库及标准配置。

(2)结合各专业工作内容分解,建立项目结构树,按规范命名并建立关键文档。模型划分按照项目总表、区域总装、专业分装、模型分拣等层级进行划分。

(3)制定实施流程。

2)京张高铁勘察设计信息获取与利用

京张高铁勘察设计主要涉及地形、地物、地质、水文、气象、军事、电力、植被、经济、人文等基础数据的获取、处理以及融合工作。京张数字铁路的信息获取利用了航天遥感、航空摄影、无人机、飞艇、倾斜摄影、近景摄影、机载激光雷达(Lidar)、地面三维激光、倾斜影、GPS、室内定位、工程物探、超前地质预报、传感器等现代信息采集技术,利用遥感判释、图像识别与信息提取技术,大大地丰富了传统勘察设计数据的获取手段。同时,针对勘察数据多元化的特点,采用了以传感网和信息平台为支撑,以大数据分析、云计算为手段,对数据进行叠加处理,同时也能对各种数据进行融合处理,即采用多源数据融合处理技术。融合后的数据可以使勘察信息更加直观,勘察人员可以获得更多的信息,勘察效率与质量都能得到保证。

3)京张高铁 BIM 设计成果

京张高铁数字建造基于 BIM 技术,采用了铁路行业的 BIM 标准体系,构建了包含线路、地质、路基、桥梁、隧道、站房、电力、接触网、通信、信息、防灾、机械、动车、车辆、轨道等的数字模型,并进行了全专业的模型总装,模型各构件满足 LOD3.0 级、部分达到 LOD4.0 级与 LOD5.0 级的几何及非几何精度的要求,是我国首条全线、全专业基于 BIM 技术的数字化应用项目,为"智能京张"实现提供了充足的数据支撑。

4. 设计调研过程的优化和难题

1）突破难题

建设一条高铁首先需要做好设计工作。高铁设计是一项庞大复杂的工程，涉及线路、车站、桥梁、隧道、动车组、供电、轨道、信号等诸多专业，还需要充分考虑地形、人口、城市、环保、风俗习惯、施工难度等因素。

当年 27 岁的王洪雨最初并没有觉得京张高铁项目设计与此前负责的项目有什么不一样，"每一个项目都有各自的特点和难点，作为设计者，我们也都倾注心血，全情投入"。然而"京张"终究与众不同。2008 年 12 月底，王洪雨和几个同事从位于西直门的北京北站出发，从这里走过，沿铁道线向北走到昌平区，"大概 40 多公里，一边走一边记录和讨论，走了整整一天"。此行是他们第一次踏勘，意味着京张高铁设计修建正式拉开序幕，未曾想这一干就是 11 年。

随着项目逐渐推进，王洪雨才发现其中困难重重。百年前，詹天佑就在《京张铁路工程纪略》中提到老京张铁路面临的复杂环境：由于"地近畿辅"，老京张铁路不得不在广安门、阜成门、西直门等人口密集地"横穿街巷"、在西便门外横穿京汉铁路；而在北京旧城西部和北部的郊外地区，"悉皆园林、坟墓星布棋罗"，京张铁路又不得不频繁采用曲线布局来避开它们。随着城市的发展，百年后的京张高铁面临更复杂的环境。

高铁起始点位于北京二环边上，是名副其实的市中心。铁路与地铁 13 号线平行，并下穿过横向的地铁 10 号线和 15 号线、在建的 12 号线，向北穿越北京两大主城区——西城和海淀，沿线分布着北京交通大学、中央财经大学、北京航空航天大学、清华大学等高校，有的学校和铁路仅一墙之隔。在这样的区域规划铁路，需要跟多方进行协调，同时还要考虑到未来施工对周边生活及地铁运行的影响，难度可想而知。在北京市区内，京张高铁的设计思路是尽可能不影响周边居民的正常生活。

京张高铁从北京北站驶出即遁入地下，进入 6 020 m 长的清华园隧道，穿过北京市区，在北五环附近回到地面。在全长 174 km 的京张高铁线上，这 6 020 m 极为关键。清华园隧道由此成为王洪雨和设计团队必须面对的重大课题。站在京张铁路五道口段的路边，王洪雨手指着周围的高层居民社区说："做设计方案时，我们曾连续一个多月，每天傍晚五点多从单位出发，到这片区域，分成四个小组挨家挨户做调研，填问卷，了解居民想法，向他们解释噪声和震动对生活的影响，征求他们对京张高铁经过这里的意见，天天都到晚上十点多才收工。"为了让沿线市区居民更放心，最终还是将原有设计方案中的地上行车改到地下。当下,客运铁路在城市中穿行,走地下隧道越发普遍。但在北京主城区地下建隧道,所面临的挑战堪称世界级。

穿过清华园隧道,就到了清河站。作为北京北部全新的客运交通枢纽,在清河站,地铁高铁并场设计,实现了高铁、城铁、公交车、出租车、私家车完美零换乘,四台八线连接四面八方。京张高铁清河站设计负责人是冯小学,她带领团队"完成了不可能完成的任务"。为疏解西直门地区交通枢纽的压力,百年前老京张的小站——清河站被重新启用,老站房作为见证历史的文物经历两次整体平移,并在附近建立一个全新的清河站。

新清河站夹在京新高速、地铁13号线和居民区之间,这仅200 m的宽度内要建设一个大型综合站房简直是不可能完成的任务。为从下沉广场到A型柱的布局设计可谓巧夺天空,实现了全国首例国铁与地铁的并场。仅用过年的7天时间就完成了13号线的驳接工作。

过了清河站,不到20 min,就到了长城。出了北京,京张高铁面临更大的困难:铁路途经八达岭长城、八达岭陵园,以及詹天佑亲自设计的老京张铁路人字线,可以说是一条极具人文特色的路线。如何平衡人文价值和工程可行性,对设计者提出了极大的挑战。

长城站在八达岭长城地下102 m,是世界上最大最深的高铁站,候车、乘降、新风、消防、避险系统一应俱全。这里成为登上长城最炫最酷的路线。"尊重自然、形隐于山。"王洪雨在京张高铁设计方案中,对八达岭长城站如是定位。在世界文化遗产长城核心景区建高铁站,对古迹的影响牵动人心。"甚至连京张高铁是否一定要穿越八达岭长城,都有激烈争论。"王洪雨说。一种观点认为这个车站就应该移出到风景区以外,离得越远就是对文物越好的保护。还有一种观点坚持认为世界各地的人来中国都要看长城,高铁既然修到这里,就应该最大限度满足旅客,以践行"以人为本"的理念。

将八达岭站设在远离景区的位置,施工更方便,但乘客要前往长城还要换乘其他交通工具,交通成本必然上升,而且很不方便。将高铁站建在景区内,则需要考虑对长城的影响,比如施工爆破时产生的震动,以及车站如何和谐地融入历史文化景区。"京张高铁八达岭长城站应该设在什么地方,从项目启动之初到可行性报告批复,争论就一直没有停止,长达数年,"有一段时间,王洪雨很是焦虑,"我们的专业论证和其他领域专家,就像两条平行线,总也说不到一起。"

针对高铁站选址问题的讨论长达数年。设计团队和各方面专家开了无数大大小小的会,有院士参加的会议就有4次,最多一次有6名院士同时参与讨论。经过反复研究,各方决定最大程度方便旅客,将站点设在长城风景区内，但绝不能对长城及周边文物造成破坏。最终设计完成的八达岭长城站与长城距离不到 200 m，位于八达岭陵园和青龙桥人字线之间，下穿人字形铁路端头，在"人"上方加了一横，变成一个"大"字。

京张高铁设计团队把"古老传统的历史长城，包容创新的人文京张"的核心设计理念，体现在每一个设计细节中。如全长 12.01 km 的新八达岭隧道，连续穿越居庸关、水关、八达岭长城及百年京张铁路，设计师们将长城文化与现代高铁有机结合，采用绿色环保景观设计，实现了与周边环境相协调，高铁隧道与环境和谐共生。

位于北京西北面的官厅水库是京张高铁必经之路，官厅水库特大桥横跨于此。官厅水库是北京市备用水源地，出于环保考虑，在常规铁路桥梁钢结构涂装体系要在生命周期中涂装 5~6 次的基础上，设计团队对官厅水库钢桁梁的防腐涂装体系提出更高要求，使钢结构涂装体系在寿命周期中仅需涂装 2 次，大幅降低钢梁涂装对水库水体造成的影响。同时在桥面设计中，采用雨水集中收集装置，将雨水排放至水源保护区以外的沉淀蒸发池内，避免桥面污水流入水库污染水体。官厅水库特大桥是京张高铁上的重点控制性工程之一，桥梁全长 9.08 km，充分体现了"轻质、大跨、环保"的现代铁路桥梁建设理念。大桥有 8 个造型优美的曲弦桁梁，跨越宽阔平静的官厅水库与水面交相辉映，成为一道亮丽的风景线。此外，为了避免破坏长城景观，八达岭长城站的站台设计在地下，地面只能看到一个类似长城垛口的站房入口，与山体融为一体，这种设计理念被称为"尊重自然、形隐于山"。

可见，因京张高铁要途经一些比较特殊的地方，如古迹众多而又繁华的北京市区、居庸关长城、八达岭长城、北京市民的水源地官厅水库，为了不给市民日常交通出行造成太大影响以及出于文物古迹和水源的保护考虑，必然会增加工程施工的复杂度和难度。京张高铁穿越长城，这两个都是中国的"符号"或是"名片"，"付出前所未有努力，创造世界一流设计"，这是设计师们的共同心声。

在应用现代科学技术方面，这里提一下基于北斗卫星和地理信息系统技术。京张高铁为建设、运营、调度、维护、应急全流程提供智能化服务。线路实时"体检"系统，可以将全线每一个桥梁、车站，每一处钢轨通过传感器连接至电脑。零件是否老化，路基是否沉降，照明是否损坏，都能一目了然。此外，对路基、桥梁、隧道及其他相关场地进行绿化和景观设计；采用跨区同无线路、声屏障和隔声窗等进行降噪减振设计；在桥通设置声屏，减少线路运营噪声对环境的影响；为不压缩天然河道，桥墩尽量采用流线型，桥下地段均种植绿化草木。

例如，太子城站是服务北京冬奥会的重要车站，建筑掩映于山水之中，形成"云中之雪、雪中之云"的景观。站前广场考虑各种车辆等接驳条件，环形长廊连接站房与换乘设施，同时将站前景观与湿地公园环抱其中，象征着"奥运之环"。站房的弧线与湖中倒影交相辉映，"奥运之眼"跃然眼前，预示崇礼走向世界。"京张高铁开启了中国智能铁路新时代。我们是站在中国铁路、装备制造、综合国力飞速发展的'肩膀'上，谋划中国高铁的又一次飞跃。"王洪雨说，他快速协调了涉及 30 多个专业、300 余名工程师的设计团队，广泛征求意见，进行多方论证，"中国高铁现有智能体系的几乎全部元素，第一次在京张高铁上集中应用"。

工程师们通过大量的调研、勘测，为工程施工设计提供最科学可靠的方案。经过反复研究，中铁设计的工程师们决定另辟蹊径：利用隧道来通过城北的几大核心区。这条隧道名为"清华园"，是京张高铁全线唯一采用盾构法施工的隧道。再如清河站的最优方案是这样的：在清河建设综合交通枢纽，实现国铁与城铁同台停靠。清华园隧道建造过程中采取盾构法，即将盾构机架在钢轨上，工人操作遥控装置，将零件送到指定位置进行拼装，精确度极高，对环境影响也较小。

值得一提的是，随着经济和技术的发展，我国高铁基础建设不再一味追求效率和成本控制，而开始越来越重视对环境的长期影响。京张高铁的另外一个重要特色，是融入了诸多智能元素。2010 年进入项目组的中铁设计教授级高工李红侠，负责京张高铁"四电"系统及智能化总体设计。她说："老京张铁路、青藏铁路、京沪高铁是我国铁路工程目前的三大里程碑，新京张高铁将成为第四个里程碑。"当年詹天佑修建京张铁路时，我国连开山设备都没有，只能靠人工挖掘隧道。而京张高铁全线采取智能技术建造，从蓝图到完工信息全收集，实现数字化管理。清华园隧道工程在盾构机上搭载传感器，对施工全过程进行可视化动态管理；崇礼支线太子城隧道则引入了混凝土压力感应系统，水泥浇筑压力达到设定值后自动触发开关，比工人肉眼观察更加可靠，确保水泥浇筑密度达到最佳值。

从 2008 年立项之后，直到 2015 年 9 月，国家发改委才正式批复了新建北京至张家口铁路可行性研究报告。"前期可行性研究、设计工作我们搞了 7 年，设计材料堆起来三四米厚，有一层楼那么高，相当于其他相同长度铁路设计工作量的几倍。"全长 174 km 的铁路线，王洪雨 11 年间累计徒步走了好几遍，随便在沿线一个位置拍一张图，他都能准确说出拍摄地的名称。先辈们曾用曲线尺和经纬仪这些最基本的工具，一厘米一厘米地绘制出京张铁路设计图，王洪雨说，"今天，我们更要精益求精"。

此后 4 年，项目组又对设计方案进行了无数次调整，以求最大程度保护沿途的文化和自然景点，打造一条以人为本的高铁。以八达岭长城站为例，拥有 2 000 多年历史的长城是中国人的文化图腾，也是世界文化遗产。京张高铁八达岭长城站应该设在什么地方，从项目启动之初到可行性报告批复，争论就一直没有停止。将站点设在远离景区的位置，对于施工来讲最方便，但乘客要前往长城还要换乘其他交通工具，交通成本必然上升。将高铁站建在景区内，则需要考虑对长城的影响，特别是施工爆破时产生的震动，以及车站如何和谐地融入历史文化景区。"其实八达岭一段的地质和地形并不是特别复杂，但影响面非常大，如果对长城造成影响，会被全国乃至全世界关注。"负责京张高铁隧道工程的副总设计师吕刚如是说。

2018 年年底，京张高铁开始全线铺轨工程。2019 年 6 月 12 日上午，京张高铁最后一根钢轨在铺轨机牵引下准确落在清华园隧道的枕木上，误差不超过 1 cm。京张高铁实现全线轨道贯通。王洪雨和施工方都长出一口气。11 年间，经过王洪雨团队不断努力和方案优化，设计方案精美之处已成为铁路建设史上的亮点与创新。王洪雨并不陶醉于此："在应用工程里，同样需要创新，在遇到困难并设法解决的过程中积累经验，再遇到类似问题能够心里有底气。"关于中国高铁，很多当下是朝向未来。京张高铁是中国第一条采用自主研发的北斗卫星导航系统、设计速度 350 km/h 的智能化高铁。从蓝图到建成，在整个生命周期中，信息全记录。同时通过数字化管理，做到精细施工。

从 1909 年到 2019 年，尽管在过去的百年里科技发展迅速，但在北京到张家口之间建设一条速度可达 350 km/h 的高铁绝非易事。当年在修建京张铁路时，主要站台西直门站（也就是现在的北京北站）位于城市边缘，但现在这里已发展成核心区，导致火车必须要从区内形成的四道口、五道口等地经过。这不仅会打扰到周围居民的生活，还会阻碍该地区的发展，在此建设高铁更是难上加难。人是万物的尺度。为了让人们更好地生活，是修建一条铁路的理由。京张高铁设计建设亦如此。

虽然取得了耀眼的成绩，但王洪雨与设计团队依然清醒。"智能京张不等于智能高铁，智能京张是智能高铁 1.0 版。"未来，智能高铁建设将依托智能京张铁路技术攻关和工程建设形成的建设与运营指导性文件，进行持续优化与扩展。"工程师既有利国之技能，应各出所学，各尽所知，使国家富强，不受外侮，足以自立于地球之上。"这是詹天佑所言，王洪雨和同事们用一条京张高铁呼应了 110 年前筑路强国的时代之声。

2）工匠精神

京张高铁设计团队涉及 30 多个专业，工程师 300 余人。"前期工作我们做了7年,设计材料堆起来有1层楼那么高,相当于其他相同长度铁路设计量的4倍。"吕刚是一位极具系统思维和专业素养的设计师。他说,先辈们曾用曲线尺、计算尺、水平仪、经纬仪等最基本的工具,一厘米一厘米地绘制了京张铁路,今天,拥有更多先进设备的我们更要精益求精。

青山环抱中的青龙桥站,毗邻巍巍长城,曾因"人"字形铁路而闻名。在青龙桥站下方,京张高铁八达岭长城站最大埋深102 m,建筑面积超过4万平方米,相当于6个足球场大。如何处理传承与创新、当下与历史、人与自然之间的关系?"尊重自然,形隐于山"的重任落在了吕刚身上。

吕刚主张在京张高铁设计中,不要追求"大而奢",而要琢磨"小而精",要建设"实用、适用、先进、人文"的工程。设计的产品要做到"精和巧",设计人员要做到"智和恒",体现工匠精神。在京张高铁建设中,吕刚先后主持和参与了"京张高铁大跨度深埋地下车站综合修建技术研究""京张高铁八达岭地下车站施工关键技术研究""京张高铁城市密集区复杂地质高风险大直径盾构隧道修建关键技术研究"等重大课题及"京张城际铁路新八达岭隧道极限状态法设计方法研究""铁路隧道高品质二衬混凝土质量控制关键技术与应用"等诸多科研项目。

隧道建设是实现理想、报效祖国的一种方式。吕刚认为:老一辈工程师、科学家默默耕耘于基础理论、基础方法,为我们打牢了创新的根基,祖国一辈辈建设者挥汗如雨,殚精竭虑,为我们打下了强大的工业基础,我们才有了可用的理论、先进的设备、充裕的资金来建设京张高铁这项伟大工程。他说:"我们在这里建设的不应只是实现功能的工业工程,更应该是历久弥新的遗产工程,是民族复兴的一个印记,只有这样,才能对得起国家和民族对我们这辈人的期望。"

吕刚始终把人民安全和便捷放在工作的首位考虑,把"人民铁路为人民"的宗旨贯彻到设计工作的每一张蓝图中。在八达岭长城站设计中,他利用施工辅助坑道设置了环形救援廊道系统,并组织研发了可视化智能防灾救援指挥系统,解决了深埋大型地下车站防灾问题。在设计中,他设置了84 m长的大扶梯,减少了旅客频繁上下扶梯的不便;设置了斜行电梯,破解了老弱病残旅客通行难题,体现了对旅客的人文关怀。同时,他设计了清污完全分离的排水系统,实现了每一滴清水都还给自然、每一滴污水都得到处理的环保目标。此外,他还组织研发了精准微损伤爆破技术,将爆破开挖传至长城的振动速度降低到1 mm/s,对长城几乎没有影响,实现了对文物最大程度的保护。一系列周密的思考、细致的设计、精准的措施只为设计出体现现代建设理念、让人民满意的车站。

在负责原铁道部隧道标准图编制工作中，吕刚率先对落石冲击荷载进行详细模拟计算，深入调研，提出明洞按落石荷载控制设计的理念，并结合施工实际提出了多种优化结构，推动了铁路隧道的技术进步。在担任中铁工程设计咨询集团有限公司城交院副总工程师后，吕刚率先引入了需求导向设计概念，增强设计工作的针对性，提高竞争力，并对传统结构形式进行改进创新，加强设计先进性和经济性。

3）让我们记住他们的名字

就这样，全世界最高标准的建设诞生：首次实现时速 350 km 的自动驾驶，最先进的泥水平衡盾构机，最复杂的地下管线问题，规模最大最复杂的高铁地下洞室群，规模最大的暗挖车站，首个时速 350 km 的钢桁梁桥，等等。让我们记住他们的名字：京张高铁总体设计负责人王洪雨先生、高铁智能系统设计负责人李红侠女士、桥梁设计负责人李辉女士、八达岭长城站隧道设计负责人吕刚先生、清河站站房设计负责人冯小学女士。

"不太一样或者说太不一样。"2008 年王洪雨接到一个任务：重新修建一条从北京到张家口的高速铁路。这不仅仅是重建百年京张的风采，而冬奥会召开在即也给这条铁路带来了新的要求。京张铁路成为展示我国高速铁路的重要窗口，50 min 以内的通勤要求为选线带来了难度。"更高、更快、更强，是奥林匹克的格言，中国高铁的发展也是这样一个目标。"

八达岭长城站隧道设计人吕刚——"上天或入地"。北京北站作为新老京张的双始发站，周边交通环境复杂，人流密集，设计规划难度巨大。高速铁路的经过必定会对人们的生活造成影响。为保证对环境的影响降到最低，选线过程可谓呕心沥血。几经研究，最终在高架和隧道的方案当中选择了隧道。

但是清华园隧道遭遇了世界上最为复杂的城市管线问题。它和北京地铁 10 号线、15 号线、12 号线相交而过，并行 13 号线，下穿 7 处重要城市道路及近 90 条重要市政管线。为满足双向高速列车的行驶，清华园隧道直径是普通隧道直径的 4 倍。因此定制了直径 12.64 m 的泥水平衡盾构机，并以老京张总设计师名字命名"天佑号"。

王久军和团队设计京张高铁从北京北站出发，1 000 m 后钻入地下，以隧道方式穿越北京，可是这条 6 000 多米的长隧道将与世界上最为复杂的北京地下系统相遇。清华园隧道是京张高铁全线的关键性、控制性工程，其工期能否达成，是整个工期能否达成的关键。历经了 5 个昼夜的连续奋战，清华园隧道终于成功穿越了北京地铁 10 号线，而且顶部沉降更是控制在了 0.8 mm。

2019 年 8 月，国内目前最复杂的洞室群结构的高铁车站——京张高铁八达岭长城站成功封顶。王久军和团队不断创新技术和管理手段：全预制轨下结构及智能拼装技术、精准控制微损伤爆破技术、基于 BIM+GIS 的铁路建设管理平台……智能建造，成为京张高铁最闪亮的名片。"克服困难就像嗑瓜子一样，每嗑一颗瓜子就有一个瓜子仁，你总有阶段性的喜悦。"王久军说。2019 年 12 月 30 日，京张高铁开通运营。"车外的景物往后退的时候，每过一个地方，就能想到一群人、一个故事。那种获得感，是一般人体会不到的。"王久军说。

京张高铁清河站设计负责人冯小学——"完成不可能完成的任务"。为疏解西直门地区交通枢纽的压力，百年前老京张的小站——清河站将被重新启用，老站房作为见证历史的文物将经历两次整体平移，而在其附近建立一个全新的清河站。

新清河站夹在京新高速、地铁 13 号线和居民区之间，在这仅 200 m 的宽度内要建设一个大型综合站房简直是不可能完成的任务。从下沉广场到 A 型柱的布局设计可谓巧夺天工，实现了全国首例国铁与地铁的并场。相关人员仅用过年的 7 天时间就完成了 13 号线的驳接工作。

京张高铁桥梁设计负责人李辉——"每一滴清水都换个自然，每一滴污水都送去处理"。京张高铁一共 83 座桥梁，其中官厅湖水库特大桥是为保护官厅湖一级水源的标准设计、施工的。桥梁设计师李辉采用雨水收集装置的设计，将桥面污水排放至水源保护区以外的沉淀蒸发池内，避免污染水体。

京张高铁智能系统设计负责人李红侠——"最好的监控、最好的司机"。全流程提供智能化服务、线路实时体检系统，可以将全线每一个桥梁、车站和每一处钢轨通过传感器连接至电脑。零件是否老化、路基是否沉降、照明是否损坏都能一目了然。全线实现了 5G Wi-Fi 覆盖，通过电子客票、刷脸简化流程，方便旅客，以人为本。这是世界首次在时速 350 km 情况下模拟一个最好的司机，用算法开出一列安全、节能、高效的列车。

清华园隧道是国内穿越地层最复杂、重要建筑物众多的单洞双线大直径高风险铁路盾构隧道。其全长 6.02 km，位于北京市城市核心区，需用 2 台直径近 13 m 的盾构机，在 4 条地铁线、7 条主干道和 88 条市政管线中穿梭掘进，离最近的地铁隧道仅有 0.8 m，这无异于用斧头完成心血管搭桥手术。最让人揪心的是下穿地铁 10 号线施工，地铁沉降变形必须控制在 2 mm 以内，这就要有万无一失的加固方案。最初考虑在地铁道床开孔，对土层进行竖向注浆加固，需要占用大量的地铁"天窗"。李红侠说：我知道，地铁 10 号线是北京市最繁忙的环线，担负着日均 200 万人次的客流运输，我们的施工不能影响百姓出行。有没有更好的方案呢？作为建设现场负责人，我查阅大量盾构穿越地铁的案例，实地调研类似项目，仍找不到更好的办法，工作一时陷入僵局。我不断给自己打气，难不难，想想百年老京张，只要顶住压力、开动脑筋，就没有过不去的坎儿！最后，我在大写字母"H"上找到灵感，当即组织参建单位研讨，确定了从地铁两侧开挖竖井创造作业面，搭设小管棚横向注浆固化土层，给盾构机和地铁间架起一座坚固的"土桥"，经过一番努力，盾构机平稳穿越 10 号线。沉降监测人员盯着设备兴奋地说："0.8 毫米，太不可思议了。我们在地铁不停运、不限速的情况下，创造了大直径盾构机近距离穿越地铁施工沉降最小纪录。"

她说："清华园隧道是京张高铁的控制性工程，我一直在思考，如何既保证质量，又加快进度。传统的施工是先打通隧洞，再从洞内浇筑路基，如果能同时干就好了。受联合收割机的启发，我大胆提出把洞内路基改为全预制拼装施工，实现了路基拼装与隧道掘进同步，开创了国内全预制拼装技术的先例，将工期提前了 48 天。"

新八达岭隧道全长 12 km，一次并行水关长城，两次下穿八达岭长城，一次浅埋下穿京张铁路青龙桥车站。不仅如此，还要在大山内部地下 102 m 的地方修建八达岭长城站，它是亚洲最大埋深的暗挖高铁站，仅地下建筑面积就超过 4 万平方米。如何安全、快捷又节省地建设？设计者绞尽了脑汁，反复踏勘现场，多次向专家请教，集各方智慧，终于确定了 3 层 3 纵 78 个洞室的群洞建筑方案。考虑地形因素，只能爆破开挖，然而头顶上就是八达岭长城，爆破绝不能对文物有任何影响。控制爆破，但如何实现爆破效果，是个难题。只能利用离文物较远的斜井试验，按克调整雷管装药量，按毫秒计算爆炸间隔，经过百余次起爆试验，最终拿出 3 套针对不同等级围岩的爆破组合。起爆器一按，围岩就像剥洋葱，一层一层地脱落下来，震动速率每秒仅 2 mm，相当于在长城上跺了跺脚。站台层平整的爆破面被保留下来，原汁原味地呈现在旅客面前，成了长城站一道别样的风景。新八达岭隧道的建成，使新老京张在青龙桥车站立体交汇，为"人"字铁路添上了浓墨重彩的一横，从此"人"字变"大"字。一笔之差，已是天壤之别，成为中国铁路从追赶到领跑的精彩见证。

总之，百年京张承载着中国人的强国情怀。重构京张，正在竖起铁路强国的又一丰碑。京张铁路见证了中国铁路从落后迈向世界领先的光辉历程。

设计者们不仅把京张高铁打造成了精品工程，还让它变成了世界上最"聪明"的高铁。时速 350 km 自动驾驶，实现了车站自动发车、区间自动运行、自动停车、自动开门、车门与站台门联动。一证通行、刷脸进站、智能机器人服务、站内导航、列车 5G 超高清演播、无线充电、灯光智能调节、人性化客舱设计，交通一站式接驳，为旅客提供了"畅通、便捷、绿色、温暖、舒适、安全"的美好出行体验。这些数不胜数的智能建造、智能装备、智能运营技术的集成，成功开启了世界智能高铁新篇章。冬奥会期间，京张高铁成了网红打卡地，参赛的各国运动员、新闻媒体人、政府官员、观众都纷纷点赞。

2.2 最终设计方案的提出

2.2.1 绿色选线设计要求

京张高铁选线和布站设计，贯彻"绿色环保、以人为本、站城融合"的创新理念，实现了铁路建设与生态环境的和谐统一。在北京枢纽、八达岭越岭、张家口地区、延庆支线、铁路等的选线与布站设计上，结合沿线不同的地形地貌、经济据点以及文化古迹分布等因素进行多方案研究、反复比选，达到线路走向、客站布局、站位方案最优。

1. 铁路选线基本理念

随着社会经济的发展和科技创新能力的增强，铁路测量设计技术手段也不断提升，铁路建设理念、设计思想也在与时俱进。目前铁路选线基本设计理念主要有 5 类，主要为工程选线、经济选线、地质选线、规划选线和环保选线。铁路选线理念的变化分为 3 个发展阶段：中华人民共和国成立初期到 20 世纪 60 年代的选线理念主要为工程选线、经济选线；20 世纪 70—80 年代提出了地质选线；20 世纪 90 年代至今，规划选线、环保选线也成为线路方案设计重点。

1）工程选线

新中国成立初期国民经济基础薄弱，百废待兴，建设资金短缺，铁路建设主要满足国民经济战略发展的路网性线路需要，线路方案设计在照顾主要经济据点的情况下，尽量减少重点工程数量，降低工程投资。

2）经济选线

线路走向的选择要靠近经济发达地区，经由主要经济据点（县以上的城市），方便旅客出行和货物运输，有利于促进地方经济发展。有条件时以客运为主的线路要引入主城区，充分发挥车站的辐射力和影响力，推进车站及周边地区土地综合开发利用，形成铁路衍生经济，增加铁路建设的附加值。

3）地质选线

山区通常具有"地质条件复杂，构造多、岩性复杂，不良地质多，不同地段地质条件差较大、变化快"的特点，地质条件成为控制线路走向的关键因素。因此，地形地质条件决定线路走向和具体位置，影响工程数量和工程投资，选择安全可靠、经济合理的线路方案是地质选线的主要任务。地质选线原则为"先绕后通过"，线路尽量绕开重大不良地质区域，无法避让时应避重就轻，从影响较小的区域通过，并采取经济合理的工程处理措施。

4）规划选线

首先要服从国家战略和国民经济发展的需要，符合铁路发展规划，从国家铁路网布路运输需求和运输结构合理角度出发，充分考虑铁路建设与沿线经济发展的关系，经不同主要城市的线路走向方案，即宏观方案。在确定线路宏观走向的基础上，铁路线路经过较大的经济据点时，线路走向和车站的设置要与城市规划相结合，要与城市近远期规划、功能区划分、城市生态环境特点、交通道路布局等相协调，使铁路与城市环境、人文环境相协调，满足城市规划要求。

5）环保选线

全面落实"创新、协调、绿色、开放、共享"的发展理念，推进生态文明建设，实现可持续性发展。新的历史时期，人民群众的环境保护意识越来越强，国家对环境保护的要求越来越严格，相关法律法规更加完善。因此，铁路线路方案设计中处理好铁路方案与环境保护的关系十分重要。铁路线路经常遇到的环境敏感区有：自然保护区、风景名胜区、水源保护区、文物保护区、军事保护区、城市居民区、学校、医院、危险品储藏区、动物养殖区、特殊企业厂区等。铁路选线设计要重视保护好生态环境、自然景观和人文景观，使铁路建设工程、人文环境、自然环境和谐统一。铁路遇到重要环境敏感区域的选线应首先进行绕避，当因铁路技术上的特殊要求或工程经济代价巨大而无法绕避时，才考虑在干扰较小区域通过方案。

可见，铁路选线设计是一个涉及多专业、技术复杂、综合性强的工作。一个好的线路方案应综合考虑路网布局、区域经济、城市规划、地形、地质、环保、用地、投资等外界因素，将项目的功能定位、技术标准、工程措施、技术经济、投资控制等科学、合理地结合起来。

2. 绿色选线基本要求

铁路环境保护"十五"计划就已明确指出，"十五"铁路环境保护重点工作之一是在建设项目的前期工作阶段，研究并实行绿色选线制度。因此，铁路工程设计时必须树立铁路基础设施建设与环境保护全面协调发展的全新思维方式，贯彻"铁路绿色选线"的新理念。

铁路绿色选线是指将各种环境敏感问题解决在铁路建设项目规划设计阶段，也就是在铁路选线中树立环保理念，综合考虑地形、地质、水文等自然条件，特别要考虑风景名胜区、自然保护区及生态环境因素对线路方案的约束，多方案进行环境影响的综合评价，选择出对环境影响最小的方案，同时最大限度地节约资源（节地、节能、节水、节材）。

绿色环保选线应遵循"预防为主、保护优先、开发与保护并重"的基本原则，达到"沿线珍稀濒危野生动植物不受影响，景观资源和景观不受破坏，江河水源不受污染，生态环境得以恢复"的目标，实现"生态、绿色"铁路。坚持"保护优先"原则，项目选线选址应严格落实生态保护红线要求，符合国家和地方的主体功能区规划、环境保护规划、城市总体规划及其他相关规划要求。

在绿色环保选线之前，应广泛收集研究区域内各等级自然保护区、水源保护区、风景名胜区等环境敏感点分布及其功能区划分，了解并掌握各功能区对工程的制约性，明确环保等政策法规对铁路选线的要求，并征求主管部门意见。同时，应调查分析沿线区域内生态环境在平面、立面上的特点，结合环境敏感点分布及生态环境特点，绕避重要保护区等环境敏感点，尽量靠近既有交通走廊布设，减少对环境分割。

（1）绿色选线应贯彻保护农田、草地、林地、节约用地的原则，注意与沿线环境的协调，保护自然生态环境，尽量绕避自然保护区、风景名胜区和文物古迹等生态敏感区，方便居民出行，服务城镇化。

（2）选线时应注意尽量避免改大调或高填深挖，防止诱发新的水土流失，尽量避免穿越不良地质地段和特殊岩土地区，必须穿越时应缩小穿越范围，并采取必要的工程技术措施。

（3）线路设计应结合沿线的地形、地质、水文条件，进行线路方案比选及技术经济论证，保持线形连续、均衡，满足行车安全需要，创造和谐人文环境。

（4）线路应尽可能短直，减少山区范围内敷设长度，必要时以隧道、桥梁工程布设，减少对环境影响。要降低施工临时设施对环境的影响，减少施工便道修建及改扩建工程，合理选择弃渣场及混凝土拌和站等临时设施，综合进行多方案比较后选定方案，并合理选择工程形式，采取科学的工程措施，达到对生态环境"最低程度破坏、最高程度恢复"的目的。

2.2.2　线路选址方案

选线设计是根据设计项目的功能需求，结合所经地区社会、自然、生态环境，以经济、安全、舒适、快捷、环保为目标，从大面积着手，由面到带、由带到线，逐步细化、逐步逼近，确定线路技术标准和空间位置协调布设各种建筑物的决策过程。选线的基本任务包括：

（1）根据国家政治、经济、国防的需要，结合线路所经地区的自然条件资源分布、工农业发展等情况，规划线路的基本走向，选定主要技术标准。

（2）根据沿线的地质、地形、水文等自然条件和村镇、交通、农田、水利设施等具体情况，设计线路的空间位置（平面、立面），在保证行车安全的前提下，力争提高线路质量、降低工程造价、节约运营支出。

（3）与其他各专业共同研究，布置线路上各种建筑物，如车站、桥梁、隧道、涵洞、路基、挡墙等，并确定其类型或大小，使其总体上互相配合，全局上经济合理，为进一步单项设计提供依据。

可见，选线设计过程就是从无数可能方案中，根据功能主体的主观需要，搜索出评价指标集上最优方案集的多层次多目标决策过程。评价指标集为方案多目标评价指标体系，从经济合理性、技术合理性、交通安全性、社会效益环境影响、与其他建设项目的配合程度等角度评价设计方案。该决策过程受地形、地质、水文、土地利用等客观因素，以及各种技术规范和需满足的运输要求等主观因素的约束，需处理各种数值、字符图形、图像的资料，需考虑各种定性、定量、确定或不确定因素之主观需要和评价指标具有不可公度性和不一致性，使得该决策过程异常地复杂，难以建立涉及各种因素的统一决策模型。但对于单个设计方案来说，选线设计又是约束优化问题。线路设计方案首先得满足各种设计规范，能完成所需运输任务，适应线路所经地区的地理环境，同时要求工程造价低、线路质量好、对环境影响小等，即在满足主客观约束的前提下，追求最好的经济、社会、环境效益。

构建实用的智能铁路选线方法，在充分利用智能优化已有研究成果的基础上，应注重知识工程在选线领域的应用方法研究，构建虚拟地理环境下的集成性知识工程选线方法，即智能选线方法需要。

（1）构建人机协同的设计环境。设计人员和计算机都是智能铁路选线的主体，铁路智能选线任务应由人机协同实现，把重复性大、知识含量低的任务交由计算机自动完成，领域人员则从事创造性大、知识含量高的任务。这就需要构建便于人机协同的设计环境，构建便于设计人员以及审查人员以直观视觉感受体验的三维虚拟地理环境，直接在该环境中以三维交互的方式进行方案设计、浏览以及对计算机智能设计行为进行协调、控制。

（2）有效识别和利用地理信息。基于知识工程的选线方法没有走向实用的一个重要原因就是，相关方法没能识别和利用选线工程师能处理的地形、地貌、水文、地质等信息。要实现智能选线必须深入研究地理信息的有效识别和深层应用问题。要提高智能选线的智能程度，充分利用空间数据，需要研究类似人工选线的主动型空间数据应用方法，即通过地理信息的分析、挖掘，自动提取线路方案的技术标准、控制信息，并能自动生成、设计线路初始方案。这样才能使铁路智能选线技术向前跨越。

（3）联合知识工程与数值及优化方法。选线设计是设计和评价并行、定性分析和定量计算相结合的异构信息分析、处理、决策过程，数值分析和符号推理在选线设计任务中具有同等重要的地位。应通过软件工程方法与知识工程方法集成的策略处理线路设计问题，实现符号推理时直接调用数值方法中的对象，在常规软件系统中直接调用推理机，把符号推理与数值分析计算集成为一体。

（4）统一规划铁路选线知识。选线设计是总体性、综合性很强的创造性工作，知识面广、经验性强，涉及经济、运量、运输等问题，以及各种站前、站后专业，还需分析各种包括地质、水文、地形在内的地理信息，处理各种数值的、字符的、图形的、图像的资料。只有统一规划选线设计涉及的知识，从整体上综合考虑，有机组合、管理，才符合选线设计的知识特性，实现智能选线。

（5）规划设计阶段的辅助决策。一是拓展验证构件模型标准。根据铁路总公司制定的《铁路工程实体结构分解指南》《铁路工程信息模型分类与编码标准》《铁路工程信息模型数据存储标准》等铁路 BIM 技术标准，组织设计单位在沪通、连镇、徐盐等建设项目中对路基、轨道等实体结构细化分解实践，开展模型分类编码标准及数据存储标准的验证，奠定铁路智能建造的技术基础。二是建立铁路企业级族库。以路基、隧道、桥涵、站房、四电集成等项目级族库为基础，建立承载材料基本属性、运用信息、设备厂家信息的铁路企业级族库，更好地满足建设期及运营后各方管理需求。三是搭建协同设计管理平台。在项目建设前期，组织研究搭建高效、开放的协同设计平台，实现各专业间文档和信息的收集、应用、共享，最大限度保障各专业数据信息的安全、完整，提高设计单位的工作效率，尽可能减少接口问题。四是运用信息技术科学选线。通过低空遥感航测技术获得高分图像，合理规避环水保、城市规划、征地拆迁、既有设施保护等重点区域及重要设施，极大降低铁路建设初期的决策风险，有效控制工程投资。五是优化完善设计方案。高质量 BIM 模型承载着整个建设项目所包含的数据，通过 VR、AR 等手段取得可视化体验效果，从源头深化设计方案。

京张高铁线路图如图 2.6 所示。线路自北京北站引出，经学院南路后转入地下，连续下穿北三环、知春路（城市轨道交通 10 号线）、北四环、成府路、清华东路（上跨城市轨道交通 15 号线）于万泉河以南转出地面，后下穿北五环沿既有京张线增建二线至沙河站；沙河站至昌平站区段建沙昌三线至昌平站，平面引入既有昌平站后经南口镇东侧以隧道穿越军都山，于新八达岭隧道内设八达岭长城站(地下站)出隧道过康庄进入河北境内；于既有线北侧采用地下隧道形式，出隧道后预留东花园北站，沿京藏高速公路跨官厅水库、大秦铁路、京高速公路，与既有线并行，下穿京新高速公路后设怀来站，出怀来站后一路西行经下花园北站、宣化北站，终至张家口站。全线 10 座车站分别为北京北、清河、沙河、昌平、八达岭长城（地下站）、怀来、下花园北、宣化北、张家口南站、预留东花园北站。其中八达岭长城(地下站)、怀来、下花园北、宣化北为新建车站，其余均为改建车站，北京北、清河及张家口站均为始发站。其中，延庆支线设延庆站，崇礼支线设太子城站。

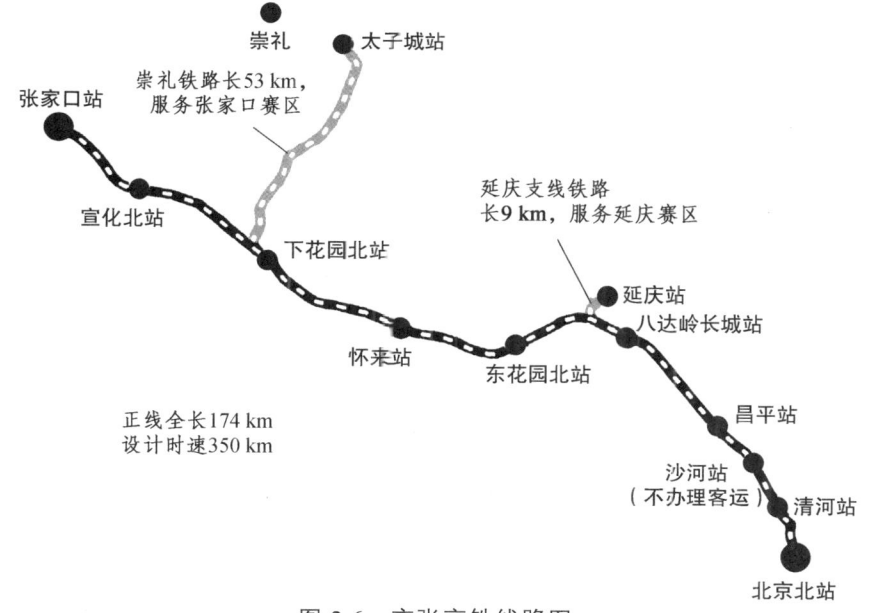

图 2.6　京张高铁线路图

根据设计的结果，京张高铁正线全长 173.964 km。其中，北京境内 70.503 km，河北省境内 103.461 km，同步建设延庆支线 9 km。全线共有桥梁 64 座，计 66 km；隧道 10 座，计 49 km，桥隧比为 6%。崇礼铁路与京张高速铁路下花园北站接轨，向北至崇礼太子城奥运村，全程 53 km，并预留有通向内蒙古锡林浩特的延伸路线。

京张高铁限制工程和速度目标值如图 2.7 和图 2.8 所示。

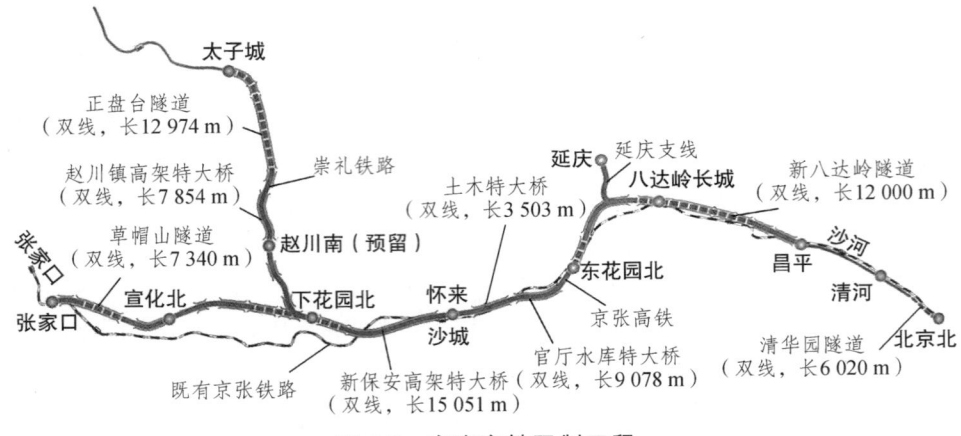

图 2.7　京张高铁限制工程

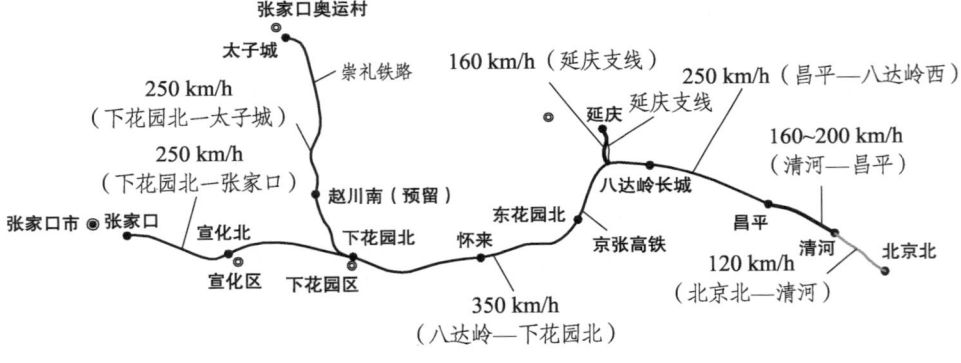

图 2.8　京张高铁速度目标值

另外，工程先期的征拆工作是最棘手的难题，说起来就五味杂陈。京张高铁选址后遇见的拆迁情况还是较为复杂和突出的。项目部承建的京张工程征拆难度之大居全线之首，共计 356 km 线路，其中 326 km 跨越北京市 2 区 3 企 8 镇（街）23 个村，沿线厂企密集，城乡接合部情况复杂，"穿林海" 77 万多棵树木、"近场" 1 622 座、"跨非宅" 17 万平方米。从拆迁工作量上看，仅迁坟数量就够忙碌一通了，各家都有本难算的账，更别说遇上个"钉子户"，非叫你说破嘴跑断腿不可。他们刚一进场，发现拆迁任务艰巨，超出想象，整个过程始终贯穿着一个字——"难"。涉及村民迁坟就是大事。

他们先后走街串巷达 5 000 余户次，参加各种联席会议上百次，拜访所有厂矿企业、走进每家每户，就凭着"踏破一双鞋底，磨破一张嘴皮"的耐心和劲儿,用心调解各类矛盾纠纷,妥善解决征拆中的各类矛盾纠纷,使征拆工作快速打开良好局面。"眼看拆迁耽搁时间,能不急眼吗?工期是早就定好的。再说了,到时候开不了工,每天 1 000 多人窝在那儿,损失的产值不仅是金钱所能衡量的。工程是有节点的,重要的是依靠群众,动员群众,发挥广大员工的积极性。"各项目分部不等不靠,想方设法,分散下去,参与到拆迁工作当中。一次上门协调不成,就两次、三次、四次……既打政策牌,也打感情牌,一直坚持下去,直到感动了对方。

2.2.3 "三隧三站"关键设计

京张高铁所经地区外部环境复杂,环境要求高,包含八达岭长城站等重点工程"一桥两站三隧",参与专业包含线路、轨道、地质、桥梁、隧道、变电、通信、防灾、暖通、环保等 23 个主要专业,专业间协调难度大,这是中国首次全线、全专业、全生命周期采用 BIM 技术来完成如此高难度的高铁项目。根据京张高铁的工程特点,重点选取"三隧三站"开展 BIM 工程化应用,分别是清华园隧道、新八达岭隧道及长城站、正盘台隧道、清河站、张家口南站。

1. 清华园隧道

针对清华园隧道下穿城市核心区、周边市政管线复杂、大直径盾构施工等工程特点,提出盾构法隧道实体结构分解原则和 BIM 应用编码规则,开展 BIM 技术盾构法隧道施工管理研究,实现盾构管片的生产及拼装质量管理、盾构井及周边环境风险监控、盾构隧道形象进度管理、盾构设备的远程监控与功效分析,提升盾构隧道施工的全面管控能力。

(1) 施工模拟。对清华园隧道始发竖井及始发段复杂节点的工序排布、施工难点进行优化及三维技术交底,探索 BIM 技术在清华园隧道工程施工过程中风险管控、进度管理、盾构掘进及管片生产拼装质量管理、安全管理等场景中的应用,实现清华园隧道精益建设作业流程,提高作业协同效率、降低施工成本。

(2) 盾构隧道管片生产全过程管理。将智能终端与管片生产的各工序充分结合,以二维码为管片身份标识,方便高效地采集各工序工艺信息,实现管片生产、运输、拼装、检验的全过程质量闭环管理,主要包含:计划管理、质量管理、物资管理、资料管理等功能模块。根据隧道施工现场安装进度及库存量,指导安排管片生产计划及管片出厂运输计划;根据管片生产计划和实际管片生产统计综合分析,指导物资管理人员提前做好物资储备工作;通过资料管理系统赋予管片完整的施工生产信息,供隧道成形后检修查询使用。盾构隧道管片生产全过程管理系统如图 2.9 所示。

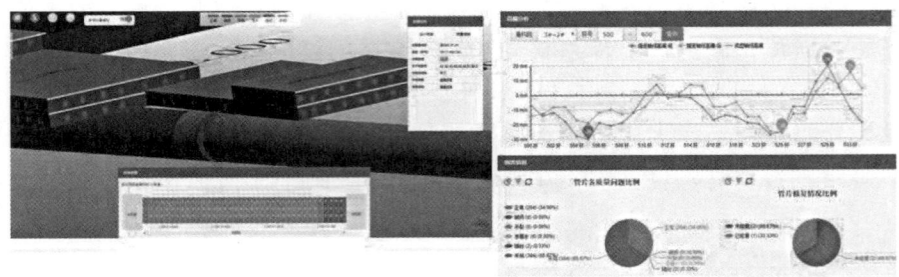

图 2.9　盾构隧道管片生产全过程管理系统

（3）隧道周边环境及构筑物监测。在隧道施工过程中,对工点周边环境影响进行实时、全方位的监测,系统对地表沉降、地下水位、桩顶位移、混凝土与钢支撑轴力、工作井净空收敛等项目进行监测,对所采集数据进行汇总、统计、分析与预警,将施工过程对周边环境的影响控制在安全范围,保障施工按计划、有效地进行。

（4）盾构机远程监控。通过研究隧道盾构机自身监控系统的信息传输,基于 BIM 技术管理平台进行盾构设备状态监控,实时展示参数页面及曲线,达到信息储存、分析目的,提高指导后续施工的能力。

清华园隧道是国内穿越地层最复杂、重要建筑物众多的单洞双线大直径高风险铁路盾构隧道。该隧道全长 6.02 km,位于北京市城市核心区,需用 2 台直径近 13 m 的盾构机,在 4 条地铁线、7 条主干道和 88 条市政管线中穿梭掘进,离最近的地铁隧道仅有 0.8 m,无异于用斧头完成心血管搭桥手术。最让人揪心的是下穿地铁 10 号线施工,地铁沉降变形必须控制在 2 mm 以内,这就要有万无一失的加固方案。最初考虑在地铁道床开孔,对土层进行竖向注浆加固,需要占用大量的地铁"天窗"。

地铁 10 号线是北京市最繁忙的环线,担负着日均 200 万人次的客流运输,施工不能影响百姓出行。有没有更好的方案呢？建设现场负责人查阅大量盾构穿越地铁的案例,实地调研类似项目,最终确定了从地铁两侧开挖竖井创造作业面,搭设小管棚横向注浆固化土层,给盾构机和地铁间架起一座坚固的"土桥",经过一番努力,盾构机平稳穿越 10 号线。沉降监测人员盯着设备兴奋地说:"0.8 毫米,太不可思议了。"在地铁不停运、不限速的情况下,创造了大直径盾构机近距离穿越地铁施工沉降的最小纪录。

清华园隧道是京张高铁的控制性工程,如何既保证质量,又加快进度？

传统的施工是先打通隧洞，再从洞内浇筑路基，如果能同时干就好了。受联合收割机的启发，设计团队提出把洞内路基改为全预制拼装施工，实现了路基拼装与隧道掘进同步，开创了国内全预制拼装技术的先例，将工期提前了48天。

2. 新八达岭隧道及长城站

八达岭车站按"三纵三层"结构设计，"三纵"指并行的 3 个小间距隧道，"三层"分别为站台层、进站层、出站及设备层，其中，站台层结构形式按四线三洞设置，车站两端 36 m 为三连拱结构，中间 398 m 为三洞分离小间距隧道；一房位于八达岭风景区内，站房结构形式为框架结构+钢结构，站房设计共 3 层，其中地上 2 层建筑面积 1 997.84 m²，地下 1 层建筑面积 6 997.83 m²。总造价 18.457 8 亿元，总工期自 2016 年 3 月至 2019 年 12 月底共计 45 个月。其中新八达岭长城站独创 4 个"全国之最"和 4 个"首次"。

4 个首次：首次采用叠层进出站通道设计；首次采用环形救援廊道设计；首次采用精准微损伤控制爆破技术；首次采用长寿命混凝土。

4 个之最：我国埋深最大的高铁地下站，埋深 102 m；我国最复杂的暗挖洞群车站，各类洞室 78 个，断面形式 88 种；我国旅客提升高度最大的高铁地下站，提升高度 62 m；我国单拱跨度最大的暗挖铁路隧道，跨度 32.7 m。

八达岭长城站利用 BIM、3D、GIS、"互联网+"等技术建立了三维可视化防灾救援智能指挥系统，实现了智能化的烟气控制、疏散指挥、应急联动预案提供等目标。防灾救援智能指挥系统可实时监测、采集、汇总地下站、隧道各类监测设备的监测信息，实现对机电设备、客流监测信息分布获取、集中管理、综合运用，全面掌握灾害状态。同时，该系统实现了及时准确的三维可视化灾害报警和预警功能，并将预警信息送至路局救援指挥中心，是现代化高铁运营管理中不可缺少的重要技术保障。

结合岩体质量指标 RQD 概念判识岩体完整程度，结合其他指标进行围岩分级。最后，流程化、程序化掌子面地质工作，并研发了隧道掌子面地质信息系统 TK-FGIS 及掌子面地质素描工装设备 CameraPad，实现自动三维地质重构、自动结构面参数提取、自动围岩分级、自动报表及三维成果展示等功能。

沿里程方向隧道地质切片 3D 实景再造完成了隧道掌子面地质自动素描、自动围岩分级、自动报表，大大降低了隧道地质专业工程师的劳动强度，提高了生产效率，解决了人工素描工作流于形式的问题。通过网络平台或手机程序，实时推送隧道掌子面地质信息，让参建各方实时掌控隧道地质信息，隧道掌子面地质信息实时共享，便于及时、有效地调整施工工艺（支护参数、工法等）以适应地层变化，实现了隧道掌子面异常信息实时预警与处置等智能设计。

由于八达岭长城站地理位置特殊、社会影响广泛，车站主体为地下双层、立体交错、多洞分离式群洞，其修建具有周边环境敏感性强、客流及交通组织复杂、洞群设计及施工难度大等难点。八达岭长城站洞室数量多，洞形复杂，为了准确表达设计施工中的三维空间信息，八达岭长城站应用BIM技术，从勘察设计、施工到运维，实现全生命周期的数字化智能化管理。车站BIM模型搭建了多专业协作的统一平台，使建筑、结构、暖通、给排水等各专业基于同一个模型进行工作，实现了真正意义上的三维集成协同设计，直观呈现各专业的冲突。八达岭长城站整体BIM模型优化施工组织设计，实现了项目标准化的管理，三维可视化、构件化的设计，三维数字化模拟施工，为勘察—设计—施工—运营—管理提供了可视化、智能化的统一管理平台。

八达岭隧道横断面设计主要包括隧道衬砌设计图、配筋设计图、钢架设计图等，主要由AutoCAD绘制完成。这些图在不同围岩级别的形式基本相同，只是参数有一定差别，整个绘图过程模式基本固定，适合程序化。为此对AuotCAD进行二次开发，研发山岭铁路隧道横断面辅助设计软件，将隧道结构内轮廓图、衬砌设计图、配筋设计图、钢架设计图等参数化，实现山岭铁路隧道横断面的智能设计。

隧道横断面辅助设计软件结合隧道专业设计理论，将隧道横断面归结为双线复合衬砌、双线偏压、双线单压、单线复合衬砌、单线偏压、单线单压共6种形式，将参数划分为绘图位置、内轮廓、外轮廓、钢筋、开挖轮廓、钢架表格共6类。根据设置好的参数，只需点击菜单，软件便可完成相应功能，全自动绘制所需图形和自动生成工程量统计表，生成图表过程无须人工干预，提高软件的易用性和快捷性。

另外，针对新八达岭隧道及长城站埋深大、车站层次多、洞室数量大、交叉节点密集、工序衔接复杂、断面跨度大等工程特点，为降低施工安全风险，提升应急处置能力，开展人员疏散仿真及应急救援方案展示研究，通过BIM仿真技术搭建地下车站三维场景，并模拟疏散路径，使施工人员和救援人员能够提前熟悉疏散路线，在灾害发生时能迅速作出反应。新八达岭隧道工班级管理系统图如图2.10所示。

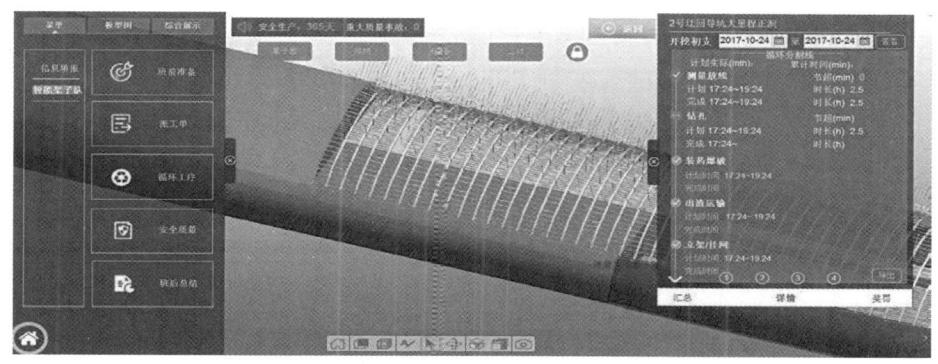

图2.10　新八达岭隧道工班级管理系统图

3. 正盘台隧道

正盘台隧道具有长度大、地质复杂、含水量大等工程特点，有针对性地开展4种围岩级别、7种衬砌面工序排布、施工难点等施工模拟，并进行三维技术交底，以更加直观的方式指导施工作业；并应用BIM技术和三维激光扫描等信息化手段，实现对隧道断面质量、超欠挖、二次衬砌厚度和初支平整度等关键指标的可视化可度量的质量管控，首次提出基于点云模型的隧道平整度的评判方法，有效提高隧道施工过程质量检测效率，并提升隧道施工管控能力。

4. 清河站

清河站具有交通枢纽、施工区域狭窄、车站造型独特、工期紧张等特点，开展了清河站钢结构及装饰装修施工的BIM技术模拟，提前发现问题和风险，制定应对措施，由于钢结构涉及因素非常多，尤其是异型节点（非正交构件、多构件相交等）部位，钢筋错综复杂，利用BIM技术进行钢结构节点深化，明确钢结构与钢筋的连接方式；应用BIM技术进行管线综合、碰撞检测，精确直观展现复杂管线，及时发现设计漏洞、避免返工、减少经济损失；针对传统二维蓝图在室内装修细节容易存在的标高冲突、细部节点优化不到位等问题，通过建立装修深化三维模型和施工模拟，逐一对细节进行精确把控，提前核算装修材料用量，有效避免返工；由于站房专业涉及建筑行业标准，融合铁路BIM联盟颁布的相关铁路BIM标准，完成清河站站房实体结构分解及专业构件编码规则制定，并构建基于IFC的多元异构轻量化模型，实现模型的手机移动端、PC端、大屏端三端通用展示；研发基于"BIM+IOT"的三维风险可视化管理系统，开展基于BIM技术的清河站施工安全监测风险管理应用，实现对深基坑、高支模、钢结构、试验检验、塔吊防碰撞、钢结构焊缝等关键安全质量数据的采集、分析和集成管理，并支持趋势变化分析和安全质量问题闭环管理，提高站房施工的安全质量管理水平。同时，开展基于 BIM 技术的站房工程工作任务分解（WBS 分解）和三维电子施工日志关键技术研究，实现基于 BIM 技术的三维可视化进度管理，集成形成了基于 BIM 技术的清河站施工应用管理系统，实现进度、质量、安全及风险等统筹管理。清河站三维风险可视化管理系统如图 2.11 所示。

图 2.11　清河站三维风险可视化管理系统

5. 张家口南站

张家口站房钢结构具有体系复杂的特点，尤其是各结构类型交接点处钢筋直径大、数量多等特点，利用 BIM 技术形成站房钢结构模型深化方案，对钢结构孔洞位置及连接点合理设计，在工厂加工过程中对钢构件预留空洞、接驳器、搭接板等装置，避免了对钢结构在现场割洞补焊，既提高工效、缩短作业时间，又能节省材料、保证构件的力学性能。针对张家口南站装配式冷热机房，建立 LOD400 级的 BIM 模型，并在三维场景中模拟所有预制构件的装配顺序、装配方法等，开展装配式机房的虚拟建设研究，形成切实可行的装配方案，将现场施工周期由 15 d 缩短至 30 h。

2.2.4　精细化施工组织与管理设计

京张高铁线路长约 174 km，其中桥梁总长 66 km，隧道总长 49 km，桥梁和隧道约占总路线长度的 66%。桥梁和隧道可以说是铁路工程中难度最大、工期最长、成本最高的，京张铁路如此高的桥隧比，可以想象其建造难度之大。围绕人员、机械、物料、方法、环境等现场施工的关键要素，现代施工技术得到全面应用，研制并应用面向数字工地的成套技术及装备，形成智能工地解决方案。全面提升现场工装的信息化、智能化水平，解决了人为干扰因素大、现场作业劳动强度大、效率低等问题，大幅提升了工程质量和显著减小了安全事故发生率。

项目团队从工作环境搭建、全专业协同设计工作开展、模型审核、装配、成果精细化及交付等一系列工作。主要工作内容包括：以 BIM+GIS 技术为核心，综合应用北斗卫星定位、智能物联及移动互联等新一代信息技术，完成施工过程及试验现场数据的自动采集和信息互联，构建工程建设质量的全寿命可追溯闭环管理体系和综合管理平台，按照数字京张的总体架构，分别从设计成果数字化交付、建设过程数字化协同、重点工程 BIM 技术应用、数字化施工、数字化竣工交付等方面开展数字京张全过程、全要素的探索研究，形成数字京张整体解决方案。具体来说：

（1）建立全线 BIM 协同工作平台，实现基于 BIM 技术的电子沙盘精细管控，建立以项目、构筑物为中心的综合信息展示系统。围绕项目、构筑物汇总铁路工程的项目基础信息、设计和图纸文档信息、工程数量信息、施工方案信息、技术交底信息、投资进度信息、施工进度信息、现场监控信息、风险预警信息、质量管理信息、安全管理信息和施工过程记录信息等，为铁路工程项目管理人员提供项目管理所需要的信息汇总和综合分析。

（2）通过建设过程的协同管理实现设计模型的交付管理以及建设过程进度、质量、安全等信息的有效集成，在我国高铁建设中首次建立覆盖全线、站前站后各专业的基于 BIM 技术的铁路建设管理平台，实现宏观与微观、室内与室外一体化的信息集成平台，提高各参建单位的协同效率。

（3）数字化竣工交付。数字化竣工交付将建设单位移交的整个铁路建设过程中的设计资料、过程资料、竣工验收资料等进行分类管理。通过数字化竣工交付系统，将 BIM 模型承载的建设管理过程信息无缝转移到基于 BIM 的铁路运维管理系统，同时集成运维期各类台账、生产作业记录、监测检测记录、缺陷库等信息，实现建设 BIM 模型向运维 BIM 模型的深化，生成基于 BIM 的供电设备全生命周期三维可视化数字化档案。数据类型包含二维图纸、BIM 模型、结构化表格、设计说明文件、平台及各业务模块基础数据、质量安全资料、现场照片、工程影像、施工方案、计划进度、工程日志、合同文档以及竣工验收等，为运营阶段建立基础设施管理和设备管理台账提供基础数据。数字化竣工交付系统主要功能包括建设过程信息管理、建维数据转换、清单管理、BIM 模型管理、可视化查询、系统管理等。

综上，数字京张是实体京张的模拟仿真和数字表征，通过搭建数字京张的统一平台，实现参建各方的协同管理，主要包括工程实体数字化、过程管理数字化、参与要素数字化等 3 个方面。其中：工程实体数字化包括桥梁、隧道、路基、站房、四电等，也包括拌和站、梁场、板厂、钢筋加工厂等大型临时设施的数字化；过程管理数字化包括重点从安全、质量、进度、投资、环境等方面开展数字化工作；参与要素数字化包括分别从人员、机械、材料、方法、环境等相关方面开展数字化工作。在设计数字京张总体架构中，数字京张全生命周期管理分勘察、设计、建设和运维等阶段。由于主体不同，因此全生命周期管理过程存在两次重大成果转移活动，分别是设计交付和竣工交付。其中：设计交付发生在设计院和建设单位之间，交付物主要是设计成果，包括设计 BIM 模型、图纸、说明文件、工程量等；竣工交付发生在建设单位和运管单位之间，交付物为实际的京张铁路和与之相关的设计、建设过程中的工程记录、凭证和相关知识。伴随着两次重大成果转移，数字京张作为最佳载体，有效减少了交付过程的信息衰减，在后期漫长的运维阶段，为京张运维管理提供指导依据。

2.3 攻克隧道咽喉工程

京张高铁工程艰巨复杂，全线桥隧比达 6%。其中：八达岭长城站，是我国最大埋深、最大断面、最复杂洞室群地车站，为保护文化遗产采用精准微损伤控制爆破技术和预应力加杆整支护体系；清华园隧道穿越北京市中心城区，是全线穿越地层复杂、重要建（构）筑物众多的大直径、单洞双线盾构隧道，采用全预制轨下拼装结构，创了月均掘进 240 m 的京张速度；建设中采用了降噪节能、绿色环保的理念，用了人性化、智能化设计。这些均为京张高铁建设中的新挑战、新突破。数字京张全生命周期管理如图 2.12 所示。

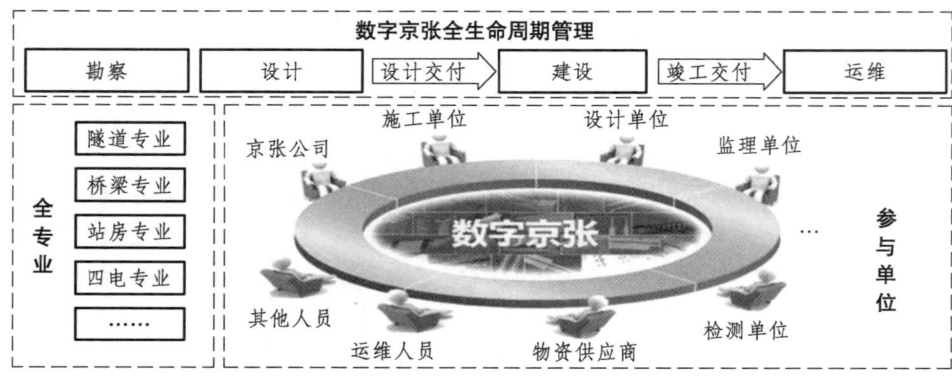

图 2.12　数字京张全生命周期管理

隧道智能建造包括隧道施工机械化、结构预制拼装、信息化管理智能施工。

2.3.1 突破正盘台隧道瓶颈

1. 正盘台隧道的建设难点

位于张家口市的正盘台隧道全长近 13 km，属单洞双线隧道，是崇礼铁路最长隧道。隧道内部正常通信信号无法使用，给施工带来了极大安全隐患。施工单位开发了"顺风耳"，使用电子防护器，实现了隧道内工点与施工车辆以及施工车辆间的接近报警功能，解决了隧道铺轨施工过程中信息不畅等问题，消除了隧道施工的安全隐患。

打开地图，总长 220 多千米的京张高铁在抵达张家口市下花园北站后一分为二，向西北直达张家口的是京张高铁主线，向东北通向崇礼的就是 52 km 长的崇礼支线。崇礼境内 80% 被山地覆盖。绵延的高山加上低温天气，让这里成为知名滑雪胜地和 2022 北京冬奥会主赛场，却让经历丰富的高铁建设者吃尽苦头。打隧道 10 年，这是最难的一座。正盘台隧道位于张家口宣化区和赤城县交界处的大山里，全长 12.974 km，是崇礼支线和京张高铁全线第一长隧。京张高铁崇礼支线位于河北省张家口市，南起京张高铁下花园北站，途经下花园区、宣化区、赤城县，北迄崇礼县太子城奥运村，大致呈南北走向，北端预留向崇礼县延伸条件。正盘台隧道风险等级为一级，是全线重点控制性工程。诞生于 2 亿年前的火山岩、藏在山里的神秘水系以及创纪录的 28 个月工期，共同考验着这家隧道工程"老字号"的实力，也刷新着人们对京张高铁建设难度的认知。正盘台隧道是绝对的"咽喉工程"。这一段地形形成于 2 亿年前的火山岩，地址结构极其复杂，施工难度极大。

正盘台隧道位于张家口市宣化区和崇礼区交界处的群山里，这里的火山岩在漫长的地质构造中被反复挤压、风化、侵蚀、水溶，变得极其破碎，岩性均匀性差。隧道还处于 30‰ 的连续长大坡道内，且隧道下穿古长城，施工难度极大。正盘台隧道具有四大难点：

（1）地质条件复杂。隧道穿越侏罗系上统张家口组多期喷发火山碎屑岩，岩层在各期有间断，造成正常岩体中分布有透镜状软弱夹层，地层相变大，岩性均匀性差，其软弱夹层分布具有不确定性。

（2）涌水量大。隧道处于富水区，断面大、节理裂隙发育，存在突泥涌水、塌方、岩爆等安全风险。

（3）隧道下穿古长城，爆破允许振速 0.1 cm/s，须采用爆破监测仪控制爆破振速以有效保护古长城结构安全。

（4）隧道内存在两处井泉，须防止水土流失，环水保要求高，生态环境脆弱。

2. 智能化施工

在整个项目部，从监控量测系统到三维激光扫描系统，BIM、互联网+、大数据等技术广泛应用，隧道施工实现了形象化、多元化、信息化管控，精细管理从纸上走向现实。"京张高铁是奥运工程和国家名片，工程质量必须经得起全世界目光的检验。"项目部员工严格落实铁路总公司"精品工程、智能京张"理念和《京张高铁精品工程指导意见》，执行中铁隧道局集团《铁路隧道衬砌工装工艺十条卡控红线》，用比"国标"更严的标准一寸一寸卡控施工质量。

智能化系统的实施，离不开智能化设备的支持。为保障科学化的施工，设计和施工人员搭载出上千个传感器，可以进行自我感知、修正以及自动性的调整等，与全国大盾构数据指挥中心进行直接对接，应用世界最先进"天佑号"盾构机进行数据分析。在施工材料的分配上，进行提前安排，接触网腕臂自动预配平台的应用，则大大节约并且科学应用了人力资源。在工程降雨情况的监控中，则使用"自动控制降水与预警"系统与"深孔测斜"技术进行渗水情况的监测，并且应用新型材料机器人实施喷涂防水工作。此外，AR 辅助施工智能安全帽、集水槽安装安全操作平台等作为先进的设备都得到相应使用，全力保障京张高铁的建设，彰显出大国技术。以混凝土制品为代表的工厂化生产，以盾构掘进为代表的专业化施工，以长大隧道三臂凿岩台车为代表的机械化配置，以 BIM 技术和工程管理信息化平台应用为代表的"四化支撑"为实现精品工程目标打下坚实的基础。京张公司已把巩固和提升京张高铁品质作为后续工作目标，决心做示范的追梦人。我们用智慧和汗水拼搏出中国铁路建设者的激情和风采，再次让中国铁路建设者以智慧和卓越为实现中华民族伟大复兴的"中国梦"而增光添彩，全线创建精品工程 90 项。"天佑"盾构机如图 2.13 所示。

图 2.13 "天佑"盾构机

2016年12月开工以来，面对复杂的地质条件，建设者们采取一系列措施，在施工中取得了十几项科研成果，包括超前地质预报技术、机械化配套升级、多工作面通风技术等。正盘台隧道的整体道床在2019年的4月底完成，施工完成以后，就交付铺架单位进行铺轨作业。铺轨作业完成，整个四电系统联调联试后交付铁路局进行运营施工，最后正式通车。

施工过程中在人员最多的时候共调集了3 000余名建设工人，是京张高铁各个标段建设中参建人数较多的。正盘台隧道开工后，中国中铁隧道局集团项目部人员总数由大约1 500人增加到了3 000余人。大举"增兵"正盘台隧道后，配备了9条机械化作业生产线，实现全机械化配套施工。除盾构机外，世界一流的隧道施工装备几乎都有。超前地质钻机可以精准探明前方十几米处围岩和含水情况；自动智能蒸养台车能自动生成温度曲线、报表；自动控制温度、湿度提升混凝土强度；还有智能衬砌模板台车等。

盾构机是一种隧道掘进机，盾构机在向前掘进的同时构建支撑性管片——预制板，这样它行驶过的地方隧道就建好了。盾构机头部是圆柱体护盾，它对挖掘出的还未衬砌的隧洞段起着临时支撑的作用，承受周围土层的压力，有时还有承受地下水压以及将地下水挡在外面的功能。挖掘、排土、衬砌等作业都是在护盾的掩护下进行的。世界上最先进的泥水平衡盾构机"天佑"结合京张智能化目标，京张高铁清华园隧道项目团队建立盾构安全建造可视化云平台，具备全预制机械化拼装和大直径盾构常压换刀技术。这相当于为盾构机装上了"眼""手""脚"，建设者可以时刻掌握隧道和周边构筑物的变形情况，确保毫厘之间的施工精度。

在施工过程中，盾构机可能会遇到软土、沉降、溶洞、地下水等复杂的地质状况，如何让盾构机沿着准确的方向行驶，是盾构机的关键技术。为了应对复杂的地下环境，工程师开发了可视化智能施工系统。这一系统包括施工参数、过程监测、地质预测等，实现全过程可视化动态管理。盾构机搭载了几千个传感器，都具有感知、修正和自动调节的功能。设备状况、地下工作情况等数据，都直接上传到盾构数据指挥中心，盾构专家24小时提供远程监控和智能检测，随时对大量数据进行处理分析，使盾构机能够安全、精准地工作。通过革新与完善传统的隧道施工工装工艺，形成完整的隧道衬砌施工成套技术，主要包括衬砌台车、径向预埋RPC注浆管与拱顶带模注浆技术及注浆一体机，实现带模注浆施工、精准微振动控制爆破技术的内容。

智能设备的创新设计如图2.14所示。

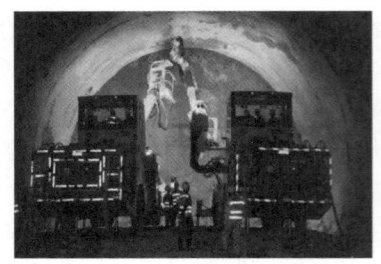

图 2.14　智能设备的创新设计

3. 妥善解决"涌水"和工期难题

2017 年年底,这座隧道在京张高铁施工难度突然"走红"。在张家口宣化区赵川镇正盘台村,一个小山坡被挖开一个 6 米多高的洞口,上面写着"正盘台隧道 1#斜井"几个字,斜井旁的铁皮房里摆满了长筒雨靴。换上雨靴走进斜井,好像走进一条地下暗河,河水翻着浪花奔涌而出。在暗河源头——斜井掌子面上,几股瀑布一般的大水从洞顶岩缝里直泻而下,现场犹如下着倾盆暴雨。这是打隧道 10 年来最难打的一座,"每天全身湿透,没有一点干的地方,一天进度只有一两米。半年掘进 100 多米,每天只睡三四个小时。正盘台隧道日均涌水量为 14 万立方米,相当于 5 个西湖的水量,开工以来,1、2 号斜井均发生过淹井。2017 年 10 月 12 日,不到 10 个小时,895 m 长的 2 号斜井就被淹了 700 多米,1 个月后才恢复施工。目前,隧道里共有 45 台大型抽水机,每月光电费就 200 多万元"。隧道内部水流汹涌,如图 2.15 所示。

图 2.15　隧道内部水流汹涌,犹如暗河,技术人员查看地质情况

涌水并不是唯一难题。隧道穿越侏罗纪地层,岩体破碎、岩层多样,导致工序不断变换:头一茬炮是花岗岩,岩性坚硬完整,使用三臂凿岩台车进行全断面开挖,一天能掘进八九米;下一茬炮可能就变成火山岩,这种岩石形成于 2 亿年前,稳定性差,一碰就碎,大多得靠人工分步开挖,一天只能挖一两米。最恼火时,一个掌子面一个月内变换了 12 次工序,半年只掘进 100 多米。进度缓慢导致很多人每天只睡三四个小时。当时项目部工程部部长朱成远曾连续

60个小时没合眼，他说："忙完后从下午6点一觉睡到第二天早上7点，那是我睡得最香的一次。"2个月增加1050人，精兵强将云集正盘台。正盘台隧道开工时，项目部人员总数约为1500。后来这个数字猛增到2600。对于有着40年历史的中铁隧道局集团而言，最大难关不是涌水和岩体破碎，而是工期。

2017年11月，工期仅剩1年时，隧道进度只有2 254 m，中铁隧道局集团公司举全局之力，不惜代价按期打通正盘台隧道。经过专家会诊，加强资源配置、增加掘进作业面成为共识。他们在已有4个斜井的基础上增设平导和支洞，支洞里还开挖了泄水洞，使掘进面由14增加至38个。"洞内有洞"的格局，让正盘台隧道施工平面图看起来像一张蜘蛛网。为实现38个掘进面同步施工，公司从事过铁路建设的精兵强将都来增援。三臂凿岩台车快速开挖。与此同时，投资3亿多元配备9条机械化作业生产线，实现全机械化配套施工。液压沟槽衬砌台车、自动智能蒸养台车、全液压三臂凿岩台车、超前地质钻机……除盾构机外，世界一流的隧道施工装备这里几乎都有。在隧道深处，超前地质钻机像一位专业地质预报员，长长的"鼻子"穿透岩壁，精准探明前方十几米处围岩和含水情况；自动智能蒸养台车不仅对混凝土进行蒸汽养护，还自动生成温度曲线、报表，自动控制温度、湿度，提升混凝土强度；还有智能衬砌模板台车、智能防水板台车等。隧道打通后，旅客坐高铁只需3 min就能通过这座隧道，也许很少有人知道相关人员在这里苦战了28个月，但是想到能为奥运工程做贡献，他们觉得一切都是值得的。这是团队的心声和力量的体现。

2018年11月11日，崇礼铁路正盘台隧道顺利贯通。2022年北京冬奥会开始时，旅客乘坐列车只需3 min便可穿越近13 km的正盘台隧道。

同样，南口隧道是京张高铁控制性工程，地处北京市昌平区南口村，是京张高铁出京方向第一条单洞双线隧道，全长3 032 m，最大深340 m，设计速度250 km/h。隧道位于老京张铁路东侧，紧邻居庸关长城景区。由于山体地质复杂、线路穿越3个富水带，涌水量很大，每日出水量约1万立方米。由于隧道出口方向为下坡，现场需要进行反坡排水，项目部每天都要动用3台大功率抽水机24小时不间断作业。加上隧道洞口段围岩强风化，稳定性差，黏聚力弱，极大程度增加了施工生产的风险与难度。但这些难题最终都被战胜。

2.3.2 八达岭长城脚下打隧道及建车站

1. 八达岭隧道建设

新八达岭隧道及长城站具有多洞室大密度、多层叠大跨度、多联拱小间距、多岩性超浅埋、多交贯高风险、多古迹严环保等施工特点。其难点主要有：

（1）地址条件复杂。花岗杂岩地区，岩性种类多，岩脉发育，岩体破碎，风化差异明显，变化频繁。

（2）环境保护，文物保护要求高。位于长城风景名胜区，游客多，世界文化遗产核心区，文物多。

（3）暗挖规模大。车站建筑面积 3.98 万平方米。开挖 22.58 km，其中正洞 12.00 km、辅助导坑 4.16 km、车站洞室 6.41 km。

（4）单拱跨度大。站隧过渡段最大开挖跨度 32.7 m，开挖断面 494.4 m^2。

（5）洞室结构复杂。多维度洞群，各类洞室 78 个，断面形式 88 种，交贯面 63 个，交叉点密集。

（6）爆破要求高。洞室爆破相互影响大，最小横向间距 2.27 m，竖向间距 4.55 m。下穿长城及青龙桥车站爆破振速控制在 0.2 cm/s 以内。

八达岭站路线图如图 2.16 所示。

图 2.16　八达岭站路线图

新八达岭隧道全长 12.01 km，隧道连续穿越居庸关、水关、八达岭长城等风景名胜，3 次穿越长城，近距离穿越百年京张铁路和石佛寺村，是全线环保要求最严格、工期最紧张的控制性工程。隧道采用并行双洞多分支斜井设计、多工作面协同作业，有效满足环保和工期要求。通过新八达岭隧道及长城站的 BIM 技术施工综合应用，实现基于 BIM 技术的可视化交底、施工进度跟踪与预警、超前地质预报、安全步距管理、断面质量评价、围岩收敛变形监测、超欠挖分析等，提升钻爆法隧道施工的综合管控能力。

新八达岭隧道所穿越的军都山八达岭长城是著名的世界文化遗产核心

区,是京张高铁的重点工程和控制性工程。这条隧道与地面的距离最浅处只有 4 m,最深处却有 432 m。隧道内的八达车站建筑面积 3.6 万平方米,车站的轨面距离地面 12 m,是世界上最深和最大的地下高铁站。

依托该工程开发并采用的新材料、新技术、新方法,具体包括:隧道掌子面数码成像智能解译超前地质预报新技术,大断面隧道围岩"承载拱"新理念和计算方法以及基于"承载拱"理念提出的以"一喷双锚"为主的支护结构体系设计新方法,超大断面隧道"品"字形开挖新方法,超大断面隧道"总变形量和分步变形量"控制标准,高性能快速张拉预应力锚索新技术,长寿命(300 年)混凝土新材料,超大断面隧道变断面衬砌模板台车,三洞分离式隧道施工方案、近邻隧道爆破施工振动速度控制标准以及中洞施工控制爆破方案,复杂洞室群施工通风技术。同时,在微爆破技术方面,采用准微爆破技术,保护长城,采用非爆破开挖技术,保护青龙桥站,每爆破一次只相当于在长城上踩一下脚。

研发智能化开挖及支护机械设备,包括隧道智能模板台车、衬砌智能养护台车等,开挖迅速、支护及时,从而充分发挥围岩的自承能力;同时,车站基于 BIM 模型,通过人员-车辆-设备的实时定位系统,建立高效的运输管理体系,实现复杂地下车站人流-物流的高效协调和智能施工组织。

(1)智能模板台车。八达岭长城站两端设置大跨过渡段,大跨过渡段总长度 336 m,最大断面(宽 32.7 m)通过 5 次渐变至最小断面(宽 19.0 m),普通的衬砌台车通过加宽、加高门架横梁和增加顶模板实现台车的断面加大,并不适用于八达岭长城站大跨过渡段,因此研发了台车骨架立柱设计为横向可移动结构的智能模板台车。智能模板台车的设计选择增加门架立柱、加宽门架横梁、补充支撑结构、增加顶模板共同作用的方式实现台车断面的调节。台车骨架立柱设计为横向可移动结构,通过横移油缸使其间距实现变化,模板设计为多段式,通过各自模板对应的调节机构调整至理论设计轮廓线,变断面时增加或减少预先设计的拱顶调节模板,以完成变断面隧道可调式衬砌台车设计。

(2)智能养护台车。在我国铁路隧道施工中,衬砌施工后一般采用自然养护,个别项目采用简单的喷水养护,这些养护方法受外界环境以及人为因素影响较大,难以保证衬砌的养护质量。研究团队研发出一种用于隧道衬砌养护的专用机械设备,属于我国首创。隧道衬砌智能养护台车设备包含两组台车,施工时紧跟衬砌浇筑模板台车,前端第一台具备加升温、保温、保湿功能,第二台具备保温、加湿功能。智能养护台车主要由门架形式结构、雾化系统、电加热系统、气囊密封系统、智能温湿度控制系统等组成。衬砌台车脱模行走后,智能养护台车同轨行走就位,密封气囊隔绝封闭，根据实时测量的混凝土芯部温度及变化趋势设定好加热系统的温度及时间，保证对衬砌混凝土芯部与外表的温差进行弥补；根据养护传感器监控养护湿度是否超设定值，加湿系统对混凝土表面进行实时补湿；可以进行养护温度曲线设定，自动控制养护温度，衬砌养护台车自动化程度高，减少人工操作的难度，提高了二衬养护技术的机械化和自动化，提高了衬砌混凝土的施工质量。

（3）人机定位管理系统。隧道施工人员及设备位置监测安全管理系统（简称人机定位管理系统）是在第二代无线射频（RFID）识别技术平台基础上，结合先进的通信、计算机及网络技术成功研发的综合管理平台，采用了目前国际上先进的 0.18 μm 微波芯片技术。人车定位系统集隧道施工人员考勤、区域定位、安全预警、灾后急救、车辆管理和交通疏解、日常管理等功能于一体，使管理人员能够随时掌握施工现场人员、设备的分布状况和每个人员与设备的运动轨迹，便于进行更加合理的调度管理；随时获取各种施工车辆位置和运行情况，动态进行交通运输管理和指挥，减少堵车、保障车辆运输安全。当事故发生时，救援人员也可根据隧道施工人员及设备位置监测安全管理系统所提供的数据、图形，迅速了解有关人员的位置情况，及时采取相应的救援措施，提高应急救援工作的效率。

智能化定位和施工组织管理平台以及监控中心（预留管理平台）如图 2.17 所示。

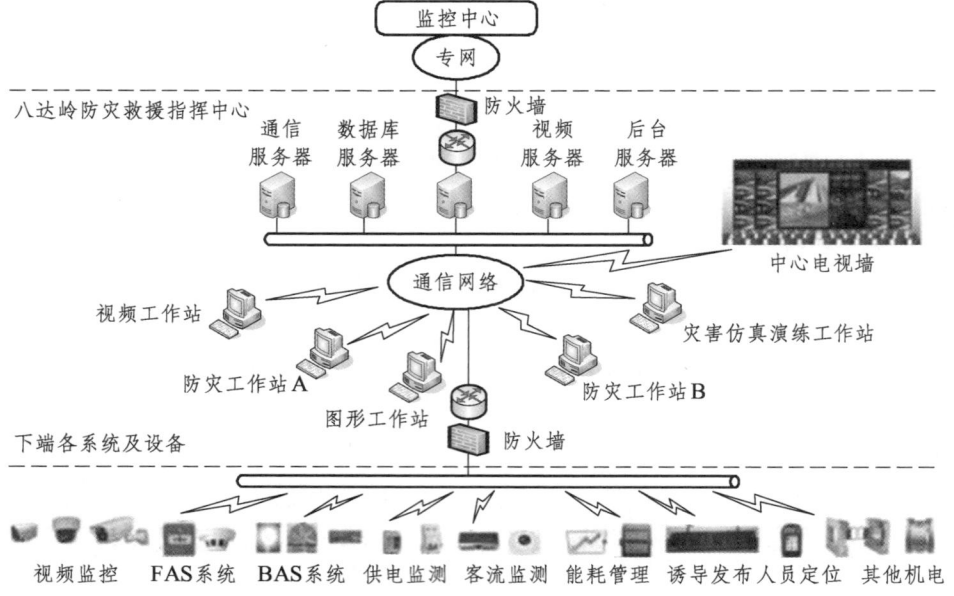

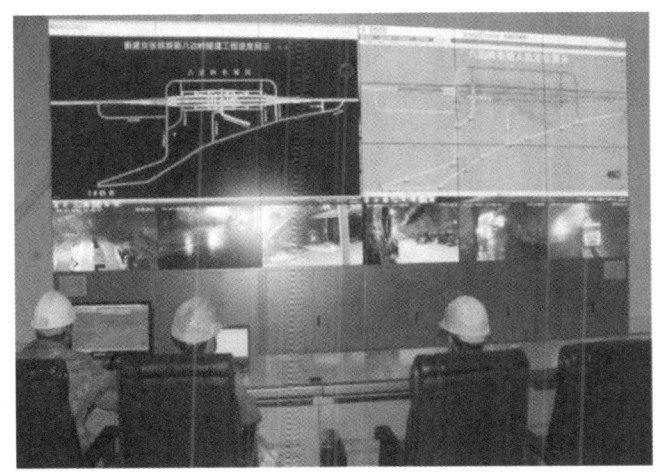

图 2.17 智能化定位和施工组织管理平台

（4）智能监测。超大跨隧道结构安全智能监测系统率先在八达岭地下车站的建设中成功应用，该智能监测系统可以在隧道施工和运营期对围岩和支护结构的力学状态进行全寿命周期的实时监测，通过无线传输技术，将传感器采集的数据传递到服务器终端进行分析和处理，实现监测结果的实时反馈和潜在安全风险的实时预警，为施工期和运营期的隧道安全提供了保障。其中，隧道结构安全智能监测系统对锚杆、锚索、喷射混凝土、钢架、二次衬砌以及围岩进行应力和变形监测，对地下车站、隧道围岩及结构的各类传感器数据进行远程采集，并以各类图形化展示和显示，对各类传感器数据进行分析、评估，进行实时监测实时评价，当监测到地下车站、隧道结构发生异常时，及时给出预警。另外，围岩及结构智能监测由单一的洞周收敛监测扩展为多角度的围岩与结构的变形及受力监测，做到了数据及时采集、分析、反馈、预警。智能监测系统为多层架构体系，分为用户界面、处理核心、数据结构底层、数据处理层、数据库层，共由数据采集模块、数据管理模块、曲线绘制模块、结构安全性评价模块、设备管理模块和用户管理模块六大模块构成。

实际上，在隧道施工过程中曾遭遇很多不可知的难题，将传感器与盾构机结合，开发施工参数、过程监测、地质预测等功能模块，使得隧道施工可视化和智能化，实现施工全过程的可视化动态管理。几千个传感器安装在盾构机上，可实现感知、修正和自动调节功能，监控设备状况、地下工作情况，并将实时数据上传到结构数据指挥中心，专家们 24 小时提供远程监控和技术服务。搭载的智能检测系统可以随时分析处理海量数据，使安全风险可控。为有效控制隧道施工风险，通过 BIM 模型集成隧道围岩监控量测、超前地质预报、视频监控等信息，对超前地质预报和围岩量测报警信息汇总，将报警点及已处置的信息综合展示，快速发现隐患位置，当用户选择相关断面，BIM 模型能准确定位所在位置。对风险等级、后续建议、属性等信息进行展示，并快速调用所需监督位置的摄像头，为管理人员提供更加便捷的管理方法。

提高现场精益化管控能力，在新八达岭隧道开展基于 BIM 技术的工序优化研究，研发基于 BIM 技术的隧道工班级管理系统，通过工班任务的统一派发和调度，合理确定隧道循环工序作业时间，优化各工班的进出场时间，自动提醒后续工序的人员、设备准备就位，最大程度压缩各工序转换时间，使工序间"零耽误"，从而达到隧道工序无缝衔接的目标。同时，通过记录各工班起止时间，为工班考核提供依据，实现隧道循环作业的精益化管理。

同时，为了不影响长城，施工要能够定位准确，采用基于人机定位系统加以解决，全方位多通道安全快作业施工，采用先进组织管理来实现；消除工程建设对文物和环境的不利影响，采用电子雷管损伤精准控制爆破技术加以解决。12 km 新八达岭隧道环保要求最严格。新八达岭隧道全长 12.01 km，隧道设计体现了高铁隧道与环境共生的设计理念，为全线最长的隧道，是环保要求最严格、工期最紧张的控制性工程。

随着机械化、信息化的深度融合，在将互联网、物联网、大数据、人工智能技术与智能工程机械装备结合的基础上，八达岭长城站构建了深埋超大跨地下车站智能建造体系，实现隧道智能化勘察、设计、施工、监测，取得了以下创新性研究成果：

（1）研发了基于掌子面自动化素描系统的定量化超前地质预报技术，该技术为基于地质前馈进行动态设计变更提供详实准确的资料，真正使隧道信息化设计、施工的理念落地，实现了隧道智能化勘察设计。

（2）基于 BIM 技术的多专业协同智能化设计，实现了信息共享和无损传递，为勘查—设计—施工—运营—管理提供了可视化、智能化的统一管理平台，提高了工程设计与施工的质量和效率，大幅节约项目成本，提升科学决策和管理水平。

（3）开发了山岭铁路隧道横断面辅助设计软件，使整个绘图过程程序化、智能化，并首次采用叠层通道设计实现进出站客流均匀无交叉，利用 BIM、3D、GIS、互联网+等技术建立了三维可视化防灾救援智能指挥系统，设置了立体环形的疏散救援廊道，提供了紧急情况下快速无死角救援的条件。

（4）研发了智能模板台车与养护台车，并基于 BIM 模型构建人员-车辆-设备的实时人机定位管理系统，建立高效的运输管理体系，车站实现复杂地下车站人流-物流的高效协调和智能施工组织。

（5）构建了围岩及结构的智能监测系统，确保了复杂围岩条件下长、大隧道及隧道群的施工期和运营期安全，并将准确性、实时性和预警性与隧道施工、运营维护相结合，实现了隧道施工的动态设计，降低了施工风险，并为隧道安全运营提供支撑。

可见，八达岭长城站搭建了深埋超大跨地下车站智能建造体系，在大数据、人工智能技术与智能工程机械装备结合的基础上，研发了隧道围岩智能化超前地质预报技术、隧道三维集成协同智能设计、隧道开挖及支护智能化施工系统、隧道结构安全智能监测系统，实现了隧道全生命周期的智能化建造。隧道智能建造技术在京张高铁的成功应用，提高了我国隧道安全建设的技术水平，具有重要的现实意义。虽然修建过程艰辛，但新八达岭隧道工程被誉为整个京张高铁设计理念的代表之作——新八达岭隧道采用长大隧道机械化配套施工，采用一批先进的机械设备，重点配置了全电脑三臂凿岩台车、三臂拱架安装台车、自动接杆锚杆钻机、快速接杆锚索钻机、砼喷射机械手等先进的隧道施工机械化专业设备。新八达岭隧道如图 2.18 所示。

图 2.18　新八达岭隧道

八达岭隧道开通运营后，只需要一眨眼的工夫，"复兴号"高速列车就越过了"人字坡"，这在百年前可是要 78 min 的。这里已成为登上长城最炫最酷的路线。继续向北就来到了著名的八达岭，由于山区地形复杂，最令人津津乐道的"人字形铁路"，巧妙地运用地形，解决了由于地形海拔落差极大而火车爬坡困难的问题，在此之后的一些山区铁路建设都沿用了这样的设计。但高铁并不适合这种类型。由于高铁对坡度和线路弧度有更高的要求，那些绕不过去的山地就必须开挖隧道。原先的八达岭隧道始建于 1909 年，全长 1 091.2 m，是詹天佑主持修建的京张铁路 4 座隧道之一。100 多年过去，隧道门头依然保持着当年的模样，是全国重点文物保护单位。新的京张高铁八达岭隧道长达 12.01 km，是原隧道长度的 10 倍以上。这项复杂且高风险的隧道工程，从 2016 年开工，经历了两年零七个月的漫长时间，2018 年 12 月 13 日全线才贯通。

新八达岭隧道为新建北京至张家口铁路全线重要控制性工程"两站三隧"中的"一站一隧"，"一站"即为八达岭长城站，"一隧"即为新八达岭隧道，工程重要性高，车站最大埋深 102 m，旅客提升高度 62 m，为国内高铁之最。车站为三层三纵群洞布局，各类洞室达 78 个，断面形式多达 88 种；最大单洞开挖跨度 32.7 m，地下建筑面积超 4 万平方米。其勘察难点包括：地下车站结构复杂，准确查明各部位工程地质及水文地质条件难度大；岩石种类繁多，变化频繁，岩性复杂；断裂构造发育且较为隐秘，勘察难度大；花岗岩的风化特征复杂多变及水文地质条件复杂。针对以上难点，选择适宜的勘察方法和先进的、与地质条件相匹配的多种勘察手段：一是采用多片种、多时段遥感资料与大面积区域地质调绘相结合，综合分析，为线路方案的最终确定提供地质依据；二是采取双层管钻进、绳索取芯等新工艺深孔钻探相结合的勘探手段，应用深孔孔内测试与智能化的孔内全景摄像技术，全面获得岩体各特性参数；三是根据隧道及地下站洞室及不同段落、不同部位的勘察侧重不同、地质问题的类型不一、风险重要程度不同，分类组合使用不同勘察手段，查清隧道不同段落、不同类型的地质问题，效果显著；四是采用掌子面智能素描及多种物探手段与三维地质建模相结合，能够快速准确地确定围岩状态，指导动态施工。新八达岭隧道准确的地质勘察成果，为设计和施工打下了坚实的基础。

2. 八达岭长城站

在青龙桥车站下方，紧贴山体修建、站房高度低于周边山体的八达岭长城高铁站，在地面上看去貌不惊人，3 个体量搭接、中部挖空，只有 1

个类似长城垛口的站房入口,使车站消隐于环境之中,与山融为一体。其实,这座高铁站主体位于地下 102 m、相当于三十几层楼高的深处,地下建筑面积 4 万平方米,相当于 6 个足球场大,是世界上埋深最大、规模最大的暗挖地下高铁站,是人类建设史上少有的挑战。八达岭长城隧道内部如图 2.19。

图 2.19 八达岭长城隧道内部

八达岭长城站埋深大,车站层次多、洞室数量大、洞型复杂、交叉节点密集,是非常复杂的暗挖洞群车站。建设过程中还要考虑要把对周围环境的影响降到最小,开挖的最大断面创造了许多世界之最。京张高铁八达岭长城站"三纵三横布置"层次多、洞室数量大、交叉节点密集,是目前我国最复杂的暗挖洞群车站。车站设置环形应急疏散通道,通风、消防、避险系统一应俱全。不同于地上车站的建筑形态,车站分 3 层地下结构,自下而上分别为,站台进站层及出站层,它们彼此分开又有通道互相连接,构成了一座高铁地下宫殿,把庞大的车站建在地下,既保护了环境不被破坏,又保障了运量,来八达岭长城的游客从原来的一个半小时车程缩到 20 min。

八达岭长城站轨面埋深达 102 m,旅游高峰时期,大客流集中于深埋地下车站中,一旦发生火灾,需确保旅客能够快速疏散,同时救援车辆能够及时到达。车站首次采用叠层通道设计,实现进出站客流均匀无交叉,设置了立体环形的疏散救援廊道,提供了紧急情况下快速无死角救援的条件。施工期间疏散救援廊道作为施工斜井,提供了全方位多通道的施工作业面,实现了安全快速施工。

在八达岭长城站站房建设中,利用 BIM+AR 技术将施工方法以二维码的方式粘贴在施工地点,现场工人通过手机扫码,就可以直观看到如何操作。

施工质量得以提高，返工率降到极低。

隧道大型机械化施工是国际地下工程发展的方向，也是铁路建设保证安全、质量，控制运营安全风险的有效手段。八达岭长城站采用大型机械智能化施工。由于地质和断面多变，隧道施工要使用炸药，却不能伤及长城。建设者采用了我国研发、世界先进的电子雷管微损伤控制爆破技术。一般爆破的震动速度是每秒 5 cm，但这种技术能够把爆炸震动速度降低至每秒 2 mm 以内，相当于长城上游客跺脚那么轻微。

受燕山运动影响，八达岭长城下方是层层夹杂的极其不稳定的断层。因此八达岭隧道没有使用盾构机及其他大型机械的条件，因此施工只剩下一种方法——矿山法，也就是爆破施工。精准微损伤爆破实现了对长城几乎无振动影响下对隧道断面雕刻一般的施工精度。

八达岭长城站穿越地层围岩主要为花岗杂岩，发育闪长玢岩脉及花岗斑岩脉，总体围岩稳定性较好，但受岩脉穿插切割的影响，部分段落岩体软弱破碎，稳定性差。车站围岩级别变化频繁且突然，施工过程中易引起滑塌，因此超前地质预报尤为重要。车站研究复杂洞室群的综合超前地质预报技术，采用超前水平钻法结合数字式全景钻孔摄像系统，观测和分析钻孔中地质体的各种特征，并充分发挥超前导洞或临近洞室的作用，研发掌子面自动素描系统，实现了掌子面围岩等级快速准确鉴定。

超前水平钻及孔内摄像快速直观超前地质预报。结合数字式全景钻孔摄像系统的超前水平钻孔法，可快速、直观地完成风化槽等复杂地段的超前地质预报，本工程采用数字全景钻孔摄像系统对大跨北京端进行试验。

数字式全景钻孔摄像系统通过电缆将数字全景探头放入工程钻孔中，来获取钻孔内岩壁的光学图像。全景探头自带光源，对孔壁进行实时照明和拍摄，孔壁图像经锥面反射镜变换后形成全景图像，在连续捕获方式下，全景图像被快速地还原成平面展开图，并实时地显示出来，用于现场记录和监测。在静止捕获方式下，全景图像被快速地存储起来，用于现场的快速分析和室内的统计分析，所有的光电信号都可以通过电缆传输到计算机或其他存储设备，并利用系统自制软件进行分析处理，以观测和分析钻孔中地质体的各种特征和细微变化，为工程提供直观和丰富的地质信息。

八达岭长城站主洞数量多、洞型复杂，超大跨多导洞开挖，施工中辅助洞室也较多。因此，充分发挥超前导洞或临近洞室的作用，采用以地质素描、加深炮孔为主，辅以物探，进行综合超前地质预报的方法尤为重要。在辅助导洞或超前导洞开挖过程中及时对导洞的工程、水文地质特征进行详细观察和编录，并反复核实和修正勘察报告内容，最终的勘察报告为车站提供设计并指导隧道正洞的施工。通过导洞地质构造形态的详细素描，提出正洞施工中的注意事项，如断层构造产状、性质、延伸等特征，指出这些构造在正洞可能出现的里程位置及其对开挖和初期支护的影响。通过导洞的水文地质特征提出正洞水文地质情况、节理裂隙的导水性，计算涌水量，从而使设计施工做好隧道水害的应急预案。通过导洞围岩级别、测定围岩有关的物理力学参数，分析正洞围岩级别分布情况及围岩的突变性。

基于隧道掌子面地质工作的重要性及因其专业性强、劳动强度高、时效性强等因素导致该项工作难以开展，提出了掌子面图像识别代替人工素描的方法。受隧道环境的影响（光线、粉尘等）导致图像不清晰及二维图像缺失深度信息导致图像识别准确率受限，掌子面自动化素描系统采用多图像立体重建技术或三维激光扫描技术，实景复制（真实记录）隧道开挖情况，从三维宏观把控大的地质构造、二维微观深度学习两方面提高图像识别的准确率。

2019 年 8 月 23 日，京张高铁八达岭长城站主体结构正式封顶，全线站房主体结构全部完成。八达岭长城站是设在新八达岭隧道内的地下车站，位于八达岭景区滚天沟停车场下方，毗邻八达岭长城，独占 4 个"中国之最"和 4 个"首次"。车站最大埋深 102 m，地下建筑面积 3.98 万平方米，建设时是我国埋深最大的高铁地下车站；车站主洞数量多、洞型复杂、交叉节点密集，建设时是我国最复杂的暗挖洞群车站；车站两端渡线段单洞开挖跨度达 32.7 m，建设时是我国单拱跨度最大的暗挖铁路隧道；旅客进出站提升高度 62 m，建设时是我国旅客提升高度最大的高铁地下车站。

2021 年 4 月 15 日，中国交通运输协会组织铁路勘探设计专家在北京召开了"京张高铁八达岭长城地下车站综合修建技术"与"京张高铁大直径盾构复杂环境穿越技术"科技成果评价会。专家委员会一致认为，两个项目的研究成果都具有实用性和创新性，"京张高铁八达岭长城地下车站综合修建技术"研究成果有效支撑了京张铁路八达岭长城站及新八达岭隧道的安全建设；"京张高铁大直径盾构复杂环境穿越技术"研究成果成功应用于京张高铁清华园隧道，社会经济及环境效益显著，推广应用前景广阔。两个项目研究成果总体上达到国际先进水平。

2.3.3 清华园隧道环境保护

北京北站在引出进入到清华园隧道之后，因为处于北京城区的核心区域，其中涉及 3 处地铁线、7 条重要城市路线以及还有多达 90 条的市政管线。施工难度较大，风险级别较高。在建设中，技术部投入大量的人力和物力，自主进行研发，根据实际情况，进行多方的监测和参数计算，引入"可视化智能施工系统"，将整个施工作业进行机械化操作，保障施工中不破坏名胜古迹、不影响城市生活，做到精准施工。

京张高铁从北京北站出站 1 min 后，列车从地上钻入地下，5 min 后穿过清华园隧道。"别看这短短 5 min，经过的地方有 3 条地铁线、7 条重要城市道路、106 条重要市政管线，最近的距离仅有 0.8 m。"中铁设计集团京张高铁前期主管总工、集团分管负责人蒋某激动地说，这条长 6 020 m 的隧道，仅前期论证就用了 5 年时间，修通却用了 1 年。这条遭遇了世界上最复杂施工情况的隧道，要从 5.4 m 的地下穿越北京地铁 10 号线，隧道开挖直径达 12.64 m，相当于 5 层楼那么高。要在这么复杂的环境下，实现这么大体量的盾构施工，误差还不能超过 1 mm，这就好像在人体的众多动脉之间做手术。清华园隧道建设时是我国位于城市核心区，穿越地层最复杂、重要建构筑物最多的国铁单洞双线、大直径盾构、高风险隧道。清华园隧道是京张高铁全线唯一采用盾构法施工的隧道。清华园隧道穿越北京市核心区，全长 5.33 km。2019 年 5 月 6 日，京张高铁清华园隧道无砟轨道施工全部完成，已经具备铺轨条件。京张高铁与地铁最小距离不足 1 m，穿越北京市无数文物核心区，通过 6 条市政主干道、88 条市政管线，这相当于在北京市地下做了一台巨型而精准的"外科心脏手术"，同时也建成了冬奥会历史上首个直达比赛核心区的高铁站。位于城市核心区的清华园隧道，应用可视化动态管理技术，实施全预制机械化拼装、大断面精准掘进，让单洞双线高风险大直径盾构隧道安全穿越了十余条市政道路和地铁线。从北京北站引出后，京张高铁就钻进了清华园隧道。"清华园隧道全长 6 千米多，是目前我国位于城市核心区，穿越地层最复杂、重要建筑物最多的国铁单洞双线大直径盾构高风险隧道。"项目负责人赵某说，整个隧道穿过近 90 条城市管道线路，施工过程必须保证精准无误，否则就会影响城市生活。清华园隧道是京张高铁唯一采用盾构法施工的隧道，建造过程中，盾构机架在两条钢轨上，工人操作遥控装置，将零件平稳运输到指定地点进行拼装，整个系统全部实现机械化作业，环环相扣，严丝合缝。借助盾构机，整个隧道施工像外科手术一样精准，既保护了历史遗迹，又不打扰城市生活。

京张高铁从北京北站始发，首先面临的问题是如何驶出北京城区。北京北站位于北京的二环西直门附近，二环到五环之间有着密集的城市建筑与城市道路，所以设计了清华园隧道，让高铁从地下隧道穿越北京驶出城区，这样既可以保护历史遗迹，还不影响城市生活。由于北京市地下遍布水、电、气等市政管道,还有多条地铁交织在西直门以北的地下,这就让隧道设计十分复杂。隧道工程师们用了盾构法施工,像做外科手术一样让盾构机精准地穿越了8条市政管道、4处地铁、6处城市主要道路,挖出了全长6 020 m的清华园隧道。用盾构法进行隧洞施工,具有自动化程度高、节省人力、施工速度快、不受气候影响、不影响地面交通等优点。在城区内隧洞洞线较长、埋深大的情况下,用盾构机施工更为经济合理。

清华园隧道是目前北京市内最大直径的盾构隧道,隧道位于首都核心区,穿过的地层复杂,地面上重要建筑物密集,施工风险高。在整个隧道施工范围内有近90条城市管道线路纵横交错,施工过程中丝毫不能被破坏,以免影响城市生活。修建清华园隧道,"天佑号"盾构机功不可没。安装这个庞然大物可不容易,需要将机器架在两条钢轨上,由工人遥控操作将零件平稳运输到指定地点,再进行拼装,实现全部机械化作业。"天佑号"盾构机智能化水平高、自动化程度高、施工速度快,相当于一台智能机器人,使得整个隧道施工像外科手术一样精准,比传统施工方法效率提高8~10倍,3个月可掘进1 km。清华园隧道地理环境如图2.20所示。

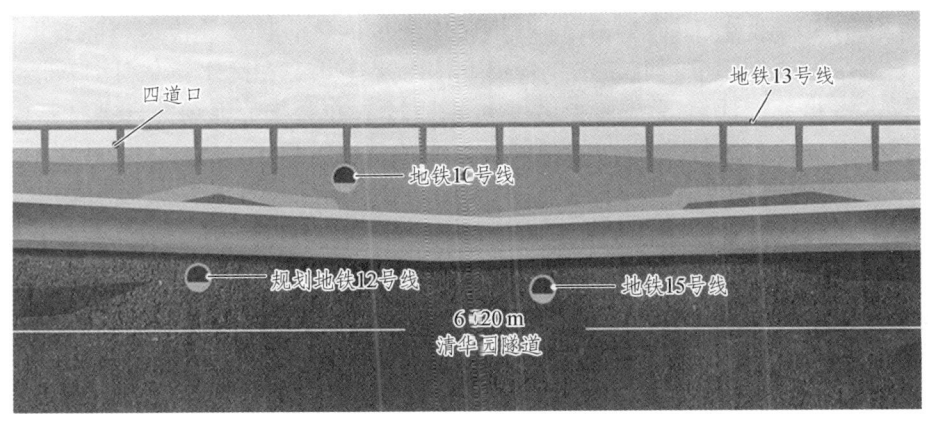

图2.20 清华园隧道地理环境

项目部副总工程师刘某担负攻坚任务,他说:"为使施工和管理更智能,使隧道在极端复杂的地下环境中自由穿越,我们投入力量开发可视化智能施工系统。"这一系统包括施工参数、过程监测、地质预测等,实现全过程可视化动态管理。每一个盾构机搭载了几千个传感器,都具有感知、修正和自动调节的功能,设备状况、地下工作情况等数据,都直接上传到中铁十四局集团的全国大盾构数据指挥中心,盾构专家24小时提供远程监控和技术服务。智能检测可以随时对海量数据进行处理分析，使风险始终处于可控状态。

最终，清华园隧道从北京地铁 10 号线下方 5.4 m 处穿过，隧道开挖直径 12.64 m，相当于 5 层楼高。而隧道顶距离地铁 15 号线折返线正洞最近处，仅 0.8 m。"在这么复杂的环境下，实现这么大体量盾构施工，误差不超过'1 cm'，就像在人体众多动脉间做手术，"相关人员王某坦言，"当时最担心清华园隧道不能与京张高铁整体同时完工。"

2.3.4　东花园隧道自动控制降水与预警系统

东花园隧道位于河北省张家口市。由于东花园隧道地下水位高（地面以下 2~4 m），地下水丰富且距官厅水库只有 1.7 km，通过现场降水试验发现隧址降水范围与地下水及官厅水库有密切的水力联系，为保证京张高铁东花园隧道放坡开挖的基坑安全性，必须进行自动实时降水监测。工程师设计出一种如"千里眼"的系统。首先安装水位传感器，根据水位传感器实时监测降水井内水位变化：当其超过警戒水位时，自动控制水泵抽水；当降低到安全水位时，停止水泵抽水。无线网络完成降水信息的收集并传送至服务器。服务器通过数据库分析获得水位信息、水泵工作状态和降水量估计。Web 交互技术将相关统计信息可视化，用户可以通过电脑端和手机端进行实时监控、统计数据分析和远程管理，达到实时监测降水与预警的目的，完美地化解了这一难题。

东花园隧道紧邻康西草原、官厅水库、野鸭湖国家湿地公园，日最大涌水量达 35.4 万立方米，防渗水成为设计的重难点。中铁十局集团有限公司通过与西安交通大学、北京交通大学合作研发出了"自动控制降水与预警"系统与"深孔测斜"监测项目，把"眼"安在深水基坑中，联合边坡稳定性安全监控软件，实时监控降水情况。

2.4　造世界最好的桥

逢山开路，遇水架桥，针对不同的环境，工程师需要设计不同的桥梁。京张高铁全长 174 km，有 83 座桥梁，总长度达到 67 km，占 38.5%。高铁明明可以贴在地面上运行，为什么还要架起一座座高高的桥梁呢？这是由于高铁运行速度快，对轨道的平稳度要求极高，高铁的行驶速度能达到 350 km/h，轨道即使有一点的不平顺都会对高速行驶的动车组造成影响。将桥墩深深插入地下可以解决因为地势地形的不一样造成的高铁轨道的起伏、沉降和冻土等问题，以保障高铁的行车安全以及高铁线路的平稳。

桥梁的使用还有以下优点：降低土地的使用面积，做到避良田、让沃土，避免造成资源浪费；保证一个相对独立的环境，确保运行安全；解决与道路交叉的问题，减少对城市和土地的分割；线路设计可以尽量顺直，减少转弯半径等。

桥梁智能建造包括智能梁场、高强螺栓施工的智能控制、智能运架、智能制造及施工技术。

2.4.1 官厅水库大桥

难度最大的就是官厅水库特大桥。官厅水库大桥位于高寒大风沙地区，全年有 4 个月的冰冻期，而且官厅水库是国家一级水资源保护区，在施工过程中不能对水资源造成任何污染，需要工程师们选择合适的桥梁类型，设计合理的施工方案。官厅水库大桥跨越库区，具有水深、风大、环保要求高等特点。这里还是北京的备用水源，不能让水质受到污染。

京张高铁全线的控制性工程之一就是官厅水库特大桥，全长 9 077.89 m，主桥采用 8 孔 110 m 简支拱形钢桁梁跨越官厅水库，是我国首例适用于 350 km/h 有砟轨道高铁的钢桁梁桥。大桥的设计充分体现了"轻质、大跨、环保"的现代铁路建设理念。

官厅水库特大桥横跨北京市一级备用水源地官厅水库，主桥由 8 个造型优美的曲弦桁梁组成一道长虹跨越宽阔平静的官厅水库。设计者们都想到了同一个问题，喝水是大事，绝不能因为施工给水源水质带来任何影响。建设者们从设计、施工、运维通盘考虑，反复研究优化施工方案，最终采用"顶推法"施工。具体地说，就是先在岸上选块场地，像"搭积木"一样将钢梁拼装好再从岸边向湖心顶推就位，官厅水库特大桥工程量相当庞大，每块"积"有 1 850 t 重，相当于 5 列高铁列车重量的总和。采用钢梁顶推架设方案可减少水上施工工序，将施工期间对库区水资源的影响降到最低。

2017 年 11 月 11 日，官厅水库特大桥主桥主体工程完工。2018 年 1 月 16 日，官厅水库特大桥主桥主体结构全部施工完成。2019 年 5 月 29 日，官厅水库特大桥铺轨完成。整个施工过程中，49 天完成桥施工，76 天完成主桥基施工，77 天完成 7 个主桥水中承台施工，81 天完成主身，172 天完成主桥下部结构施工，8个月顶推1.49万吨钢梁。官厅水库特大桥如图2.21所示。

图2.21 官厅水库特大桥

此外，还有新型材料机器人喷涂防水，提高喷水效率，解决喷涂厚度不均等问题；AR辅助施工智能安全帽实时传送施工推进现状，搭建信息化沟通轨道；在京张高铁官厅水库特大桥投入使用的集水槽安装安全操作平台，完美贴合大桥梁体翼缘板的外部结构，使得操作更加方便自如，又很好地保护了水资源。项目组在设计官厅水库特大桥时，特意在桥面上设计了污水集中收集装置，将雨水和铁轨摩擦产生的杂质排放至水源保护区以外的沉淀蒸发池内，避免落入水库造成污染。

因速度快、工程优，官厅水库特大桥在建设过程中得到了社会各界的广泛关注，吸引了尼泊尔、伊朗、俄罗斯等外国铁路人士来到现场观摩考察。

2.4.2 土木特大高架桥

土木特大桥采用转体桥模式，所谓转体桥即采用转体法施工的桥梁。桥梁转体施工是指将桥梁结构在非设计轴线位置制作成型后，通过转体就位的一种施工方法。可以将在障碍上空的作业转化为岸上或近地面的作业。根据桥梁结构的转动方向，可分为竖向转体施工法、水平转体施工法，以及两法相结合的方法，其中以水平转体法应用最多。

土木特大桥就采用了水平转体法。此类工法主要适用于上跨峡谷、河流、铁路、高速公路等不能做支撑的情况。早在2015年1月由中铁大桥局承建的山东邹城市30 m上跨铁路立交桥，整体旋转后，成功跨越了京沪铁路。该桥转体长度达198 m，转体重量达24万吨，堪称世界上最重转体桥，刷新了比利时的本·艾因桥196万吨的原纪录。

毫无疑问，我国的转体桥施工技术已趋向成熟，业已走在世界前列。但是高光品悬着的一颗心却始终放不下来。坐在台下看台上高手精彩表演，不等于自己就能登台表演成功。2017年2月22日那天，当首根桩基浇筑成功时，他心里就反复磨盘算了。土木特大桥单转体重量为5 613 t，两个桥墩同时转体，合计转体重量1.12万吨，是京张全线转体最重的连续梁。连续梁与大秦铁路相交角度为38°，转体长度为49 m，转体角度31°。虽然说这种量级与同行前辈创造的世界纪录相比，可谓小巫见大巫，可是连续梁转体跨越大秦线上空，梁底与桥下高压接触网立柱顶面最小间距仅3.63 m。

土木特大桥全长3 503.48 m，位于河北省怀来县土木镇和官厅水库之间，其中24号桥墩与25号桥墩跨越世界上最繁忙的铁路专线之一的大秦铁路，为了避免对繁忙的路线造成干扰、降低施工风险，工程师们决定先在铁路两侧进行桥梁平行施工，然后通过墩顶预埋的转体装置完成墩顶转体，将桥梁结构转到原来设计的桥位上。

土木特大桥依次跨越大秦铁路、京包铁路和京藏高速。跨既有线施工涉及单位多，施工组织协调难度大，上跨、临近既有线施工安全风险高。该桥是京张高铁的控制性工程。施工方在跨越京藏高速公路和大秦铁路时采用了自主研发的创新型工法——"连续梁墩顶转体施工"工法，墩顶转体连续梁最大跨度128 m，最大转体重量8 700 t，建设时是我国最大跨度、最大吨位的高铁墩顶转体连续梁。2017年9月17日，京张高铁土木特大桥实现空中精准转体对接，顺利跨越大同至秦皇岛的双线电气化铁路。桥墩上印制的二维码，包含桥墩各类施工信息。

此次转体工程跨越的大秦线为大同至秦皇岛的双线电气化铁路，是西煤东运的主要通道，每天通行列车160列，线路运输繁忙，天窗点时间有限。为尽量减小施工对大秦线的影响，连续梁采用"挂篮悬浇+墩顶转体"施工，墩顶转体与墩底转体相比，减少了转体时桥墩和上层承台的重量，转体重量减小3 800 t，大大缩短了承台基坑敞口时间，降低了跨越线路的安全风险，也降低了工程难度和工程造价。

另外，值得一提的是：桥梁要平稳耐久，最考验的就是桥的稳定性。一条高铁线需要建设大量的桥墩，每一个桥墩的质量都至关重要，这既要求桥墩本身有足够的强度与密度，也要求深插到地下的柱基足够深足够坚固，高铁桥墩的基深大多在20 m至70 m之间。

高架桥钢梁和转体准备如图2.22所示。

图 2.22　高架桥钢梁和转体准备

读者看到这里，自然会问：高铁桥梁架设施工是怎样进行的？首先当然是预制高铁桥墩了。高铁桥梁一般采用 32.6 m、900 t 的标准箱梁，首先在制梁场预制好箱梁，完成后由提梁机提出放到规定位置，接着由运架一体机把箱梁运到施工现场进行铺设——架梁机先是停到架梁的位置，一头伸到对面的桥墩上，升降系统把车头升高，然后通过导梁将梁运至两个桥墩上方位置，把导梁抽走，箱梁就可以稳稳落在两个桥墩之上了。也有通过架梁机吊装的，不同架梁机施工方式有差别。

箱梁下方和桥墩上方有钢性球形支座，两者对接好，浇上高强度砂浆，最后安装防位移的挡板就基本算完成了。除跨京藏高速公路转体桥外，2 标桥梁均采用现浇梁施工，南口高架特大桥部分桥墩使用移动模架施工。移动模架设备是目前世界桥梁施工中较为先进的桥梁施工设备，对地形、地质、桥梁高度等条件的要求不高，且对周围环境影响较小。

架梁机架桥如图 2.23 所示。

图 2.23　架梁机架桥

架桥机是修建铁路的大型机械，基建领域的巨无霸。架桥机是单向工程机械，如果能调头转向就能双向架设，提高架梁效率。此次调头作业一改以往传统作业方式,采用新型高速铁路架桥机线上调头系统进行转体,与传统线下调头作业相比,不再吊运架桥机下桥,减少了设备拆装次数,降低了安全管控风险;同时对场地要求低,避免了因地基承载力不足而进行地基加固、占用有限的存梁场地等问题,降低了工程成本;最重要的是简化作业程序,工作效率得到大幅提升。

实际上,高铁修到哪里,制梁厂就建到哪里。架设高铁桥梁的箱梁在制梁厂制作完成后,通过提梁机与运梁车运送到架设地点,再由驾梁机架设完成。工程师研发的这一整套技术与机械装备,能在各种工况下实现箱梁制造与建设,是中国高铁桥梁建设的主导技术,为中国高铁网建设提供了有力的技术支持。

2.5 "四电工程"一项都不能少

2.5.1 "四电工程"指的是什么

如果说铁路是一条条翻山越岭的钢铁巨龙,那么集通信、信号、电力和电气化于一体的"四电"集成工程,就是巨龙的血脉经络与中枢神经。铁路"四电工程"一般是指电力及供电气化、通信、信号工程。京张高铁全线几乎涵盖我国高铁建设的所有特点,海拔落差超过 1 500 m、气温变化超过 60 ℃,穿越城区、库区、山区,线路包含有砟段和无砟段,设计时速包括了从 350 km 到 120 km 的 5 个速度值,不同地域和时速对弓网关系的可靠性提出了更高质量的保障要求。为建设"精品工程、智能京张",全面推行"信息化、专业化、机械化、工厂化"精益施工,确保工艺标准真正落实、落地。

2.5.2 电力及供电电气化创新

(1)通过提升工程建设"四化"水平。京张高铁电气化施工实现了野外高空作业向精确测量、精准计算、自动化预配、专业化安装的转变,实现了由劳动密集型向自动化、机械化、智能型转变。

(2)牵引变电采用我国自行研制的安全监控及综合自动化系统,具有远动控制和自检自查功能;接触网采用我国自行设计、适用于高速行车的简单与弹性链形悬挂,其自主开发的仿真计算,使接触网导线一次安全调整到位。

(3)接触网腕臂自动预配平台被称为京张高铁站后"四电"工程的"多面手",真正将人工解脱了出来,还提高了效率和精度。这台机器只需要两名工作人员，就能实现管材零件送入、测量腕臂长度、切割管材、分拣料头、转移管材、寻孔定位、零部件紧固等工序，过程全自动，5 min 一气呵成。

（4）应用数控技术，研制升级了第二代接触网自动化预配平台，对"四电"施工中的接触网腕臂、吊弦、吊索、拉线和电力变电母线等部件实施工厂化预配。利用自动控制技术提升传统预配平台智能化水平，实现了送料、切割、打孔安装、组配等自动操作，使腕臂预配精度从允许 5 mm 正负误差提高到了 2 mm，预配效率提高了 2 倍；吊弦预配精度从 1.5 mm 正负误差提高到了 1 m，预配效率提高了 3 倍。同时，接触网智能预配平台可减少人工成本，原来需要 12 名操作人员，现在只需要 4 人，实现了"分散加工集中干、空中作业地上干、现场施工工厂干"等转变，极大地提升了接触网腕臂预配平台的安全、精度和效率，如"多面手"一样，接触网腕臂自动预配平台实现工厂化生产。它在满负荷状态下每天可以完成近 200 组腕臂预配，预制出来的每一根腕臂的技术标准误差都控制在 1 mm 之内。崇礼车站和施工情景如图 2.24 所示。

图 2.24 崇礼车站及其施工图

崇礼车站是冬奥会的主赛场车站，来往运动员、国际宾客、观众都要从这里乘坐高铁上下车，是最现代的冬奥会交通设施。2019年7月，负责施工的中铁四局建设者正在紧张的施工，确保工程质量。架线施工作业的是京张高铁十分重要的列车行驶电缆设备。2019年8月22日，电化局工人们在八达岭长城火车站日夜架线，确保工期。

2.5.3　通信信号设备安装方面主要创新

（1）通信系统首次采用光纤射频直放技术，以无线通信方式解决区间公务通信，首次采用具有数话同传先进功能的无线列调系统，首次采用车载速度显示信号，取消地面通过信号机。这些新技术在全路尚属首次采用，代表着当时我国铁路通信信号技术的最高水平。

（2）地网在线监测系统能够实现对接地电阻阻值的远程检测及智能化管理，用于监测铁路接地系统，为用户及时发现，处理突发状况提供了有效技术手段，同时，可实现对接地点接地性能的实时在线监测。

（3）自动布线机器人由自动布线机器人、自动绑扎机、自动绕线机等3个工作平台组成，对信号机、道岔和轨道箱盒内部信号设备进行自动布线。在保证线把的工艺统一，质量达标的同时，提高生产效率，实现传统人工布线向智能化、自动化的革新；具有自动放线、自动剥线、自动裁线、自动布线、识别线号、自动绑扎、自动绕线等功能，实现了电缆线束的全程无人干预式自动化布线。通过2台高智能机器人协作布线，过程全程自动化，布线模板自动识别、程序自动调用，传感器立体式布局，故障自动报警；最大布线速度达1 m/s，布线效率比原人工高出5倍。自动布线机器人在京张高铁自动布线如图2.25所示。

图 2.25　自动布线机器人在京张高铁自动布线

（4）研发多功能高空作业操作平台，将粗放型、劳动力密集型的漏缆打孔施工过程转向现代化施工过程的新型设备。主要从提高施工效率的角度出发，通过机械控制施工中的指标要求代替人工控制；在使用时，仅需 1 人操作即可实现 3 排钻孔同时作业，大量减少了人员投入，节约了施工成本。其中，自动钢轨钻孔机通过人机界面进行设置和操作，利用 PLC 编程的方式进行命令输出，采用机械控制，实现测距、行进、定位、双侧钻孔一次性独立完成，提高钢轨钻孔的精度和效率。

（5）智能光纤配线架采用电子标签识别技术，对通信网络中的 ODN 设备及光纤端口进行智能化管理。智能光纤配线架不仅适用于新建工程，也特别适用于既有设备的升级、改造。无需中断业务即可实现在线既有设备的智能化升级。改造方便，实施效率高。

（6）自动混凝土钻孔机用于铁路信号工程隧道电缆槽、桥梁混凝土墙体的钻孔作业，对传统的作业方式进行改革创新，以机器自动固定、钻孔替代以往的人工操作，实现作业的自动化、智能化。

（7）智能调测提升数据精准度，多级道岔控制器能够对多级道岔进行一致性扳动控制和数据显示保存分析，具备三相电源缺相提示，能够单独或同时控制 1~5 级牵引点的多级道岔转辙设备，整机轻便、易操作、外接线简单。多级道岔控制器摆脱室内施工进度制约，控制道岔转换试验。道岔转换过程中实时记录动作电流数值或图形曲线，辅助判断故障。信号电缆绝缘自动测试器由可编程 48 位控制器、监督继电器及报警器组成，对 48 芯及以下信号电缆进行绝缘测试和电源混电测试，实现开机自动绝缘测试，便于及时发现不达标被测点，并随时暂停测试及重新开始测试。信号电缆绝缘自动测试器实现一次接线、自动测量，测试数值准确且能自动导出。自动传输电阻测试仪是一种基于 4G 网络的电缆绝缘及环阻测试装置，能够提高电缆绝缘及环阻测试的便捷性，测试数据实时生成并能够远程上传至电脑终端，提高作业效率，也为竣工资料提供可追溯性的源文件。自动传输电阻测试仪具有测试方便、作业效率高、施工成本低、施工质量高、施工进度快等特点。

（8）计算机联锁驱动采集模拟试验箱，模拟联锁和列控驱动采集状态，预先进行联锁试验，排查电路故障。同时，轨道模拟器用于铁路信号施工模拟试验，将传统用电阻及扭子开关模拟轨道电路的方式转变为电子智能方式，通过电脑和控制器的互相通信，连接现场分线盘的配线端子，实现铁路信号专业轨道模拟试验功能。软件操作界面如图 2.26 所示。

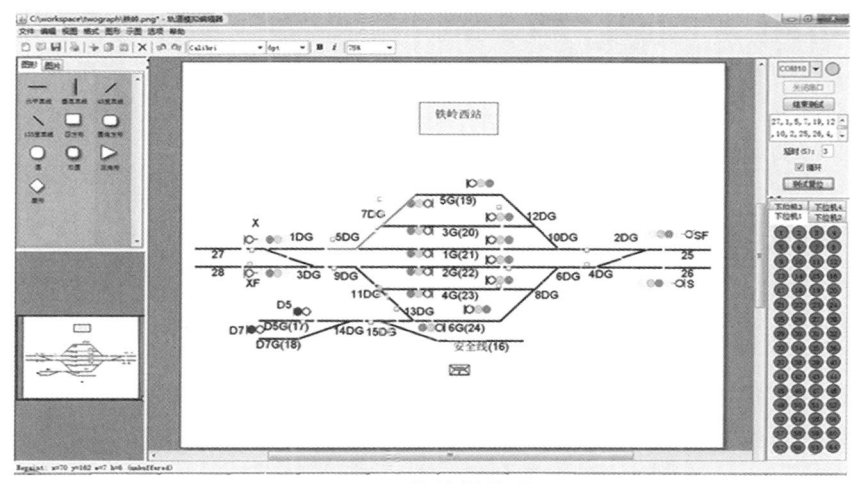

图 2.26 软件操作界面

（9）智能工具箱采用 RFID 无线射频技术将电子标签佩戴或安装在人员与设备上，高效规范管理施工人员及工具设备的进出场核验，可在 2 s 内实现登记核验等功能。采用蓝牙等无线射频技术，在设定范围内跟踪监测，一旦脱离预设范围即可提示告警，实现防丢失功能。智能工具箱将电子标签安装在工具设备上，利用无线射频和北斗定位技术，实现工具登记录入核验、实时跟踪监测等功能。

（10）采用北斗定位安全防护系统利用北斗定位与红外检测技术，通过在施工安全区域设置电子围栏，为施工人员佩戴手环等可穿戴设备，对施工人员行动轨迹进行实时监测，对越界施工及时告警。后台管理采用移动互联网技术，使用便携式终端实现施工组配置管理、实时查看、历史查询及分析。

2.5.4 其他智能技术的应用

（1）采用 3D 打印技术制作特殊施工材料和模具模型。一方面，对个性化工具、设备的制作，完成施工中个别短缺急用物件的打造，缩短产品的研制周期，提高效率并降低成本；另一方面，针对铁塔基础等施工重难点，打印出教学模型，对施工人员进行施工重难点三维分析交底，使技术交底准确到位。

（2）AR 是增强现实 Augmented Reality 的英文缩写。采用视频管理平台与多媒体现场作业管理系统融合，在网络条件和传输带宽得到保证的情况下可提供双向高保真宽带语音和高清实时影像，成功将语音通信、数据通信和视频通信结合起来，构建一个声影并茂的调度指挥网络，使得信息获取更直接，下达调度指令更准确，堪称调度指挥施工的"顺风耳"和"千里眼"。在实际操作中，能真切传送出和收看、收听到对方传递的现场实景和声音。任何疑难问题，都可以现场实况直播，看图说话，传送第一线的直观信息，获取最直接的解决方法。

（3）在技术安全培训方面，VR 是 Virtual Reality 的英文缩写，中文的意思就是虚拟现实，采用 VR 虚拟演示安全教育模式，配以音效、解说，以及一体机的动态效应，使整个施工现场逼真地展现在眼前，仿佛一切都触手可及，有着极强烈的真实感。培训内容主要是让作业人员对高空坠落、基坑坍塌、机械伤害、触电伤害、火灾伤害等产生身临其境的体验，让体验者体验不安全操作行为所产生的骇人危害。同时通过 VR 体验区开展应急演练普及应急知识，提高施工风险防范意识和自救互等应对能力。无论是谁，体验过后都会出一身冷汗，都是一次鞭策和警觉。

综上，如果说铁路是一条条翻山越岭的钢铁巨龙，那么集通信、信号、电力和电气化于一体的"四电"集成工程，就是巨龙的血脉经络与中枢神经。为高度整合通信、信号、电力、电气化专业，全面掌握高铁"四电"集成施工技术，同时也为抢抓数字化、网络化、智能化发展机遇，结合"四电"集成专业特色并聚焦智能建造，京张高铁施工单位运用云计算、BIM 技术，创新施工技术工艺，树立新型高铁通信、信号工程标杆，自主开发涵盖可视化管理、成本管理、技术管理等 8 个功能模块的铁路四电 BIM 精益施工管理系统，既节省了工程工期，增强了项目材料使用可控性，又大大提升了项目管控效率。

第 3 章　智能装备的奥秘

3.1　坚固的工务基础工程

当乘坐高速铁路出行的时候，你可能想象不到，80%以上的旅行时间都是在桥梁上通过的；固定钢轨的无砟轨道板重量超过 8 t，相当于 5 台小汽车的重量，它的制造加工精度竟然达到了 1 mm……，而这些仅仅是高速铁路系统工程创新的一小部分。

3.1.1　基本概述

高铁工务（线路）工程由轨道、路基、桥涵、隧道及其他建筑物构成。占投资 80%以上的高铁工务工程，其技术主要源于中国长期的实践。中国气候与地质条件复杂为世界罕见，没有现成的国外经验可以借鉴。超长大纵断面隧道、结构新颖的桥梁、高平顺度的轨道等建造技术之所以领跑世界，主要是自主创新的结晶。

高铁的基础设施既要为高速列车提供高平顺性与高稳定性的轨面条件，又要保证线路各组成部分具有一定的坚固性与耐久性，使其在运营条件下保持良好状态。高铁工务设备要满足高可靠性、高稳定性和高平顺性的要求。高可靠性是指工务设备适应高速度、高密度的行车要求，能保证高速列车行车安全和有序，具有更高的抵御自然灾害和突发事件的能力。高稳定性是指强化线桥设备结构，降低设备故障率，延长维修周期，减少维修工作量，概括起来就 5 个字：稳、顺、平、检、修。"稳"是指路基、桥梁、隧道、涵洞等基础要稳，要严格控制工后沉降。"顺"是指桥梁、隧道、涵洞与路基不同结构物之间设置过渡段，实现"软、硬"平顺过渡。"平"是指轨面平，500 m 长钢轨焊接成的无缝线路，让乘客坐高铁时再也听不到"咔哒"声。"检"是采用综合检测列车、探伤车、轨检车等先进的检测设备，定期对线路状态进行检测、诊断。"修"是根据检测与分析结果，对存在问题的地段，利用每晚列车停运天窗时间进行养护维修。高平顺性是指轨道几何尺寸精度高,轨道结构经常处于良好状态,以保证高速列车运行的安全、平稳、舒适。

高铁最大的特点是高速度、高舒适性、高安全性和高密度。为了达到以上要求,高铁工务设施具有无砟轨道、新型桥梁、高架长桥、宽大隧道、刚度均匀、沉降控制、精密控制、动态优化、灾害预防、环境友好十大技术特点。如在线路技术方面,采用道床和路基强化技术、无砟轨道技术、无缝技术、跨区间超长无缝线路技术等,提高了轨道平顺性、刚度均匀性,大大减少了维修工作量,不仅保证了高速行车安全,还满足了旅客舒适度的要求。同时,为了解决与既有公路、道路立体交叉,节约宝贵的土地资源,减少拆迁工程量,控制无砟轨道铺设完成后的沉降,视地形、地貌、地质情况,采用高架线,以桥代路。

中国铁路建立了高铁勘测设计、施工、运营维护"三网合一"的精密测量控制网,实现了无砟轨道工程化、规模化、标准化应用,研制了高速钢轨、扣件、道岔和钢轨伸缩调节器以及轨道施工成套装备,形成了具有中国特色的高铁无砟轨道设计、制造与施工成套技术。如路基智能建造包括路基智能压实控制技术、沥青混凝土全断面封闭技术、路基边坡植物防护技术、小型沟槽机械化开挖技术。

3.1.2　无砟轨道

有砟轨道是铁路的传统结构。有砟轨道就是轨下基础为碎石的轨道,具有成本低、吸声降噪效果好、易于维修等优点,但也有稳定性差、维护工作量大、容易产生飞石等缺点。

随着列车运行速度的提高,维修工作量显著增加,维修周期明显缩短。伴随着高铁的兴起,无砟轨道应运而生,顾名思义即不用道砟,它是混凝土或沥青混合料,是整体混凝土结构,是"精髓"。无砟轨道是一种全新的轨道形式,利用混疑土、沥青混合料作成整体基础,以替代散粒碎石道床,又称作无砟轨道,是当今世界先进的轨道技术。与有砟轨道相比,无砟轨道避免了飞溅道砟,平顺性好,稳定性好,使用寿命长,时久性好,维修工作少,列车运行速度可达 350 km/h 以上。

要保障铁路高速、平稳、安全地运营,无砟轨道成为了一种理性的选择。我国设计速度 300 km/h 及以上的高铁主要采用无砟轨道,设计速度 200～250 km/h 的高铁主要采用有砟轨道。从 2006 年开始引进消化吸收再创新德日等国外先进的无砟轨道技术,经过十多年的研发,逐渐形成了具有自主知识产权的板式 CRTS 无砟轨道系列品牌。

京张高铁道床使用了有砟轨道和无砟轨道两种方式铺设，其中全线超过 1 km 的隧道、隧道群及运行速度 350 km/h 区段的用无砟轨道，其余使用有砟轨道。如清华园隧道内设计行车速度为 120 km/h，采用 CRTS Ⅰ 型双块式无砟轨道。在施工过程中，无砟轨道铺轨做到了误差不超过 1 mm，这种庞大的工程，如此高的精度简直超乎想象。同时，为保证高铁行驶的平稳性和舒适性，轨道精调要求误差控制在 0.5 mm 以内，相当于一个指甲盖的厚度。每千米线路需要采集分析数据近 3 万个，包括粗调、精调、数据复核和复测等多道工序。无砟轨道和铺设完毕的 CRTS Ⅲ 型先张板式无砟轨道板如图 3.1 所示。

图 3.1　无砟轨道和铺设完毕的 CRTS Ⅲ 型先张板式无砟轨道板

中国高铁无砟轨道结构总体上分为两大类，即预制板式无砟轨道和现浇混凝土式无砟轨道。其中预制板式无砟轨道分为 CRTS Ⅰ 型、CRTS Ⅱ 型、CRTS Ⅲ 型和道岔区板式四种，现浇混凝土式无砟轨道分为 CRTS Ⅰ 型、CRTS Ⅱ 型双块式和道岔区轨枕埋入式三种。这里的 CRTS 是指 China Railway Track System 的缩写，其中 CRTS Ⅰ 型板引自日本，CRTS Ⅱ 型板、双块式引自德国，CRTS Ⅲ 型板是具有中国自主知识产权的轨道结构形式，是中国引进消化吸收再创新的产品。

CRTS Ⅲ 型板式无砟轨道是中国高铁轨道建设的"大方向"。CRTS Ⅲ 型板式无砟轨道具有较高的稳定性和耐久性，建成后维修工作量小。CRTS Ⅲ 型板式无砟轨道是单元分块式结构；路基地段底座采用纵连结构，并在每块轨道板对应的板中位置伸缩假缝；在桥梁和隧道地段，底座板为分块结构。底座板在每块轨道板范围内设置两个限位挡台（凹槽结构），底座板与自密实混凝土层间设置中间隔离层。而且，每一块 CRTS Ⅲ 型轨道板都有一个"中国芯"，相当于轨道板的身份证，是在布料机浇筑混凝土之前就埋入板内的，当轨道板投入使用后，"中国芯"被激活，将通过网络接入铁路 CRTS Ⅲ 型轨道板生产管理信息系统，这种追踪到底的方式可以使检修人员容易找到问题，只要扫描一下芯片，就能立刻获得轨道板的信息，对症下药，及时进行诊治。

3.1.3 工后沉降

工后沉降是指工程结构从施工完毕到沉降保持稳定这一段时间内，该结构所产生的沉降量。为保证路基的稳定，我国高铁建设时将路基填筑分为 3 层：最上层为表面层，主要材料为填筑级配碎石，厚度约为 70 cm；级配碎石下面是基层底层，采用特种土填筑，厚度约为 2.3 m；路基的本身在基床底层以下，这一层就可以填筑我们常见的普通土了。高铁路基填筑工艺流程非常严格，3 个填筑层的技术标准各不相同，施工的工序要满足技术规范的要求，并且填筑后用机器碾压密实。若是遇有比较差的地质条件，需要对填筑路基的地层做更严格的工艺处理。

在高铁路基施工中，中国铁路攻克了地基处理、路基填筑、边坡防护、沉降变形观测评估等关键技术难题，研发了施工装备，形成了成套施工工艺。针对不同的地质条件，选用了强夯、搅拌桩、旋喷桩、岩溶注浆、挤密桩、CFG 桩筏（水泥粉、煤灰碎石桩）板复合地基等不同方法。另外，还有多种多样的地层加固处理方法，比较常见的有换填特种土，就是将地基原本的软弱土挖出来，换成性能更好的特种土并且压密实；往地面以下打石桩，也就是 CFG 桩，桩的形状就像一根很长的钢筋混凝土柱子，可以确保高铁路基长期稳定和平顺。

当高铁线路遇到软土、湿陷性黄土、岩溶等复杂地质时，路基、桥梁工程还将面临结构沉降、过渡性不均匀沉降等问题，针对区域地面沉降，采取了稳定地下水，桥梁、轨道设施调高部件等综合措施，及时调整线路的平顺度。针对路基、桥梁、隧道下沉规律不同，可通过在连接处设置过渡措施控制下沉差异。

通过各种先进的技术和工艺，可将路基沉降控制在毫米级，使基础做得稳如磐石，才能让高铁安全快速地运行而高枕无忧。除了加固路基的稳定措施外，我国高铁还广泛大量采用桥梁结构。

3.1.4 无缝线路

无缝线路即把钢轨焊接成没有缝隙的长轨条。一列 8 辆编组的复兴号动车组重量在 450 t 左右，相当于 200 多辆家用小轿车。当这个庞然大物高速行驶时，车轮与钢轨的接触面积仅有 100 多平方毫米，在指尖大小的面积上承载上百吨且不断变化的复杂载荷,哪怕是一根头发丝直径的凸起,都会导致轨道和车轮产生数吨的冲击力。与普通的钢轨相比,无缝钢轨让轨道更平更顺,为高铁列车高速平稳运行创造了先决条件。

施工时首先将生产的 100 m 定尺长钢轨焊接成 500 m,运到现场后焊接为 2 km 长,最后再将相邻 2 km 长的钢轨焊连起来,形成无缝线路。无缝线路采用能承受气温变化的高强度钢轨,并用高标准扣件锁定钢轨,避免钢轨热胀冷缩。高速列车运行在无缝线路的钢轨顶面,保证了行进的平顺,减少了对轨道部件的伤损,大幅减少了养护维修。另外,无缝线路能节省 15%的维修费用,延长 25%的钢轨使用寿命,旅客乘车中不再有车轮通过钢轨缝隙时发生的"咔哒"噪声。

目前,中国在焊接技术等各方面都进行了前所未有的研究和实践。中铁三局在铁路铺架、城轨铺装、动调管理、长轨焊接和钢轨预制方面,具有丰富的成功经验。他们的焊轨班组团队已累计完成铺焊轨长度达 13 000 多千米,其中高铁焊轨完成 8 000 多千米,约占我国开通高铁里程的 1/3。中国焊接工程著名专家、中科院院士潘际銮说:我国钢轨焊接标准自成体系,符合中国特点和目标。按高铁标准,焊接轨缝的误差必须控制在 0.1 到 0.3 mm 之间,其目的就是铺设无缝线路,消除钢轨之间的接缝,使轨道更平顺。

项目在施工过程中,技术人员注重焊接放散质量控制,引进了铁路无缝线路智能管理系统,实时采集、分析无缝线路放散及锁定过程中的钢轨温度、拉伸等数据,解决了隧道内外温差较大过渡段数据采集困难的问题,为八达岭隧道长轨焊接提供了技术保障,也为京张高铁日后维护提供了可靠数据。项目部铺架分部一位老焊工薛某说,先进焊机操作技术已远不是过去传统的焊接方法了,现在钢轨接头处最高温度可达 1 400 ℃,两根钢轨在高温下迅速挤压融为一体。按高铁标准,焊接轨缝的误差必须严控在 0.1 到 0.3 mm 之间,钢轨焊接后,还要通过正火等工序,以增加钢轨的强度性,紧接着打磨平滑,再用超声波探伤仪检查。

2019 年 6 月 12 日,在北京北站外的京张高铁清华园隧道进口,随着铺轨机牵引着最后一组 500 m 长钢轨缓缓驶入接轨点精准落位,京张高铁全线铺轨完成。这一切的关键正在于列车下方的铁轨,使用预先在工厂中焊接打磨好的"长钢轨",让安装完成的高铁轨道更加顺滑,才得以保障动车组列车能如此平稳地运行。北京铁路局所属工电大修段沙河焊轨基地承接了 530 km 的京张高铁钢轨生产任务。为了不让任何的不合格接头"混入"京张高铁建设工地,施工团队将 100 m 母材钢轨经过 4 次焊接、16 道工序焊成 500 m 长钢轨。同时,加大母材质量检查力度,加密接头质量抽检频次。在最后出厂前，还要经过一轮极严格的接头外观检测与超声波探伤的考验。

钢轨从哪里来？钢轨焊接基地占地约281亩（1亩≈666.67 m²），按照钢轨焊接特殊作业生产流程，整个基地物体遇热膨胀，遇冷会缩小，这就是热胀冷缩的原理。我们的钢轨也面临这个问题，京张高铁属于高寒铁路，冬天和夏天的温度差超过50 ℃，174 km长的一根钢轨冬天伸缩长度接近100 m，无缝钢轨承受的力度高达100 t，如果没有办法解决热胀冷缩问题，钢轨的伸缩会让轨道变得七扭八歪，影响列车运行安全。通过锁定轨温，采用高强度的扣件、轨枕和道床等部件对钢轨进行约束，采用高强度的钢轨承受温度变化力量，使钢轨牢牢固定到轨枕上。

传统的无缝钢轨焊接需要人工完成对焊轨、接头热处理、推瘤、打磨清理等移道工序，使用移动式钢轨闪光焊机可以在短短十几分钟时间内完成这些工作，且有效提高了钢轨焊接接头的质量和稳定性，安全高效，成功解决了传统施工用时长和质量不稳定的难题。

占地为长方形，东、西全长约2 km，一条钢轨从入库到出库，历时约1 h，要先后经历焊前检查、除锈、焊接、粗打磨等大大小小20余道工序。该基地年焊接钢轨能力达2 000 km，从这里加工焊接的钢轨，在京张高铁线路上使用。首创"双探伤"，严把质量关。钢轨焊接瞬间加热升温到1 000 ℃，同时为保证焊接质量，焊接部位还必须在2 min内迅速降温至400 ℃左右。为严把焊接钢轨出厂质量关，该基地首创了全路"双探伤"工艺，在钢轨焊接过程中采用两套自动探伤仪对焊接过程中，可能产生的质量隐患不间断进行全断面"双探伤"扫查，并保留所有测试数据，便于问题的发现和追溯，为每根出厂的钢轨上了"双保险"。严把"双探伤"质量关如图3.2所示。

图3.2　严把"双探伤"质量关

一根钢轨需要千锤百炼，抽验+检验"千锤百炼"的模式铸成了好轨。为确保每一批钢轨质量的万无一失，焊接基地在不定时进行抽验的基础上，每月还会根据室外温度、环境变化,增加焊接头落锤试验检验,根据抽验与检验结果,及时调整作业流程、加工工艺,确保精益求精。

3.1.5　智能化铺轨

京张高铁铺轨作业标准高,最陡的长大坡道区段坡度高达30‰,给铺轨施工带来巨大挑战。最好的措施就是引进、研发各种先进的设备和技术,采用智能化、机械化、自动化、信息化等施工手段,创新施工工艺,改造机械设备,应用智能检测,实现了指挥中枢信息化和智能化,大幅提高了轨道精度和施工效率。这套技术手段在京张高铁运营全生命周期中还可以大显神威,随时进行质量追溯检查,并为工程建设提供了科技支撑。

中国中铁积极推进智能建造,全面实施数字化、智能化升级工程,加快培育数智建造产业新生态,开展无砟轨道智能铺轨设备技术研究。智能化铺轨场面如图3.3所示。

图3.3　智能化铺轨场面

WPZ-500型无砟轨道智能铺轨机组集轮胎、轮轨和履带走行于一体,由长钢轨智能分拣车、长钢轨智能推送车、长钢轨智能滚筒回收车和长钢轨智能牵引车等4个设备组成,充分利用了智能机器人、物联网、大数据、激光扫描精确定位、AGV自动循迹等前沿高新技术,能够完成长钢轨的精准牵引和推送,滚筒的精确布放及自动回收、堆码、倒运等系列工序。

此外,该机组在作业控制、辅助控制、远程运维、施工组织等方面还进行了智能化升级。相较于传统铺轨方式,该机组减少辅助作业人员63%,机械化程度提高到90%。在铺轨过程中,面对铺轨作业标准高、交叉作业面多、30‰长大坡道给铺轨施工带来的巨大挑战,京张城际铁路有限公司不断优化方案和资源配置,创新施工工艺,改造机械设备,应用智能机器人检测,采用机械化、自动化铺轨机组和施工信息化等手段,大幅提高了轨道精度和施工效率。中铁三局还引进、研发各种先进的设备和技术,实现了指挥中枢信息化和智能化，质量追溯全生命周期智能化等，为工程建设提供了科技支撑。

传统铺设轨道的施工方式需要100多名工人，且工作效率低。现在用高效的铺轨组只需要7名操作人就可以铺设。随着铺轨机开过，一条条200 kg重的轨枕，以间隔60 cm的距离被精确地安放在钢轨下方。同时，铺轨机能一次性架设两条30余吨重，500 m长的钢轨。铺轨机驶过，钢轨就铺设好了，每台铺轨机每天能架设2 000 m的钢轨。京张高铁位于高寒地区，线路地势复杂，部分路段坡度达到30%，对轨道技术参数要求高。工程师们使用了自动化铺轨机、移动式闪光机等各种先进的设备，大幅度提高了轨道精度和施工效率。

京张高铁铺轨进入最后阶段，在距离完成铺轨任务的12日还有4天的时间，铺轨到哪里工人们就住在哪里，昼夜跟踪铺轨一丝不苟，认真做好每一道工序。为解决工程质量要求高、铺轨工期短、交叉作业等诸多矛盾，引进、研发各种先进的铺轨设备和技术，重点实现了指挥中枢信息化和智能化，以及梁枕场的智能化生产、质量追溯全生命周期智能化等，为工程建设保质保量提供了强有力的科技支撑。现场施工的员工宋某说："过去铺轨都人与人之间协调，平时看着这钢轨硬邦邦的吧，可是几百米长就好像一根软面条。人力装御长轨，听吹哨口令指挥，相互之间用力不均，就可能引起钢轨变形。现在机械化装卸，铺轨省时省力，还能保持导轨不变形。"工程师张某接着说："人工铺轨一天可能是500~1 000 m，机械铺轨基本上能够保证1 500~3 000 m。从轨料装卸开始，我们研发了500 m长钢轨的群吊智能监控系统，32台龙门吊动作一致，在智能化集中控制系统操作下整齐划一地伸出铁手，抓住钢轨起吊装卸。确保吊装过程中钢轨不会变形，也提高了轨道铺设质量。"整个工程将铺轨与焊轨连为一体，而钢轨铺设焊接水平直接影响着高铁运行是否平稳舒适。

另外，作为世界上第一条设计时速350 km的智能高速铁路，全方位的设备设施监控监测系统实现了对管内设备设施24 h可视化实时监测、安全隐患智能预警，同时实现了科学调配职工进行检修维护，职工还能通过手持终端，进行拍照反馈，有针对性地制订整修方案，确保高速线路平稳通畅。

3.2 最强大脑的高速运转

列车运行控制是保证行车安全的关键因素，主要通过控制列车运行速度来保证列车间的安全行车间距，保障列车的安全运行。列控车载控车曲线采用位置-速度模型，考虑了列车实际运行速度、各种不同类型的线路限速以及车长因素，但是未考虑时间因素、列车故障带来的影响，也未考虑列车内不同车厢之间的关系，提供的信息也无法满足快速准确的列车运行调整需求。

"CTCS-3 系统"这看似简单的名称背后所承载的人们的辛苦和付出是难以想像的。中国通号研究设计院集团安全控制技术研究院总工程师陈志强带领的团队，为了中国高铁的提速建设而前往瑞典进行刻苦学习，面对国外高铁列控技术领先的现实，他明白只有自己学懂了弄通了设计全面了，才能让中国的高铁发展迈上更高的台阶，所以他始终铭记着自己肩上那一份责任和寄托，即使再辛苦也一直走在前进的路上。人生地不熟的他们互相鼓励，互相打气，熬过了最艰难的开发岁月，终于通过大量的试验与研究，迎难而上，成功开发出中国自主品牌、适应中国高铁发展需要的 CTCS-3。陈某在经过无数日夜的反复琢磨推敲、反复修改以后，成功完成了在满足舒适度和节能环保要求的同时，将停车精度控制在 30 cm 范围内为旅客上下车提供便利，让旅客的出行体验更美好。2017 年，他带领团队投入到了高铁自动驾驶系统的攻关研发中，不到 1 年时间，C3+ATO 系统就以零缺陷的高水平表现通过专家们严格测试，顺利实现京张高铁全程自动驾驶，使得高速列车实现了自动运行、定点停车、折返作业、自动调整等多项"新技能"，极大地提升了效率和安全性。

CTCS-3 级列控系统满足高速列车以速度 380 km/h 持续运行的需求。中国于 2015 年成功研制了具有自主知识产权的 CTCS-3 级列控系统全套核心设备，2018 年对系统增加 350 km/h 速度的智能驾驶功能并在北京—沈阳客专综合试验段完成现场试验，实现了列控系统装备的自主化、智能化和产业化，能够满足我国高铁运用技术提升及高铁走向国际的需求。CTC-3 设备构成、功能及信息流程如图 3.4 所示。

中国通号自主化 CTCS-3 级列车运行控制系统吸收继承了既有系统大量安全可靠的运用经验，在解决自主知识产权问题的基础上，依据中国列控标准，面向未来发展需要，重点考虑了系统装备的标准化和技术先进性，以支撑当前在用设备的长期运用维护，支撑新建高铁自主化列控系统的应用，支撑高铁技术的可持续发展。中国通号自主化高铁列车运行控制系统（CTCS-3）由计算机联锁（CBI）、列控中心（TCC）、无线闭塞中心（RBC）、临时限速服务器（TSRS）、自动防护设备（ATP）组成。中国通号自主化高铁列车运行控制系统（CTCS-3）如图 3.5 所示。

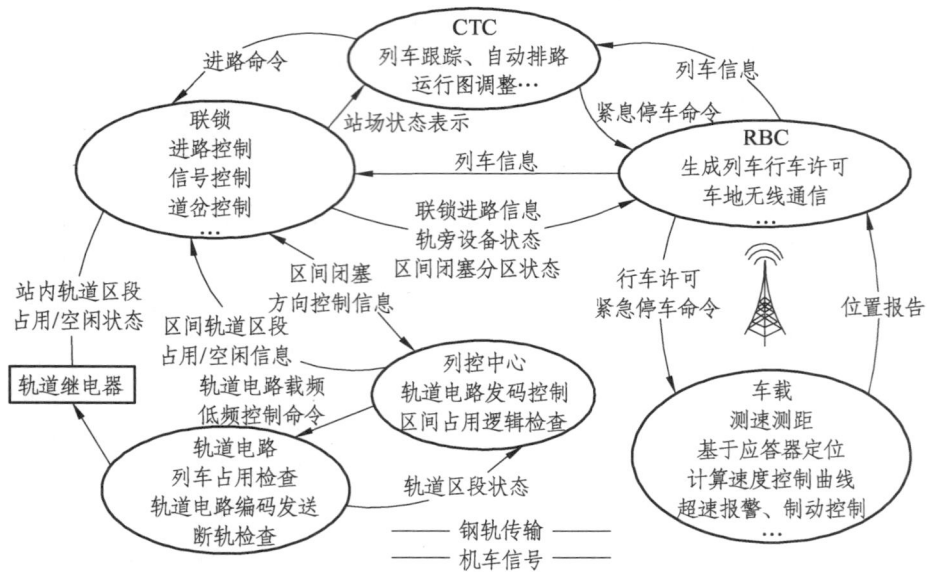

图 3.4　CTC-3 设备构成、功能及信息流程

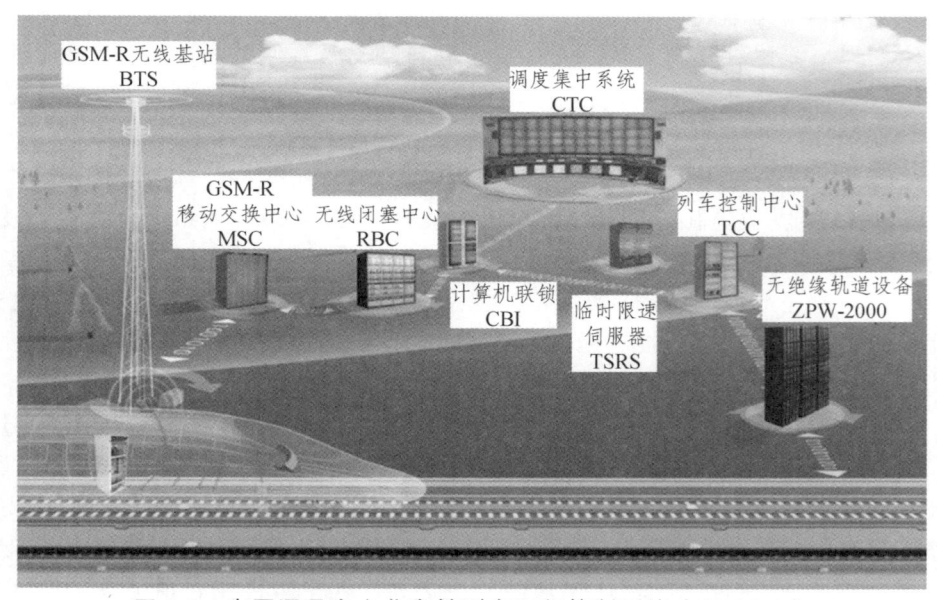

图 3.5　中国通号自主化高铁列车运行控制系统（CTCS-3）

智能列控系统是未来高速铁路发展的方向。现阶段智能高铁的信号系统主要包括智能调度指挥系统、以自动驾驶为标志的列车运行自动控制系

统、电务大数据平台和运营维护系统，以及信号系统配套的现代化监测监控系统等，实现了调度指挥智能化、列车控制自动化和运维监控现代化。其中，智能列控系统的关键技术主要包括高安全可靠的列控系统、更高自动化等级的自动驾驶系统、移动闭塞技术、智能运维技术等，其构成如图3.6所示。

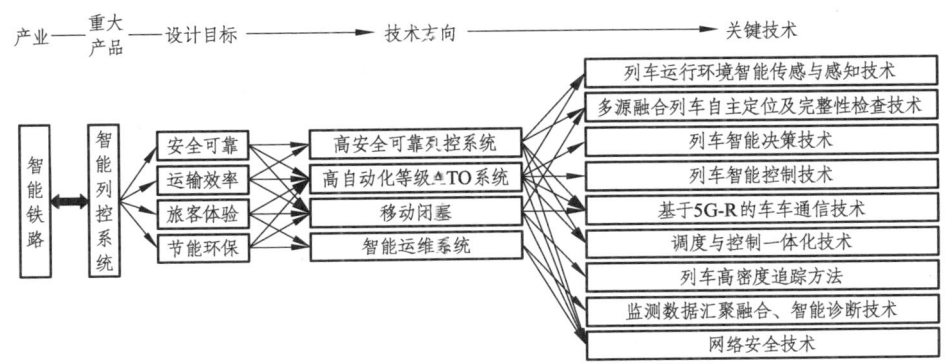

图 3.6　智能列控系统关键技术构成

未来要实现更高 GOA 等级的自动驾驶，最终实现列车自主运行控制。同时，还利用广义智能控制的方法提高列车运行效率，包括减少轨旁设备，提高系统可靠性，降低运营成本，实现调度与控制一体化技术，实现移动闭塞等。

3.3　稳定的动力之源

牵引系统是动车组的心脏，为动车组高速运行提供强大的动力。

高铁供电是个名副其实的用电大户，动车组从北京跑到张家口 174 km，就需要 800 多千瓦时电能，每分钟的用电量相当于 1 户家庭 1 个月的用电量。动车组的用电来源于发电厂（火电厂、水电厂、核电厂等），电厂发出的电经输电线送到铁路牵引供电系统的专用牵引变电所，再经过接触网传输到高速动车组。

电气化铁路是以电能作为牵引动力的一种现代化交通运输工具。它与内燃机车牵引不同的地方，是电力机车或动车组本身不带能源，必须由外部供给电能，专门给电力机车或动车组供给电能的装置称作牵引供电系统。同时，牵引供电系统本身并不产生电能，而是将电力系统的电能通过牵引变电所、馈电线、接触网、钢轨、吸上线及回流线供给电力机车的（对于直接供电加回流线供电方式而言）。电气化铁路供电系统主要由牵引变电设备、接触网设备、电力供电设备构成。高铁牵引供电系统如图 3.7 所示。

图 3.7　高铁牵引供电系统

京张高铁新建 10 kV 配电所 7 座，安装箱式变电站 130 座，敷设 10 kV 线高压电 1 656 km，并首次全线采用智能化变电所，能实时监测列车行驶中的状态信息，在线处理发生的故障，使列车运行更加平稳可靠。智能化变电所是由智能化一次设备（电子式互感器、智能化开关等）和网络化二次设层（过程层、间隔层、站控层）构建。

牵引供电智能化主要体现在构建智能供电系统，实现智能故障诊断、预警、自愈重构等功能，并形成供电系统健康评估体系。如高铁变电所采用智能化供电系统，还使用了机器人巡检的方式，基于大数据进行健康自诊断，实时监测供电情况。高铁变电所采用智能化供电巡查机器人如图 3.8 所示。

图 3.8　高铁变电所采用智能化供电巡查机器人

如何才能将电能送到高铁列车里面呢？给高铁列车"充能"的就是车顶上的那对"大辫子"，它们是列车车顶伸上去的折叠装置，称为受电弓，是列车从接触线获得电能的设备。接触线与电直接接触，是架空接触网的一部分。架空接触线上的电能通过受电传输到高速列车内。受电/接触网（简称网系统）良好的服役性能是保证高速列车可靠、安全运行的基本条件。

从接触网直接下来的 25 kV 高压电是无法直接传给变流器使用的，必经过牵引变压器转换，才能作为变流器输入，从而为车辆提供牵引用电。牵引变流器将牵引变压器转换输出的单相交流电压进行整流，逆变为牵引电机所需要的电源，这是为高速列车提供动力源和动力控制的装置，是高速动车组牵引系统的"心脏"。

牵引电机的作用是将电能转化为机械能，并通过传动机构带动车轴旋转，从而带动列车前进，实现"牵引"的功能。可见，列车的高速运行离不开"强有力"的大功率牵引电机。可以仔细观察接触网立柱，在车厢正上方的是高压线，而立柱的另一侧，还有一根回流的地线。高铁接触网通过接触高压火线，经过变电压和列车的传动装置后，通过车轮回流到钢轨上，最后经过接地接回流到地线中，形成完整回路。

保证牵引供电系统的健康，才能保证高铁安全可靠运行。然而在实际运营过程中，引发供电系统故障的因素很多，一旦发生故障，将会导致重大的损失。为了对高铁供电设备实时远程监测和控制，我国每个铁路局都设有调度所,在调度所内通过铁路供电数据采集与监视控统(SCADA)实现对铁路沿线各变配电所等供电设施的远程监测和控制管理,实时掌握设备运行状态,SCADA 是保证高铁牵引供电系统安全、可靠、高效运行的重要装备。所以,自身不带能源装置的高铁列车正是通过牵引供电系统这个"充电器"才得以在广袤的祖国大地上奔驰。

铁路部门研究人员目前正在致力于将人工智能技术与牵引供电系统相结合,实现牵引供电系统的自动化和智能化。智能牵引供电系统可实现四方面的智能化:实现故障快速隔离,系统自愈重构功能;实现视频巡检、智能联动、智能报警,为无人值班、无人值守提供了有力的技术支撑;实现对关键设备早期故障预警和健康评估,提出维修辅助决策,为主动维护奠定了基础;扩展全景化信息展示及源端维护等高级功能,并融入作业自动化功能,为供电调度员提供了"提效保安全"的技术平台。

3.4 "复兴号"升级版更智能

3.4.1 "复兴号"设计

我国高速动车组经历了自主探索、引进消化吸收再创新、深化创新和自主创新 4 个阶段的技术发展历程,成功研制了具有完全自主知识产权的"复兴号"动车组。当初,"和谐号"动车组型号众多、技术平台不完全一致,日常运用中出现了不同系列车型间无法重联运行、列车无法相互救援、设备不通用、司乘人员反复培训等问题。

为解决我国动车组技术引进后带来的自主化、简统化及运用适应性等问题,按照国家创新驱动发展战略,2013 年起,我国研制了 CR400 和 CR300 平台复兴号系列动车组,8 辆编组相同速度等级的复兴号动车组可互联互通,实现重联运行。2017 年以后,为满足我国智能高铁发展需求,研制了京张和京雄智能动车组。

复兴号动车组是在充分吸收我国多年来动车组运用检修经验的基础上,以市场需求为目标、坚持问题导向、坚持自主创新、开展正向设计、全面提高自主化水平研制的具有完全自主知识产权的标准化、系列化、简统化动车组,达到国际领先水平,满足未来发展需求。

CR400 平台动车组为时速 350 km 的复兴号动车组,有 CR400AF 和 CR400BF 两种技术平台,包括 8 辆编组(CR400AF、CR400BF)、16 辆编组

（CR400AF-A 和 CR400BF-A）、17 辆编组（CR400AF-B、CR400BF-B）、8 辆编组高寒型（CR400A-G、CR400BF-C）等不同技术配置动车组。

CR400 平台 8 辆编组复兴号动车组为时速 350 km 的动力分散式电动车组，采用 4 动 4 拖，为满足大客流干线客流运输需求，2017 年研制了时速 350 km 的 16 辆编组复兴号动车组，即 CR400AF-A 和 CR400BF-A，采用 8 动 8 拖配置，总长度超过 410 m，可满足时速 350 km 运营要求；继承了 8 辆编组复兴号动车组自主化、统型、互联互通创新成果，车体、转向架、牵引制动等主要系统方案与 8 辆编组复兴号动车组相同，对平面布置进行了适应性调整，对网络系统、旅客信息、辅助供电系统按照 16 辆编组进行了扩展设计。与 8 辆编组复兴号动车组重联相比，16 辆编组复兴号动车组将中间车头部分换为正常车厢，可方便旅客在全列车内通行，每列定员达到了 1 193 人。

京张高铁复兴号智能型动车组 CR400BF-C 是复兴号动车组的家族产品，定位于复兴号的智能型，由中车长春轨道客车股份有限公司研制。动车组采用了低阻力新型流线型车头，运行阻力较 CR400F 型动车组减少约 10%，能耗降低约 7%；首次实现有人值守的自动驾驶；首次应用应急自走行技术，可在京张线任意点自走行至临近站；首次采用智能列车安全监控系统，实现多系统、整车级交互监测。2019 年年底，两列智能动车组在京张高铁投入运营。

CR400BF-C 是在 CR400BF 车型的基础上，为京张高铁研发的世界上第一辆时速 350 km 的自动驾驶动车组，外观采用全新的设计。CR400BF-C 型动车组能够耐高寒、抗风沙，在 –40 ~ 40 ℃ 区间正常运行。中国标准动车组与 CRH 系列动车组区别主要为：形成了一套中国标准体系，而非欧标、日标；自行设计、自主研发，拥有全面自主知识产权。CR400BF 和 CR400BF-C 如图 3.9 所示。

（a）CR400BF

（b）CR400BF-C

图 3.9 "复兴号"动车组

3.4.2 智能动车组及技术创新

"我们是站在中国铁路、装备制造、综合国力飞速发展的肩膀上，谋划中国高铁的又一次飞跃。"创新、技术、人才锻造了今日的京张高铁，信息化、自动化、智能化带来了全球化视野，把中国高铁建设发展事业推到了世界前列。

智能动车组是一对双胞胎，车头分别模拟鹰隼和旗鱼的形状，具有优越的空气动力学性能和漂亮的外观。例如，在京张高铁的智能化技术中，最亮眼的莫过于列车的全自动驾驶设计。全自动驾驶主要包括列车自动发车、区间自动运行、到站自动停车、停车后自动打开车门、车门与站台屏蔽门之间的自动联动五个方面。自动驾驶功能把驾驶员从繁杂的操作中解放出来，让他们能更关注行车的安全工作。以复兴号动车组平台为基础，设计者研发了工作状态自感知、运行故障自诊断、导向安全自决策的智能动车组。

京张智能高速动车组是"复兴号"动车组 CR400BF 的家族产品，定位于"复兴号"的智能型，综合考虑了 2022 年北京冬奥会的需求。结合动车组运输、监控、维修、服务等方面需求探讨动车组智能技术发展。京张高铁采用的动车组以现有 CR400BF/AF 型"复兴号"动车组为基础，在智能化、安全舒适、绿色环保、综合节能等方面实现升级。京张智能动车组在高速动车组智能行车、智能运维、智能旅客服务的基础上，基于云计算、物联网、大数据、北斗定位、5G 通信、人工智能等先进技术，集成融合新一代信息技术，实现动车组智能化。同时，基于城际交通短交路、大客流、往返频繁等运营特点，依托 5G、大数据、人工智能、区块链等新兴信息技术融合发展理念，融合 5G+人脸识别、智能分析、智能视频感知的智能视频系统,打造服务于公交化城际交通的人数统计、人员辨识等公共安全平台,构建我国智能城际交通系统。

京张智能高速动车组分为标准配置和奥运配置两种技术方案。标准配置主要从满足高寒地区运用需求,提升山区线路适应能力、智能化水平和应急处置能力,降低气动阻力,节能降耗等方面,在"复兴号"基础上进行优化提升;奥运配置在标准配置基础上,从奥运期间媒体宣传、滑雪器材存放、残奥会服务等方面进行适应性改进。

京张高铁智能动车组的智能化大致可以分为几个方面,即:智能装备、智能安全保障、智能行车、智能服务、绿色环保(智能运维在 4.3 节中有详细论述,运维部分按智能高铁框架划分属于智能运营内容)等。

(1)在智能装备方面,京张高铁是全世界首条采用自动驾驶的高铁(速度 300~350 km/h 内)。京张高铁智能型动车组采用低阻力新型流线型车头,阻力更小、噪声更低、能耗更少。全车设置 2 700 多个监测点,对动车组压力、振动、温度等指标进行动态跟踪与实时监控,实现动车组全生命周期管理。该型动车组可适应 – 40 ℃ 山区大风高寒环境,满足复杂地质条件下 30‰ 大坡道运行,并实现应急状态自牵引、自走行;在世界上首次实现速度 350 km/h 自动驾驶,车站自动发车、区间自动运行、车站自动停车、站台门精确联动,创新了动车组驾驶模式,提高了舒适性、运行正点率和行车效率。

动车组列车搭载北斗卫星导航系统,实时精准定位,具备车站自动发车、区间自动运行、车站自动停车、车门自动开门、车门站台门联动五大功能,从而确保列车运行安全、提高列车运行效率、降低牵引能耗、减轻司机劳动强度,最终改善旅客乘车体验。同时,复兴号智能动车组的车内灯光有智能调节功能:车内卫生间增加了自动感应功能,在无人时将会自动关闭灯光;在商务区可以实现通过光线感知从而自动调节灯光的亮度。在座椅方面,一等座车厢内头靠增加了包裹感,增加私密性,可以折叠;腰靠增加功能,大大提高了乘坐的舒适性。此外,在商务座还设置了无线手机充电功能,以满足现在日益发达的通信设备需要。"复兴号"智能设备如图 3.10 所示。

(2)在智能安全保障方面,以故障导向安全为原则,基于 CR400BF 型动车组成熟技术,提高零部件的可靠性,并对整车安全性设计系统总结提升,保证动车组运行安全。安全性主要分为主动安全和被动安全两部分。智能动车组安全性提升如图 3.11 所示。

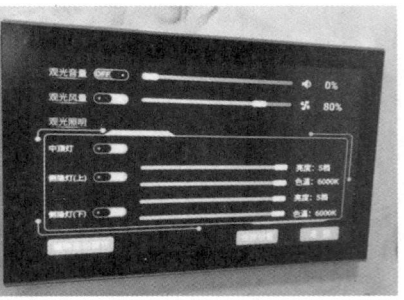

图 3.10　"复兴号"智能设备

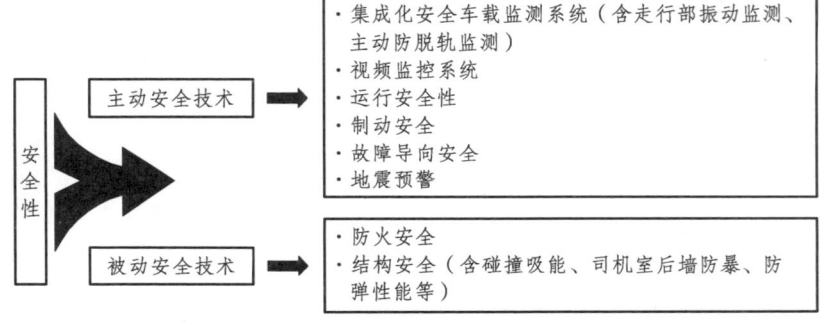

图 3.11　智能动车组安全性提升

① 车载安全监测系统。京张智能高速动车组设有车载安全监测系统，该系统由车辆级主机、列车级主机、列车级显示屏、温度/振动复合传感器、防脱轨振动传感器等组成。车辆级主机和列车级主机与 TCMS 实现 MVB 和以太网通信，车辆级主机实时接收本车失稳/平稳监控主机、轴温监控主机、火警主机、制动控制单元（BCU）、牵引控制单元（TCU）、辅助控制单元（ACU）、充电机等设备的监控数据和故障信息。同时，车辆级主机和列车级主机连接本车温度/振动复合传感器和防脱轨振动传感器，接收牵引电机轴承、齿轮箱轴承、轴箱轴承和防脱轨振动信号。车载安全监测系统实现以下功能，包括：轴箱轴承振动和温度监控；齿轮箱轴承振动和温度监控；牵引电机轴承振动和温度监控、定子温度监控；构架横向加速度监控；车体平稳性监控；车轴及电机转速监控；制动施加/缓解监控；停放制动施加/缓解监控；火灾监控；电气绝缘监控；防脱轨监控等。车载安全系统框架图如图 3.12 所示。

第 3 章 智能装备的奥秘

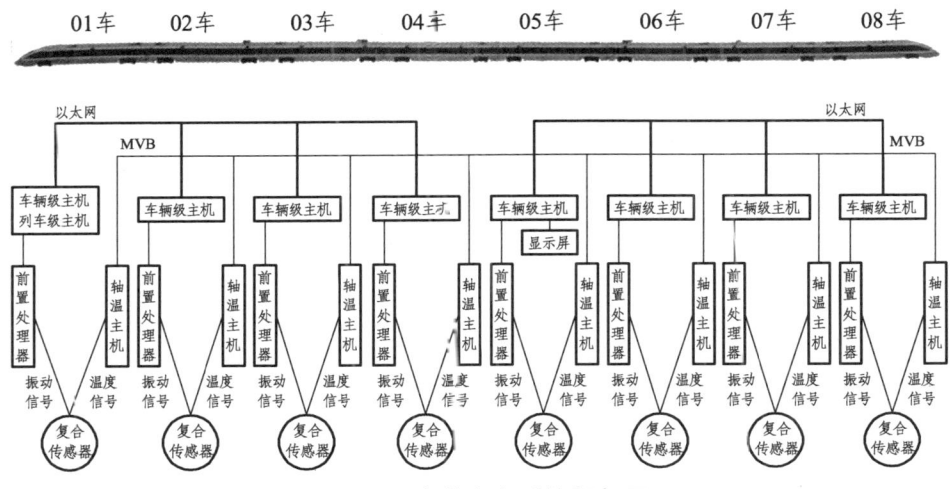

图 3.12 车载安全系统框架图

车辆级主机对本车部件状态或功能进行实时监控，综合评判本车转向架失稳、转向架脱轨、轴承超温或振动异常、车体平稳性超标、车辆失火、制动状态/牵引状态、轴承转速、电机超温、电气绝缘（如接地、短路、电流等）等，当运行过程中测值超出正常控制值进行判、顶警和报警，并将故障信息通知 TCMS，采取限速或停车等导向安全措施，保证动车组安全运行。同时，车辆级主机会将实时监测数据和诊断结果通过以太传送给列车级主机和列车级显示器，作为列车级诊断的依据。

列车级主机除具车辆级主机功能外，还对所有车级主机汇总的监控数据进行横向对比和历史纵向对比，依据各车监控数据的时空关联性，结合数据模型和数据平台，形成对故障部位的综合诊断。

车载安全监测系统的监测数据通过远程无线传输系统（WTD）实时发送到地面，并结合地面专家系统，对动车组的运营状态进行评估，分析故障演变，进行故障定位和故障预测，为动车组检修提供数据支撑，最终实现智能化检修。

② 视频监控系统。京张智能高速动车组设置视频监控系统，按《动车组车视频监控系统暂行技术条件》（铁总运〔2015〕274号）执行商务座席区域摄像头安装在靠近通过台端。

客室座椅上方区域设有电子座位号及票务信息显示灯，安装位置及显示方式按规范执行。司机室和商务座区的广播扬声器设单独的音量调节装置。

动车组设受电弓视频监控装置，可在运行途中实时监视车顶受电弓及附近高压设备工作画面，为随车机械师处理异常降弓等弓网故障提供辅助的图像监视功能。受电弓视频监控装置按《动车组受电弓视频监控系统暂行技术条件》(铁总运〔2015〕360号)执行。拉动乘客紧急制动设施,将在司机室中产生声光报警信号并可显示具体车辆位置,启动旅客信息系统的双工通信功能,同时列车自动触发紧急制动 EB,并可由司机手动缓解,以选择适当位置停车。

③ 列车运行安全性。车辆在运行运营过程中,根据车辆各部件运行状态,提前做好车辆运行安全分析,确保车辆始终处于无故障运行状态,制动系统、牵引系统、网络、给水卫生系统等均提前进行车辆运行安全分析。同时,智能动车组的供电系统可实现智能故障诊断预警,形成供电系统的健康评估系统;地震预警系统、自然灾害监测系统等组成动车组的智能调度指挥系统,可以自动检测雨雪、地震等恶劣条件并提前示警,确保安全行驶。此外,列车全线每一个桥梁、车站,每一处钢轨,都装有传感器,便于监控零件是否老化、路基是否沉降、照明是否损坏,等等。

④ 故障导向安全。车辆在运行运营过程中,当车辆某部件发生不影响运营安全的故障时,车辆检测系统检测出故障,根据故障类型,采取响应应对措施及监控,确保车辆始终处于安全运营状态,制动系统、牵引系统、给水卫生系统、网络系统等车辆控制机服务系统均进行导向安全检测。另外,在走行部增加振动、温度复合传感器实现轴承、齿轮箱、牵引电机等零部件失效模式的精确判断,保证行车安全;车内采用视频组网设计,实时准确掌握车厢内旅客动态、环境状态,全面提高车内反恐、防暴能力。同时,实现火灾与视频联动,进一步确保旅客行车安全。实现多监测系统集成综合处理诊断、统一存储、显示、发送,完成由单部件单车级安全监测到多系统、整车级、交互监测的提升;复兴号智能动车组有一套检测功能,地面也有一套复杂综合系统,车体上所有数据都会实时传回地面,如果出现故障,地面人员和数据收集人员都能通过系统进行感知,并对维修工作提供充分的依据,都能和指挥中心实时互动。复兴号智能动车组还有应急自走功能,如果动车组出现高压系统故障,可以通过自走行功能,在速度 30 km/h 的情况下运行 20 km,可保障车辆安全到达下一站。灾害监测,对大风、雨雪、地震等自然灾害情况进行实时监测,辅助列车自动驾驶,做出减速、停车等判断。

⑤ 地震预警。车辆安装车载地震预警装置,其具有基于 GPRS 和小区广播(预留)方式的 G-SMR 线数据收发功能,实现紧急装置信息的接收与应答。当接收到地震预警监测铁路局中心系统发来的紧急处置信息后,根据紧急处置级别的不同,通知司机施加最大常用制动或自动触发紧急制动。此外,车载地震装置还具有制动控制解除、继电器状态回采、装置隔离、装置隔离

状态回采、语音显示报警、解除语音显示报警、事件语音提示、功能设置、参数录入日志记录、系统信息查看、文档管理、事件数据存储与导出、系统复位与自检等功能。

（3）在智能行车方面，首次实现速度 350 km/h 的有人值守自动驾驶，采用 CTCS-3+ATO 技术，停车度可控在 0.5 m 以内，自动速度控制功能精度在 2 km/h 以内，减轻司机 40%的压力，大幅度提高运行效率。列车通过车传感器、雷达、天线等设备对环境信息（地理位置、线路信息等）和车辆状态进行采集与处理，并与动车组技术融合，同时在满足安全性、稳定性和新适性的目的下进行算法预设，结合线路限速要求等进行决策判断，实现车站自动发车、区间自动运行、车站自动停车、车门自动打开、车门/站台门联动控制。

（4）在智能服务方面，主要从 3 个方面进行智能化提升：

① 智能环境调节，利用智能环境感知调节技术，从温度调节、灯光智能调节、人机工程学、车内噪声控制、玉力波调节、变色车窗、资源配置优化等方面实现旅客视觉、听觉、嗅觉、触觉等方面感官舒适度的提升。

② 智能信息推送，首次在动车组上实现电视分屏显示，实现电子地图和旅游信息、行车信息（到站、离站、途中）推送，LCD 外显，座位号提示，车-地视频、语音信息回传等业务，提高信息服务精准度及效率。

③ 智能便民服务，通过智能点餐、Wi-Fi 增值业务服务，为用户拓展无限乘车体验空间。动车组更加安全舒适、绿色环保，配有滑雪板存放处和轮椅车厢，此外还开设了世界上最独特的移动新闻中心——媒体车厢。媒体车厢将实现高速互联网覆盖，旅客坐在列车上就能随时看奥运直播。智能动车组融合了众创设计和奥运元素，不仅外观、内饰好看，还具有智能运营、自动灯光调节系统、减振降噪等特点。采用的环保材料 75%可以回收利用，50%可实现降解，废水能够循环使用，实现列车绿色化运营的目标。还配置了多语种的旅客信息系统，能够满足国际旅客的需求。座椅采用滑道式安装，允许增加更多轮椅。

（5）在绿色环保方面，通过低阻力宽线型车头设计及空气动力学优化减小气动阻力，能耗相应降低 5%。通过轻量化设计，能耗相应降低 2%，整车综合节能约 7%。化工品、零部件选用环保材料，内装材料可回收率达 75%，其中可降解材料占比 50%以上。通过优化结构、提升密封性能，车内外噪声总体指标降低；德铁采用灰水再利用技术，节约净水消耗，节水率超过 10%，减少污染排放。京张高铁智能动车组采用可回收或降解的内装材料及废水回收再利用设备，使列车运营更绿色化。同时还配备自动灯光调节系统、降震减噪技术来提高动车组的舒适度。尖尖的车头更加突出流线型设计，车身阻力降低约10%。出色的降噪效果，让旅客享有更安静的乘车环境，体验更加舒适。

2019年12月，具有完全自主知识产权的复兴号智能动车组率先在京张高铁投用，与标准版复兴号动车组相比，增加了旅客服务、列车运行、安全监控等方面的智能化功能，受到广大旅客的热烈欢迎。到本书出版时截止，根据京张高铁复兴号智能动车组两年多来运营服务积累的经验和旅客意见建议，国铁集团和中车公司对此次投用的复兴号智能动车组相关设备功能和服务设施进行了再次优化，旅客乘坐体验进一步改善。

3.5 世界首次速度350 km/h引入自动驾驶

京张智能高铁是我国智能铁路最新成果的首次集成化应用，进行了67项智能化专题科研，在列车自动驾驶、智能调度指挥、故障智能诊断、建筑信息模型、北斗卫星导航、生物特征识别等方面实现了重大突破。京张高铁开启了中国智能铁路新时代，依托京张高铁建设，我国形成智能高铁应用示范方案，构建智能高铁技术标准体系，成为引领世界的智能高铁应用国家。

"智能"是京张高铁最亮丽的标签，主要体现在打造智能标杆，成果集成化应用。京张高铁是我国首条采用自主研发的北斗卫星导航系统的智能化高铁。智能动车组实现了350 km/h速度的自动驾驶，可实现车站自动发车、区间自动运行、车站精准自动对标停车、自动开门防护等。

与地铁相比，高铁的速度更快、线路更网络化、运行环境更复杂。地面调度中心先制订运行计划，通过传输网络发送至列车自动控制系统的地面设备，再通过铁路移动通信网，传送到动车组上的自动驾驶车载设备上。收到计划后，自动驾驶车载设备根据动车组当前的位置，计算出动车组运行的控制速度曲线，实现动车组加速、运行、减速、停车、开车门等自动控制功能，从而可以实现有人值守的自动驾驶。

智能动车组的车辆可以实现车站自动发车、区间自动运行、车站自动停车、车门自动打开、车门及站台门联动控制等。目前，部分京张高铁车次采用的是智能动车组。旅客想体验智能列车，可在"12306"系统中选择下方标有一行绿色字体"智能动车组"的车次。"说到智能，最大的特点就是它的自动驾驶功能，司机只需要操纵一个按钮，动车组就可以实现自动加速、减速、到站后自动停车、自动开门，大大降低了司机的劳动强度，增加了旅客的舒适度。"

3.5.1 北斗卫星彰显实力

1. 北斗卫星基本概况

中国北斗卫星导航系统（BeiDou Navigation Satellite System，BDS）是我国自行研制的全球卫星导航系统。北斗卫星导航系统是我国科技重大专项。

卫星导航系统为用户提供的时间与空间信息是所有信息系统运行的基础。北斗系统是我国着眼于国家安全和经济社会发展需要，自主建设、独立运行的卫星导航系统，能够为全球用户提供全天候、全天时、高精度的定位、导航和授时服务。北斗系统按照"先区域、后全球，先有源、后无源"的建设思路，实施了"三步走"战略：

（1）2000年年底，建成北斗一号系统，采用有源定位体制，向中国用户提供定位、测速、授时、广域差分和短报文通信服务。

（2）2012年年底，建成北斗二号系统，增加无源定位体制，向亚太地区用户提供服务。

（3）2020年，建成北斗三号系统，向全球提供基本导航、星基增强、短报文通信、国际搜救、精密定位五大服务。

在系统建设过程中，卫星定轨组网、星载原子钟、激光星间链路、新型信号体制等100余项关键技术陆续被突破。北斗系统是我国迄今为止规模最大、覆盖范围最广、服务性能要求最高、与百姓生活关联最紧密的巨型复杂航天系统，也是我国第一个面向全球提供公共服务的重大空间基础设施。它使国家掌握了自主可控的时间与空间基准，并极大地提升了国家的科技水平。

目前，北斗系统在国防安全、交通运输、海洋渔业、气象水文、电力调度和救灾减灾等领域得到广泛应用，产生了显著的社会效益和经济效益；尤其在交通运输方面，已大量应用于车辆定位、运输过程监控管理和基础设施安全监控等领域。

2. 北斗卫星在高铁中的应用场景

智能高铁的发展趋势是以"位移+"的方式推动安全、便捷、经济、高效、绿色的智能运输；而北斗系统的发展趋势是以"+北斗"（即以北斗技术为赋能手段，以时空信息为应用方式，与其他产业原有技术、原有业务相结合或替代传统应用方案）的方式赋能轨道交通行业，以促进其转型升级。"位移+北斗"作为北斗系统与智慧城轨融合发展的核心理念，将进一步丰富城轨与北斗系统的技术应用和产业生态体系，促进两者全面发展，从而推进国家战略的实施。那北斗系统与大家熟知的 GPS 有什么区别呢？同其他 3 种卫星定位系统相比，北斗系统具有三大特点：

（1）抗遮挡能力强：采用 3 种轨道卫星组成的混合星座，与其他卫星导航系统相比高轨卫星更多，抗遮挡能力强。

（2）定位精度高：北斗全球定位精度优于 10 m，亚太地区定位精度优于 5 m。

（3）融合导航与通信功能：北斗系统具备定位导航授时、星基增强、地基增强、精密单点定位、短报文通信和国际搜救等多种服务能力。

北斗卫星导航定位技术是实现高铁移动装备、固定基础设施及内外部环境间信息的全面感知、泛在互联、融合处理和科学决策的重要手段，为智能高铁运营提供科学准确可靠的时空数据服务。在京张高铁全面开展北斗时空信息服务，有助于推动高铁从数字化向智能化发展，实现铁路设备设施更加安全可靠，运营管理更加经济高效，客货服务更加温馨便捷。京张高铁北斗时空信息服务体系构成："1 个平台、2 个支撑、N 个应用"。

1 个平台：依托全路统一的北斗技术应用平台——铁路北斗应用服务平台，为京张高铁提供全天候、全天时、高精度的定位导航、同步授时和短报文通信服务。

2 个支撑：建设地基增强系统播发差分信息，为各专业应用提供高精度位置服务；建设隧道信号覆盖系统，将卫星信号引入隧道等遮蔽区域，消除人员车辆定位盲区。

N 个应用：结合现场需求开展多种北斗应用，其中以 4 类应用作为典型示范。

通过配置北斗高精度智能作业终端，实现上线作业人员定位、监控、轨迹回放，保障作业人员安全。

京张高铁北斗时空信息服务体系如图 3.13 所示。

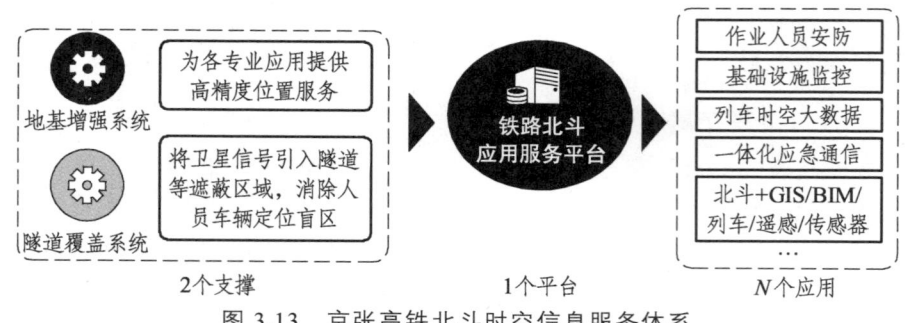

图 3.13 京张高铁北斗时空信息服务体系

通过北斗高精度定位，实现基础设施的形变监测，有效预防安全风险隐患；通过位置信息、测速测向信息等列车运行时空大数据分析，共享服务于专业应用系统；通过天通卫星构建的应急通信网络，在应急情况特别是极端灾害与重大事故导致地面网络不可用时，确保有效通信。为更好对接铁路系统与北斗的应用需求，可大致分为以下几类。

（1）信号控制类：用于保证列车安全、高效运行的核心控制系统，主要包括列车自动防护系统和列车自动驾驶系统等，基于列车位置实现对列车的超速防护安全控制和自动驾驶功能。

（2）运营管理类：用于跟踪列车运行轨迹、运行时刻的调度管理系统，主要包括运输调度指挥系统、调度集中控制系统、无线列调系统等，基于列车位置、时刻表等信息，实现对列车的运营调度指挥功能。

（3）监督预防类：用于监督防护施工人员、运行列车的信息辅助预警系统，主要包括施工人员防护系统、列车追踪预警系统等，基于施工人员位置、列车位置等，实现人员防护、列车接近预警等功能。

（4）基础设施管理类：基于形变位置对桥梁、隧道等基础设施形态、位移、灾害等状态实施监测管理。

（5）旅客服务类：基于列车位置实现报站、广播、旅客指引等信息服务。

（6）授时管理类：通常在设备维护领域中，通过授时系统实现车载和地面设备的时间同步，以便故障维护的日志分析。

3. 京张高铁北斗示范应用设计

京张高铁首次将北斗技术与高铁智能化相结合，形成了"北斗+GIS"的位置信息可视化、形象化展示服务，"北斗+BIM"的数字化施工服务，"北斗+列车"的列车时空大数据服务，"北斗+传感器"的基础设施综合监测服务，"北斗+遥感"的灾害监测服务等多种创新应用服务，解决了沿线缺少高精度位置服务网、隧道内定位信号弱的问题，实现了上道作业人员精准定位和铁路基础设施安全监测，为提升京张高铁数字化、智能化运营维护水平作出了贡献。

京张高铁综合视频监控平台采用云存储技术实现所有视频资源的存储管理。在各视频节点处布置一朵云，视频流通过流媒体应用服务器进入云存储资源池，由云存储设备对存储资源池空间按负载均衡分配。京张高铁北斗综合监控系统由一平台、两支撑系统、三种应用组成，铁路北斗导航应用服务平台是该系统的核心，北斗地基增强系统和覆盖增强系统是该系统的两个基础支撑子系统，施工及维护上道作业人员监控、铁塔倾斜监测应用、应急通信应用是三个应用子系统。监控平台如图3.14所示。

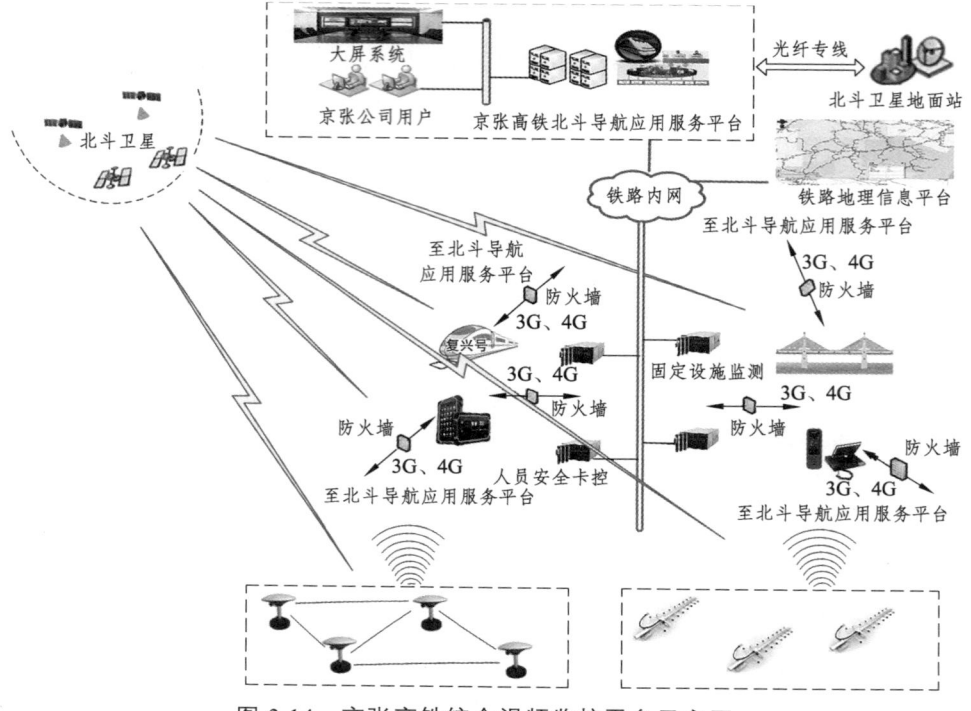

图 3.14 京张高铁综合视频监控平台示意图

创新之处主要体现在：

（1）首次构建京张高铁"定位-导航-授时"（PNT）体系，提供统一基准时空信息服务。基于北斗系统构建京张高铁的"定位-导航-授时"（PNT）体系，为京张高铁各业务应用提供统一基准的时空信息服务，同时减少外部应用对核心系统的干扰和安全风险。北斗 PNT（定位-导航-授时）原理图如图 3.15 所示。

（2）突破解决隧道内定位难题，快速定位车辆、作业人员，安全无忧。京张高铁首次利用信号补偿再生技术实现隧道内卫星定位信号覆盖，解决了隧道内无法进行卫星定位的技术难题，实现隧道内外的无缝定位，确保隧道内定位信息的不间断，显著提高了隧道内作业的安全性和可监控性。"北斗＋隧道覆盖"示意图如图 3.16 所示。

（3）多业务场景高效共享列车运行时空大数据，提供精准高效服务。基于北斗平台的高精度位置服务，借助后台强大的处理解算能力，挖掘高铁列车位置信息、测速测向信息等实时状态信息，形成列车运行时空大数据，以灵活多样的共享方式高效服务于列车接发、旅客服务、大规模晚点情况分析等场景。

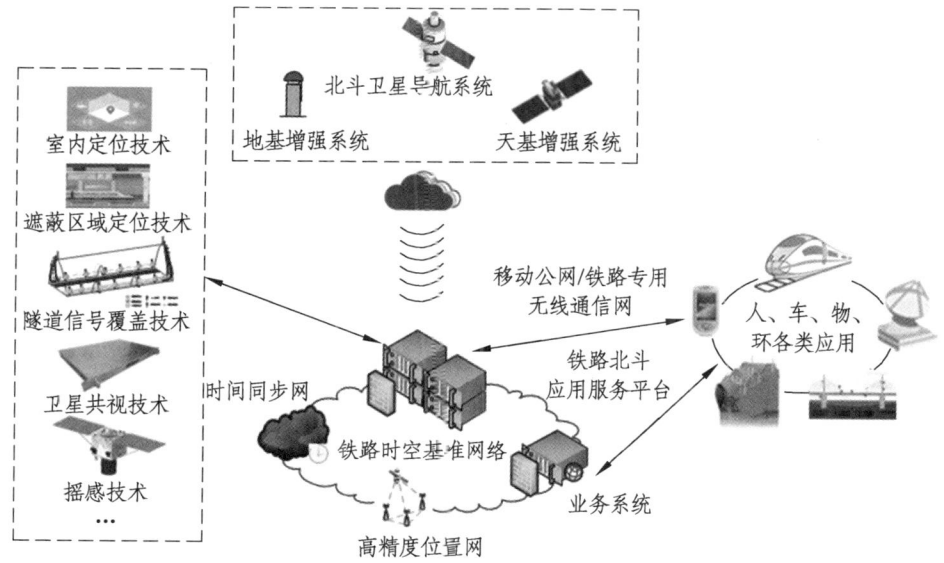

图 3.15 北斗 PNT（定位-导航-授时）原理图

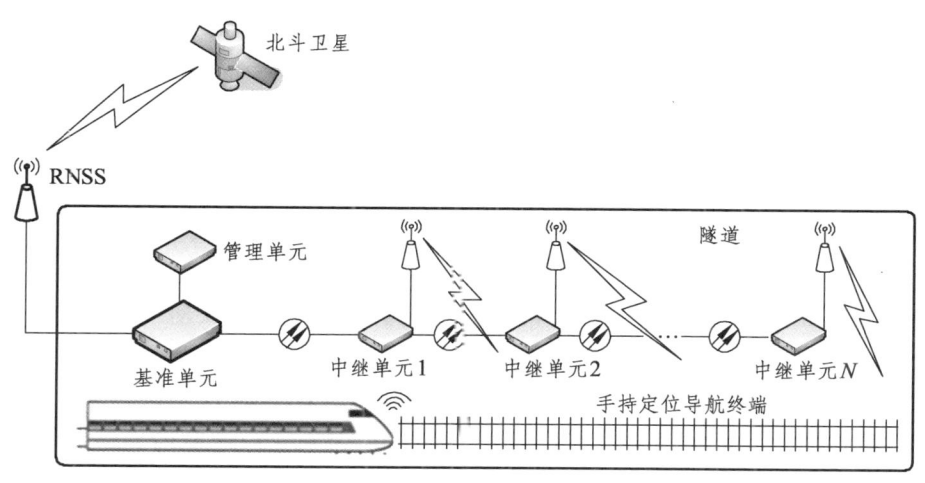

图 3.16 "北斗+隧道覆盖"示意图

（4）对基础设施全天候不间断实时监测，共同铸造铁路安全防线，列车安全又多了一道保险。京张铁路沿线自然条件比较恶劣，有着地质条件差、坡度大、桥梁多、隧道多、温差大等特点，为了保障高铁列车安全平稳运行，路基、边坡、桥梁、铁塔等铁路基础设施的健康是关键。基于北斗系统的高精度定位功能，结合遥感技术、地理信息技术和传统监测手段等，实现对基础设施的全天候不间断实时监测，在保障列车安全运行的同时，提升旅客的美好出行体验。

3.5.2 5G 通信技术的应用

5G 技术代表着互联网科技的一大进步，而将 5G 技术运用至铁路运输中，除了提高乘客的旅途体验，也将推动车站数字化和智能化，提高铁路系统的工作效率。5G 的一大优势是大带宽，其高速率、低时延、高密度的特点大大提高了网络连接效率。它可以与铁路多种场景融合，发挥更大的优势，改善货运效率、优化客运服务、改善旅客出行体验。铁路通信作为铁路关键基础设施，面临前所未有的发展机遇，势必在智慧铁路建设上扮演重要角色。铁路迈入 5G 时代，带来的将是智能化、数字化的飞速发展。中国高铁在智能装备方面，以"5G 通信技术"为基础的云计算、大数据、移动互联、人工智能、北斗导航等新技术将广泛应用，速度 350 km/h 的复兴号动车组实现自动驾驶也指日可待。让"5G+智能高铁"技术在极大推动便利出行的同时，京张高铁也发展成为中国的一张"新名片"，为我国其他高铁的智能化发展提供了经验。

5G 是目前已商用的技术中最先进、产业发展趋势最好、适合行业应用的宽带移动通信技术体系，是构建铁路智能连接的首选。5G 作为新型通信技术，通过与铁路各专业应用技术深度融合，将为提升工程建造和运输生产安全与效率、提升固定基础设施和移动装备监测水平、提升客货运输服务品质、降低运营维护成本提供支撑，助力铁路数字化转型升级，赋能我国铁路向智能化发展。推进铁路 5G 专网系统的建设和应用，既是落实我国 5G 新基建战略部署的重要举措，同时在实现铁路现代化、数字化、智能化，保障铁路运输安全，巩固我国铁路在世界领先优势等方面具有重要支撑作用。结合国际发展情况，以 GSM-R 为主的系统是当前高铁通信系统的常见类型。从运作效果来看，GSM-R 基本实现了列车调度与监控管理的功能要求。但随着智能调度系统与监控系统的不断应用，传统技术已经无法满足当前高铁通信系统的进一步应用需求，尤其是视频、监控数据等传输需求。一般通信系统需要每隔 6 s 自动切换 1 次，但在切换过程中，由于高铁运行环境较为复杂，稳定性方面难以得到有效保证，如 4G 通信频率较快，再加上受到多普勒效应的影响，很容易造成信号传输过程中的错位传输现象，而 5G 通信技术继承了 4G 通信技术的优势和特点，同时数据传输更稳定、传输速率更高，能支持 500 km/h 的终端移动速度。5G 技术结合云计算、人工智能等移动互联网技术，为铁路信息化、智能化提供了无限可能。2019 年年底，京张高铁开通运营，而与此同时京张高铁 5G 网络正式开通，自此，京张高铁成为我国首条 5G 高铁。

按照应用场景划分，大体可分为铁路正线连续广覆盖（高速场景，满足调度指挥、列车运行控制、接近预警、超视距驾驶等车地、车车通信需求）、站场热点区域（低速或静止场景，满足动车所等多类型作业需求）、沿线固定设施状态感知（静止场景，对沿线重点线路区段、关键基础设施状态监测等）、智能移动体通信（高速或相对静止，包括列车定位、移动装备监测和诊断、客运服务、车内视频下传等）、应急处置流程（利用5G的高传输特点为列车运行过程提供实时监控保证，通过运用高铁轨旁检测设备，实现对高铁线路、环境的全面监督与管理，及时将列车运行过程中前方1~2 km的画面呈现在高铁驾驶室，供驾驶员遇到问题时及时做出应急反应，同时将涉及的数据内容上传到本地数据库中。列车调度指挥人员通过该系统实时传输的故障报警提示，能够迅速查询故障现场图像和故障设备相关信息，第一时间掌握故障情况；系统自动联通设备管理单位，通知并传输故障信息；掌握设备管理单位抢修人员应急处置情况；结合故障发生时间段内列车运行情况，实现故障影响信息对内、对外的实时发布。系统操作人员通过调控后台数据，利用大数据分析算法，针对系统运行过程中存在的问题进行精准监测）、自然灾害预警（通过高效的信息分析，结合自然灾害应急处置的相关规定，第一时间预警提示，并提供限速值、限速区段、封锁区段等辅助决策信息。充分发挥系统5G信息传输高速准确的特点，有效提高高铁自然灾害应对能力）、智能辅助决策（通过研究应急处置辅助决策关键技术，实现事故案例存储管理与分析、基于规则推理的事故处置方法生成、应急方案可视化、基于预案模板和事故案例的预案生成，并在此基础上实现铁路应急处置方案的自动生成。基于数据库中已有的大量数据，按照各类"经验值"算法模块，通过数据挖掘进行大数据分析，在应急处置中为用户智能推出处置方案以供决策）等。

3.5.3　CTCS-3+ATO级列车运行自动控制

1. 技术的突破

自动驾驶是实现铁路智能化的基础，地铁已经经历了自动驾驶向全自动无人驾驶的转变，同样高速铁路也进行着人工驾驶、自动驾驶到全自动无人驾驶的发展。通过5G的高带宽、高可靠通信技术，实现列车高可靠全无人驾驶，进一步提升列车与运行安全性。

高速铁路ATO系统是在CTCS-3级列控系统基础上，通过对车载设备增加ATO单元、GPRS电台及相关配套设备地面TSRS、TCC、CTC等设备增加自动驾驶（ATO）相关功能，车站股道增加精确定位应答器实现的。ATO 车载设备还可与不同供应商、不同型号的地面设备兼容使用，设备满足多种车型的安装和接口匹配。ATO 车载设备通过 GPRS 无线通信方式接收运行计划、站间数据（含线路基础数据和临时限速）等信息在 ATP 的行车许可下实现车站自动发车、区间自动运行、车站自动停车、车门自动开门及防护、车门与站台门联动控制等自动控制功能。ATP 车载设备在既有功能的基础上，增加列车开门防护功能，TSRS 设备在既有功能的基础上增加站台门门控信息管理、站台门命令/状态转发、运行计划处理和转发、站间数据存储调用发送等功能，TCC 设备在既有功能的基础上增加车门与站台门联动控制、站台门防护和站台门状态采集功能，CTC 设备在既有功能的基础上增加发送对应的运行计划、实时管理在线列车、运行计划自动调整等功能。

ATO 自动驾驶技术的运用能够提高列车运行效率、降低牵引能耗、减轻司机劳动强度、改善旅客乘车体验，是高铁智能化的重要标志。铁科院高铁 ATO 系统首次实现了全球范围内时速 350 km 高速列车自动驾驶。铁科院基于深厚的技术底蕴，应用成熟稳定的软硬件平台，完成高铁 ATO 系统（车载和地面）全套设备的研制，车载设备满足多种车型的安装和接口匹配要求，地面设备为 ATO 精准控车提供了技术保障。同时，形成了基于 CTCS 的高铁 ATO 系统技术体系和技术标准，构建了基于多目标优化策略的高速列车控车模型，实现了列车的正点、高效、舒适、节能运行。

在如此高难度的情况下，京张高铁还实现了高度智能化。采用国产研发的北斗卫星导航系统，并能做到列车的自动发车、自动驾驶、车站自动对标停车、自动开门防护等。读者可能会说，这不是和地铁一样吗？虽然类似，但是其难度系数是相差很大的。地铁运行于地下轨道，运行环境比较简单易控，而且地铁运行的速度相对较低，一般是 80～100 km/h。而京张高铁大多运行在户外，运行的环境复杂多变（不同天气、地形等），而且以 350 km/h 的高速运行，对自动控制系统的要求更高。为了能做到精确控制，全车装有 2 718 个传感器，来实时监测列车运行的所有状态，并根据不同的天气做出调节。

智能行车主要体现在复兴号智能动车组可实现自动启动、运行、停车、开门和站台屏蔽门自动联动，而且列车司机也可以在司机室内监控自动驾驶系统的正常运行，一旦有故障发生就可以立即进行人工介入，从而可以确保整个列车的运行安全。京张高铁智能动车组将实现 350 km 时速的自动驾驶。虽然自动驾驶此前在地铁上有应用案例，但在高铁上还是世界首例。与地铁相比，高铁的速度更快，线路更网络化，运行环境更复杂。可以说，我们在京张高铁上实现了有人值守的无人驾驶。此外，京张高铁智能动车组还首次采用了我国自主研发的北斗卫星导航系统，由北斗来为其保驾护航。CR400BF-C 型智能动车组实现了时速 350 km 的有人值守自动驾驶商业运营，这在全世界范围内属于首次。通过运用 CTCS-3+ATO 技术，实现了车站自动发车、区间自动运行、车站自动停车、车门自动打开、车门/站台门联动控制等一系列操作。列车自动速度控制功能精度可以达到 2 km/h 以内，停车精度可以控制在 0.5 m 以内。

CTCS-3+ATO 级列车运行控制系统是中国列车运行控制系统的重要组成部分，是中国在掌握了 CTCS-2 级列车运行控制系统的基础上，通过技术进一步提升构建的高速列车运行控制系统标准体系和技术平台。其采用 GSM-R 无线通信系统，实现地面与列车之间控制信息双向实时传输，以满足中国高铁高速度、高密度及不同速度等级动车组共线运行的要求。CTCS-3 级列车运行控制系统仅负责行车许可分配和自动超速防护等功能，其他如列车加减速、目视行车、引导接发车、调车等操作均由司机负责。

在时速 350 km 的 CTCS-3 级列车控制系统上应用自动驾驶技术，需要在既有的 CTCS-3 级列控系统上进行改造和升级：车载设备增加自动驾驶单元，地面设备在临时限速服务器、调度集中、列控中心等设备上增加自动驾驶等相关功能，在轨道上增加精确定位应答器。当司机确认列车进入自动驾驶状态后，列车完全处于托管状态，由自动驾驶单元向列车输出牵引、制动或惰行命令，来控制列车速度。根据行车需要，调度集中通过计算机联锁将列车进路发送给无线闭塞中心，由无线闭塞中心发送行车许可给车载设备；调度集中通过临时限速服务器发送行车计划给自动驾驶单元。获取以上信息后，车载设备生成目标距离连续速度模式曲线，自动驾驶单元以这条曲线为参考，综合考虑线路条件、运行计划等，输出控车指令，实现节能优化和准点运行前提下的自动驾驶。列车驶入站台时，自动驾驶单元控制列车停准停稳，并自动打开车门和站台门；列车接近隧道时自动控制开关风门，为旅客提供舒适的乘车感受。

京张高铁首次采用北斗卫星导航系统，可实现车站自动发车、区间自动运行、车站精准自动对标停车、自动开门防护等。京张高铁的购票、候车、调度、运维等也实现了全面智能化。京张高铁上运行的智能复兴号动车组自己就能开。"这是世界首次，在 350 公里时速下模拟一个最好的司机，自动控制发车、加速、减速、停车，用算法'开'行的安全、节能、高效列车。"王洪雨说。动车组搭载的智能列车安全监控系统，有 2 000 多个监测点，对动车组状态全面实时监控，实现工作状态自感知、运行故障自诊断、导向安全自决策。"当然，驾驶室里也有司机，是为了防止突发情况。自动运行控制（ATO）相关设备，全程实现有人值守下的自动驾驶，重新定义火车运行方式。"

CTCS3+ATO 如图 3.17 所示。京张智能高速动车组搭载 CTCS3 级+ATO 的铁路列控系统，在 ATP 的防护下，实现有人值守的自动驾驶功能，每个端车上都设有一套完整的 ATO 系统，两套系统独立运行。车载设备在 CTCS-2/CTCS-3 级列控系统的技术上，增加 ATO 单元、GPRS 电台及相关配套设备；地面在 TRRS、CTC、TCC 等设备上增加功能；车站股道增加精确定位应答器，构成京张高铁 ATO 系统。

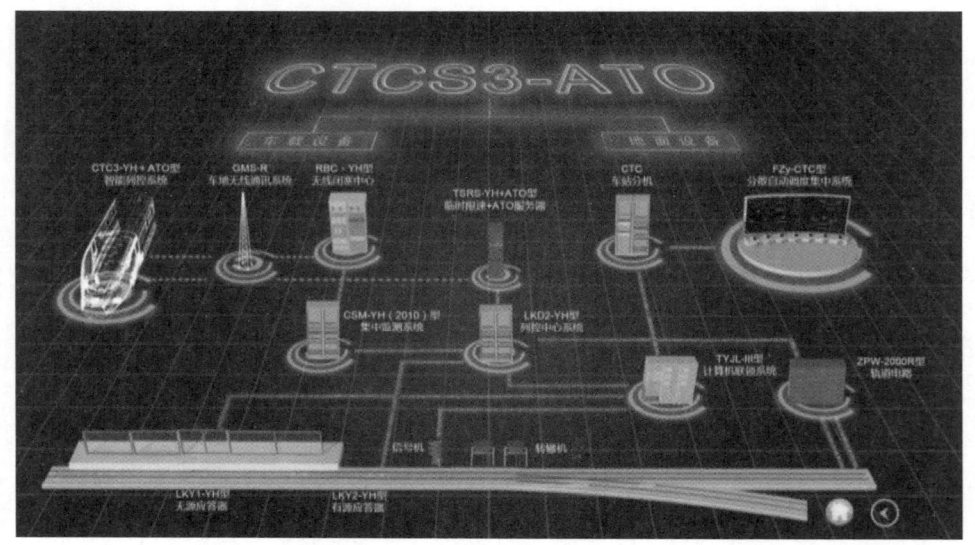

图 3.17　CTCS3+ATO

可见，我国在列控系统叠加自动驾驶功能技术领域属于国际领先水平，不但形成了相对成熟的总体技术方案，并且有成功的现场应用经验。而欧洲在这方面的研究始于 2013 年，启动了下一代列车运行控制系统（Next Generation Train Control，NGTC）计划，该计划根据既有列控系统的技术特点与基于无线通信的列车控制系统（CBTC）的优势相结合，提出叠加自动驾驶功能的欧洲列车控制系统（ATO over ETCS）的运营理念。欧洲列车控制系统（ETCS）规范体系在 ETCS 基线 3 版本规范基础上，增加了 ATO 的系统需求规范及相关的接口规范，但至今仍没有现场应用经验。高铁 ATO 系统是列车运行控制系统 ATP 基础上增设 ATO 实现自动驾驶控制，地面设置专用精确定位应答器实现精确定位,地面设备通过无线通信实现站台门控制、站间数据发送和运行计划处理。主要以实现区间自动运行控制、车站自动停车和发车、车门防护及站台门联动控制来提高运输效率和安全性。ATO 系统总体结构图如图 3.18 所示。

·第3章 智能装备的奥秘·

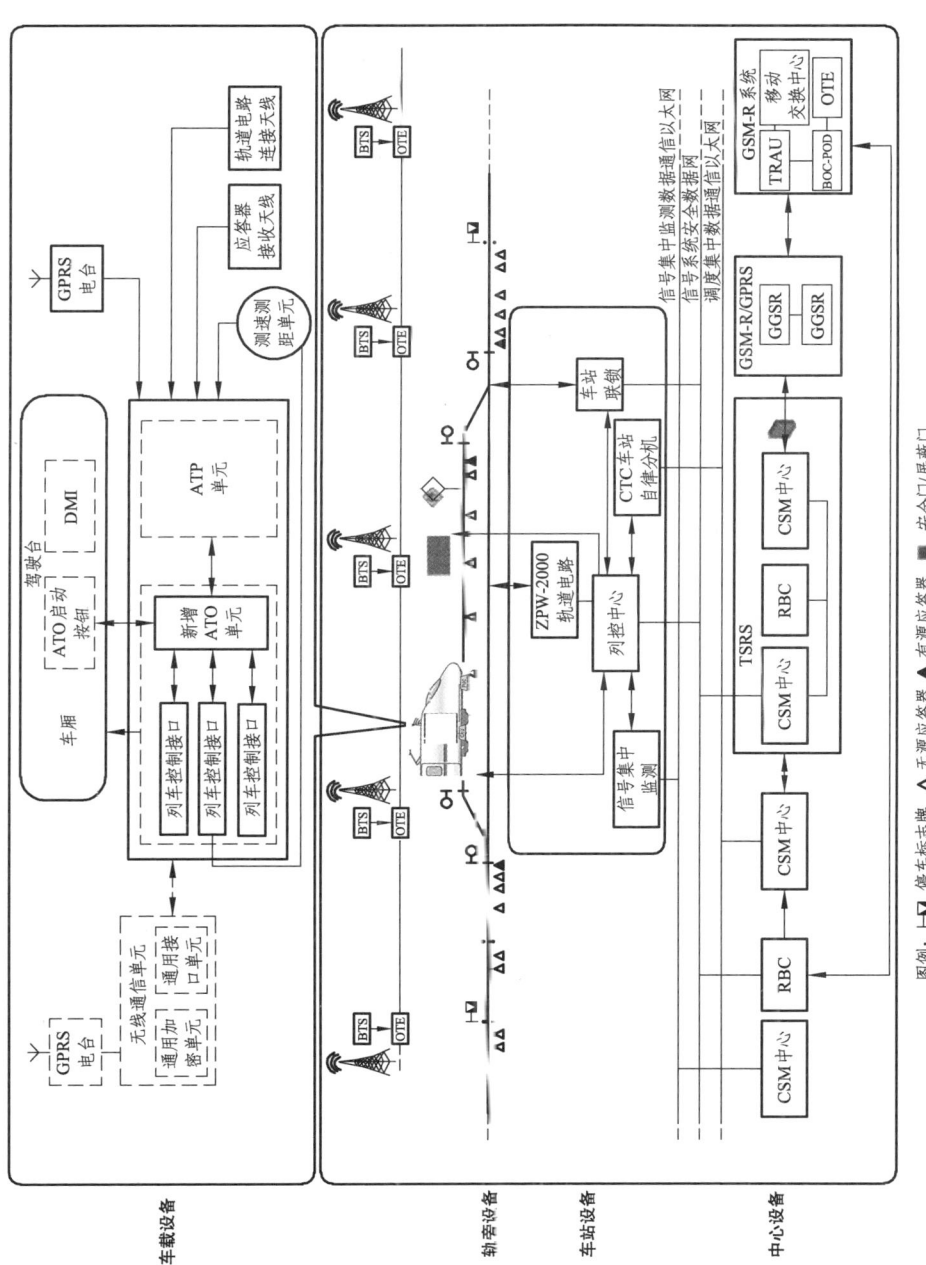

图 3.18 ATO 系统总体结构图

第一篇　智能京张 2019

京张智能配备了自动驾驶技术，启动时只需按一个按钮，其他工作就可以交给系统自动执行，自动驾驶只是让司机的驾驶操作更方便，并不会取代司机。例如高铁列车的自动化驾驶，动车驾驶中的加速、运行、减速、停车、开车门等一系列的操作，都可以实现自动化的应用。而应用北斗卫星和地理信息系统技术，全程线路中的桥梁、车站、钢轨实时状态等，都可以通过传感器自动连接到电脑，实现实时监测。对各个客运站的灯光、温度、湿度等设备设施进行统一性的自动化操作。

（1）区间自动运行。在 ATP 安全防护下自动驾驶 ATO 单元根据地面设备提供的线路数据条件、运行计划，考虑动车组制动牵引性能和相关车辆参数，采用不同驾驶策略实时进行计算和调整，自动控制列车的加减速、定速巡航、启动停车和惰行，根据运输时刻表自动调整列车速度。ATO 在控速设计中进行舒适度优化，避免加减速度变化率过大而影响乘坐体验。相对于人工驾驶的列车，列车准点到达率得到提升，列车运行间隔也有所缩短，乘坐体验良好，降低司机操作出错率。

（2）车站自动停车和发车。高铁 ATO 系统通过自动驾驶并根据地面应答器精准获得停车信息，实现精准对标控制，确保列车自动且准确地停在轨道运营停车点。而站内发车时，当地面具备发车条件后，司机仅需按压"ATO 启动"按钮确认后动车组从车站自动发车，有效缩短发车间隔。自动停车和发车功能，彻底避免司机手动停车精度低、对标不准造成的无法正常开门的情况，同时提高区间运行及进出站的运输效率。

（3）车门防护及站台门联动控制。系统在列车进站后，通过地面应答器信息可判断站台方向，待列车停准停稳后，如果运行计划要求当前车站放客，系统可自动控制开启车门，同时控制站台门联动。在繁忙的城际铁路公交化运营模式中，车门操作更加频繁，利用系统实现自动化车门控制及站台门联动功能，较之司机手动控门出错率大幅降低，确保车门和站台门的正确开启，进一步保障旅客上下车的安全性。

张波是铁科院"复兴号"总体技术及核心系统研发项目团队负责人，他长期从事铁路移动装备应用技术研究及核心系统研发工作，参与了我国所有新型高速列车试验研究，带领研发团队攻克高速防滑控制、牵引控制算法等一系列技术难题，使"复兴号"牵引、制动、网络等关键系统核心技术达到国际先进水平。2013 年 6 月，"复兴号"研发项目全面启动，这个由铁科院牵头，行业优势单位广泛参与、工程技术人员达数千人的项目组中，张波被任命为项目管理组组长，开始背负起这份时代给予的沉甸甸的使命。"身为一名党员，能把自己的梦想和民族的梦想融合在一起，让复兴号在我们这一代铁路科技工作者手中诞生，将是我一生的荣耀。""我们做技术的，谁也不甘心在核心技术上受制于人，不甘心在别人的平台上修修补补。"

对于打造具有中国完全自主知识产权的高速列车技术平台，参与过高速列车早期自主探索、经历了引进消化吸收再创新过程的张波内心有一份渴望。为了让复兴号拥有"中国心"，张波带领团队自主研发了牵引软件系统，他们并没有选择高价进口，而是从零开始建立自己的图形化软件开发平台。张波带领团队成员不辞日夜，超过 100 万行的代码量，600 余个标准化功能块集成，最终构建了第一套软件系统，确保了整个牵引控制系统研发的进度。

在张波和团队的努力下，一系列技术难关被攻克，复兴号牵引、制动、网络等关键系统核心技术均达到国际先进水平。在郑徐高铁进行的中国标准动车组更高速度探索试验，2016 年 6 月 25 日，冒着近 40 ℃ 的高温，张波带领团队成员到郑徐高铁开始安装调试测试系统，他们仅用 6 天时间就完成了试验准备。车外骄阳似火，车厢里却冷得像冰窖，由于要进行能耗试验，全车空调必须处于极冷状态，加之弓网测试组所在车厢还要进行噪声测试，车门必须一直处于关闭状态。他们在车上一待就是十几个小时，从头到脚透心凉。

京张智能动车组凝结了张波和团队成员的心血和汗水：他们重点对智能化设计进行了规范和明确，从智能行车、智能运维和智能服务三方面开展研究，并明确相关功能设计；对奥运需求进行调研，综合考虑媒体、运动员、普通旅客需求提出相应设计规范；针对京张高铁特殊运行环境，攻关实现了大坡道启动、应急自走行等功能。"此外，京张高铁智能动车组将采用可回收或降解的内装材料及废水回收再利用设备，使列车运营更绿色化，"张波说，"同时配备自动灯光调节系统、降震减噪技术来提高动车组的舒适度。"京张高铁舒服的体验如图 3.19 所示。

图 3.19　京张高铁舒服的体验

京张高铁推出自动驾驶技术，这是智能高铁的又一次创新型技术突进，客运服务和运维各个方面都实现数字化向智能化的转型升级。高铁运营由数字化正式转型为智能化。京张智能高铁开通运营后，"有人值守的自动驾驶"是该车最大亮点之一。列车按照地面调度中心预先规划的运行计划，精准控制发车、加速、减速、停车，实现到点自动开车、区间自动运行、到站自动停车、停车自动开门等。自动驾驶车载设备收到计划后，根据动车组当前的位置，计算出控制动车组运行的控制速度曲线，自动控制动车组加速、运行、减速、停车、开车门等。2018 年 6 月至 9 月，自动驾驶设备顺利通过所有风险测试，可确保行驶安全。"这是世界首次，在 350 公里的时速下模拟一个最好的司机，用算法开出一条安全、节能、高效的列车。"中铁设计京张高铁信号设计负责人王东方说。时速 350 km 级高铁自动驾驶技术尚属空白，通过技术攻关及京沈高铁综合试验验证，在京张高铁首次实现时速 350 km 自动驾驶功能。

通过高速铁路自动驾驶（ATO）技术研究，自主构建了高铁 ATO 技术体系，创建了适用于高速铁路的 ATO 控车算法和精确停车控制模型，实现节能降耗、运行时间调整和精确停车等功能。研发了高速铁路 ATO 系统装备，不仅为智能高铁体系架构提供支撑，还为高铁智能化建设提供关键技术解决方案。

高速铁路 ATO 系统充分体现了"安全、正点、平稳、舒适"的行车理念，提高了列车运行效率，降低了运行能耗，减轻了司机劳动强度，改善了旅客乘车体验，经济效益和社会效益显著。

2. 自动驾驶怎么还需要司机

在京张高铁的智能化运营中，最亮眼的莫过于列车的全自动驾驶设计。

简单地说,就是在既有列车运行控制系统的基础上,增加自动驾驶单元等设备。高铁自动驾驶系统具有五大功能:车站自动发车、车站区间自动运行、车站自动停车、车门自动防护、车门和站台门的联动。自动驾驶的优点是,既能减轻司机的劳动强度,有效地提高运输能力,又能进一步提升乘车体验。人们要问:高铁实行自动驾驶是不是就没有司机了?答案是:有司机。自动驾驶不等于无人驾驶,只不过司机不再直接实施驾驶,而是作为应急驾驶员值守在驾驶室,发现紧急情况及时介入。采用自动驾驶,司机上车后轻轻按一个按钮,确认启动之后,所有车的启动、开行到停止,包括开关都使用自动驾驶来完成,司机主要是起到盯控自动驾驶这个功能。也就是说,在自动驾驶状态下,信号系统全程控制指挥列车的启动、停站等运行过程,而列车上一般仍需配备一名随车人员(司机),以应对突发情况。当发生信号系统之外的故障(例如动车组列车出现故障或者供电系统出现故障),或者遇到恶劣天气、突发地质灾害等情况时,该人员可及时向调度中心汇报。自动控制与人工控制的双冗余、双备份,其目的就是确保安全万无一失。实现自动驾驶后,既能减轻司机的劳动强度,有效地提高运输能力,同时也能够进一步提升旅客的乘车体验。

中国国家铁路集团有限公司工电部信号专业主管莫志松说:"京张智能高铁是我国智能铁路最新成果的首次集成化应用,进行了 67 项智能化专题科研,在列车自动驾驶、智能调度指挥、故障智能诊断、建筑信息模型、北斗卫星导航、生物特征识别等方面实现了重大突破。"智能动车组驾驶室如图 3.20 所示。

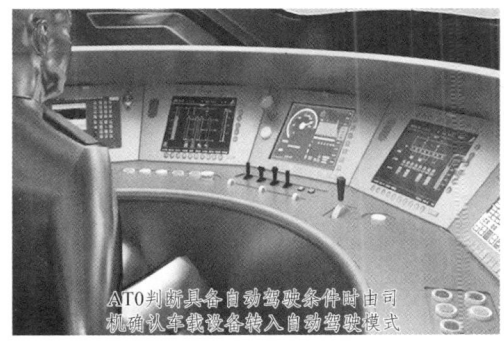 

图 3.20 智能动车组驾驶室

京张高铁 ATO 自动驾驶系统,实现了世界上首次时速 350 km 的自动驾驶,能够完成站间自动运行和定位停车,接收控制中心指令自动调整列车运行。很多人有疑问,有了这么先进的自动驾驶系统,司机的作用是什么?司机的作用非常重要！自动驾驶系统是根据人的手动操作数据不断优化站间运行稳定性的。

京张高铁首发车指导司机刘春雨笑着解释，列车可以在很多方面开启自动模式。但在进出站，以及一些路况的行驶过程中，仍然需要司机控制。而且，司机要全程监控列车的运行状态。他介绍，京张高铁是世界首条智能化的高铁，但"难度系数"也很高。京张高铁的线路复杂，有多处长大坡道，最大坡道为 30‰，长度 6 500 m。智能动车组的操作系统更智能，操纵也更方便，但也要求司机的注意力更加集中，处理突发事件的反应能力也要更快。

列车的全自动驾驶设计无疑是最亮眼的部分，并且是在时速 350 km 的高铁上应用，自动驾驶涉及车辆、信号、通信、监控等多个专业，是基于现代计算机、通信、控制和系统集成等技术实现列车运行全过程自动化的一代交通系统。司机的行为具有离散型，操作具有动态性、不确定性和复杂性，这些都是潜在的安全隐患。与计算机相比，司机的操作处理需要较长的反应时间，在遇有紧急情况时，司机往往需要综合多个因素进行判断，才能做出反应，导致错过应急处置的最佳时机；在列车实际运行过程中，外部环境多变、设备异常偶发，也对司机提出了更高的要求。轨道交通控制系统的智能化和自动化是必然趋势。动车组的司机们利用值乘机会和休班时间，采集复兴号动车组制动数据、站场停车标信息、ATP 控制模式等，并要反复跟车写实，反复验证，能将京张高铁线路上的变速点和停车标倒背如流，并不断总结提炼精准对标操纵法，始终将动车组停车精准度控制在 3 cm 以内。高铁司机的精力更侧重于应急处置，大幅度降低劳动强度，系统还可以通过对列车运行数据进行收集与测算，提高列车的节能指标和运行舒适度。

3. 更高级别的更高自动化等级的自动驾驶系统又是什么样子的

高铁 ATO 系统需要研究引入基于人工智能的控制模型自适应调整算法。高速铁路 ATO 系统能够提高运输效率，提升乘客乘车体验，减轻司机劳动强度，降低牵引能耗，是高速铁路智能化的发展方向。高铁 ATO 系统面临的主要技术挑战：一是控制速度高，ATO 要实现动车组从最高运行速度到列车停稳停准的精确控制。二是高铁路网复杂，要实现不同列控等级、驾驶方式、车型、运用环境和场景等各种运行条件下的安全自动控制。这些特点决定了地铁、城际铁路中常用的 PID、模糊逻辑控制、神经网络控制、迭代学习控制等传统方法均不适用于高速列车自动驾驶。研究应用 GOA3 级或者 GOA4 级的自动驾驶系统，实现列车智能自主运行控制，是国际技术发展的趋势。

考虑到我国铁路运用场景复杂、交路复杂、环境复杂、车型复杂等，GOA4

级 ATO 在较长时期内不应是我国干线铁路的研究方向。智能列控系统应以实现列车环境自感知、安全态势自决策、运行控制自适应为目标，主要研究方向如下：

（1）列车运行环境智能传感与感知技术。研究列车与环境的耦合关系是智能列控系统的关键，而信息自动采集和感知是智能控制系统的基础。例如，对于智能列控系统而言，如何适应复杂多变的气候条件？如何适应山体滑坡、线路变形、接触网悬挂异物等非常情况？因此，基于多传感器信息融合的列车运行状态在线感知与预测技术研究是智能列控系统的基础。视频分析识别技术、数据挖掘列车运行环境的方法、列车运行环境感知与运行状态预测技术、障碍物检测技术、异物入侵检测技术、标准的传感器网络及接口构建等是重点研究内容，目的是实现智能识别和外部环境实时感知需求。

（2）列车智能控制技术。不同的车型、不同的运行场景，均需要相对应的控制方式。因此，研究不同运行条件的智能驾驶自适应技术和自学习方法，确保不同场景下列车运行的舒适度和停车精度是研究重点。

（3）列车智能决策技术。高速铁路列车运行需要考虑的因素较多，如长大坡道、电分相、恶劣天气、非正常行车等，不同场景需要不同的驾驶策略。如何处理节能控制与列车正点运行的关系？非正常情况下的自动驾驶策略是什么？如何将机车乘务员的相关技术、操纵方法和驾驶策略转化为机器控制策略？这些列车智能决策技术的关键是构建驾驶策略多目标优化决策模型和自动驾驶评价体系。

（4）调度与控制系统的深度融合。单一的调度指挥系统今后要向调度控制一体化发展，采用基于大数据的列车运行智能调度方法，利用实时状态反馈、精细抗扰控制和列车智能分群调度的思想，深度融合调度指挥和运行控制，形成突发事件的基于数据驱动的高铁列车群协同控制与动态调度理论，以实现具有快速、智能、协同、稳定特色的调度与控制一体化，实现大规模复杂路网下的高速铁路突发事件下的指挥调度，全面提升及时应对突发事件的能力。

第 4 章　智能运营的惊喜可期

4.1　京张高铁站站城融合的价值

4.1.1　什么叫站城融合

从站城融合的角度，京张线与客站的布局都充分考虑了京张线在未来城市发展中的社会价值、经济价值和环境价值，京张高铁站房与城市空间的融合关系，以及站房场地设计与周边环境衔接组织关系。京张高铁站房的设计遵循站城融合的理念，在"线"与"城"的布局关系、"站"与"城"的融合关系以及站区各要素的整合设计中凸显出来。

铁路客站"以人为本、以流为主"的设计理念得到广泛认同，铁路客站已经实现了"从单一客运场所向综合交通枢纽、从管理旅客向服务旅客"两个根本性转变。新时代客站布局也要求站前设计与站房设计密切配合，应充分考虑站房与城市的关系、线路与城市的关系等因素，减少铁路对城市的影响，从而形成铁路的建设促进城市发展，城市发展带动铁路建设的良性循环。站城融合、绿色低碳、设计方案三个方面是铁路客站的发展方向。

1. 站城融合

站城融合是近年来兴起的新概念，其核心本质在于处理好客站与城市的关系，通过对铁路红线内区域和毗邻城市空间进行整体规划设计，缝合因铁路引入城市造成的空间割裂，理顺站城秩序，释放城市活力，谋求站城共生，推动站城关系在交通组织、城市空间、综合开发等方面迈向更高的层次。站城融合的实践必须走符合国情、路情的发展之路，树立因城而异、量力而行，因地制宜、量体彩衣的理念。

2. 绿色低碳

建筑领域是需求端降碳的主要领域，铁路客站也应以更加积极的态度、更先进的技术手段助力碳达峰、碳中和目标的实现。包括积极推广太阳能光伏发点技术，大力发展以天然采光、自然通风来降低能源消耗的节能低碳建筑，实施客站设备智能管控提高能源利用效率等手段。

3. 设计方案

在设计方案方面，郑健总工针对设计施工，提出了许多具体的观点：建筑设计应严谨细致，"不要搞奇奇怪怪的建筑"；铁路客站要在基坑、基础、承轨层、屋盖结构方面下大功夫，通过具体工艺工法的优化，在保证安全的前提下降低工程造价；站房建设降低装修系数，减少装修强度，重结构、轻装修、简装饰，慎用双层屋面、高大无横梁幕墙等复杂特殊造型，减少精装修面积等。

另外，站房设计在突发事件下的安全疏散问题也是车站设计过程中必须考虑的内容。客运枢纽作为大型公共场所，要高度重视高铁运营大面积晚点、大客流滞留、火灾等突发事件下的旅客安全疏散问题。因此客站选址要因地制宜，能地上不地下；地下空间开发利用要适度，为旅客疏散留够空间；站城数据要实现实施共享，客站应急管理系统要与城市应急系统联动，让旅客动态感知。

4.1.2 "十六字"建设理念

站房作为城市大型公共建筑，也是城市交通综合体，其规划不同于一般民用建筑，其占地面积广、体量庞大、功能复杂，对城市环境具有重要影响，因此其各类功能空间的规划布局以及连接各功能空间的流线组织安排的合理性尤为重要，是体现交通换乘效率以及客站使用的核心内容。

国家铁路集团有限公司对站房设计提出了"畅通融合、绿色温馨、经济艺术、智能便捷"的十六字建设理念，成为新时代铁路客站的重要工作目标。建设理念更加关注宏观层面与城市的有机融合，多种交通方式综合体，关注乘客体验和感受，注重智能化技术支持与管理。在十六字建设理念的引领下，路客站的设计理念正从"关注对外出行"向"内外高效换乘"及"城市活动中心"转变。

1. 畅通融合

在总体规划、方案设计、市政配套等方面下功夫，以达到铁路客站与城市规划的高度融合，各类交通有序集成、紧密衔接，进一步提高现代化客站的品质。

2. 绿色温馨

在客站建设中要秉承绿色发展的理念，在技术创新、建筑选材、工艺工法、细部设计等方面下功夫，为旅客提供健康、舒适、温馨的旅途体验。始终坚持绿色创造、环境和谐共生。

3. 经济艺术

重视地域文化、传统文化和时代文化的相互融合，将地域景观、历史底蕴和城市功能融入铁路站房建设细节之中，打造特色鲜明的精品站房工程。建设过程中，合理节约资源、加强技术创新、注重节能环保，在满足功能需求的前提下，在细节中融入地方特色，让站房的完美呈现精美又经济。

4. 智能便捷

在铁路站房建设领域通过 BIM、信息化建造等手段对工程项目进行智能化的建设管理。在建造智能、设备智能、系统集成等方面下功夫不断提高现代客站的智能便捷。

4.1.3 京张高铁站房站城融合设计基本思路

京张高铁站房设计践行"畅通融合、绿色温馨、经济艺术、智能便捷"的客站建设理念，对站房、站场、站区生产生活房屋及设施、站前广场等工程内容进行统筹设计、持续优化，全力打造"精品工程、智能京张"。

京张高铁作为京张铁路文化的展示线，其站房设计在站城融合方面存在着诸多方面的挑战。京张高铁站房的创新设计基于站城融合理念的深入解读，深入研究京张高铁线路与区域、城市的布局关系，站房场地设计与周边环境衔接组织关系，京张高铁站房与城市空间的融合关系，从规划角度，重新审视"站"与"城"的关系，针对处于不同环境中的站房提出了具体的融合设计原则重构了站房—城市空间融合的设计方法，实现畅通融合。

设计突出铁路线网布局与站房布局新思维。面对北京北站拥挤的交通现状，思考如何避免特大城市终点站客流过度集中无法及时疏散，造成交通拥堵的问题；面对铁路站场对城市分割的现状，思考如何消化铁路站场对城市的割裂问题，减小对城市规划的影响。设计与既有交通相连接，实现区域交通一体化。而针对清河站局促的用地环境及既有交通的限制，思考车站如何实现周边交通的高效衔接，达到畅通融合的目的。车站与城市功能相融合，地铁、国铁并场设计，实现清河站安检互认，实现多种交通方式的高效换乘；面对位于城市中心区的车站城市功能不断加强的发展趋势，思考车站功能与城市功能如何高效融合，如何与城市空间融为一体的问题。京张高铁站房的站城融合创新设计机遇与挑战并存，正是基于对这些问题的思考和探索，京张高铁站房实现了处于城市中心区域北京北站的融入，实现了处于城市更新区域清河站的织补功能，八达岭长城站的设计以消隐的方法融入长城景观，充分尊重既有的文化遗产，张家口站充分发挥和实现了城市边缘站房的引领城市作用，处于自然环境中的太子城站则以优美的曲线形态设计与自然景观地貌融合共生。

1. 双客站设置、多点乘降

始发到达客站的确立与城市规划、铁路枢纽规划需紧密结合，从方便旅客出行、行车组织科学管理及客流细分等因素出发，京张高铁始发站势必会设在市中心西二环的既有北京北站。而北京北站面临的交通压力是历年北京市西直门区域的技术节点和难题。京张高铁的车站建设，使北京北站、清河站交通枢纽主要客站、辅助客站的功能得以不断提升与演变，循序渐进形成位于北京城市中的互联互通、多点乘降的双客站，提高了高铁交通在区域中的换乘效率，北京西直门地区交通拥堵情况得到有效缓解，同时对北京西北部的自南向北交通体系给予调整性的补充和完善。

（1）北京北站、清河站承担京张高铁到发的共性，同时分别承担市域铁路线到发及普速铁路（京沙、京包、京通）的运营，形成了以京城西部铁路为主导的交通体。

（2）将北京北站既有普速站升级改造为高铁站、清河站改扩为新建站、双站与所处内3条地铁线路分别交汇（北京北站—2号线、4号线、13号线）（清河站—昌平南延线、19号线支线、13号线），多种交通方式无缝衔接，集约、优化的布局构建了立体换乘、高效便捷、系统优化的交通模式。

（3）北京北站、清河站间距10.50 km，站位临近北京城区西北部海淀区。高新技术研发创新、教育文化业、生态观光休闲业、现代服务云集，形成发展迅速的城市生活功能核心区，促成旅游、高新技术研发、金融等产业和文化、体育、教育、医疗等社会事业的高度城市化。北京北、清河站的站位建设，有利于缓解北京市区北外部瓶颈状交通拥堵情况，满足高度城市化新区的交通需求，推进新的交通配套设施修补。

2. 对保护区的应对

京张高铁的建设还涉及的五大景观带主要有：

（1）城郊风光段——承续传统中华文明：北京北站—北京北动车所—清河沙河站—昌平站。创造有城市文化特色的铁路景观，强调文化性，充分利用城市、铁路历史性和文化遗产。种植整齐的有色树种，让铁路穿越时出现色彩的变幻。

（2）关塞风光段——创新生态保护文明：八达岭长城站。注重世界文化遗产保护，强调地域和谐，力求将现代设计手法与传统文化相结合。摒弃对传统的模仿，从精神表达对历史文化的尊重与再现，减少生态干扰。

（3）大泽风光段——纯净绿色共享文明：东花园北站—怀来站。协调官厅水库风光养护水源功能，种植防洪固沙、净化根系发达的多土树种，呼应水景观地域风貌，同时最大化减少人工建设带来的水体流失现象。

（4）燕北风光段——融汇多元时代文明：下花园北站—宣化北站—张家口站。依京、冀文化交汇地域特点，布置本土特征树种，建立绿网交织、多元和谐的景观风貌，体现地域风貌。

（5）雪国风光段——崇礼自然：丘陵地势，大量的林木整齐排列，增大常绿树种比例，确保冬季景观观赏效果。

考虑风景区、自然保护区、基本农田保护区、水源保护区、文物古迹、国家重点保护的野生动植物等现状及规划对线路的影响。京张高铁线路布局充分考虑了沿线敏感区的分布情况，多方案对工程、环境进行对比分析，线路方案对环境敏感区尽可能采取绕避措施，但受工程技术条件所限，无法绕避八达岭—十三陵风景名胜区、八达岭长城、官厅水库饮用水源保护区、吉家坊饮用水源保护区、京密引水渠饮用水源保护区等环境敏感区。京张高铁为景区进一步发展旅游创造更好的交通环境，进一步带动该地区旅游经济发展，并且京张铁路在保护区核心景区内以隧道为主，露出地表路段很少，运营不会加重沿线的噪声影响，不会与景区环境形成反差，影响游客观感。

3. 绿色景观线设计

京张高铁的沿线绿化景观设计遵循尊重地域风貌的理念，承续"百年京张"铁路智慧精华，汇聚世界铁路发展先进经验，解决铁路永续发展的现实问题。全线景观根据安全性、功能性、生态性、整体协调性、经济适用性、地域性以及易维护性原则进行设计。

京张高铁全线景观设计通过分析列车上乘客视线、高速路行车视线、路上行人视线、高层建筑视线等主要视角，来确定沿线景观绿化设计的重点。设计中针对铁路自身特点，从景观的动态性、移动的层次性、流畅的交融性、体验的瞬间性进行分析，进而确定景观绿化设计的手法，如路基边坡采用波浪式图案、线路两侧绿化林带的"内灌外乔"搭配等。京张高铁各站区选择具有代表性的乡土植物作为背景，配合各站区的文化元素进行景观设计。基于满足各个季节观赏性的需求，大面积采用常绿植被、整体设计以"绿"为主。考虑地域特点，路基边坡重点区域植物选择以观赏性灌木为主，一般区域主要选择紫穗或沙地柏。区间路基坡脚（堑顶）至地界及桥下绿化重点区域景观设计以常绿树种为主，一般区域景观设计以落叶树种为主，常绿树种局部点缀。值得一提的是，新八达岭隧道进出口采用了城台式洞门，实现了中国元素和长城文化与现代高铁的有机结合，体现了高铁隧道与区域环境和文化共生共荣的设计理念。

4.2 高品质车站

1. 创新探索——北京北站

北京北站设置有人脸识别闸机，刷身份证即可进站。北京北站候车大厅，地铁换高铁只用 5 min。从 2016 年 11 月 1 日起，为配合京张高铁工程施工，北京北站停止办理客运业务。停运 3 年后，随着京张高铁开通，北京北站成为京张高铁的起点站。北京北站地处北京西直门交通枢纽区域，可以换乘地铁 2 号线、4 号线、13 号线。某天早上 6 点 43 分，有记者乘坐地铁 4 号线抵达西直门站后，根据提示标志的引导，先出站到达地上一层后，从地面进站口进入北京北站。地铁换乘高铁的全部用时仅为 5 min。

改造后的北京北站站房布局依旧采用中央进站式，地下一层主要设置候车厅，北侧设置商业服务区。东西两侧分别设置有出站厅。地面层主要是候车厅及售票厅，南北两侧二层的局部还有商业设施。京张高铁开通后，北京北站成为北京地区的始发站之一。北京北站分为两层：地面层包括地面层进站口、地面层站厅与列车站台检票口；地下一层包括地下一层进出站口与地下一层站厅。北京北站如图 4.1 所示。

图 4.1　北京北站

为做好巡游出租车和网约车在北京北站的接驳保障，西城区政府利用北京北站地下二层部分的停车场地设置落客区、上客区与蓄车区。进出站旅客使用地下一层东西出站口处扶梯，或出地下一层换乘大厅电梯，衔接地下二层。出站旅客使用凯德 mall 扶梯或出站口两侧的扶梯，前往地下停车场。

经交通部门测算，目前 3 条轨道交通线路途经西直门站的运力，可以满足北京北站到达旅客的地铁出行需求。北京地铁运营公司和京港地铁公司将随时关注客流变化情况，按照应急预案做好交通保障工作。地面公交方面，西直门地区现有公交线路 25 条（含两条夜班线路、两条多样化线路），分布在西直门北、地铁西直门站和西直门外三个公交站点，可满足乘客出行需求。

2. 天地合德——清河站

清河站位于北京市北五环以北海淀区清河镇小营西路与西二旗大街之间，西侧紧邻京新高速公路，与地铁 13 号线在地面平行共场设置站台，在地下一层实现了国铁换乘地铁、地铁换乘国铁的"零换乘"关系，同时地下一层的公共通道实现了东西两侧居民的自由通行。多种交通在狭长的地带里交融于一体，是城市综合交通新枢纽设计最完美的体现。清河站文化主题为"不息"。

清河站是京张高铁最大的换乘站，也是世界上第一座采用智能技术建造的高铁车站。清河站位于北京的北五环，区域人口密集，城市交通路况复杂而且空间非常狭窄，是条又细又长的通道。

工程师们通过高速公路高铁、地铁并场设计，让高铁和地铁共用一个车站，高铁站台紧挨地台，这样不但解决了空间狭窄的问题，还能让高铁、城铁、出租车、公交车、私家车方便换乘，极大地方便了旅客出行。清河站是京张高铁与京张铁路唯一一处新老站房交相辉映跨越百年同站同框的车站。车站建筑面积近 14 万平方米，是全线面积最大的车站。清河站如图 4.2 所示。

图 4.2　清河站

清河站老站房作为老京张线上的"网红"车站,朴实内敛,是中国铁路之父詹天佑主持修建的京张铁路首批站房,距今已有 110 多年历史。如今老站房将整体安放在南侧,以博物馆形式亮相。老清河站站房平移如图 4.3 所示。

图 4.3　老清河站站房平移

清河站建设过程中,老站房整体平移,待工程完工后,将会移至新站房旁。老站房的平移保护,是清河站全生命周期 BIM 技术应用的一环。保护老清河站:建于 1905 年,与京张铁路同期建造,1912 年 9 月 8 日,孙中山先生曾于清河站下车视察京张铁路。面对新老站房交替,为了保护百年清河老站,工程师们分为两次对站房进行了平移,向东南移动了 300 多米。清河老站 2017 年 10 月完成第一次平移 84.55 m,至站房临时存放位置。2019 年 3 月 3 日完成第二次平移施工。100 多年历史的清河老站房历经两次平移到达永久保护地,新老站房得以共存。这也是北京第一例老站房整体保留项目。新修建的清河高铁站,有着合理的高铁、地铁接驳设计和信息显示系统的优化,起到了分担北京北站人流压力的作用。

大到自主设计的创新技术,小到不起眼的垃圾桶都大有文章。清河站的垃圾运输收集采用了全国高铁第一套气力输送生态垃圾系统,普普通通的外表下,里面却是一个与地下输送管道相连的竖井,投放的垃圾会在指定时间内被管道中速度为 18～25 m/s 的风裹挟到中央收集站,装置内特有的旋屏分离器会把垃圾分类投放,以供集中处理。清河站在垃圾收集和分类上为全国首创。

3. 古韵雄关——昌平站

昌平火车站位于昌平城区西南,是京包铁路和京通铁路上的三等火车站。根据设计该站是京张高铁途经车站,车站在原基础上进行了平面和立面改造。

车站以"古韵雄关,盛世太平"为设计理念,建筑造型紧扣"古韵、雄关",应用严谨的对称式构图,以独具魅力的传统屋顶和砖墙为基调演化抽象。建筑造型与汉字中的"平"字相吻合,取"盛世太平"之意,追求中正、平和、安定的天人合一的境界。昌平站如图4.4所示。

图 4.4　昌平站

4. 消隐的客流——八达岭长城站

1)八达岭长城站文化主题为"丰碑"

因为八达岭高铁站位于八达岭景区附近,客流量大,所以设计者们突出了"消隐"的理念。外观的"消隐"设计也契合了与周围环境融为一体的设计理念。八达岭长城站地面站房设计遵循"尊重自然,形隐于山"的原则,在宽敞的进站候车厅墙体中设置主题为《印记》的石材手工艺术浮雕,雕刻京张高铁智能动车组穿过崇山峻岭和万里长城的画面,赋予站房独特的艺术气质。高铁站隐于山中,最大深埋102 m,使得站台和周围环境融为一体,地下部分则采用叠层进出站的通道形式和环形救援的廊道设计,来充分利用地下空间。与环境融为一体的八达岭长城站,实现了智能建造、装备和运营,开启了世界智能铁路的先河。我们不妨用一些更生活化的对比:102 m高,如果一层楼3 m高的话,那么这座高铁站就相当于在地下挖掘了34层楼高;最长扶梯提升高度相当于15层楼高。八达岭长城站如图4.5所示。

· 第 4 章 智能运营的惊喜可期 ·

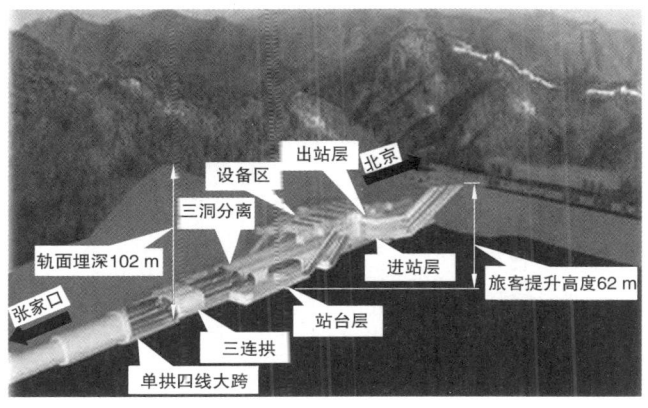

图 4.5 八达岭长城站

从空中俯瞰，闻名中外的八达岭长城像一条蜿蜒盘旋的巨龙，横卧在军都山口。相比京张高铁沿线各站美轮美奂的设计，这座掩映于山林间，看上去故意"不起眼"的车站，其实深藏着设计者的生态理念——尊重自然，形隐于山。走进去，一切别有洞天。八达岭长城站的主体在地下，距离地面最深处过百米，地下建筑面积超 4 万平方米，是世界上规模最大、埋深最深的地下高铁站。为了方便旅客进出站，车站安装了 100 m 长大扶梯，其垂直高度 42 m，相当于一幢 15 层高的住宅楼。12 km 的新八达岭隧道内建成了这座"世界最深高铁站"，其施工装备与建造技术之变，正是中国跻身建造强国的生动缩影。京张高铁开通运营后，八达岭长城站迅速成为重要"打卡地"，这部电扶梯也成为旅客留念的"网红扶梯"，如图 4.6 所示。

图 4.6　八达岭长城站"网红电梯"

2）为何八达岭站要提前 12 min 停止检票

八达岭长城站最大埋深 102 m，是洞室群非常集中复杂的地下高铁车站。微震微损伤精准爆破，超大跨度隧道修建技术应用，新型耐久性结构体系设计，让古老雄伟的长城与现代智能的高铁在此和谐共处。八达岭地下车站是京张高铁线路上的一座重要大型车站，它位于我国著名的八达岭风景区滚天沟停车场下方，设置在京张高铁新八达岭隧道内。车站建成通车后，从北京到八达岭风景区仅需 20 min 左右，成为游客游览八达岭长城的最便捷通道。八达岭地下车站地下建筑面积 3.6 万平方米，距离地面 102.55 m，两端大跨过渡段隧道最大开挖跨度 32.7 m、最大开挖断面面积 494.4 m²；车站由站台层、进站层、出站层共 3 层地下结构组成，站内大小洞室 78 个、断面形式 88 种、交贯面 63 处，洞室间最小净距 2.27 m，是目前世界上"建设规模最大、埋深最大、开挖跨度和断面面积最大、建筑结构最复杂"的地下工程。在八达岭长城站下车的旅客经常被车站浮雕、壁画、站牌各个长城元素吸引，客运员引导旅客出站的时间就会变长。但不论多久，他们总会把最后一名旅客安全送上电梯。

八达岭长城站总建筑面积大，为了旅客进出站方便，进站口和出站口是分开的独立通道，进出站通道较长。再加上长电扶梯这一特殊设备，检票后前往站台乘坐电梯的时间就将近 3 min。为了旅客安全进站乘车，与一般高铁站提前 5 min 停止检票不同，八达岭长城站提前 12 min 停止检票。"这是我国最长的高铁扶梯，可同时承载 400 人，乘扶梯从上到下，全程大约 3 min。"客运值班员刘某介绍起车站里的设施如数家珍。同时，他还有一个与众不同的身份——电梯管理员。"速度 350 km/h 的复兴号从长城脚下穿过"，"世界上最深的地下高铁站"，"出站即是登城口"，八达岭长城站成为旅客慕名打卡的"网红车站"，这部电扶梯也成了旅客争相拍照的"网红扶梯"。这也意味着客运值班员的步行距离长，每次接送列车，他们必须亲自护送最后一名旅客安全无误地乘坐电梯后才算完成任务。由于地下埋深超百米，加上高铁疾驰而过带来的穿堂风，这里的气温比地面低不少。虽然已步入春天，客运值班员进出站台接送列车还得穿棉大衣御寒。到了夏天，在地下站台也是没办法穿短袖的。站内如图4.7所示。

图4.7　八达岭长城站内

另外，行动不便或者携带大件行李的旅客可以乘坐无障碍电梯，这是一部很有特点的轿厢式斜行电梯，乘坐起来像坐缆车一样。为确保旅客乘坐扶梯安全万无一失，维修人员定期盯控电梯的保养和维护。除此之外，车站还附加了技术监控和人员值守的双保险措施。电扶梯的两侧扶手上，每隔几米就有一个紧急按钮，确保旅客遇到任何状况，都能第一时间按停电梯；电扶梯的上下处也都安排了应急值守人员，开站开梯、闭站关梯，按时维护、定期保养。

当你来到"形隐于山"的八达岭长城站，置身于地下102 m深的高铁站时，当你便捷地刷脸进站、接受机器人的引领服务时，当你在站台上看到新老京张文化墙遥相致敬时，当你乘坐长84 m、提升高度42 m的长道扶梯出站，以环保又便捷的方式游览长城时，你会想到什么？

那一定是百年历史扑面而来，让你能看到铁路基因的传承与创新。当代铁路人所有的创新，所有的突破，还有那精彩纷呈的奥运盛会，背后不都是国家实力的支撑吗？此时，你心里一定涌动着感慨和自豪：百年梦圆，壮哉中华！

5. 高山流水——延庆站

延庆站换乘中心于2018年12月正式开工，位于原延庆站北侧，集高铁、市郊铁路、公交、出租车、自行车等多种交通方式于一体。作为综合交通枢纽，该中心在冬奥会期间将主要担负起参赛选手、观众游客的交通转换及服务保障任务。延庆站换乘中心的设计理念取自中国古典名曲《高山流水》，西高东低银白色的屋顶如河水自西向东倾泻而下，寓意着"黄河之水天上来，奔流到海不复回"的豪迈与气势。站外，焕然一新的"延庆站"3个红色大字耀眼夺目。步入换乘中心，站内空间宽阔，各类配套设施、指示牌均安装到位。进入车站宛如进入京张高铁沿线景观长廊。候车大厅、出站换乘厅、旅客平台等空间，通过艺术性浮雕和装饰物等嵌入了包括冬奥会、世园会、八达岭长城、新老京张以及海陀山、永宁阁等地标性的各类文化元素，展现京张铁路延庆支线沿线厚重的文化底蕴。客运服务是车站枢纽的核心功能，延庆站换乘中心增加了更为人性化的软硬件服务配套设施，让旅客从购票、进站、候车、乘车、出站换乘等各个环节，感受智能铁路的高效便捷。延庆站如图4.8所示。

图 4.8　延庆站

6. 春华秋实——东花园北站

东花园北站是京张高铁出京第一站。官厅水库的一泓碧水前，几座巨大的风车在蓝天下悠然转动。精致靓丽的东花园北站呈现在人们面前。这座高铁站正位于官厅水库旁，直线距离仅 1 km。车站在 2 号站台特别开设观景廊道，让旅客能一览官厅水库无敌水景。中铁建设集团京张高铁项目部技术部长刘某介绍，东花园北站为两层设计，旅客进出站距离都非常近，可实现 1 min 进站、1 min 出站。东花园北站站房正面 6 根米黄色酒杯花形柱廊格外亮眼。东花园有中国最大的海棠花种植基地，自然风光清新唯美。该站文化主题也主打"春华秋实"，如图 4.9 所示。

图 4.9　东花园北站

7. 葡萄美酒夜光杯——怀来站

怀来站站房建筑面积 1 万平方米，造型质朴，似酒杯又似葡萄藤杈，更像是百年京张的"人"字形铁路，尽显"葡萄美酒夜光杯"的设计美感。曲线柱廊与典雅的古铜浮雕展示怀来葡萄酒文化特色，意味一座古城、一位英雄、一湖净水、一瓶美酒四张名片；站内的玻璃装饰和丝网印刷强调怀来"葡萄之乡，美酒庄园"的特色及地域文化。怀来站如图 4.10 所示。

图 4.10 怀来站

怀来站以葡萄美酒夜光杯为设计理念，提取葡萄、冬奥等特有元素，充分彰显地域特色和历史文化底蕴。远望怀来站，整个站房造型典雅，屋檐曲线形似波纹，舒缓优美，张力十足。造型质朴的 10 根 Y 形立柱依次排列，似酒杯又似葡萄藤杈，更以人字形铁路向百年京张致敬。走近站房，首先映入眼帘的便是正面香槟色的外幕墙上 4 张硕大的铜制浮雕。浮雕高度 8.63 m，宽度 3.32 m，质量达 500 kg，分别代表怀来的 4 张名片：一座古城——鸡鸣驿古城，一位英雄——董存瑞的故乡，一湖净水——官厅水库，一瓶美酒——著名葡萄酒产区，开门见山地介绍了怀来的自然人文景观和文化内涵，实现站城融合。走进站内，立柱上不同的冰雪运动项目的剪纸图案，在浅黄色的主色调上，冬奥主题格外突出。候车厅东西两侧的铝板，喷绘两幅具有浓郁地方特色及文化传承的巨幅主题画作《葡萄之乡，美酒庄园》和《百年京张，铁路强国》。

地面拼花创造性地将葡萄叶、葡萄粒、雪花、奥运五环等元素结合在一起，充分表现了怀来地域特点及奥运文化，让人眼前一亮。二楼栏杆的玻璃围挡上看到几幅栩栩如生的网幕图画，隐约可见一座座山峦，其中有的是人字形的水波纹组成，象征詹天佑的人字形铁路和官厅水库，有的则是由年份数字密密麻麻组成大山造型，寓意中国铁路勇攀一座座高峰。山尖上的 1876 代表中国第一条铁路淞沪铁路正式通车；第二行的 1905 代表京张铁路于 1905 年开始修建；1909 则意味着京张铁路于 1909 年通车。中铁建设集团京张 2 标项目副总工牛某向未来旅客发起挑战：这座山上的每个年份，都代表着铁路发展的一个历史节点，欢迎铁路迷和历史爱好者来一一解密。

怀来站另一独特之处是在站台处设置天桥。怀来站设置两层候车室，一层可以到一站台乘车，二层经由天桥可到一站台和二站台乘车，这样能均匀分散客流压力。穿越进站天桥，可观高铁疾驰而过，感受 350 km/h 的中国速度。无处不在的葡萄和葡萄酒元素，在站台上也能看到，站台时钟的表盘都是葡萄的图案，清水混凝土雨棚将站台立柱打造成了葡萄酒杯的形状。为了建造这个雨棚，建设单位采用了 25 种混凝土试验配合比、3 种支撑体系、8 种振捣方式、浇筑 12 根试验柱，历时 271 个日日夜夜，才终于交出了满意的答卷：清水混凝土一次浇筑成型，表面平整光滑，5 种弧度，色泽均匀，无须做任何外装饰。更让人惊讶的是在脱模环节，试验人员尝试了各种工业机油，最终效果最好的竟然是我们大家日常生活中的食用色拉油。科学的世界没有想不到的，而高铁建设者们也没有做不到的。

高铁开通后怀来站旅客发送量，近期（2020 年）高峰小时发送量为 510 人，远期（2030 年）高峰小时发送量为 590 人。东花园北站旅客发送量高峰小时近期 260 人，远期 320 人，最高聚集人数可达 800 人。

8. 奥运中转站——下花园站

下花园北站作为京张主线与崇礼支线的枢纽站，同时也作为京张高铁一体化设计的样板车站，设计伊始，就受到国铁集团各级领导的高度重视。设计过程中，专业人员经过反复打磨、层层把关，最终将下花园北站完美地展现了出来。下花园站如图 4.11 所示。

·第 4 章　智能运营的惊喜可期·

图 4.11　下花园站

设计过程中中铁设计将下花园北站站房、广场、绿化等统筹考虑，一体化设计，作为全线站房的示范样板。站房与长途汽车站、旅游集散中心的建筑形式及风格进行了统一设计，围合出形式统一的共享广场，真正实现了景观、功能整合的交通枢纽建筑，形成了下花园城市地标。下花园北站设计过程中，注重反映当地地域文化，提升城市主题。下花园北站以宣府八景之一"鸡鸣晓月"和古道驿马飞驰为灵感，整体外观亦如弯月并以现代风车叶片为造型，巧妙利用风车叶片扭转特点，将客流实现旋转 45°，导向南侧鸡鸣山。建筑内部空间覆以代表当地风貌的陶土板，粗犷的材质与光滑的叶片形成鲜明对比，现代而又古朴，灵动不失稳重。

9. BEIJING2022——太子城站

太子城站文化主题为"无界"，是世界上第一个建在奥运村内的车站，从高铁站到奥运村和各大滑雪场的时间只需要 15 min。整个车站采用双曲弧面落地的造型，车站与周围的山水相融合，减少对周围环境的破坏，遵从"建筑融于山、建筑融于水"的设计理念。此外，这种顺滑的曲线设计也代表了整个滑雪运动的速度与激情，同时也跟复兴号的形象非常吻合，向全世界展示着我们中国的高铁文化。太子城站如图 4.12 所示。

太子城站距离张家口市崇礼区太子城冰雪小镇不足 2 km 处，地处 2022 年北京冬奥会崇礼赛区的核心区域。车站站房建筑以白色为主色调，上方之下犹如在群山之间的明珠，彰显了冬奥冰雪文化。站前广场的圆形玻璃建筑被称为"奥运之眼"，正对的是 2022 年北京冬奥会颁奖广场，赛时有 51 块金牌在这里提交，冰雪小镇和周围群山都成为颁奖仪式的天然背景，也成为历届冬奥会的最美"背景墙"。

图 4.12　太子城站

圆形立柱上分布有手工雕凿而成的装饰，通过阴影和色彩的不同，插入出崇礼地区的山脉，也体现了太子城站的特色。在一层候车大厅内的综合服务中心，取代了传统的售票大厅，集票务处理、旅客咨询、临时身份证制证等服务功能为一体。在站厅内，还能看到带有老京张铁路标志性的"人字坡"和冬奥冰雪元素的雕刻铜板；电梯的玻璃上印有很多"苏州码子"，体现出建筑与自然的融合，中西文化的并存。

设计师在设计太子城站的环保方面也是下了一番大功夫。车站整个内装采用重结构、轻装饰的设计风格，地下一层全部采用露梁设计，在尽量提高室内层高的同时还可以减少造价。尽量减少它的装饰，即便做一些装饰也是在它结构本体上去做。站房的梁和柱子都采用清水混凝土造型。太子城站还有一个有意思的设计，站内有一幅巨大的山水壁画，是用灰色马赛克一块块拼接而成的。在壁画上结合了一个投影的设计，将车次信息动态展示出来。壁画还有天气预报的功能，比如说外边下雪的时候，室内壁画就是山上雪花飘落的动态，雨天时又是下雨的造型。太子城高铁站客运枢纽正式投入运营如图 4.13 所示。

图 4.13　太子城高铁站客运枢纽正式投入运营

10. 古城文化,新韵新宣——宣化北站

宣化北站位于张家口市宣化区北。车站以"古城文化,新韵新宣"为主题,宏观构架提取宣化古城墙的三大元素,以极简手法重构出"大明古城"的端庄形象。雪花镂空图案的玻璃,响应冰雪奥运的城市名片"古城新宣",低调而不失端庄的姿态,正是这座静穆中稳步前行的城市无声而有力的新的宣言。宣化北站如图 4.14 所示。

图 4.14　宣化北站

11. 雪国境门——张家口站

京张高铁终点站张家口站位于张家口市主城区以南、京包铁路张家口南站旧址上,车站总建筑面积约 9.8 万平方米。张家口站站房以"雪国境门"为设计理念,将张家口大境门的拱门与自然地貌的弧形加以抽象,同时融入百年京张"人"字形元素。在张家口高铁站的站台上,清水混凝土雨棚柱表面光滑,棱角分明,"素面朝天"。这样的柱子和一般的混凝土雨棚柱相比,需要结构施工一次成型,不剔凿修补,不抹灰,无须涂料、饰面等化工产品的使用,体现了"环保、节能"的设计理念。张家口站如图 4.15 所示。

图 4.15　张家口站

张家口站是京张铁路的终点站，同时也是联系京张、京包、张呼铁路的重要节点站和纽带。车站设计理念结合张家口的历史文化以及自然风貌，其正立面的曲线呼应张家口著名地标大境门，浅色建筑材质，意象来自张家口地区广袤无垠的自然风光，仿佛积雪山脉映于天际，呼应了 2022 年北京冬奥会。车站屋面采用"人字形"屋面，契合詹天佑先生"人字形"铁路之创举。张家口站文化主题为"纽带"。

张家口市崇礼区太子城，是 2022 年北京冬奥会的主赛场。太子城站位于冰雪小镇，紧邻冬奥会颁奖广场，距离冬奥会崇礼赛区奥运村 2 km，是与冬奥赛场"最近"的高铁站。车站总建筑面积 11 988 m²。

综上可见，京张高铁文化性、艺术性表达核心理念为"天地合德，百年京张"，高度契合京张铁路的文化艺术主题。同时，智能京张高铁具有满满的科技感。在一片山峦起伏的沙盘上，追逐的视线承接着一连串灯光的指引，依次燃亮北京北站、清河、沙河、昌平、八达岭长城、东花园北、怀来、下花园北、宣化北、张家口等站点，人们能清晰地看到京张高铁像一条金光闪烁的大项链，将 10 个珍珠般的车站依次连缀在一起。同样熠熠生辉的还有同步改建的延庆支线，以及在下花园北站接出的崇礼支线，可由此进入一片冰洁雪白之境，直达崇礼太子城奥运村。更多智能化细微之处，京张高铁全程设 10 个车站，它们有同一个"大脑"。通过这个大脑，工作人员可以在控制室实现客站灯光、温度、湿度等设备管理、应急指挥等。线路实时"体检"系统，可以将全线每一个桥梁、车站，每一处钢轨，通过传感器连接至电脑。零件是否老化，路基是否沉降，照明是否损坏，都能一目了然。同时，各站的"智能大脑"可实现数据共享。车站环境舒适性监控系统、能源管控系统等各类系统保证了车站的高效运转；动车组的防灾安全预警系统包括高铁周界入侵报警系统、地震预警系统、自然灾害监测系统,可保证乘客的安全。

4.3 运营组织与管理基础

4.3.1 运输组织与管理过程

高铁路网规划、运力资源分布以及客货运输需求是高铁运输组织的基础,运力资源布局特点和客货运输需求结构很大程度上注定了高铁运输组织模式的选择、运输产品的设计、运输能力与运输效益的发挥。列车开行方案与列车运行图是高铁运输产品的主要表现形式,列车开行方案主要解决运输产品的空间分布问题,列车运行图主要解决运输产品的时间分布问题,二者共同构成高铁运输服务网络,这个网络的构建质量决定了高铁运输服务的经济、快速、准点、便捷等特性。动车组运用计划为列车产品提供运力保证,到发线运用计划为列车在车站的作业提供场所和允许占用时间,乘务运用计划是给列车运行与旅客服务提供人力保障。车站是列车停靠的场所,同时也是旅客上下车以及获得多项延伸服务的场所,高铁车站往往也是城市交通的综合枢纽、站城融合的窗口,往往是城市对内对外交通流、商业活动流、物流等各种流汇聚的节点,必须有一套精细化的车站工作组织方案来有效管理和控制各种流线。列车开行方案、列车运行图、动车组运用计划、到发线运用计划、乘务运用计划构成了高铁运输组织的基本计划。实际工作中这些计划的编制过程是交叠的。例如,在编制列车开行方案时就要考虑动车组交路、检修地点、乘务担当等安排,铺画列车运行图时要根据动车组交路考虑列车的始发、终到时间,列车运行图既是动车组运用计划又是各车站到发线运用计划编制的基础,到发线安排不仅要考虑列车到发时刻还要考虑动车组交路,乘务运用计划主要以列车运行图与动车组运用计划为基础进行编制。在编制这些计划的过程中,由于各种约束的加入,下一个环节的计划有可能因能力限制等原因需要反馈调整前面环节生成的计划,因此基本计划的编制是一个反馈迭代的优化过程。运输产品需要通过市场营销以客票的方式销售出去,售票情况反映为列车的客座率,在运输产品的设计过程中还需要根据市场营销结果,反馈调整列车开行方案和列车运行图,不断提高运输产品的市场适应性,从而提高高速铁路的经济效益。

基本计划形成后就进入执行阶段。由于异常天气、人为活动、设备故障等干扰在所难免,在执行计划的过程中有可能偏离基本计划,这就需要调度人员编制列车运行调整计划。调整计划的主要目标是尽快恢复列车正点，减少旅客晚点，但调整的时间、空间和列车数量取决于干扰的大小。一般小的干扰可以通过调整乘务运用计划、到发线运用计划、动车运用计划实现，通过这些铁路内部工作的调整可能仍能保证列车正点，旅客也感受不到列车晚点（例如前序列车晚点后启用热备动车组）。但是，如果干扰更大，就需要一定范围调整列车运行图，如果通过调整列车运行时间仍然不能解决问题，还可能需要进一步调整（例如取消列车、加开列车或调整运行径路），这时会带来大量的车站工作调整以及票务的退改签服务。如果干扰连续多日，甚至还需要调整客票计划（例如限售一定时段某些方向的车票），也就是说，随着干扰的加大，列车运行调整的对象会沿基本计划形成的相反方向逐步变化，调整工作逐步扩大。高速铁路列车密度大，动车组交路紧，特别是我国跨线列车多，一旦晚点很容易波及大量旅客，因此高速铁路必须加强综合维修工作，确保设备设施的良好状态，减少列车运行干扰，增强抗干扰能力。

4.3.2　高速铁路运输组织的内容

（1）运输组织模式。高速铁路客流由本线客流和跨线客流构成，目前，我国高速铁路对于跨线客流主要采用跨线运输组织模式，沿用了传统的铁路既有线旅客运输组织模式。由于高速铁路列车运行速度高，大大缩小了时空距离，未来我国高速铁路应研究直达输送与衔接换乘方案相结合的跨线运输组织方法，并尽量减少长途跨线列车，关键在于解决好跨线客流的换乘组织。

（2）运营计划编制。高速铁路运输组织的关键在于协调好铁路行车组织与运输市场营销之间的配合关系，建立起对运输市场需求变化做出全面、迅速、准确反应的运输组织新机制，未来我国铁路应面向市场导向，以一体化设计思想为基础，进行高速铁路运营计划编制。

（3）动车组运用。动车组运用涉及动车组检修设施布局及规模、动车组运用模式、列车编组、动车组交路图优化等问题。目前，我国高速铁路动车组运用主要是以线路为研究对象，条块分割，未来我国高速铁路动车组运用的突出问题在于面临网络化运营的挑战。

（4）施工组织。目前，我国高速铁路主要采用夜间停运列车的施工组织模式，无法开行夕发朝至列车，降低了客流吸引能力，未来我国高速铁路施工组织应打破现有的模式，以满足开行夕发朝至长途跨线列车的需要。

（5）换乘组织。目前，我国高速铁路跨线客流采用直达输送方式，现有的客运乘降设施和组织方法不能适应换乘组织特点，未来我国高速铁路应重点解决与换乘组织相适应的运输组织体系方法。

高铁运营组织包括的内容如图 4.16（a）所示，高铁运营组织分析如图 4.16（b）所示。

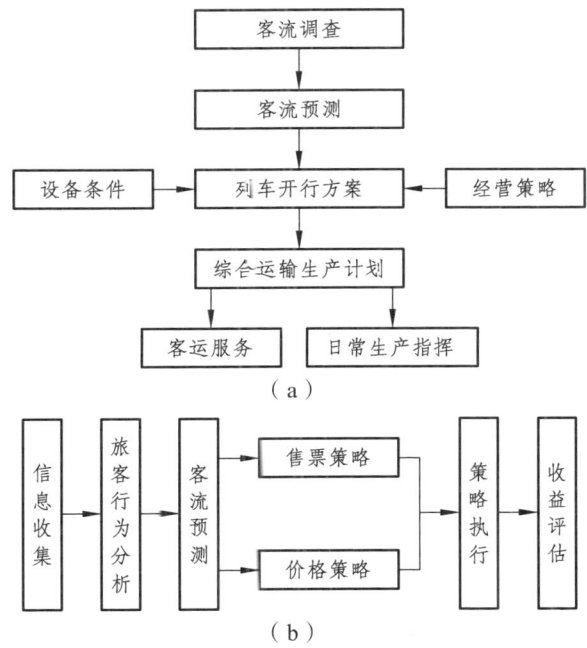

图 4.16　高铁运营组织内容与组织分析

我国高铁运营的环境特点是：

（1）全世界规模最大的高速铁路运营网络。点多、线长、面广；列车开行密度大、距离长。

（2）运营环境最为复杂。多样的自然环境（高寒、大风、热带气候）、复杂的地质条件（大面积失陷性黄土、高压强富水岩溶发育区、冻土）。

（3）客运供需矛盾日益突出。节假日短期大客流的冲击强。京沪、京广、沪杭等线路客流增长迅速，通道能力紧张。

当前，我国铁路运输的主要矛盾已经由运量与运能的矛盾转化为服务需求升级与运输供给不平衡不充分的矛盾。

4.3.3　高速铁路列车开行综合性计划

高速铁路客运产品设计的实质是高速铁路供给与需求逐层逐步精确匹配

的过程，具体表现为不同层次产品的设计与组合：针对核心产品层，研究列车编组结构、运行区段、停站方案、开行对数、发车间隔等；针对形式产品层，给出基于车票种类、价格等要素的差别产品设计方案；针对附加产品层，设计不同的延伸服务。在此基础上，对不同层次产品的不同要素进行组合，得出组合产品的设计方法。

高铁客运产品设计遵循"按流开车"的基本原则，通过大量的客流调查、严谨的数据分析以及科学的运量预测，得出相应的分时段、分方向的客流计划，在此基础上，确定旅客列车开行方案，并根据列车开行方案编制列车运行图，尽可能优化列车运行方案，以缩短旅客在途时间、减少途中换乘次数，确保列车运行计划与客流计划相匹配，并预留一定的储备能力使列车运行图具有一定的弹性，以适应市场变化与列车运行调整。同时，通过列车运行交路的长短结合，经济合理地使用动车组车底，并合理利用高铁的车站通过能力和线路通过能力（简称点线通过能力），以充分发挥并均衡使用运输设备的效能。

在我国高速铁路的运输管理和生产过程中，基本生产计划是核心产品竞争力的体现，是高速铁路运营调度管理的核心部分，也是确保高速铁路日常运输工作有序、高效的根本。基本生产计划包括列车开行方案、列车运行图、动车组交路计划以及乘务计划等。

（1）列车开行方案：根据市场需求，考虑部分运输资源的运能约束，制定包括列车的运行区段、列车种类及开行对数等信息的列车开行计划，是编制列车运行图的基础。列车开行方案是在空间维度上将客流需求转化为列车开行计划，给出运输资源利用的基本框架。

（2）列车运行图：在列车开行方案的基础上，紧密结合客流变化，从旅客旅行时间和运营效益最优化角度，严格遵守固定设施能力约束，规定各次列车占用区间的顺序，列车在每个车站到达、出发或通过时刻，列车在区间的运行时间，列车在车站的停站时间等，是运输资源约束下更详细的列车运行计划，是编制动车组运用计划和乘务计划的基础。因此，列车运行图是对列车开行方案的细化，从时间维度确定列车开行计划，确定固定运输资源（线路、车站）的使用计划。

（3）动车组运用计划：为铺好的列车运行图分配动车组、安排动车组定期检修的动车组工作计划，主要对动车组在何时、何站、担当哪次列车，在何时、何地进行哪种类型的检修做出具体安排，是实现动车组的合理周转，确保列车运行计划顺利实施的重要保证。显然，列车运行图是动车组运用计划的基础，当列车运行图调整时，动车组运用计划也将重新编制；

同时，动车组配置数量无法满足列车运行图需求，则需要对列车运行图进行反馈调整。

（4）乘务计划：基于编制好的列车运行图和动车组交路计划，安排列车乘务员等工作人员担当列车车次和定期休息的工作计划，包括乘务员（组）在何时、何地出乘，在何时担当哪次车次，在何时何地退乘等做出具体安排，是列车运行图顺利实施的基本保障。

（5）车站作业计划：规定高速列车在车站到发线等设施的使用计划，具体包括到发作业、调车作业、出入段作业等作业方案，是列车运行图和动车组运用计划的基本保障，需要与列车运行图和动车组运用计划协同编制。

（6）票额分配计划：与列车开行方案相对应，为优化资源配置，分车次建立票额运用档案，分线别、方向、阶段、时段制订列车票额席位共复用策略和票额以远站方案，实现一车一策略，是提升列车开行方案科学性的必要措施。上海局集团在票额智能预分的基础上，通过跟踪票额使用过程，在票额自动预分的基础上推行人工干预预分，实现票额精确分配。

4.3.4 高速铁路列车开行方案

高速铁路列车开行方案是编制列车运行方案的基础。提高列车开行的经济效益和社会效益是编制和优化列车开行方案的基本原则，制定列车开行方案的市场依据是客流，而客流构成的四要素（流量、流向、流时、流程）以及客流性质（或目的），是确定列车开行方案的重要条件。列车运行区段、长短途比例、快慢比例、停站方案、编组辆数、开行对数等，都是从不同角度反映了列车开行方案与实际需求的符合程度。

高速列车的开行方案是指确定列车运行区段、列车种类及开行对数的计划。高速列车的始发站、终到站及经由线路，构成了高速列车的运行区段。列车种类区别出列车不同的速度等级以及不同的停站方案，开行对数的多少表示列车行车量的大小，三者共同组成了一个完整的高速列车开行方案。

高速铁路旅客列车开行方案的内容包括：列车车次（等级）、起讫点、开行对（列）数、途中停站站名、编组辆数（定员）和车底运用等。它是编制列车运行图和动车组运用计划、进行调度指挥的基础，是高速铁路旅客运输和行车组织的核心。列车开行方案要符合旅客出行规律，最大限度地方便旅客，尽可能减少旅客乘次数，缩短旅行时间，提高服务质量，吸引更多客流，提高列车上座率；充分利用通过能力，合理确定各种列车开行的对（列）数和编组辆数（定员数），合理使用动车组，提高铁路经济效益和社会效益。

编制高速铁路旅客列车开行方案的步骤主要包括：客流调查与预测、确定列车起讫点、计算确定列车开行对（列）数、设计列车停站方案等。

1. 客流调查与预测

客流调查是对高速铁路吸引范围内，详细调查公务、商务、旅游、探亲等旅客出行的要求，学生流、民工流的流向和流量。采用历年统计问卷调查等手段，预测未来年度高铁客流总量，其中平常、周末和节日客流变化规律和各次列车上座率情况，为编制高速铁路旅客列车开行方案，提供比较准确的客流资料。

客流调查与预测非常重要，要有专门的机构人员负责。国外主张委托路外调查公司负责，认为他们调查与预测的结果比较客观，精确度较高。我国高速铁路发展迅速，投入运营初期，既无实际统计资料可查，又缺乏高铁客流预测的经验，对高铁客流的特点形成和变化规律认识不足，不重视、不进行客流调查，致使预测的客流总量偏高，一些高铁线路日常开行列车数量偏多，一些高铁列车日常上座率低。这样既浪费通过能力，又增加运营支出。

高速铁路客流是一个复杂的要素集合体共同影响的产物，其形成和发展是内外各种动因共同作用的结果。系统内部因素主要有运营组织计划、服务质量、客运票价等；系统外部因素包括系统环境和旅客方面等因素。环境方面主要是区域经济发展水平、人文与自然环境条件、交通结构等因素；旅客方面的因素诸如个人社会经济条件、消费偏好等。客流出行规律特征主要包括客流的年龄、职业结构、出行目的、对票价的敏感性等，由于每个出行者的特征都不相同，每个旅客出行行为选择也各不相同，继而导致高速铁路客流量的相应变化。

影响客流的因素不会单方面发挥作用，而是相互交织、相互作用，其影响因素可归纳为安全、列车正点率、速度（旅行时间）、发车密度（特别是高峰时段）、票价、舒适度、营销策略等方面。其中，舒适度是指随着人民生活水平的提高，旅客对出行工具的舒适度有越来越高的要求。旅客不仅有满足于能实现位移的需要，而且要求在接受运输服务的过程中感到舒适，对这方面的需求也是多层次的。铁路部门在细节上做文章，全面开展差异化、个性化服务，拓展服务内容和方式。围绕旅客购票、进站、候车、检票、上车、乘车、下车、出站等八大环节，优化服务流程，改进服务方式，为旅客提供通畅有序、便捷温馨服务；继续抓好老弱病残孕等重点旅客进出站、上下车预约服务，旅客遗失物品查找服务，视力障碍旅客携带导盲犬乘车等服务。同时，高铁服务品质不断提升。自助售取票、自助验票、自助检票进站、互联网订餐、机器人问询、APP 资讯查询、车站智能导航、服务预约、站车 Wi-Fi 等一批创新服务产品的推出，极大改善了旅客出行体验。在营销策略上，主要是指寻找适应高速铁路客运市场需求的各种营销手段，如降低销售价格、实行优惠价、改进产品性能、提高列车速度及档次、提高服务质量等。

2. 确定列车始发与终到站

编制高速旅客列车开行方案，确定列车起讫点时，应考虑以下条件：应具备动车组维修与养护条件；应选择客流量大、设施完善的大型客运站；始发客流量（客座率）应满足列车开行条件；应符合最优径路条件；应结合既有线列车起讫点等。

3. 确定旅客列车开行对数

旅客列车开行对数是在确定客流总量和列车起讫点以后，根据列车运行区段客流密度、列车定员、平均上座率和客流波动等因素，经过计算确定的。根据按流开车的原则，首先确定大流量客流需要开行的列车对数，然后将零星客流和剩余客流合并，再计算这部分客流需要开行的列车对数。

列车起讫点不同，客流密度不同。各类动车组编组辆数、客座定员有所不同，要根据具体情况分别计算。各起讫点间开行的列车数量，要经过分析客流密度，计算大流，合并小流，考虑客流波动后再按编组辆数、客座定员数、平均上座率等因素计算，最终才能将客流转化为列车流。

4. 设计列车停站方案

影响列车停站方案的因素较多，不同的停站次数，对旅客出行需求和铁路效益会有不同的影响。减少停站次数，能缩短旅行时间，加速动车组对长途旅客和铁路部门都有好处。增加停站次数，对满足中短途旅客出行需求，提高列车上座率有利，但会降低列车旅行速度，延长长途旅客的旅行时间和动车组周转时间，使"高速"失效，对长途旅客和铁路都不利。因此，编制列车停站方案，既要保证旅客出行需求，又要兼顾铁路经济效益。尽可能做到旅客、地方政府、铁路部门都比较满意。目前，我国高速铁路动车组列车

第一篇 智能京张 2019

停站方案有以下几种模式：一站直达，中途不停；长途直达，省会城市停站；省际直达，地市级城市交错停站；中短途区段列车，县级城市站站停或交错停站。

4.3.5 京张高铁客流特征

对京张高铁客流需求分析，可以得到下面的结论：

京张高铁客流最大断面为昌平—八达岭长城段，客流由长途客流、城际客流和市域与旅游客流三部分组成。

（1）长途客流：主要为西北（不含陕西）、蒙西、晋北地区与东北、华北（主要为太青客专以北）、华东地区旅客交流。

（2）城际客流：京津地区城市之间客流（即张家口、崇礼至京津唐、石家庄等）。

（3）市域与旅游客流：北京市区至延庆区和八达岭长城景区客流。

客流特点分析如下：

（1）以中长途客流为主，兼顾市域和市郊客流。

京张高铁是国家铁路网主骨架京包兰通道和"八纵八横"高速铁路主通道之京兰通道的重要组成部分，主要承担西北（不含陕西）、蒙西、晋北地区与东北、华北（主要为太青客专以北）、华东地区旅客交流，该部分客流近、远期占比分别为58.1%、63.9%；同时京张高铁是京津城际铁路网的重要组成部分，城际客流近、远期占比分别为26.9%、23.39%；京张高铁还兼顾市郊铁路功能，该部分客流近、远期占比为15.09%、12.8%。

（2）旅游客流突出，且季节性明显。

京张高铁沿线旅游资料丰富，八达岭长城景区尤为突出。八达岭长城景区游客淡和旺季分布不均衡、假日和平日相差悬殊，尤其是假日期间的单日接待高峰压力过大。每年5、7、8、10月四个月约占全年接待量的53%，暑期7、8月两个月的游客接待量最高占比达30.9%，"五一""十一"日均游客接待量分别在3万人次、5万人次的水平，"十一"黄金周客流总体高于"五一"黄金周。

本项目沿线途经八达岭长城景区，承担八达岭长城景区50%的旅游客流。本项目承担旅游客流占比30%，其中八达岭旅游客流占比16%，且具有明显的季节性。

（3）综合交通中骨干作用凸显。

根据预测，近、远期京张通道（北京—沙城）全方式最大客流密度分别为 8 590 万人次、10 870 万人次，其中铁路客流分别为 2 616 万人次、3 596 万人次，所占份额分别为 30.5%和 33.1%，铁路所占份额呈上升趋势，说明京张高铁建成后，铁路在通道内发挥着越来越重要的作用。

4.4 列车运行的神经中枢——智能京张高铁调度指挥

4.4.1 列车运行的依据——列车运行图

1. 基本概述

列车运行图是组织全线列车运行的基础，通常以 1 天为周期。由于列车运行图规定了各次列车在每个车站的到达、出发、通过时刻，在区间的运行时间、在车站的停站时间、在折返站的折返时间，以及列车占用区间的先后次序，并规定了列车的重量、长度以及运行交路等，因而列车运行图也规定了铁路线路、站场、通信信号、动车组车底等设施设备占用的顺序与程度(称之为设备运用)，以及与行车有关的各部门的工作要求。因此，列车运行图是铁路运输工作的综合计划，是铁路行车组织的基础，是协调铁路各部门、各单位按一定程序进行生产活动的工具，也是铁路与旅客、与社会联系的纽带。

高速铁路列车运行图是用以表示列车在高速铁路区间运行及在车站到发或通过时刻的技术文件，它规定各次列车占用高速铁路区间的先后顺序、列车在每个车站的到达和出发（或通过）时刻、列车在高速铁路区间的运行时分、列车在车站的停站时间、列车在折返站的折返时间、列车交路及出入段时刻等。高速铁路列车运行图是高速铁路运输工作的综合计划和行车组织工作的基础。

列车运行图是列车开行方案在调度指挥系统的直观显示。列车运行图是利用坐标原理描述列车在轨道上运行的时空关系，直观显示列车在沿途各站到达、出发、停站或通过的时间，是各类列车在沿途各区间运行状态的一种图解形式。简单地说，列车运行图就是"距离-时间"关系曲线。中国列车运行图的纵轴为列车沿途运行的距离，被不同的站间距切分，横轴为一天 24 h 的时间轴，图上的斜线即为列车运行线，向右上方运行的为上行列车运行线，向右下方运行的为下行列车运行线，斜率代表列车的运行速度，如图 4.17 所示。

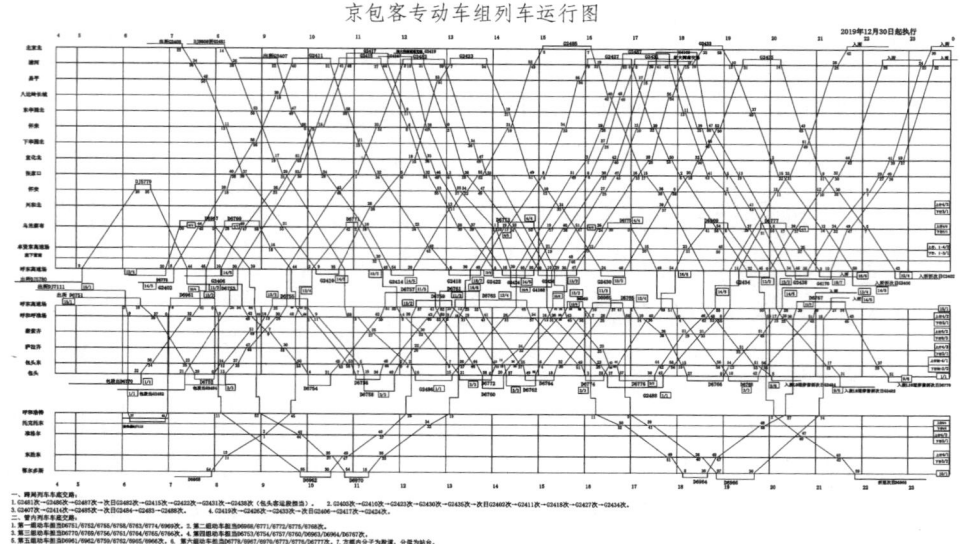

图 4.17 高速铁路列车运行图（局部）

高速铁路列车运行图铺画的均是速度在 200 km/h 以上的高速动车组列车，与客货混跑的既有铁路不同，列车运行图上铺画的都是旅客列车运行线，主要分布在符合人们出行习惯的 6:00～24:00 范围内，夜间主要是高速铁路综合天窗维修时间。

高速铁路客流以通道流、区段流为主，呈现出明显的季节性、波动性、时段性特点，同一条高铁在一年、一季、一周，甚至一日内各小时之间的客流常有急剧的起伏变化，为充分发挥高速铁路的社会和经济效益，提升高速铁路适应市场变化的能力，铁路部门根据客流规律按年度分季节编制高速铁路日常图、周末图、高峰图。随着人们出行规律和出行习惯的改变，以往的高速铁路日常、周末、高峰图已逐渐不能满足旅客的出行需求。2018 年，国铁集团提出了高速铁路旅客列车运营实施"一日一图"的决定。"一日一图"就是在既有的动态调整图上，根据每日客流的精准预测，实施每日不同列车开行方案的原则，体现了精准贴近市场，精准投入运能，精准实施设备检修的动态化运营组织。

高速铁路列车运行图是铁路运输企业实现高速列车运行安全、正点和经济有效地组织铁路运输工作的列车运行生产计划，高速铁路的运输生产活动通过高速铁路列车运行图把各部门联成一个统一的整体，各部门须严格按照列车运行图规定的程序进行工作。因此，高速铁路列车运行图是高速铁路运输生产的一个综合性计划。此外，高速铁路列车运行图又是铁路运输企业向社会提供运输供应能力和承诺运输服务质量的一种有效形式。从这个意义上讲，向社会公布的高速铁路旅客列车时刻表，实际上就是铁路运输企业服务供给产品的目录。因此，高速铁路列车运行图又是高速铁路运输组织生产和产品供应销售的综合计划。

铁路列车运行图的编制和管理均由国铁集团统一领导组织完成。国铁集团确定列车运行图编制的原则、要求、技术标准、编制步骤，明确国铁集团和铁路局集团公司两级编图机构的职责分工。现阶段国铁集团每季度一次定期召集各铁路局集团公司运输、客运、机务、车辆部等相关人员集中编制列车基本运行调整图，每年暑运、春运前召集各铁路局集中编制暑运、春运分号图，其中跨局列车运行线由国铁集团组织各铁路局集团公司协同编制，各局集团公司管内列车运行线由铁路局负责编制。各铁路局集团公司编图人员统一在国铁集团的编图专用服务器上完成跨局和管内列车运行图的铺画及相关参数修改。编图周期结束后，各集团公司将编制完成的客货列车运行图和相关技术资料、运输生产指标，以及列车运行图数据库上报国铁集团核备。编图软件日常更新升级和系统维护由国铁集团组织的编图技术中心（铁科院）完成。

2. 列车运行图编制

列车运行图是铁路行车组织的基础，其编制质量的好坏，直接影响铁路运输工作的安全和效益，影响铁路适应社会经济发展的水平。我国铁路运输具有高铁与既有线贯通成网、既有线客货混跑、运能与运量矛盾突出等特点，与其他国家相比我国铁路列车运行图编制的复杂性和困难性更加突出。探究列车运行图编制优化的理论与方法，开发设计高效的列车运行图编制系统，对提高铁路运输行业的信息化、智能化水平至关重要。

列车运行图编制的关键技术是怎样科学合理地铺画运行线。整个列车运行图铺画过程是选择线路和列车，安排列车运行时间，并铺画运行线。其过程可以看作是在时空中的搜索过程。由于列车运行图涉及面广、影响因素繁杂，难以用特定的模型进行描述，有些因素亦难以用数学公式表达，甚至有些因素本身之间就是相互矛盾和相互制约的。对于这样一个多目标、复杂的 NP 问题，难以通过数学模型和相应的求解算法得出满意且都符合实际的列车运行图。

列车运行图编制系统包含列车运行图计划、数据管理、技术资料管理、动车组交路计划、车辆分配计划、机车周转计划、车站作业计划、列车牵引计算、运行仿真、列车运行图信息共享与查询等功能。列车运行图编制与综合运用系统主要是支持列车运行图的国铁集团—铁路局集团公司—站段三级管理模式，建立一个综合信息平台，实现多专业、多工种参与的列车运行图本地和异地联网编图，实现列车运行图编制相关作业计划的一体化编制，依靠站段实现列车运行图基础数据的动态管理，实现列车运行图的信息发布和共享，满足国铁集团各部门和各铁路局集团公司相关业务部室、站段、岗点实现列车运行图信息查询、指标统计、报表输出等综合运用的需要。列车运行图编制系统结构图如图4.18所示。

未来，列车运行图还可以考虑客流的时变需求，将其作为列车运行图的编制依据，更多地考虑乘客利益，打造更加舒适便捷的"人本交通"服务体系。

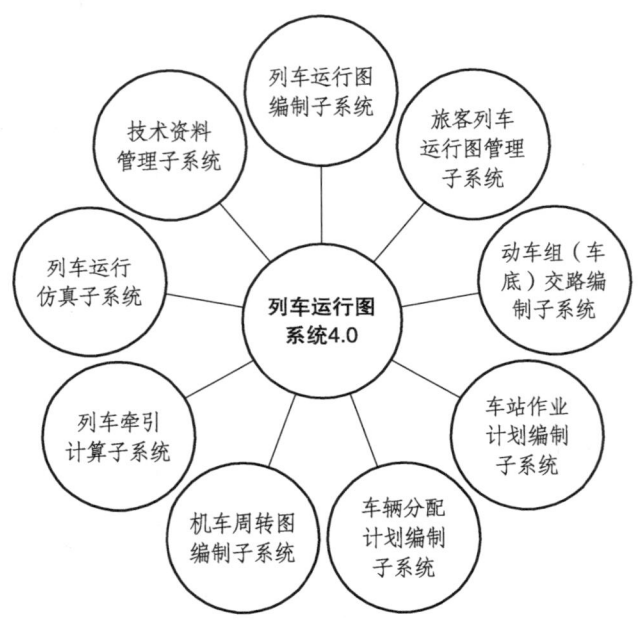

图 4.18　列车运行图编制系统结构图

为迎接冬奥会的召开，2022年1月10日相关部门优化调整京张高铁列车运行图，旅客出行更方便。新列车运行图实施后，京张高铁开行列车62对，其中，G字头高速动车组列车31对，D字头动车组列车31对。新图将有效满足张家口至太子城间客流需求，经张家口去往太子城的旅客可以不用到京换乘，从下花园北站直接换乘至太子城，方便旅客出行。

31对高速动车组列车分别为：北京北—呼和浩特东11对、北京北—包头3对、北京北—大同南6对、北京北—张家口1对、北京北—太子城1对、北京北—延庆2对；清河—延庆3对、清河—太子城4对。31对D字头动车组列车分别为：清河—包头3对、清河—大同南12对、清河—呼和浩特东11对、清河—乌兰察布1对、清河—张家口3对；北京北—张家口1对。北京北站发车示意图如图 4.19 所示。

图 4.19 北京北站发车示意

4.4.2 京张高铁智能设计与技术

1. 系统目标

京张高铁智能综合调度系统在充分借鉴国内外高速铁路调度系统建设、运营理念和成功经验的基础上，考虑北京冬奥会旅客出行需要，依据智能高铁体系框架规范展开设计。系统以满足客运运输需求、运力资源合理运用和服务奥运为目标，实现对运输需求、设施设备状态、环境状态、生产动态的实时信息进行及时、准确、完整地获取，通过对业务功能的深层次加工，实现"运输调度一体化、站段生产一体化"。

（1）系统面向客运运输生产全过程进行顶层设计。为实现运力资源的合理运用与分配，设计运输综合计划协同管理平台，通过运输计划闭环、专业作业协同、生产信息互融，实现运输生产全过程管理和高质量的计划编制与执行，为提升运输安全和经营管理质量提供保障。

（2）基于运输综合计划协同管理平台，实现京张高铁运输计划综合编制。以列车开行计划为核心，统领施工维修计划、车底运用计划、站段作业计划、三乘计划，形成有机整体，完成高铁运输综合计划的编制。基于各专业信息互融的特点，维修、机务、客运、车站作业等工作都围绕一项计划开展。计划变化时，相关工作将同步调整，可实现客运生产全过程的工作协同。

（3）运输计划闭环管理，计划作业协同执行，作业实绩动态反馈。利用"平台+应用"的一体化构建技术，实现国铁集团、铁路局集团公司、站段、车间的计划一体化贯通；基本计划、开行计划、车底运用计划、站段作业计划协同闭环管理；同时国铁集团、铁路局集团公司与站段信息资源优势互补，使计划的编制与执行之间形成闭环，计划、作业协同执行，作业实绩动态反馈，为计划动态调整提供支撑，便于提高运输调度决策质量，实现提质增效目标。

（4）智能化能力提升。从智能感知、智能决策、智能操控和智能评价四个方面进行系统智能化能力提升。应急辅助决策方面主要实现应急现场可视可控和列车运行方案自动调整，提升应急安全监测、应急辅助决策能力。施工维修管理方面可实现集成化数据采集、可视化施工现场管理、自动化冲突检测和智能化影响评估。在调度命令管理方面，实现调度命令内容自动草拟、自动比对、自动冲突检测和安全卡控，实现命令、计划无缝衔接，根据命令形成动态调整计划，并向相关岗位进行传输和发布。

（5）运输调度综合监控与评价。设计客运计划执行过程中的评价方法，通过计算客运及运输相关指标变化情况，及时预警运输指标偏离状态，提供考核评价标准，自动给出优化的调度辅助调整建议。构建冲突检测模型，监测客运生产全过程中的数据信息冲突、业务流程冲突、需求能力冲突等，并推送冲突检测结果，显性提醒冲突，给出消解策略。通过综合协同监控，对长期的运输方案调整提供辅助决策依据，对动态的运输计划调整提供辅助决策建议方案。

2. 系统总体结构

京张高铁智能综合调度系统采用一级集中部署，功能覆盖中国铁路北京局集团有限公司（简称北京局集团公司）、站段、动车段所、车间等。通过构建运输综合计划协同管理平台，设计包括综合计划协同编制、客运基础资料管理、列车运行管理、车辆管理、施工维修管理、应急辅助决策、调度命令管理等七大功能模块，提供与运输、客运、机辆、工电供等相关专业信息系统的功能集成和数据交互接口。京张高铁智能综合调度系统与CTC3.0系统完成数据交互，与综合维修生产管理系统、客票系统、客运站段旅客服务与生产管控平台、动车组管理系统、TDMS5.0系统、列车运行图编制系统等通过数据服务平台实现信息共享，实现北京局集团公司测度系统与站段系统。

运输综合计划协同管理平台分为统一资源描述、信息动态采集、业务流程卡控、综合监控等4个层级进行管理，在统一资源描述和信息动态采集之上实现运输综合计划一体化协同管理和编制。系统通过运输综合计划协同管理平台进行横向各专业系统间的信息融合和纵向各专业系统之间的流程贯通，实现过程闭环、计划协同、专业联动。

3. 系统功能设计

京张高铁智能综合调度系统涵盖中国铁路北京局集团公司所属站段、动车段所、车间等多级功能。系统采用 BS 架构，用户通过统一的登录入口访问系统，根据岗位权限管理完成相关的业务操作。系统依托运输综合计划协同管理平台，实现客运调度管理、综合计划协同编制、车辆调度管理、施工维修调度管理、列车运行管理、调度命令管理和应急辅助决策等核心功能。系统的运输综合计划协同管理平台提供统一描述，为实现信息全面共享和专业协同提供基础；信息动态采集和流程卡控，为实现流程贯通、应用一体化提供支撑；综合监控实现综合处理冲突提醒、流程执行、动态指标运算、考核评价等。综合计划协同编制功能结构和系统功能结构以及系统总体结构如图 4.20、图 4.21 和图 4.22 所示。

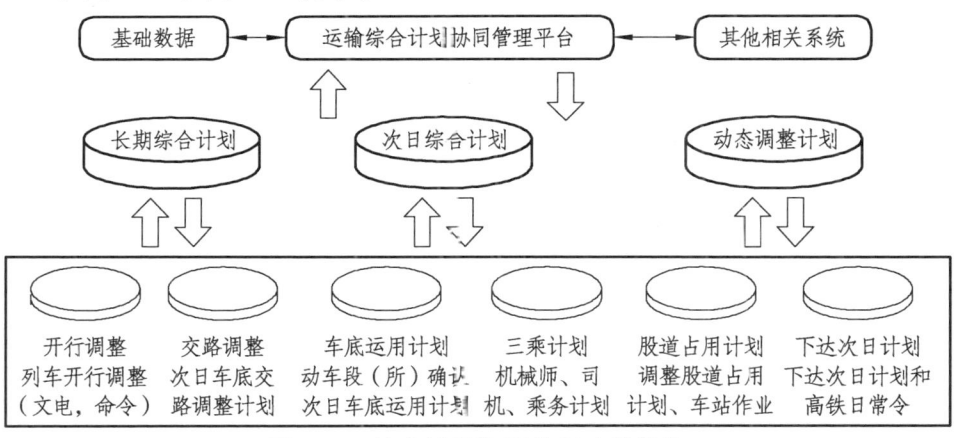

图 4.20 综合计划协同编制功能结构

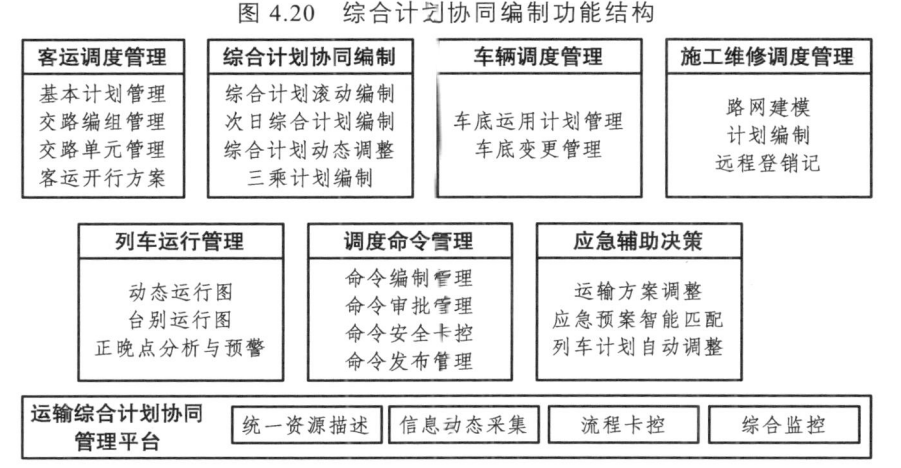

图 4.21 系统功能结构

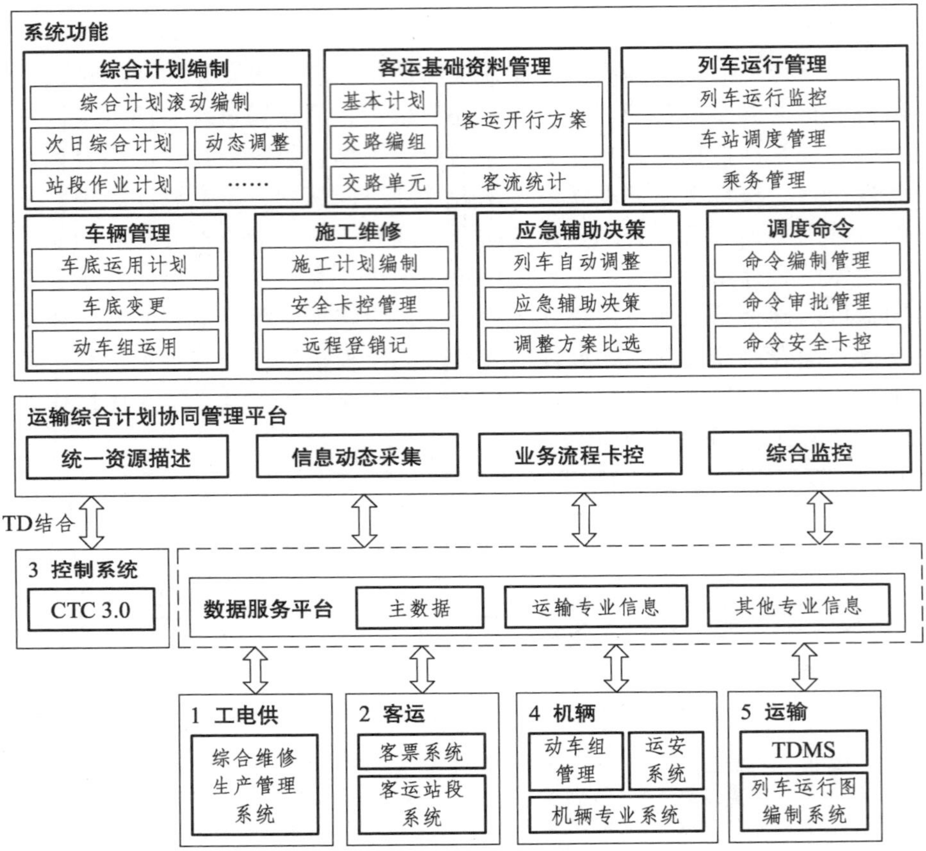

图 4.22　系统总体结构

（1）综合计划协同编制功能包括长期综合计划滚动编制、次日综合计划编制、动态调整计划三个阶段；在编制内容上，以列车开行计划为统领，将列车交路计划开行调整、交路调整、车底运用计划、三乘计划、股道占用计划等作为有机整体，进行协同编制；当某计划变化时，所有相关工作都进行同步调整，并将计划编制和调整结果共享给相关系统。

（2）客运调度管理主要功能包括基本计划管理、交路编组管理、交路单元管理和客运开行方案管理等。基本计划管理提供基本计划综合展示、基本列车运行图编辑和调整、基本图评估和仿真等功能。交路编组管理提供客运列车交路编组管理、图定交路单元和临时交路单元管理等功能。客运开行方案管理提供客运开行方案集中展示、临客加开方案辅助决策、动态调整相关功能。基于客运调度管理进行综合计划协同编制。

（3）车辆调度管理主要功能包括车底运用计划管理和车底交路变更管理。提供高铁车底运用计划优化自动生成，以及车底变更中优化调整管理等功能。

（4）列车运行管理及应急辅助决策。列车运行管理主要功能包括动态列车运行图、行调台列车运行图、正晚点分析与预警等功能。通过采集列车实际运行信息，跟踪列车运行位置、列车速度、列车正晚点情况。提供行调台列车运行图、动态区段定制列车运行图、航空线图展示，以及列车运行计划显示与查询、邻站信息显示、调度命令显示、维修车辆径路计划等查询和检索功能。

应急辅助决策主要功能包括运输方案调整、应急预案智能匹配、列车计划自动调整等模块。在应急情况下，对限速、封锁情况下的停运方案、热备车启用、在途车和后续列车的开行计划等给出调整建议，并提供格式化、数字化的应急预案管理和智能化匹配功能。

4. 系统创新

京张高铁智能综合调度系统通过需求适配、数据融合、模拟仿真、实时推演、安全计算、规则管理、应急预案匹配等技术，实现调度组织过程的数字化贯通、专业化协同、流程化互控和面向客运生产全过程的更安全、更高效、更可靠的高铁运输调度管理。相较于既有的TDMS5.0系统，系统在新理念、新技术、数字化、智能化方面都有很多创新。

（1）在新理念方面，从既有调度系统缺少面向运输生产全过程的顶层设计的问题中汲取经验，京张高铁智能综合调度系统创新如下：一是采用面向全过程一体化贯通的设计，实现从列车路网能力管理、基本列车运行图编制、旅客运输需求获取、计划综合编制到生产作业执行、反馈评价的一体化专业贯通；二是采用面向全业务数字化融合设计，面向各专业业务特征，提供业务领域模型、流程适配技术和事件驱动架构，为作业流程互控、专业协同、执行跟踪和评价提供支撑。

（2）在新技术应用方面，既有调度系统受限于传统子模块功能结构架构，不能对业务需求的快速变化进行及时响应，京张高铁智能综合调度系统创新如下：一是采用集中部署、灵活重构新技术，可快速响应业务需求变化，实现系统资源动态调度，提升资源利用率和应急互备能力，促进区域协同和岗位灵活设置；二是通过"平台+应用"的模式，兼容既有应用系统，同时提供开放的标准和平台，便于集中优势力量，持续提升调度管理系统建设水平。

（3）在全面数字化管理方面，为了解决既有调度系统与其他专业系统间信息交互不畅，数据不准确、不及时、不完整的问题，京张高铁智能综合调度系统进行了如下创新：一是进行全要素数据集成，建立与基本图、客票、动车组管理、客运站段管控平台等系统的数据集成接口，打通与防灾、异物侵限、天气预报、地震、综合视频等系统之间的数据交互通道；二是进行全过程数据融合，与客运需求、售票收入、乘务超劳、车底运用等业务数据进行融合校验和统一发布。

（4）智能化提升方面，京张高铁智能综合调度系统在满足既有调度系统的功能之外，从智能感知、智能决策、智能执行、智能评价等方面，设计了相关的应用功能。具体创新如下：一是通过客流变化分析功能，感知运输供给侧和需求侧的矛盾；二是通过列车运行状态跟踪，实现晚点状态、限速运行、异常停车感知；三是从列车开行调整决策、车底交路和车底运用安排决策、基本计划仿真、次日计划仿真、调整计划仿真等方面提升智能决策能力；四是通过应急"一事一图"调整、应急影响预估、应急预案智能匹配和应急处置案例精准推送，提升智能操控能力。

4.4.3 4.0版的运营调度系统

中国高速铁路调度系统集成了计算机、网络通信和现代控制技术，具有高度自动化，实行分级管理、集中指挥，通过国铁集团调度中心、铁路局调度所和车站调度室三级指挥机构，对高速列车进行远程调度集中指挥。列车调度员作为列车运行的直接指挥者，利用调度指挥系统对各管辖范围内的列车进行高效的指挥和管理，包括按照列车运行图制订列车运行阶段计划，自动排列列车在车站的接发车进路，监控列车按计运行，针对线路施工、自然灾害等外界干扰及整列车运行计划、下达行车指挥命令和快速复行车秩序，等等。

1. 智能调度集中系统设计原则

1）多目标的列车运行计划实时动态调整

通过运用复杂网络理论，对中国高速铁路路网及其基于车流路网的拓扑结构与特征属性进行分析，提出根据京张线调度区段在路网中的位置、车流特征、干扰事件类型、客流特征等因素采用的不同的调整策略与调整优化目标，调整后计划符合相关约束条件具有可用性和便捷性。

2）车站进路和命令智能卡控

CTC系统融合相关系统信息，在原有分散自律（调车、列车冲突检查、站细检查等)基础上,扩展自律检查范围、增加进路风险识别模式和预防模式,实现对潜在危险源的识别以及对常见危险源的预防功能,以预防各类进路错办事故的发生。通过构建完备的车站进路卡控体系和车站进路安全专家系统,对列车的车次信息、车次属性、运行区段、来车方向、运行方式、禁接股道、接入股道、始发股道、发往方向、接发车顺序等进行处理、分析和判别等工作,智能完成对进路和命令的卡控,最终实现CTC系统的综合智能卡控功能,降低人为操作因素的不稳定性、提高铁路行车的安全性。

3)异构信息融合

通过CTC系统与铁路运输信息集成平台的深度结合,充分"感知"多源异构数据信息,实现信息深度融合、数据分析和挖掘,提高CTC与客运、供电、灾害监测等系统联动的信息共享和交互实时性,实现客票(旅客人数、座席)、司乘信息的展示,线路停送电的自动化卡控,灾害监测限速信息的自动提取等功能;提供综合站场显示界面,增加调度员在日常行车指挥、应急处置时需要的桥隧、疏散点、车站公里标、区间公里标等静态信息,提高铁路安全预防系统的准确性和智能化,提供列车调度员应急处置流程的快速查询功能。

4)行车调度综合仿真

通过构建综合仿真平台,实现正常操作演练、应急场景模拟演练以及数据验证软件测试等功能。建立一套与实际运营行车环境相一致的调度集中CTC综合仿真平台,可供调度员和车站值班员等行车指挥人员进行正常行车条件下的模拟指挥、演练培训,同时仿真平台亦可模拟设备故障等突发情况下的环境,可提供行车指挥人员按照相关的应急处置流程进行应急处理作业。仿真平台不仅可以实现调度人员和车站值班员培训学习、考核,而且可供电务维护人员进行数据验证以及软件功能测试。

5)智能CTC与ATO一体化调度

调度命令和计划的下达与传播通过智能CTC系统以及接口服务器来操作实现。系统在已有功能基础上,增加发送对应的运行计划、实时管理在线列车、运行计划自动调整等功能,列车按照该运行计划实现自动驾驶。

智能行车方面,首创基于北斗导航的车载应急自走行功能。高压供电故障时,网络系统实时规划行车方案。智能运维方面,创新PHM技术应用,构建故障预测与健康管理系统,提高动车组数据分析和早期预警能力。安全舒适方面,创建车载安全监测系统,研制动车组安全与运维集成平台,形成面向车载、车地和地面三位一体的安全监测与运营维护体系。绿色环保方面，从材料选取、器件选型、系统设计等方面降低设备噪声和电磁辐射，减少环境污染。综合节能方面，突破牵引辅助供电系统集成化设计技术，研制更高功率密度的主辅一体式变流器替代主辅分离式变流器，降低运行能耗。

2. 功能需求

（1）安全智能。高速列车运行速度高、密度大，且发生事故，影响大。因此必须保证高铁运行的绝对安全，这就要求调度指挥体系能够实时掌握列车运行及各种行车设备的状况，及时接收各类危及行车安全的信息，并做出正确的判断和决策，快速有效地处置各种异常情况，保证列车运行安全和正常运输秩序，安全智能在于系统快捷感知，迅速响应和及时决策。安全风险防控如图 4.23 所示。

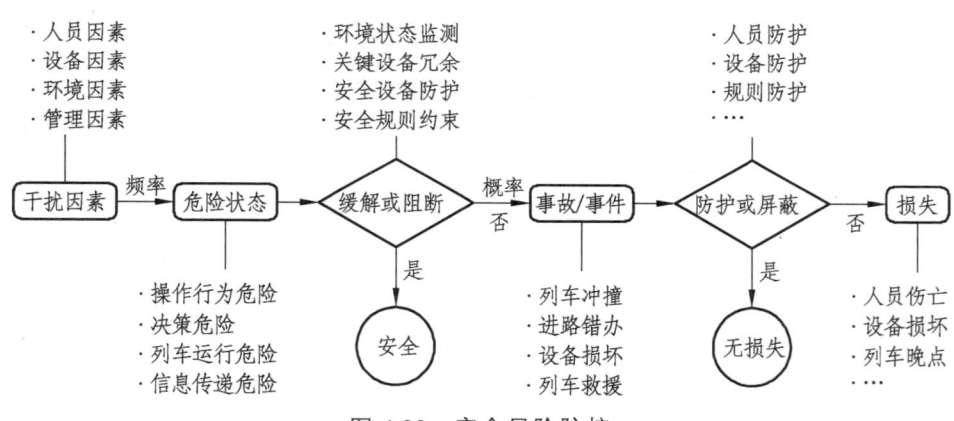

图 4.23　安全风险防控

（2）服务智能。安全、正点、舒适、便捷是高铁旅客服务的目标，为此，高铁的运输组织和调度指挥系统将集成全面而周密的行车组织方案，能够通过机器对海量数据的搜索能力和具备的瞬间判据响应能力，协助人工判断和人脑决策，适应客运市场、旅游市场、物流市场需求的快速变化，有效满足不同层次客流和货物的运输需求，能够及时应对突发客流，与城市轨道交通精准对接、高效换乘，并且具备特殊情况下快速制订各种疏导客流方案的能力。京张高铁是目前世界上最先进的时速 350 km 智能高铁，智能大脑是智能车站的核心系统。步入京张高铁各个车站，旅客只需一部手机、一张脸、一张车票就可以轻松乘车，处处感受到智能大脑给旅途带来的前所未有的出行感受。购票时，旅客不用再去售票厅排队，只需一部手机就可轻松在

"12306"网站买到车票。旅客也可以到综合服务中心体验类似银行一样的叫号等候服务,综合服务中心提供购票、退票、改签、打印报销凭证、打印临时身份证等服务,免除旅客排队等候的烦恼。

(3)协调智能。高铁的智能调度保障列车的高速、高频率发车,使高铁客运能够在大都市城市群、中心城市之间以及中心城市与临近的省会城市之间高效运行。如在京津际的日开行137对时速350 km的"复兴号"列车,通过京津快速通道,实现了北京和天津这两大直辖市的"同城"效应,通过智能调度协调时空,实现小编组、高密度、公交化运输,满足地区大容量客运的需求。

(4)管理智能。随着我国高铁建设的迅速发展,智能调度指挥体系能够快速适应发展的要求,在纵向上能够实现控制中心对系统和设备的直接管理与控制,在横向上能够对计划、行车、供电、机车、维修等业务进行集成指挥,并且能够根据管理的需要对管理的范围、管理的内容、人员机构进行动态管理,履行"指挥"这一重要管理职能,不断提高高铁运输效率。

(5)未来发展。为了在一个统一的模型中整体描述列车运行的精确过程,综合列车运行图的时间-位置模型、列车运行控制的位置-速度模型两个模型的优点,需要综合考虑时间-速度-位置三个维度的模型(TVP模型),能够描述包含时间、列车速度、列车位置等丰富信息的列车运行状态。结合列车多质点模型,将列车分解为多个列车质点,在此基础上分析了列车质点在时间-速度-位置三维空间中相关的安全区域、可达区域、协同区域等区域的边界及其特点,给出了列车安全可达区域的范围。未来调度集中将更加智能化,能够根据客流变化智能地选择不同的运行计划,自动驾驶单元根据计划自动调整列车控制曲线,实现发车间隔和列车车速的动态调整。

3. 智能高铁 4.0 系统

高铁已经进入智能调度 4.0,是高铁调度体系下一步即将迈向智能化的先进调度发展阶段。德国推行的"工业 4.0"是基于信息物理融合的第四次工业革命的阶段。高铁运营调度 4.0 也将逐渐迈进信息物理融合的阶段。我国高铁已经具备信息物理系统的坚实基础,高铁智能调度的演进是在既有调度系统基础上的升级。在各个调度子系统基础上实现高铁智能调度的技术之一,是我国铁路列车运行控制系统的工作内容上,进行智能化的提升。按照技术先进、制式兼容、互联互通和预留发展空间的原则。如图 4.24 所示。

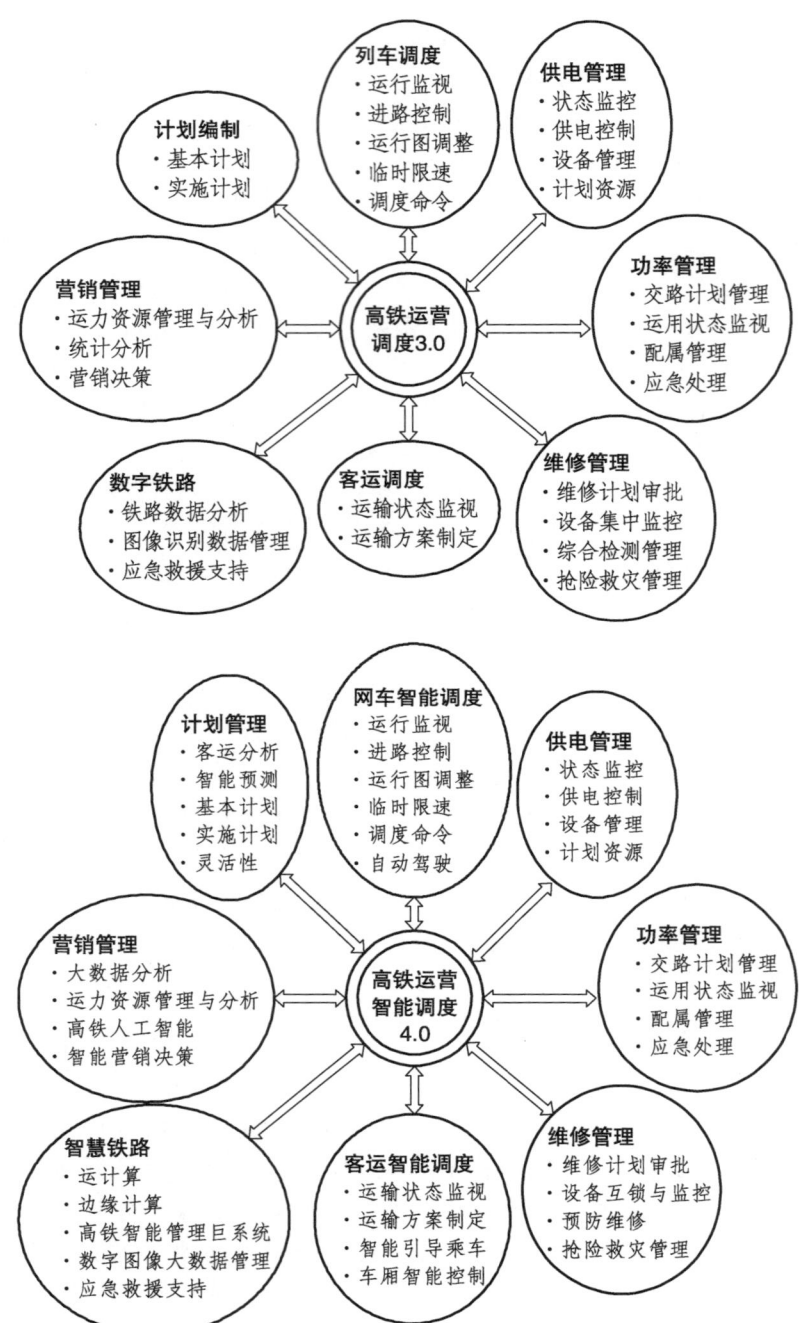

图 4.24 智能京张高铁数字化运营调度 3.0、4.0 系统

（1）计划管理。智能高铁的计划编制、指标分解、执行、调整和滚动，计划严肃性、灵活性和例外原则。通过采用列车运行预测与智能调度技术，对列车运行趋势的判断，对可能发生冲突的时间、地点和原因进行预测，并作出解决方案，提高了系统的响应速度和应变能力，并能实现计划自动下达和"一日一图"以及命令自动下达功能。

（2）列车智能调度。列控系统的升级，使京张高铁列车更具智能，高铁系统在运营调度环节的智能化、预测和应急管理，是高铁智能转型的中枢环节。京张高铁智能列车的新功能，包括"自动驾驶，有人值守"的列车控制技术，以及自动启动加速、自动停车、精准泊车、智能感知行车环境和车体故障等。

（3）维修管理。智能高铁推行新平台管理模式，物联网将成为保障安全运行的基础设施。只有在实现设备互联、CPS和数字孪生的运作能力前提下，智能化的预防维修才可能成为现实，才可能以最恰当的时间、最准确的修理方式、最高效的流程与最经济的维修成本，保证智能铁路的高可靠性和真正实现智能化维修。

（4）客运智能调度。随着高铁网络的建成和快速发展，大规模的客运快速运输网络已经形成，高效、安全、舒适和便捷的出行服务，需要功能完善的、以旅客为中心的高铁客运服务系统。该系统是为旅客提供出行前、进站、候车、乘降、中转、出站和换乘等各个环节中的查询、订票、购票、旅行指南等全过程服务。其高铁客运管理内容包括运输状态监视、运输方案制订、进出站导航、智能引导停车、列车智能控制等。

（5）智能铁路。包括由旅客、查询、乘车所生成的大数据，通过云计算和边缘计算、低延迟和商业特殊性，构建高铁内部数据共享，打通与高铁车辆、路轨与员工等资源高效匹配和利用，用以支撑运输组织精细化管理，实现高铁客运安全可靠和社会效益与经济效益。

（6）营销管理。营销策略的制定基于高铁的票务系统、客运系统，使铁路能够支持多种销售方式、多种支付方式，提供自助票务服务，保证快捷、准确和安全地完成围绕客票销售的高质量票务服务。营销管理是高铁客运市场的中枢和窗口，要反应敏捷、实时决策，达到方案的数字模型优化、合理评测，既要适应竞争，又要使旅客满意。营销管理的智能化是高铁决策能力的统行者。

4.4.4 智能调度框架和技术关键

1. 智能调度框架

从整体上看，智能调度框架包括运营层、控制层和运行层，如图 4.25 所示。

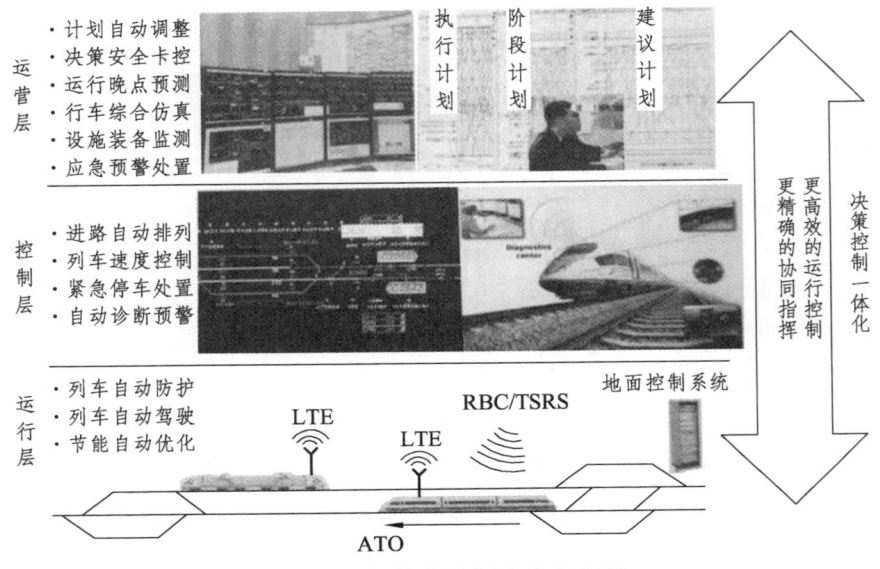

图 4.25 智能高铁调度整体框架

（1）运营层。运营层是行车调度的决策中枢，是在日班计划的基础上，根据列车运营过程中的实际情况，结合系统感知到内外部环境信息，来实现列车运营的综合决策、监控预警、自动诊断、仿真培训，其核心功能为列车运行计划自动调整、决策安全卡控、运行晚点预测与分析、行车综合仿真、设施设备监测、应急预警处置等。

（2）控制层。控制层是行车调度的执行机构，根据运营层的决策实现对列车运行指挥决策的具体执行和监控，并基于运营层的决策结果对运行层下达调度指令，实现提升运输组织效率、提高安全保障能力的目的，具体功能包括列车进路的自动排列、列车的速度监视、紧急停车处置以及对系统的自动诊断预警等。

（3）运行层。运行层是行车调度的底层组织机构，其响应控制层的决策指令，并实现对列车运行内外部状态的数据感知和融合以及对控制指令的执行反馈，即通过传感器、物联网等多种手段，自动化获取铁路行车状态、设备健康状况、自然环境条件等信息,全方位了解整个铁路运输系统的运行情况,为运营层和控制层提供全面的信息支撑。

2. 智能调度核心技术

智能调度的核心技术体现在列车运行智能调整和安全卡控以及模拟仿真等方面。

(1)列车运行智能调整。在日常铁路运营过程中,列车通常按照既定的列车运行图运行,但由于恶劣天气、设施设备故障、异物侵限等突发事件,列车实际运行往往会偏离既定的运行计划。列车可能在运行线路上产生的新的冲突,包括列车与列车之间时空冲突、列车与设备之间的资源冲突、列车和运行组织之间规则冲突等,在避免冲突传递引起的列车大面积晚点或延误,确保列车运行安全,同时最大限度地调整整个铁路网络运行效率,调度指挥起到了至关重要的作用。高铁列车运行自动调整技术主要是根据不同场景提供不同的调整策略,调整后计划符合相关约束条件,具有可用性和便捷性。采用运筹学理论、最优化理论、控制论中的动态平衡理论和方法(混合整数规划、动态规划、分制定界、启发式算法、机器学习),综合构建自动调整的模型和框架来实现对动态环境下的冲突进行检测和消解。智能列车运行图车次铺画如图 4.26 所示。

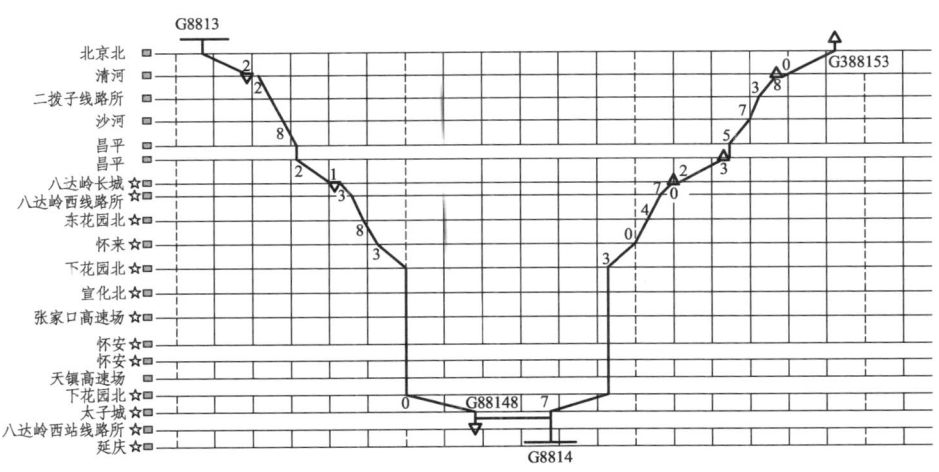

图 4.26 智能列车运行图车次铺画

在制定自动调整原则和调整策略的基础上,搭建列车运行自动调整软硬件结构,并分别构建单调度区段自动调整和多调度区段自动调整模型,对调整策略进行优化,并将调整方案以列车运行图形式输出供列车调度员参考,待时机合适时将调整计划应用于实绩图。

在风雨雪等恶劣天气或设备故障等应急情况下，系统应提供列车运行计划的快速和自动调整功能，以提高调度员应急处置效率。列车自动调整的原则主要有：

① 系统应根据不同的运输场，以及预先设置的调整策略，为调度员提供需人工确认的智能调整方案，实现列车运行计划的快速和智能化调整。

② 系统应建立列车交路、最小折返时间和股道运用等关键信息数据库，为实现系统车运行计划智能调整功能提供相关基础数据。

③ 系统应建立与限速值关联的高速铁路列车运行计划智能调整策略和模型，在临时限速区域，采用不改变列车运行先后顺序和停靠站点的原则，实现列车运行计划快速智能调整。

④ 系统应建立晚点车次、总晚点时间、股道运用等综合调整模型，针对设备故障、自然灾害、非正常停车等影响列车正常运行顺序的情况，采用整体晚点时间最少或影响车次最少的方案，选择列车待避车站、股道调整，实现后续列车计划智能调整。

⑤ 系统应建立高速铁路线路和调度管区接续关系模型，实现运行列车的晚点。

⑥ 系统应建立高速铁路列车计划调整专家知识库，对不同因素造成的晚点和调整方案进行归类，实现调整案例和经验的积累。

（2）安全卡控。安全卡控本是在安全约束的条件下，对行车资源的规划和再分配，在此过程中，调度指挥需要严格遵守铁路规章和作业流程，以安全和效率为前提，结合基础设施、移动装备等相关的刚性行车约束，制定柔性行车调度策略来保障列车的安全、可靠和高效运营。安全卡控是从高铁行车调度指挥的作业流程和关键业务角度出发，结合信号系统安全约束的运输组织规章，基于安全和效率的前提，对自动进路的错办、车站作业的执行、复杂站场拓扑的进路触发卡控，以及车站能力的评估预警、列车追踪预警等，实现固定进路卡控、车站作业卡控、车站满线卡控、复杂站场进路触发优化控制、无线发车进路预告、车次号自动变更、人工确认的侧线通过进路自动触发等安全功能，来确保调度决策的安全和可行性。

（3）模拟仿真系统。模拟仿真系统实现 CTC 系统运行所需要的外部接口环境，主要包括联锁系统模拟、列控系统模拟、RBC 系统模拟、GSM-R 系统模拟、列车运行模拟以及故障设置和系统操作等功能。如图 4.27 所示。

· 第 4 章 智能运营的惊喜可期 ·

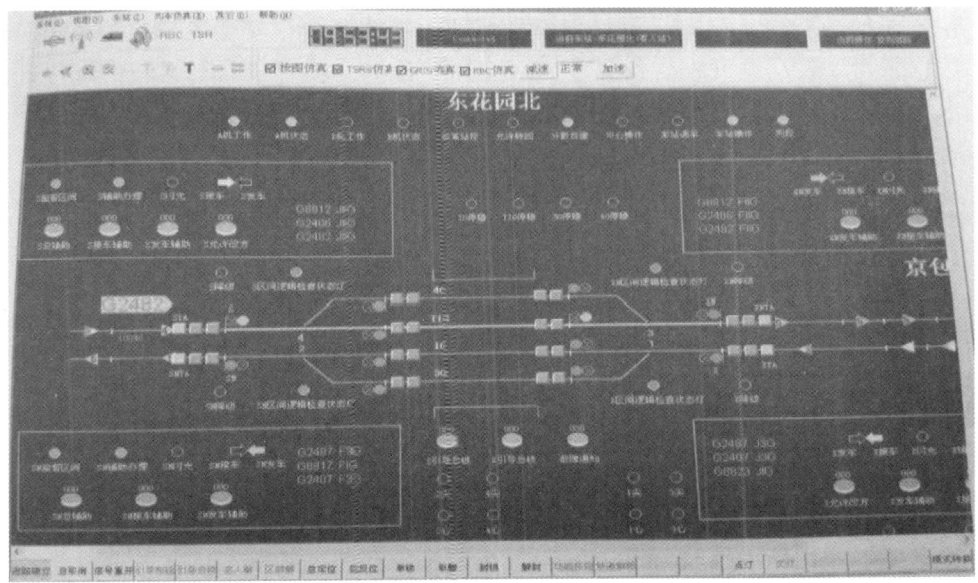

图 4.27 模拟仿真系统实现 CTC 系统

综上，经过京张高铁调度集中系统相关智能功能技术的研究、试验以及通过京张高速路示范工程的应用，将进一步提高列车调度指挥、列车运行安全保障能力和智能化水平，保持我国高铁技术在国际上的先进性，为智能铁路建设和"走出去"战略提供支持。具体技术创新如下：

① 智能 CTC 系统的列车运行计划自动调整试验模型和场景符合调度员操作习惯和日常调度指挥的要求，调整后计划符合相关约束条件，具有可用性和便捷性，从而提高调度员应急处置效率。

② 智能 CTC 系统扩展了列车进路和命令安全卡控范围，增加发车进路无线预告、场间进路自动办理、行车作业完整性检查等功能，进一步提高进路办理的安全卡控关系和自动办理效率。

③ 智能 CTC 系统提升了行车调度综合仿真技术，为行车指挥人员提供实训和日常练兵环境，进一步提高调度指挥应急处置能力。

④ 智能 CTC 系统通过行车信息数据平台，实现行车与客票、电调、灾害监测等信息共享，降低沟通成本和出错概率，进一步提高行车组织的效率和安全。

⑤ 智能 CTC 系统通过与 ATO 结合，实现列车运行计划上车和站台门状态显示，为 ATO 系统提供精确的区间运行时分，提高旅客舒适度。

值得一提的是：经过反复研究和开发，智能高铁调度集中（CTC）系统

179

主要新增功能包括列车运行计划自动调整、进路和命令安全卡控、行车信息数据平台、行车调度综合仿真和ATO功能应用。结合"智能铁路"的发展需求，智能CTC以现有CTC系统为基础，不改变现有CTC系统架构，优化完善现有CTC系统。完全兼容既有系统的软硬件设备，增加的智能调整服务器、接口服务器可以和既有系统无缝衔接，极大地提高了系统的可用性、可维护性和安全性。

① 列车运行自动调整功能根据风雨雪等恶劣天气或设备故障等应急情况，提供不同的调整策略，实现列车运行计划的智能和快速调整功能，调整后计划符合相关条件，具有可用性和便捷性，降低了调度员的劳动强度，从而提高调度员应急处置效率。

② 列车进路和调度命令安全卡控功能拓展现有系统自律卡控条件和自律检查范围，增加固定进路卡控、发车进路无线预告、场间进路自动办理、行车作业完整性检查等功能，拓展了自律卡控条件和自律检查范围，进一步提高命令和进路的安全程度，完善行车调度指挥闭环控制程度，提高命令和进路安全综合智能卡控程度。

③ 行车信息数据平台在既有CTC系统结构基础上，通过加强与运输信息集成平台、供电调度、灾害监测等系统的结合，在保证信息安全的基础上，采用符合国铁集团信息共享有关规定的统一数据通信规程，实现系统与客运、供电、工务、机务、车辆等专业信息系统的信息共享扩展；扩展了与客票系统、供电调度系统、灾害监测信息系统相关工种之间的信息共享和联动，有利于非正常情况下的应急指挥，提高行车组织的安全性。

④ 行车调度综合仿真功能实现正常CTC业务操作演练和应急场景模拟演练，实现调度员实景模拟仿真培训。

⑤ ATO功能实现列车运行计划上车功能，并接收、显示站台门工作状态，为实现动车组按图行车提供实时可行的列车运行计划。

4.4.5 调度指挥中心

1. 调度日常指挥

中国铁路北京局调度指挥中心可以说是中国铁路枢纽中的枢纽，列车运行的每一个指令都从这里发出。列车运行的"司令部"作为列车运行的指挥者和保障者，调度指挥员们必须精神高度集中，不允许有丝毫的马虎。如果将千里铁道线比作瞬息万变的战场，那么，指挥一趟趟列车安全有序、随时随刻发布一道道运行指令的调度中心，无疑就是决胜千里运筹帷幄的

"司令部"。国铁集团北京局调度指挥中心地处北京，居全国路网中心，管辖着所有始发、终到和途经京津冀区域所有的客货列车。其牵一发而动全身的重要性不言而喻，从这里发布的每一条指令必须精准无误。指挥中心如图 4.28 所示。

图 4.28　中国铁路北京局集团有限公司调度指挥中心和智能客站综合指挥中心

在北京铁路局调度指挥中心里，被称为"监测官"的值班主任刘仁伟正在新开通的京张高铁调度台上，密切监测线路运行情况，身边的座机响个不停，各站点不时将列车最新运行情况向他汇报。调度台前由 24 块电脑屏拼成的一堵屏幕墙，不时跳动各种颜色的光点，显示列车车次、进出站路径、接发车信号等信息，列车实时运行情况变成一个个线条不断跳跃……刘仁伟团队就是通过这些信息监测智能化高铁的实时运行状态的。"我们团队共 3 人，

第一篇 智能京张2019

主要负责北京北站到怀安站之间的高铁列车调度,全长210多公里,10个车站,春运每天运行动车组40多对,发送旅客超过2万人。"刘仁伟说。这24块电脑屏分为列车调度系统和列车运行图,调度员需实时监测每趟动车组所处位置、运行速度、作业状态,调度员只需点击鼠标便可传送指令,现场设备及列车收到指令后会自动执行。此外,调度台还设有自然灾害及异物侵限监测系统,能够实时报送风速、雨量、雪深、落物侵限等情况,确保动车组列车和旅客安全。一条调度命令下达后,会传至车务、机务、客运、车辆等北京铁路局各系统的数百个岗位,每趟列车运转都成为高精密活动。"每天我们要发布调度指令上千条,包括天气情况预警、设备指示命令、列车运行调度计划等,如果加开列车还要加班加点编排,"刘仁伟说,"12小时一班岗,都需要在自己的岗位上盯紧,一旦有突发情况,必须立即做出反应,及时采取有效措施,妥善处置,保证高铁和旅客安全。"

"智能化高铁运行中,列车司机只要按下自动驾驶按钮,整趟列车就会按照既定设置运转,所有运行轨迹都由我们监控。"刘仁伟说,调度就是列车的大脑。"高铁的调度是双向的,比如京张高铁体验列车全身有2 000多个监测点,司机遇到一些应急信息会及时反馈给我们,我们通过系统得到的信息也会及时通知司机,交互式沟通力保列车安全正点。"京张高铁调度员宗某说。高度精密的计算系统确保一趟趟列车安全顺利抵达,但在调度员心里,即使拥有智能化列车和现代化调度系统,仍要苦练一项传承多年的基本功——背画列车运行图和线路示意图。"做什么事都不能完全依赖电脑,还得用人脑记下来才更加保险。作为高铁调度员,我们要把列车运行图、线路示意图背画下来,运行线路的车站信号机位置、道岔号、车站股道数、隧道位置、长大坡道的距离等要点有数百个之多。"刘仁伟说,只要列车发生异常情况,调度员第一时间就能在脑海里准确定位,迅速发布应急处置指令,最大限度节省时间。上座率超95%,平日也按高峰图运行,运客数量连创新高……

2. 应急处置工作

作为应急值班主任,段卿培在这里工作,京张高铁百年圆梦第一声汽笛的鸣响,有他无数个日日夜夜的坚守与反复推演。作为一名铁路调度员,段卿培需要随时对千里之外甚至万里之遥的列车运行情况了如指掌,对各种不可预测突发事件迅速做出科学研判以及精准指挥。眼观六路、耳听八方是最起码的素质,小到每条线路车间班组人员分布情况,大到各种机车车辆型号运行要求和标准,调度员都需要精准掌握。基于对国外先进调度指挥系统的了解与掌握，结合我国高铁列车运行指挥系统的不断升级换代，段卿培对现有的操作手册进行了全面梳理和再优化，还对国铁集团、集团公司、调度所三级规章制度进行对比式革新演练，逐渐形成了其独具特色的 33 个应急预案场景应对操作调度指挥流程。"调度指挥零失误，安全生产零差错。"高铁的发展彻底颠覆人们地理阻隔和时空距离，但也带来最为现实的挑战——如何更加科学高效建立起横向到边、纵向到底、不留死角的高铁调度应急指挥系统，特别是在面对不可预测的诸如极端天气、外界干扰等可能对高铁运行安全造成隐患的各种因素时，第一时间能预判、发生隐患后各部门力量能迅速整合形成集团作战。

成立调度指挥中心"司令部"的提案被纳入日程。随后，由段卿培主导的"集团公司+站段+现场"三级应急处置体系逐渐成熟日趋完善。经过几轮升级换代，2019 年 5 月，北京局应急处置综合管理平台作为十大标准模块示范系统。应急指挥必须拥有"千里眼、顺风耳"，决胜千里之外、运筹帷幄之中的资源和手段，否则与现场一线的沟通不畅不仅不能达到快速反应的要求，反而可能因为一条误判指令的发出，造成无法挽回的严重后果。经过 21 次大型综合应急演练、71 次月度专项应急演练、455 次站段自行演练的不断实践，全局相关站段配置 4G 单兵系统的装备迅速到位。也正是在前期大量基础工作和技术储备的基础上，京张高铁开通运营前夕，由他独具匠心牵头编制的长达 177 页的《京张高铁应急预案汇编》摆上全局各专业应急指挥人员的案头。"铁路应急管理工作没有最好，只有更好，不能一拿九稳，必须确保万无一失。"作为应急中心"零号"指挥员，最关键时刻各项指令与命令的最终下达人，段卿培深知自己肩上承担的责任与使命。想在前，跑在先。京张高铁开通如图 4.29 所示。

图 4.29　京张高铁开通

3. "北京明白"

在铁路系统内也有同样帅气的"北京明白",他们工作的地方就在中国铁路北京局集团有限公司调度大厅,调度大厅内设有各类专业调度台负责着北京局集团公司管内所有铁路线路和客货营业站的运输组织工作。

铁路"北京明白"是谁?大家想必已经猜到铁路系统内的"北京明白",其实就是北京局集团公司调度所的调度员。每一趟列车何时发车、发往哪里、何时停车、停在何处,甚至旅客在哪些地方候车、上车、下车……都经过调度员精准指挥和全程盯控。

从这里发出的每一道指令通过专用系统被车站、司机和现场设备维护人员等接收待每道指令执行完毕,再及时与相关调度台联系,调度员收到回复并确认无误后,会第一时间答复"北京调度明白"。

在 24 小时灯火通明的调度大厅内,调度员们全天候、不间断处于高度紧张的运输指挥状态,通过现代化的调度指挥系统,他们彼此间互相协作,准确、及时发出一条条调度指令,指挥列车安全正点运行。

"北京调度明白"啥意思?李毅是北京局集团公司调度所的值班主任,担负着统筹其所在班次内整个大厅运输生产调度工作的重任。李毅说:"调度所是铁路运输的'中枢神经'和'最强大脑',所有站段的运输生产信息都要传递到调度大厅,我们回答'明白'代表着,电话另一端的回复、汇报或者需求,我已经清楚地听明白了,同时我也明白接下来该怎么做了。"

"北京调度明白"有多忙?铁路系统的"北京明白"其实是一支由几百人组成的团队,他们中的大多数是"80 后"。以高铁列车调度员和普速列车调度员为例,在一个班次 12 小时的工作时间里,平均每人要接打近 500 个电话,并且常常会同时接听两部电话。此外,要查看 900 多次视频监控,盯控 1 000 多条列车进路,发布超过 1 000 条指令。

根据近一年来的数据统计,平均每一秒就有 2.8 趟客货列车从这里"开出",对北京局集团公司调度所的每一名调度员来说,"北京调度明白"是一种状态,"只要在调度台前就保持 100%的专注,不允许有任何差错"。"北京调度明白"是一种责任,"确保管内所有运输生产单位能随时随地联系到调度员,在他们呼唤指挥中心的时候,一定能迅速得到回应"。"北京调度明白"是一种信念,这是铁路"司令部"。作为运输生产"神经中枢"给每一个运输环节坚定的信心,让他们接收指令,安全向前。

"北京明白"如图 4.30 所示。"北京调度明白"是一种传承,每一句"明白"背后,有千千万万铁路人在各自岗位上的默默付出,有一代代铁路调度人为安全正点的不懈坚守。

图 4.30 "北京明白"

4.4.6 京张高铁开通运营前的联调联试

联调联试是为确保动车组列车安全平稳运行，在高铁开通前进行的严格试验检测和调整优化。在新线工程静态验收合格后，铁路部门通过综合检测列车动态检测的方式，验证轨道、供电、接触网、通信、信号、预警监测等系统性能；评价综合接地、电磁环境、振动噪声等数据是否符合标准，使各系统和整体系统性能达到设计要求，为开通运营提供重要技术保障。联调联试是指采用检测列车和相关检测设备,对高铁各系统的功能、性能、状态和系统间匹配关系进行综合检查和验证,并通过此种方法指导系统进行调整和优化,使得整体系统达到设计要求,提高安全系数。

联调联试工作主要包括轨道、路基、桥梁、隧道、电力牵引供电、通信、信号、客运服务系统、自然灾害及异物侵限检测系统等的综合检测和验证。另外,中国在高铁新线开通前,还采取了试运营阶段、应急演练(综合设置高铁基础设施故障场景)、开通运营安全评估机制等环节。京张高铁联调联试如图 4.31 所示。

图 4.31　京张高铁联调联试

京张高铁、崇礼铁路开通运营前,国铁集团精心组织相关单位,严格各项规定和标准,对各专业设备进行了联调联试、检测验收和安全评估,对轨道状态、弓网性能、列车控制、通信信号系统等进行了综合优化调整,满足了高铁安全、稳定运营要求,具备开通运营条件。乘坐京张高铁动车组到崇礼滑雪,成为越来越多人的休闲选择。5G、Wi-Fi 上网、灯光智能调节、富含冬奥元素的设计,让人们在感叹"中国速度"的同时,更感慨智能装备带来的美好体验。

联调联试使用 CRH380AJ-0203 号动车组在昌平站至张家口站间进行逐级提速试验,往返开行。综合检测列车逐级提速过程中,测试列车各区段最高运行速度不应超过该区段线路允许速度的 110%,因此,联调联试期间预计最高试验速度达 385 km/h。联调联试工作由运营单位组织,中国铁道科学研究院实施检测,建设单位和集成单位共同参与完成。联调联试是为确保动车组列车安全平稳运行,在高铁开通前进行的严格试验检测和调整优化。在新线工程静态验收合格后,铁路部门通过综合检测列车动态检测的方式,验证轨道、供电、接触网、通信、信号、预警监测等系统性能;评价综合接地、电磁环境、振动噪声等数据是否符合标准，使各系统和整体系统性能达到设计要求，为开通运营提供重要技术保障。

2019年10月5日下午2点28分，高速综合检测列车以180 km/h的速度通过居庸关隧道，进入新八达岭隧道。这是继2019年6月12日京张高铁全线铺通后，编组为CRH380AJ-0203次综合检测列车首次上线试验。自10月5日综合检测列车上线以来，京张高铁上、下行线开展了单列动车组逐级提速，10月20日上、下行线均达到速度385 km/h。为建设好智能京张高铁，铁路部门积极采用云计算、大数据、物联网、移动互联网、人工智能、BIM等先进技术，精心设计、精心组织和精心施工，着力建设精品工程，突破智能建造、智能装备和智能运营关键技术，全面提升铁路安全生产、经营管理、客运服务的现代化水平。11月7日8时30分，随着05301次列车从清河站开出，京张高铁智能动车组上线参与联调联试。智能动车组从清河站始发，在京张高铁昌平站至下花园北站间进行联调联试，最高测试速度达到350 km/h。此前，京张高铁采用综合检测列车和检测确认列车，上、下行线均达速385 km/h，满足了"最高测试速度为线路设计速度110%"的标准。

按图运行试验是铁路部门按照正式运营标准模拟列车运行组织，检验在设备故障、突发事件和自然灾害条件下的应急处理能力，测试客服设备状态、作业人员服务标准及质量等，全面测试新线路综合运行、运用状态，确保满足安全运营条件。

太锡铁路太子城至崇礼段按图行车试验是在该条线路完成拉通、线路信号系统具备正常运营条件，以及司机可按正式运营标准对标停车，模拟正式开通运行情境，检验在设备故障、突发事件和自然灾害条件下的应急处理能力，依照开通后的列车开行实际运行状态进行试验。所有停点的车站模拟办理客运业务，以测试客服设备状态、作业人员服务标准以及质量等，全面测试新线路综合运行、运用状态是否满足开通运营条件。

4.5　智能运维

4.5.1　高铁基础设施运用状态检测

高铁基础设施包括高铁线路、桥隧、信号、通信、牵引供电设备等。高铁基础设施设备监测系统结合高铁基础设施运用状态和变化规律，确定、优化检测周期。建立检测数据平台，加强检测数据综合分析处理，利用分析结果指导日常检查工作，掌握设备运用状态变化规律，为科学合理地安排设备维修提供支撑。及时处理检测中发现的问题，有安全隐患的应当立即采取安全保障措施。

高铁状态检测是指依据相关标准或者技术规范，利用动、静态测试手段对高铁基础设施运用状态进行的检查、测试、监测及对其运用质量进行的安全评定。高铁状态检测工作应当贯彻检修分开、以检定修的理念，遵循安全、准确、高效的指导思想，科学合理地利用天窗，实现高速、及时、精确检测。高铁状态检测工作应当积极采用新技术、新设备、新方法，运用成熟可靠的高速车载等检测设备，推广实时在线监测技术，提高检测质量和检测效率。

高铁线路、桥隧等工务设备运用状态检测的主要项目包括：轨道几何状态；轨道结构状态；钢轨伤损；路基沉降及结构状态；防护栅栏、挡风墙和声屏障状态；桥涵结构状态；隧道结构状态。根据检测项目的需要，配置轨道测量仪、轨道检查仪、双轨式钢轨超声波探伤仪、钢轨探伤仪、焊缝探伤仪等静态检测设备和钢轨探伤车、线路检查仪、巡检设备等动态检测设备。2018 年 9 月，由铁科院集团公司完全自主设计研发的轮轨式高铁隧道检查车正式下线，并在运营高铁上开展隧道衬砌检测试验。轮轨式高铁隧道检查车以我国最先进的 25T 型客车车体为平台，集成地质雷达检测系统、激光断面扫描仪、线阵相机和新型液压控制机械臂等系统装备，实现了检测距离自动保持、障碍物自主识别躲避以及高速高清成像等功能，具备速度 350 km/h、速度 250 km/h 的单、双线运营高铁隧道衬砌内部及表面状态质量检测能力。

高铁长大桥梁无缝线路监测技术研究研发成果从技术层面保障我国高铁运营的安全性和稳定性。高铁长大桥梁轨道结构相互作用、关系复杂且受多场耦合作用，综合了无缝线路、无砟轨道等技术要点，与其下部基础结合还衍生出一系列的技术难点。因此，针对高铁长大桥梁轨道系统这一系列复杂结构体，急需形成长期、实时的监测平台及预测预警体系，测试其安全服役状态，并对可能发生的破坏进行一定程度上的预测预警。铁路部门自 2018 年开展了高铁长大桥梁无缝线路监测技术的研究工作，研发人员在深入研究列车、温度等条件下长大桥梁、无砟轨道及无缝线路的相互作用机理的基础上，根据长大桥梁无缝线路的特点，建立跨区间无缝线路—无砟轨道—长大桥梁理论分析模型，对长大桥梁无砟轨道无缝线路的静动力学特性进行分析，并研究环境参数、运营参数及结构参数等对长大桥梁无缝线路受力和变形的影响。传感器参数采集系统如图 4.32 所示。

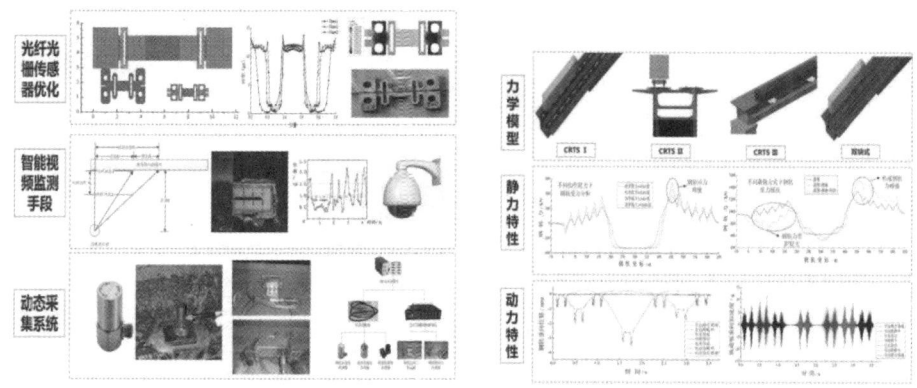

图 4.32 传感器参数采集系统

高铁信号、通信设备运用状态检测的主要项目包括：联锁、闭塞、列控系统设备；道岔转辙设备、信号机、轨道电路、补偿电容、应答器、电源设备等状态；系统设备接口；铁路数字移动通信系统（GSM-R）网络状态；通信漏缆状态；根据检测项目的需要，装备信号集中监测系统、通信监控监测系统和网管系统。智能高铁信号、通信框架结构如图 4.33 所示。

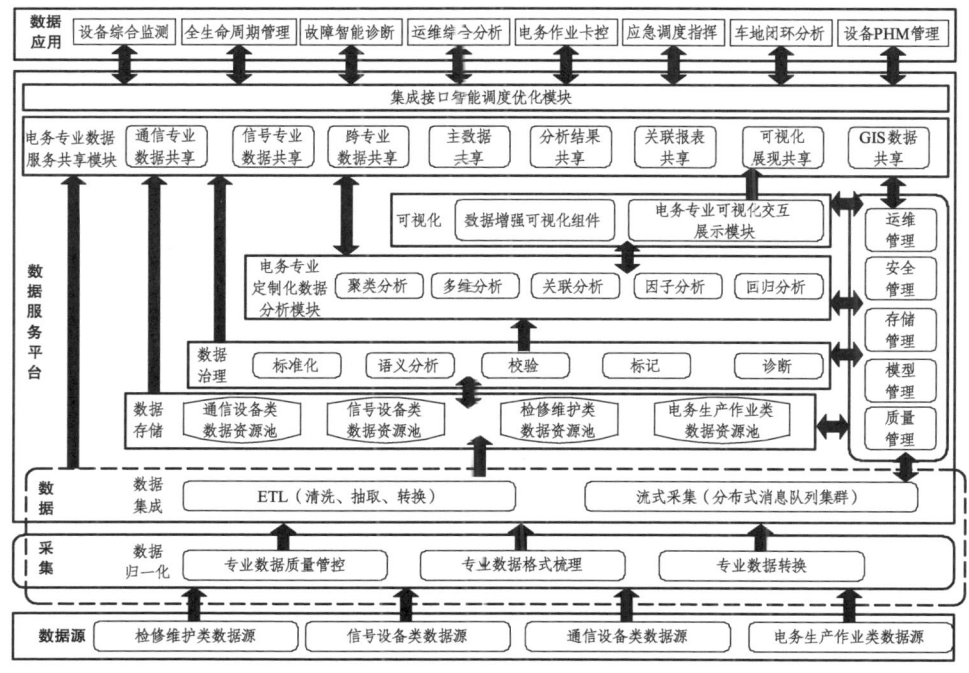

图 4.33 智能高铁信号、通信框架结构

展望信号系统智能维护系统的下一步发展，主要应体现在对信号系统复杂故障的精准定位、维护向导、预防性维修和综合维护等方面。信号系统的物理架构、组织规模和控制模式，使得在复杂故障发生时难以精准定位，浪费大量的人力、物力和维修时间，且需要综合型有经验的资深技术专家，随着传感技术、大数据处理和云计算技术的不断成熟和实践，可以在对信号系统进行全面数字化、信息化和智能化的基础上，通过海量数据挖掘、机器自学习和数据关系建模等方法，提高监测监控系统的故障精准定位技术、故障处理向导技术，同时通过监测数据与生产维修调度指挥流程和业务的有机结合和联动，健全信号系统健康管理（PHM）体系，在预防性维修和综合维护方面发挥更加积极有效的作用，其主要研究方向包括监测数据的汇聚与融合、数据服务、设备健康管理与故障预测、智能诊断分析、作业流程智能化卡控等。

为此，铁路智能电务智能运维应用系统开发采用"平台+应用"的模式，电务专业信号和通信设备类数据源、监测类数据源、通信网管类数据源及管理类数据源都经过电务数据归一化平台进行接收后，接入数据服务平台。系统技术架构可分为 7 层：数据采集、数据存储、数据治理、数据分析、数据可视化、数据共享和数据应用。其中：数据采集功能由电务数据归一化逻辑层与数据服务平台数据集成模块共同实现；数据存储、数据治理、数据分析、数据可视化、数据共享功能由数据服务平台实现；数据应用由电务专业各应用功能模块实现。

高铁供电安全检测监测系统（6C 系统，英文首写字母都是"C"）的主要功能是对高铁的牵引供电系统进行全方位、全覆盖的综合检测监测，主要包括对高速接触网悬挂参数和弓网运行参数的等速检测（1C 装置），在运营的动车组上对接触网的悬挂部分进行周期性图像采集和分析（2C 装置），在运营的动车组上对接触网参数及技术状态的在线检测（3C 装置），对接触网悬挂、腕臂结构、附属线索和零部件的高清图像检测（4C 装置），对动车组受电弓滑板状态的实时监测（5C 装置），对接触网运行参数和供电设备参数的实时在线检测（6C 装置），综合各接触网安全检测监测数据并进行集中分析（6C 数据中心）。高铁供电安全检测监测系统如图 4.34 所示。

其中，研究设计我国高铁弓网检测监测体系，始终坚持自主化路线，通过吸收供电 6C 系统运用成果，重点破解智能化程度不高、信息化共享困难、深层次数据分析不足等难题，融合边缘计算、5G 通信、大数据、深度学习、泛在智能等先进手段，聚焦弓网检测监测项点，突出全面感知、信息高效传输、数据融合共享、状态综合评价、精准维修决策等关键技术，同步形成技术标准规范，建成层次清晰、技术先进、科学规范的高铁弓网检测监测体系。

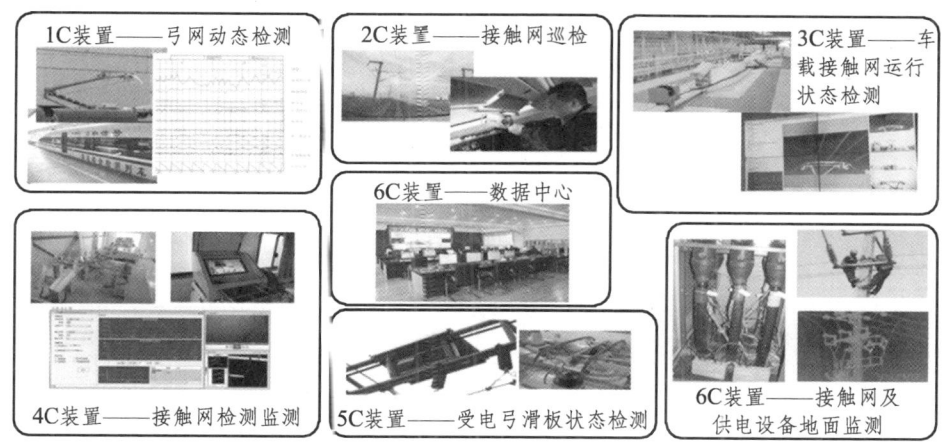

图 4.34　高铁供电安全检测监测系统（6C 系统）

感知层针对弓网系统中的关键检测监测项点，采用光纤传感、微信号测量、图像测量、热辐射测量等技术，对受电弓静态状态、动态性能、接触网状态、外部环境及弓网关系耦合的弓网接触力、振动、接触线升量、温度等进行全面测量，设计专用的检测监测装置。

传输层根据检测监测装置安装位置、运用条件，采用光宽带、5G、毫米波、Wi-Fi 等传输技术，利用专用铁路专网、移动通信、卫星通信等通道，丰富数据保密策略，提升数据安全性，实现检测监测数据的安全高效传输。

数据层采用大数据技术，合理布局硬件资源，对结构化数据和非结构化数据进行联合处理，开展数据清洗、数据标准治理、数据质量管理、数据安全控制、共享服务等工作，实现检测监测数据的高效存储、科学管理和广泛共享。

分析层加强各类检测监测数据在实践、空间等维度的多源融合分析，基于时间序列信息开展趋势预测，对图像、视频类信息开展深度学习，实现图像特征智能识别，有效挖掘检测监测数据信息。

应用层充分应用多源数据分析结果，有效指导健康管理和维修决策，实现弓网系统全生命周期管理。基于大数据分析结果，紧密贴合现场运用需求，科学指导弓网系统运用安全。

同步构建技术标准体系，涵盖检测监测装置技术条件、评定检验规则、数据传输规范、数据处理规约、数据评价方法、运行维修规则等，保障高铁弓网检测监测体系健康发展。弓网智能检测体系如图 4.35 所示。

图 4.35 弓网智能检测体系

目前，智能京张中接触网智能运维系统包括：实施牵引供电设备故障预测与健康管理、智能巡检系统以及接触网实时在线监测三个部分。其中，智能牵引供电系统以信息化、网络化、自动化为手段，运用现代先进的测量、传感、控制、人工智能等技术，具备"全息感知、多为融合、重构自愈、智能运维"特征，为铁路提供安全可靠、高效优质动力的牵引供电系统。

4.5.2 防灾与异物侵限监测系统

京张高铁灾害监测系统工程是由风速风向监测、雨量监测、雪深监测、地震监测以及异物侵限监控等子系统组成的集成系统，在充分总结京津、武广、京沪、哈大、京沈等高铁建设营运经验和借鉴吸收国外系统应用的基础上，又有所创新突破。该项灾害监测系统集成了风、雨、雪、地震等自然灾害及异物侵限监测预警、报警功能，预留并具备与其他行车安全监控、管理系统设备的接口兼容条件，即时对列车运行实时自动报警和紧急制动，确保列车运行安全。京张高铁设计速度为 120~350 km/h 五种等级速度，将北京至张家口之间由现在 3 h 大幅缩短至 1 h 内。

结合线路沿线地形地貌复杂、海拔跨度大、高寒高风沙、人文环境复杂等情况，灾害监测系统在铁路工程立项时即按与铁路传统的"四电工程"同步立项、同步规划、同步设计、同步实施考虑，并作为其中最为重要的智能化运营安全系统进行深入研究与设计。该系统设计优化了北京铁路局调度中心系统，并接入京张高铁列车调度终端，还与崇礼铁路等相邻线进行互联互通，形成了路网兼容保障。系统运用大数据处理、物联网等技术，在沿线设置上百个传感器等感知设备，对沿线自然灾害及异物侵限等实行全天候监测，在风速大于 7 级以上时、每小时降雨量大于 45 mm 时、轨道积雪深度大于 100 mm 时或地震动加速度峰值达 40 gal 时，系统便进入对列车分级限速报警，同时反馈给列车调度中心指挥系统。即使是列车司机未予及时反应，列车控制系统也会自动减速或停车，及时准确地起到智能化安全调度功能，进而实现自动指导列车安全运行，同时指导沿线铁路维护管理部门及时进行灾害线路巡检和故障处理。

高铁地震预警系统是由高铁地震预警监测系统和车载紧急处置装置组成，可以实现高铁沿线地震实时监测。地震台网信息接入生成传输发布，地震警报信息和紧急处置信息通过车地联动的方式，对列车采取紧急处置措施。当地震发生时，高铁沿线的传感器，监测到地震波信息紧急发送到铁路局集团公司中心系统，铁路局集团公司中心系统结合国家地震台网信息，计算出震源、震级、影响范围，在地震波到达线路前，通过 GPRS 将信息发送至车载紧急处置装置，对行驶的列车发出预警信号，提前使列车减速或紧急制动，确保车上人员生命安全。

结合智能京张高铁地震预警示范应用，国铁集团与中国地震局就高铁地震预警进行战略合作签约，在 2018 年实现地震速报信息接入的基础上，2021 年正式为全国高铁提供地震烈度速报与预警信息服务，持续跟踪高铁地震监测预警系统的应用情况，深化高铁地震预警技术研究和应用，不断提高系统的准确性和可靠性。同时开展高铁地震预警社会风险性分析，推动高铁地震预警信息发布与紧急处置等方面的政策法规建设。

4.5.3 动车组列车运行状态监测及健康系统

1. 动车组智能运维技术概念

随着国家大力发展高速铁路，投入实际运营的高速列车类型和数量不断增加。与之而来的是检修基地的检修业务量的显著增加。同时，面对人员分布不均、线路个性化、技术水平差异化、设备制式多样化、客流量持续攀升、拥挤度超标以及需要高效应对突发事件的局面，对设施和设备的可靠性（Reliability）、可用性（Availability）、可维修性（Maintainability）和安全性（Safety）（四者缩写为"RAMS"）提出了越来越高的要求。庞大的运营规模和复杂的装备体系，加上大量设施设备的更新改造任务，给高铁运维管理带来了巨大的压力和沉重的负担。

智能运维产业是大数据、物联网等新技术发展的产物，利用数据和算法提高运维的自动化程度和效率，对于确保高铁运营安全，提高其服务质量以及降低运维成本意义重大。运维有运行和维护两重含义。运维工作的目的就是要确保轨道交通安全、稳定、高效、经济地运营。

有效的运维是高速列车安全运行、高效运营的重要保障。检修基地需要采用现代化的运维管理理念、信息化的运维管理工具以及智能化的运维支持手段来充分发挥先进高速列车的运维效率。具体工作内容可以理解为：利用传感网、物联网、车联网、移动互联、云平台、大数据深度与自主学习、协作、分享等技术手段，搭建智能运维管理平台，实施精准的状态感知、可靠的状态预测以及应用"互联网+"，进行流程管理、事件管理、问题管理、变更管理、发布管理、运行管理、知识管理、综合分析管理，实现运营故障处置、驾驶行为评估、运营组织管理、列车能耗管理、设备健康评估、设备安全预警和数据共享等。

近年来，大数据技术的快速崛起为海量多源异构数据的处理提供了一种快速高效机制。针对各动车组信息系统各自建设，独立工作，数据资源共享程度低，数据集成度弱所造成的基础数据多头维护，缺乏统一管理的现状，动车组运维数据服务平台应用大数据、流式计算、云计算等技术，进行数据资源整合，结合数据规范和接口规范实现对外统一提供数据服务。从而保障各类动车组运用检修数据一致性和完备性，实现动车组运维过程的全面掌控，为动车组故障预测与健康管理（PHM，Prognostics and Health Management）运行状态监控、运维效率提高、大部件维修保养提供辅助决策支持。

同时，信息和智能系统也得到极大的发展。我国先后建成并投入使用的系统有动车组运用所管理系统、动车组管理信息系统、动车组检修管理信息系统等。其中，调度管理、作业管理、技术管理、设备管理、车载动态监控等功能也相继投入使用。作为所有资产管理的核心，车辆和基建设备的维护一直是主要的研究课题。如何提高车辆维修质量和效率，确保运营安全，减少人工成本，使管理更加"现代化、智能化、精细化"，是行业人始终追求和探索的目标。京张高铁空地一体的"数字孪生"智能化运维平台如图 4.36 所示。

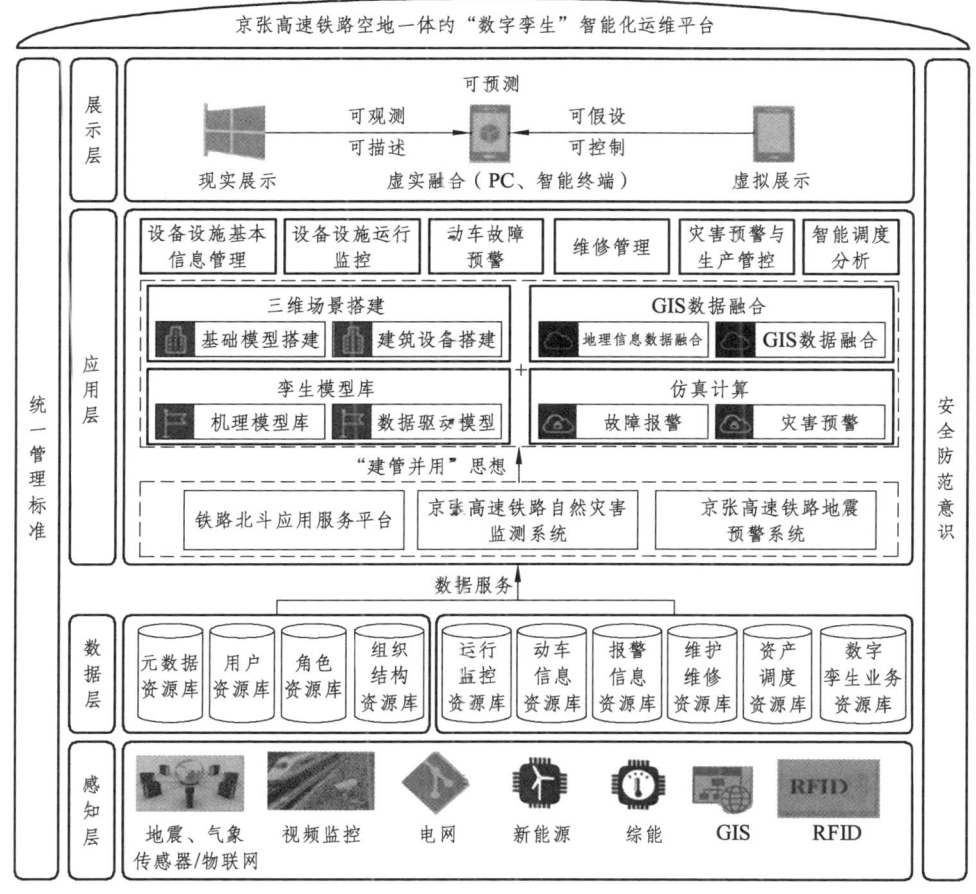

图 4.36　京张高铁空地一体化"数字孪生"智能化运维平台图

2. 动车组运行状态监测检测

动车组运行状态监控系统以信息网络技术为平台，以现场总线、故障诊断、无线传输、专家系统、数据库等技术为手段，以动车组运营安全为目标，实现主要设备的状态监测、数据采集、网络传输、故障处理、远程监控、安全防护等功能，确保列车运行安全。其中：

（1）车载监控系统。主要监测动车组性能、功能及主要部件的运用状态，进行故障诊断，显示故障发生的部位和功能，实现动车组运行跟踪监控及故障等。车载监控系统具有信息采集、信息处理、综合判断、故障安全恢复及故障数据存储等功能，提高了动车组运营安全性，便于运用和维修作业。也就是根据各类传感器的检测、监测信息进行综合诊断，确定故障等级，提示司机采取排除故障的方式，必要时提示紧急制动、实现故障隔离和故障导向安全的目的。

智能动车组列车还能够对风级、雨量、雪深等自然环境自动监测与报警，保证大风报警信息实时上车，还能实现地震预警及自动应急处置，并对沿线非法侵入自动报警防范等，动车组列车未来的运营维护也将实现智能化，将应用大数据、深度学习、故障预测与健康管理（PHM）、增强现实等先进技术，实现技术装备的全过程管理，提高动车组等技术装备维修的智能化水平，降低装备的全生命周期成本，提高运输效率和安全水平。

（2）远程监控系统。车载信息采集设备采集车载网络控制系统中的运行状态数据及故障报警信息，将动车组运行位置、速度、牵引、制动、轴温等安全信息及客服设施信息，利用 GSM-R、GPRS 无线传输网络实现车载信息落地和远程传输，实时掌握动车组状态及故障情况，实现动车组安全状态的远程监控。通过远程监控实现地面中心实时掌握动车组故障情况及工作状态，为故障的应急处置提供技术支持，也为动车组安全运营及高效检修提供技术保障。

（3）地面监控系统。在车载监控和远程监控的基础上，目前正在积极推进动车组运行安全地面监控系统的研究，在高铁进出站、动车所进出库等咽喉地段安装地面监控系统，综合识别途经动车组的图像、声音和温度等，判断动车组运行是否正常，确保动车组运行安全。如动车组运行故障动态图像检测系统（TEDS），被称为守护动车组安全的"千里眼"。高速摄像机以每秒 3 000 张图片的速度，第一时间把动车组高速行进中的各部位高清图像传递到 TEDS 监控中心，经由分析员对图像进行检查分析，判断动车组运行状态，及时发现故障并上报处理。

对于随车机械师不能轻易检查到的部位，如动车组底板、车端连接处、牵引传动装置等相关部件，主要依赖 TEDS 监控系统进行检查确认。再如动车组轮轴探伤是动车组检修最为重要的内容之一，车轮主要缺陷分布为径向、周向和斜向。径向缺陷扩展速度快，几千到几万千米就可能崩裂；周向缺陷几万千米可形成较大崩裂。目前，已建成较为完善的轮对探伤体系，只要严格按周期、按量值要求探伤，就可有效预防缺陷轮对上线运行。动车组运行故障图像检测系统探测站结构示意图如图 4.37 所示。

京张高铁智能动车组实现了自感知、自诊断、自决策、自适应，在广度和深度上的进一步提升，实现自动及协同运行。利用智能传感技术、物联网、天线雷达、AI 识别技术、二维码等多维度现代电子监测感知手段，进一步加深对动车组自身状态、环境状态、运行数据等不同层次、维度的状态监测，增加了列车自感知的广度和精度。通过对大数据的融合集成、存储管理、挖掘处理，同时利用智能化技术的定制化、集成化、一体化的运用，进一步优化控制策略，实现动车组自动驾驶、故障导向健全、突发及灾害应对、车辆运营秩序调度等业务过程中自诊断、自决策的可控性与可管理性。利用工业以太网、车地数据传输、图像识别、语音识别、信息显示、大数据、移动应用、身份验证、智能环境调节、多元化信息服务、在线支付等技术，实现动车组运行过程可观测、可表达和可理解，提高系统的自适应性。利用多网融合、导航及定位、高速大容量数据传输等技术，实现车-车、车-地及车与其他交通方式的互联互通，实现自动及协同运行。

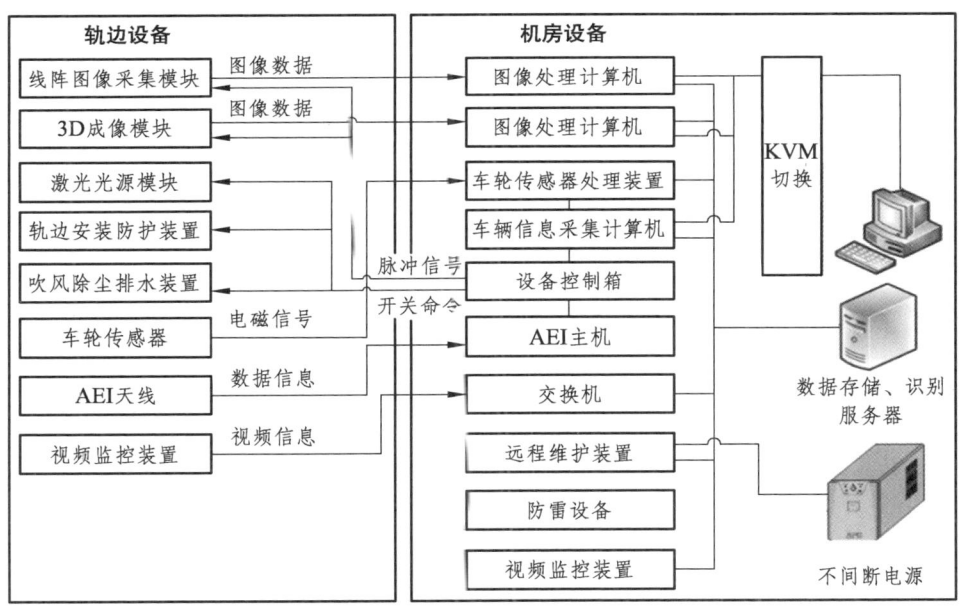

图 4.37　动车组运行故障图象检测系统探测站结构示意图

京张高铁智能列车安装的 2 700 多个传感器就像带着随车医生一样，可以随时自体检，保障运行安全。列车内饰采用暖色调设计，让看冬奥会的观众坐上列车能体验到家的温馨。采用经长期验证的 CRH380BG 型动车组成熟的高寒技术，并针对冬奥崇礼赛区低温严寒的特点，具备了适应零下 40 ℃ 高寒环境的抗高寒技术。牵引、制动系统性能提升，适应 30‰ 坡道起动和安全停放，满足山区环境运用需求；新增动力电池系统，在高压发生供电故障时以 30 km/h 速度能够走行 20 km，具备在京张高铁任何一个区间发生供电故障时应急走行至就近车站的能力。

3. 动车组检修

动车组作为复杂的机电一体化大型装备，故障规律不再简单遵从磨损理论，单一的计划预防修已不能很好满足现代装备维修需求。要研究建立符合动车组技术特点、发展趋势和管理要求，以设计确定的维修周期和系统部件的寿命周期为依据，通过连续监测装备性能变化，用足装备性能稳定的周期，发挥装备最大效能的维修思想，实施以可靠性为中心的维修（RCM）。

高速列车检修管理的很多方面都体现了代修思想。随着新车型、技术和材料的大量应用，传感器技术、计算机信息处理技术乃至各种自动检测技术正逐步投入使用，车辆检测技术正在向智能化高科技、自动化方向发展。车辆故障检测方面积极弥补由传统人工检查带来的不足。以往定期、定型及分解的列车检修方式，也正向状态监测、以功能为中心和非分解型的检修方式发展。为推进智能运维工作，在监测分析与标准化、维修模式与修程修制、生产组织与管理模式以及行业运维能力建设等方面，应制定智能运维的技术标准，加强数据共享指导修程修制优化，强化数据应用提升管理效能，并培育专业化的运维服务企业，从检、维、修、管四个方面实现智能运维综合效益。动车组检修过程如图4.38所示。

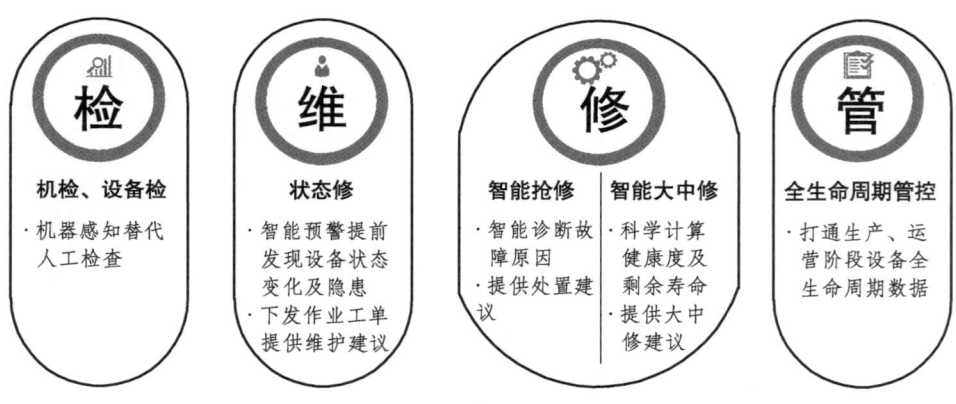

图 4.38　动车组检修过程

动车组实行预防性维修体系，分定期维修和状态维修两种，对重点设备如轮对进行定期探伤，确保动车组性能和运行安全。在动车组运用维护信息管理系统建设方面，该系统以运用、维修、技术、物流四类业务为主线，包括调度、作业、技术、设备、安全、质量管理和动态监控等应用子系统，分为配属、履历、大部件、计划和故障五大模块，形成覆盖国家铁路集团公司、铁路局集团公司、动车段、动车所及主机厂的四级框架体系。动车组运用维护信息管理系统已在实施运用，基本覆盖全路的动车组运用检修信息共享及技术管理平台，实现了动车组全路调配运用和网络化维修管理，为动车组安全运用和维护提供了技术支撑。

检修实践表明，科学的修程修制体系应从设计源头进行规划。在机车车辆研发阶段，自觉运用现代维修理论、RAMS 技术和全生命周期成本（LCC）方法开展维修顶层规划和正向设计，实施主要系统和部件同检修周期策略与可更换可兼容策略，推行模块化、单元化设计，实现修程修制的"优生优育"，以便在其全生命周期成本优化方面获得事半功倍的效果。在运用环节，通过车辆及地面安全监测检测设备实时监控运行状态，实现超前防范；在检修环节，充分利用大数据分析、人工智能和 PHM 等技术手段，从故障模式、原因、影响、规律等方面对运用维修数据进行全面深入分析，科学确定检修项目和范围，合理选择维修方式和策略，逐步实现计划预防修向精准修的转变。

4. 动车组健康管理系统

京张智能高速动车组面向全世界展示智能、绿色、环保、节能，其故障预测与健康管理构建列车 PHM 系统，对车辆监测数据进行集中管理，提高车辆自身的数据分析处理能力、故障早期预警能力，能实现在准确的时间对准确的部位采取准确的维修活动，对提升设备安全可靠性、提高使用效率、降低维修成本、推进修程修制完善有着积极的促进作用，是构建下一代智能列车和智能服务平台的发展趋势。为了保障运行安全，京张高铁智能动车组专门设计了故障预测和健康管理系统，列车无论走到哪里都能和指挥中心实现实时互动，这一系统可以对车辆状况保持检测识别，在原本"复兴号"列车的基础上，京张智能高铁列车将温度、振动等多种信息关联起来，极大地优化了对数据的综合分析。例如，当列车走行部的轴承发生异常振动时，根据故障预测系统，管理人员可以实现提前预判，提早发现问题，更有效地确保列车的行车安全，为旅客提供放心的乘车体验。与游客息息相关的京张高铁车站也将实现车站运营智能感知系统，具备非法侵入识别、人流聚集与扩散异常检测等功能，这些功能进一步保障游客的旅途安全。PHM 体系结构要至少实现数据采集、处理、状态监测、健康评估、故障预测、决策支持等六大功能。

智能动车组的智能运维则体现在对列车健康状态的智能化维护上：通过研发"TCN+以太网"双重冗余设计的网络控制系统可实现任意子系统的健康管理及全方位监控和故障诊断，全面提升了动车组智能化水平。与其他型号动车组相比，在 CR400BF-C 型智能动车组上增加了 10%的传感器，可以实时监控列车重要零部件的状态，并进行故障预警预测、关键故障精确定位、检修策略建议。同时，利用大容量车-地传输技术在运用部门（动车段）、主机厂、零部件供应商之间实现大数据共享。在提升安全的同时，还可以优化运营成本。

结合高速无线通信、信息安全、数字孪生等技术的故障诊断和维护技术研究与应用，实现智能巡检、故障精准定位和软件远程升级、趋势分析预测等功能；开展基于边缘计算的智能传感技术研究，实现列车状态感知数据的分散预处理、智能传感的局部试验和考核验证，满足列车健康诊断的轻量化和快速反应需求；研究车辆高度自感知、自诊断、自修复的诊断和维护技术，满足车辆自动化和智能化的进一步需求。基于大数据进行智能运维管理，以故障预测与健康管理为核心，实现关键零部件服役性能状态智能评估、故障诊断及预警报警、故障精确定位、备品备件动态预测、提供运维决策建议，为实现计划预防修向预见性维修转变提供支撑。基于大数据的智能运维框架和车辆故障 PHM 系统如图 4.39 和图 4.40 所示。目前在深入研究的运维技术主要有以下几方面。

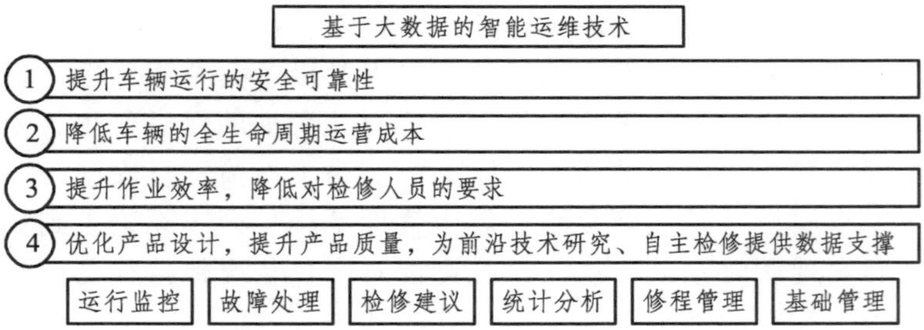

基于大数据的智能运维技术
① 提升车辆运行的安全可靠性
② 降低车辆的全生命周期运营成本
③ 提升作业效率，降低对检修人员的要求
④ 优化产品设计，提升产品质量，为前沿技术研究、自主检修提供数据支撑

运行监控　故障处理　检修建议　统计分析　修程管理　基础管理

图 4.39　基于大数据的智能运维框架

1）建立覆盖动车组全寿命区间的多源数据库

当前动车组运用检修过程中，存在着大量相互独立的动车组相关信息系统，主要有动车组设计制造厂商的 MRO 系统，铁科院在全路范围内建立的动车组管理信息系统（EMIS）、高速动车组远程无线传输系统（WTDS）、动车组检测设备厂家自有的轮对踏面动态检测系统（LY）、受电弓及车顶状态动态检测系统（SJ）等等。这些系统在当前动车组运用管理体制下，相互独立却又息息相关，形成了一个个的信息孤岛，对日常的使用来说极为不便，同时也无法从整体上来进行大规模的数据分析和信息挖掘，无法满足当前动车组配属数量日趋庞大情况下动车组运用部门对信息进行精确掌握的需求。

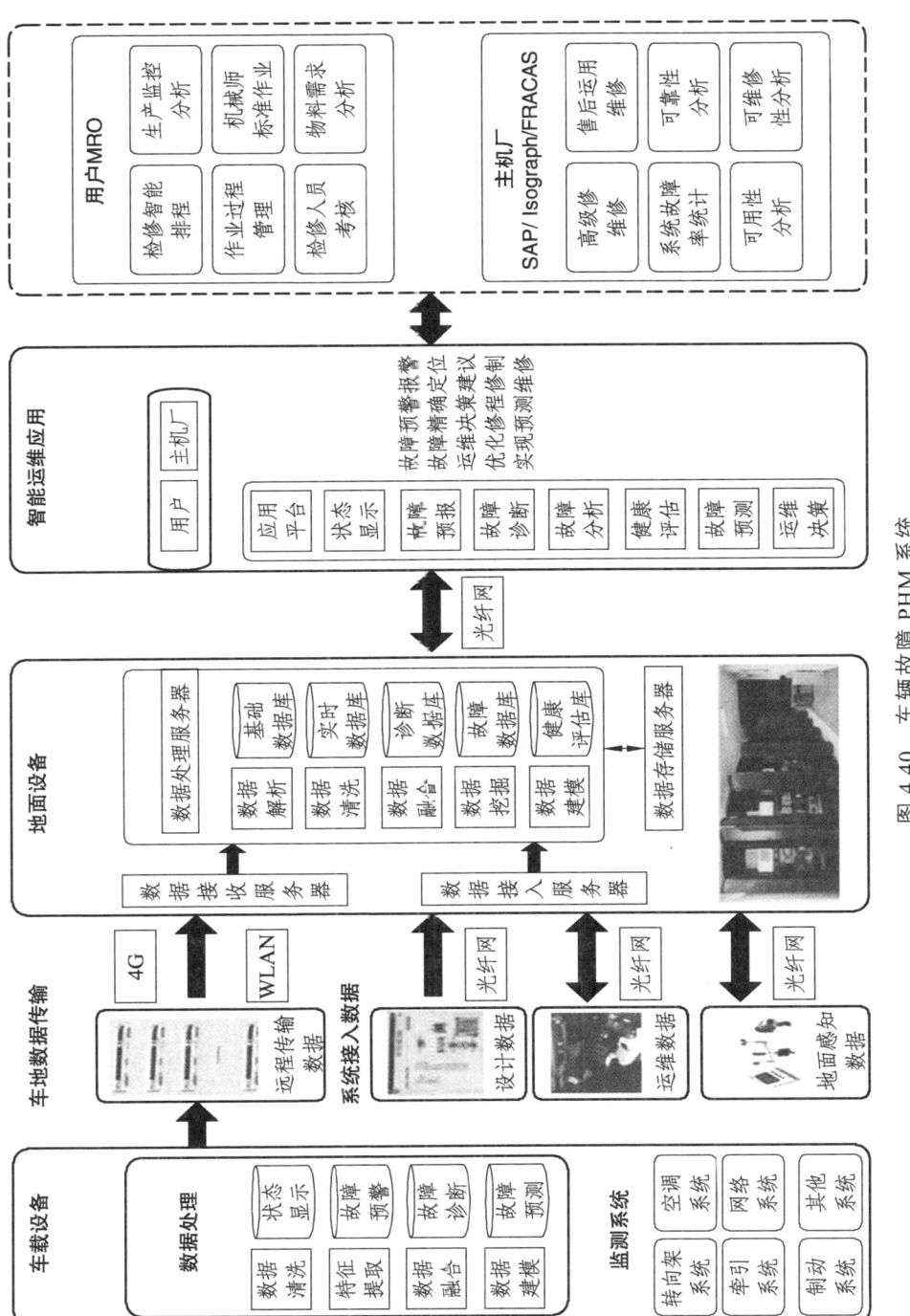

图 4.40　车辆故障 PHM 系统

结合当前的实际需求，对动车组管理信息系统（EMIS）、高速动车组远程无线传输系统（WTDS）、轮对踏面动态检测系统（LY）、不落轮镟机床、空心车轴探伤等系统信息数据进行关联和融合，同时进一步拓展现有的数据采集渠道，通过建立动车组入所在线智能检测系统和加装动车组转向架故障监控系统，采集动车组转向架的状态和振动数据，建立覆盖动车组全寿命周期的履历数据、故障数据、车载状态数据、检修检测数据的数据库，一方面为动车组性能状态的长期跟踪分析和故障应急指挥提供全面丰富的信息数据，另一方面也为动车组故障预警预测和维修决策提供有力的数据支持。

2）建立关键部件故障预警预测模型

PHM技术应用的一项重要内容就是通过跟踪研究部件的服役性能演变规律，预先诊断部件或系统完成其功能的状态，确定部件正常工作的时间或里程长度，即开展部件的故障预警预测工作。基于搭建的覆盖动车组全寿命区间的多源数据库，对动车组关键部件开展长期跟踪监测，研究其服役性能演变规律，采用可靠性、大数据、机理研究的方法，建立故障预警及性能预测模型，先后建立的动车组车轮、轴箱轴承、齿轮箱轴承、牵引电机、转向架整体、客室空调、客室侧门、蓄电池等关键部件的故障预警模型，相关模型的主要建立方法如下：

（1）通过分析车轮多边形与运行总里程、镟后里程、季节因素、平均速度、运行线路等因素的关联关系，采用决策树的算法进行因素分析和模型训练，建立车轮多边形的预警模型，并与现场多边形测试数据进行比对和验证，实现对车轮多边形程度的预测，指导运用部门合理组织开展车轮镟修工作。

（2）通过研究轴承的温度变化情况与动车组速度、环境温度、运行时间、线路情况及个体差异等因素的关系，采用离群因子检测、异常值检测的方法，从绝对温度、同侧温差、等效温度三个维度对动车组轴箱轴承、齿轮箱、电机早期故障进行预警。

（3）通过软件仿真的方法建立高速列车耦合系统动力学模型，基于动车组日常检修过程中对动车组走行部部件的检测参数，对动车组走行部稳定性、车体平稳性、轮对作用情况、转向架振动情况、脱轨安全性等进行计算和评估，并给出相应的预警信息和维修建议。

另外，随着动车组车载感知网络的完善、故障机理研究和数据规律分析的深入，故障预警的范围和准确性将不断得到提高。故障预警模型的研究和应用，推动了运用部门对动车组故障和异常事件从被动响应向主动预防转变，及时对早期故障进行预警，可以更好地保障动车组运行安全和运输秩序。

3）建立动车组应急指挥辅助决策模块

动车组应急指挥决策功能模块着重围绕应急处置、科学决策、知识沉淀和应用共享等方面进行构建，通过构建知识引擎、数据挖掘算法、智能检索系统、智能推荐系统等基础组件，提供方案管理、流程管理、决策辅助、统计分析等基础功能，实现应急处置、方案优化、应急监控与管理等应用，通过面向应急指挥决策系统自身以及应急指挥人员、管理人员等提供应急处置记录和相关数据的分析应用，采用预案推演等手段，辅助其优化应急处置流程和预案，实现应急处置的不断自我学习和完善。

（1）动车组运用维修领域各子系统数据信息基本完备，但互联互通，数据共享还不够，在应急处置过程中大都依靠各种系统的切换来获取信息，不便于快速综合各种信息，制订应急处置方案。

（2）动车组途中故障处理的预估时间只能依靠应急指挥人员的经验进行判断，误差较高，不利于指挥效率的提升及后续应急处置方案的制订。

（3）应急处置方案的制订以及采取何种应急预案主要依靠应急指挥人员人工优选，难度大，要求高。如遇途中动车组发生故障时，如何根据故障发生时具体的故障信息、部件实时数据信息、环境数据、人员信息等选择最优的应急预案，缺乏合理的应急处置方案评估与优选体系。

4）开展部分部件的视情维修

开展视情维修极大地减轻了动车组运用部门的工作量，同时通过视情维修的应用，可以推动我国动车组维修体制向"计划预防修为主、视情维修辅助、事后维修补充"的方向转变。如通过研究牵引电机轴承温度演变规律、轴承温度与通风量的对比、轴承温升数据分布、同架轴承温差分布等工作，研究牵引电机轴承性能及通风性能变化规律，实现牵引电机轴承故障预警和通风装置清洁的视情维修，降低日常检修过程中固定周期开展的牵引电机通风量测量和通风装置清洁的工作量。

我国高铁健康管理目前尚在起步阶段，现行的基础设施健康管理主要表现为智能监测、系统功能、健康新技术和先进的维修技术。例如，在评价分析、故障感知及预测、维修决策等方面都已经智能化，但目前基本上是高校、科研单位各自为政，我国的高铁巨系统在综合健康管理的体系建设上、功能与效率、全维度监测和主动维修的决策协同与响应上，在理论和实践方面还有较大的距离。京张高铁的装备、基础设施的健康管理工程已成为我国高铁智能维修的示范工程。

5. 机器人检修技术

机器视觉技术是人工智能技术的一个分支，是一门涉及人工智能、神经生物学、心理物理学、计算机科学、图像处理、模式识别等诸多领域的交叉学科，主要通过计算机来模拟人的视觉功能，从客观事物的图像中提取信息，进行处理并加以理解，最终用于实际检测、测量和控制。机器视觉的诞生和应用，可以大幅度解放人类劳动力，同时提高生产检测的智能化水平，提升装备的使用效率、可靠性及稳定性。机器视觉技术旨在提高生产的柔性和自动化程度，由于可以快速获取并自动处理大量信息，实现信息系统集成，因此，机器视觉系统被广泛地用于工况监视、成品检验和质量控制等领域。机器视觉技术在不断发展过程中具有安全可靠、连续性、对象选择范围广、生产效率高、精度高等独特的优势和特点。

（1）安全可靠。机器视觉的最大优点是无接触性，无论对检测机器还是被检测对象都不会产生任何损伤，十分安全可靠，这是其他感觉方式无法比拟的。另外，人工无法长时间地观察对象，机器视觉则不知疲劳，始终如一地检测，因此机器视觉可以广泛地用于长时间恶劣的工作环境。

（2）连续性。由于没有人工操作者，也就没有了人为造成的操作变化，在实际中的操作性更强，与此同时多个系统可以设定单独运行。

（3）对象选择范围广。视觉方式所能检测的对象十分广泛，可以说是检测对象不加以选择，在一些不适合于人工作业的危险工作环境或人工视觉难以满足要求的场合，常用机器视觉来替代人工视觉。

（4）生产效率高。机器视觉系统可以快速获取大量信息，而且易于自动处理，也易于同设计信息以及加工控制信息集成。尤其是在大批量工业生产过程中，用人工视觉检查产品质量效率低且精度不高，用机器视觉检测方法可以大大提高生产效率和生产的自动化程度，易于实现信息集成。

（5）精度高。作为一个精确的测量仪器，设计优秀的视觉系统能够对1 000个或更多部件进行空间测量，为了保证检测数据的真实可靠性，机器视觉系统的精度要求非常高。

相较于传统的人工检测技术，基于机器视觉的检测方式具有非接触性、实时性、灵活性和精确性等特点，适用于重复性高、环境条件恶劣以及非接触精密测量的场合。

目前已逐步开始试点应用复合型巡检机器人，基于先进的机器视觉技术实现运营车辆状态的自动化、智能化检测。车底巡检机器人能够按照预先设定的检测区域自动准确地定位并运行到该检测目标位置，运用图像检测模块完成对车辆底板及转向架关键部位的扫描检测,并利用图像识别技术实现对车辆底部、车轴、轮对、转向架等关键部件的尺寸测量、状态监测等日常检修作业。自动巡检机器人如图 4.41 所示。

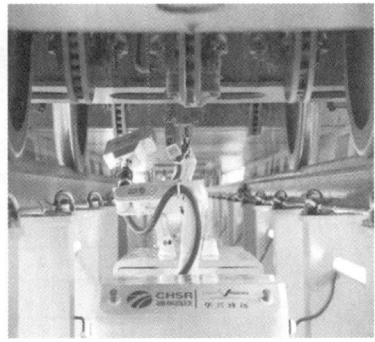

图 4.41 自动巡检机器人在京张高铁机房工作

自动巡检机器人可实现铁路通信及信号机房的自动寻路、避障巡检、远程视频监控、机柜及设备状态指示、告警识别,设备的温度监控、红外成像等功能。通过与铁路通信及信号机房等的动力及环境监控系统、综合视频监控系统实现联动,实时查看告警目标位信息并上报现场情况。

智能型复兴号缓缓停稳在智能京张北京北站后,一级检修人员通过手持终端开始检查智能检修机器人技术状态,确认作业股道环境。随后按照手持终端操作提示,他仔细核对动车组车组号及股道信息,确认无误后,智能检修机器人进入自检模式。一切准备就绪,作业人员在手持终端发送开始作业命令,智能检修机器人缓缓向前,驶向动车组,对动车组车底及关键部件进行快速扫描、识别定位,定位完毕后,机械臂开始工作,从股道重联端向 D21-2 列位行驶,对每个转向架检修部位进行精确拍照采集、3D 处理,开始后续机检作业。自由机械臂可以任意姿态实现对车底关键部件无死角检查。

该机器人可全自动检测动车组车底和转向架可视部件,实现动车组相关部位零部件外观故障的识别和报警。检测出的数据通过无线传输技术实时传输至图像识别服务器,由图像识别服务器进行分析、诊断。三维图像采集模块采用激光三角法测试,检测精度非常高。在检测过程中,通过无线传输技术将检测结果及故障实时推送至一级作业人员手持终端,作业人员根据故障提示进行现场复核,并将复核结果回填至手持终端,完成结果回传。在作业结束后,由一级班组人员通过动车组入所在线智能检修系统打印机检作业单,由一级工长、质检员进行签字确认后存档。从动车组车头到车尾,机器人检测需 40~50 min,可完全模拟人工作业,达到人眼分辨率,特别是可以深入人工作业的不便之处监测。该设备的引入，既分担了部分检修工作，也可以在保证检修质量的情况下更高效地完成检修作业，代表当前轨道交通领域智能检修的最高水平。

采用机器人进行检修工作，可有效避免工作人员长时间工作产生的疲惫、注意力不集中等问题，同时也避免维修人员在高温天气工作的安全隐患，在提高了动车组检修效率的同时还能保证质量。动车组故障检测机器人系统业务流程设计图如图4.42所示。

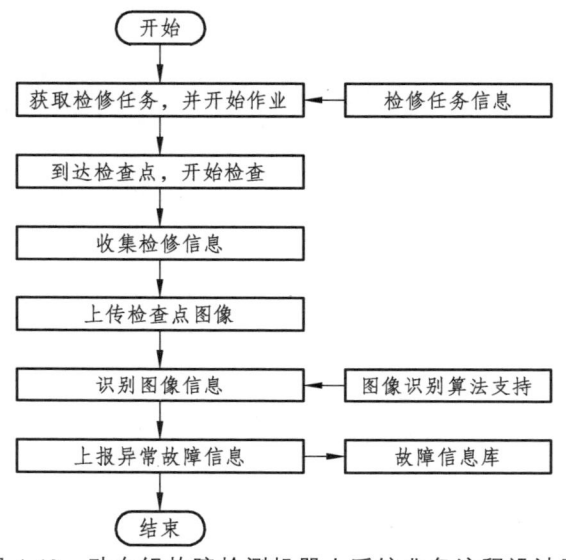

图4.42　动车组故障检测机器人系统业务流程设计图

（1）高精度图像识别技术。高准确性的动车组故障检测自动报警，可以为运用检修提供有效的技术支撑。利用机器人检测动车组车底故障图像数据，研究高效的故障识别技术是动车组故障检测机器人系统的重要创新技术。通过参考动车组车底原图像与故障图像的自动分析和比对，对异常部位进行有效的差异识别，并自动进行报警等级的标记与分类，以实现动车组车底故障的自动识别与预报，为一级修检修作业、检修管理的高效率监控奠定基础。

（2）机器人智能定位技术。研究机器人智能导航、智能定位技术是建设检测机器人系统的一项重要基础工作。围绕系统建设目标，根据各型机器人设备的技术特点、接入方式等因素，制定统一的控制流程，提出完整的控制方案，有效降低系统集成的技术复杂度，减少项目研发和实施的总体成本。

（3）机器学习技术。机器学习是通过机器人对同一故障目标识别的反复训练，通过编程语言改进、故障特征识别准确度的提高，自动改进和完善的图像识别算法。利用机器学习,不断提升机器人故障识别技术判断的准确率,实现高准确率的故障上报,在足够海量数据的前提下,最终实现人工零复核。

(4)海量图像数据传输与处理技术。针对海量车底故障图像数据与有限网络带宽之间的矛盾,研究制定相应的数据处理与传输方案是解决网络传输瓶颈的重要方法。根据车底故障图像数据的数据特点,设计高清图像压缩传输的技术方式,在保障图像质量的基础上有效地降低图像数据量,研究有限带宽下大数据量传输的网络传输方案,在高效利用网络带宽的基础上,实现海量数据的实时传输。

(5)运用检修与基础管理业务整合技术。制订动车组故障检测机器人检测作业与管理业务流程的整合解决方案,在保障检修作业的基础上,开发统一的动车组车底故障机器人检测作业平台应用软件,使机器人检测作业、预警与故障处理、故障分析等相关业务流程密切融合,以形成通过多部门协调联动来快速响应预警、及时处理安全隐患和有效地控制事故发生。

4.5.4 精细的防洪防汛保障

为应对汛期对铁路运输工作的影响,铁路部门常常以"汛"为令,未雨绸缪,全面开展防洪安全风险源排查,特别是对高铁沿线及隧道上方并行道路进行全面排查。同时,检查遇暴雨、大雨时可能造成下沉和塌陷地段、容易水漫线路地段、过洪能力不足的桥涵,铁路两侧、站区范围内影响行车和设备安全的危树,水库、河道可能影响铁路运输安全等区域。同时,加强与地方气象、水利部门、110 应急护路联防等工作机制的联系,动员全员关注铁路周边环境变化,及时对灾害性天气进行预报预警,必要时派专人现场监视;加强桥梁洪水位、墩台冲刷实时监测与监控,坚决守住安全底线,全力确保高铁列车和旅客安全。

京张高铁线路隧桥相连,防洪检查难度大。北京工务段在京张高铁防洪检查中首次采用人工和无人机检查相结合、电脑终端分析风险的方式,大大提升了防洪检查的精准度和工作效率。

卫星地图判识,无人机对比分析,人工现场详查,有了高科技排查手段的加持,山头路堑等偏远之处的危岩落石、边坡溜塌等风险和隐患,处于全视角动态监控中。利用卫星地图宏观研判地形地貌和结构物的变化情况,运用无人机对防洪重点地段进行航拍,初步掌握地形地貌及水系水塘等现场概况,并建模对视频资料进行技术分析,研判可能存在的风险,然后人工现场徒步检查支挡防护设备质量、坡面变形、环境变化等情况,全面摸清设备状态，并对研判的风险现场复核。对山区线路周边环境建立 3D 模型，可实现全视角、适时化局部放大观察并分析，同时可"穿透"山体表面覆盖的植被，运用技术软件配合人工分析，研判危石、泥石流等隐患。进入防洪汛期，目前网格化防洪隐患排查已经完成，正逐项落实整改措施，全面提升设备抗洪能力，确保汛期防洪安全。

无人机以其质量小、成本低、机动性强等特点受到广泛关注，从而被大量投入军事和民用领域，在军事侦察、目标搜索、信息搜集和安全防护等应用领城有着重要的意义。每年的 4 月中旬，春花未落，京张高铁居庸关到八达岭间山风温柔。在居庸关隧道口，几名铁路"蜘蛛侠"挂好安全绳，开始对山上的防固网进行巡检作业。铁路部门提前启动汛期防护检查。开通的京张高铁面对汛情考验。

北京工务段对京张高铁沿线隧道口、排水设备、桥梁路段等重点点位展开扫山排查，检查山体岩石、疏通排水管线等。这天，北京工务段怀柔北桥梁车间扫山班的李立海、王作生、彭兴江三人按计划前往南口隧道、居庸关隧道、新八达岭隧道，分别对隧道口周边防护边坡、主被动防护网及排水沟渠等进行检查。隧道口检查如图 4.43 所示。

图 4.43　隧道口检查

隧道口周边两侧都被整理成"梯田"形状，一层层下探至平地。隧道口上方及周边都拦上了钢铁材质的主动及被动防护网。被动防护网就是斜向上撑开，像安全床一样可接住异物的"网兜"，主动防护网则深深锚进山体，牢牢固定住边坡土质。

"高铁列车运行速度快，哪怕有个指甲盖大小的落石击中列车，后果都不堪设想。"扫山工严肃地说。京张高铁列车从昌平站开出后向北直到河北境内，一路都在山间穿行。南口、居庸关、新八达岭三座隧道相距各不过百余米，

"出东家进西家",相连紧密,需要开展防汛检查的项目很多。挂好防护绳,两人做桩一人下绳,三名扫山工配合默契。

"扫山"顾名思义就是指扫山工需要吊在边坡段上仔细"扫描排雷"。防护网牢不牢、底边有无松动缝隙、边坡斜面上是否有松动的危石散块、边坡下方的沟渠有没有被堵塞……都逃不过扫山工的一双火眼金睛。一旦发现风险点,如果是小块危石等,扫山工会即刻清理。如果一时无法清理,如产生野树、大型松动山石等,他们会留好记号,尽快组织清理。

精密管控、精细排查,这条智能高铁已筑起防洪防汛的"铜墙铁壁"。京张高铁沿线各项防护设备也升级加码。京张高铁全线都有视频监控,一旦有山间石块、草木异物等侵线,后台会第一时间发现。不同于京张铁路老线,京张高铁的隧道进出口坡面斜度更大,可以更长距离地阻止山上异物掉落。

第5章 智能京张与冬奥会

5.1 智能京张建设历程

百年前由詹天佑先生设计并主持建造的京张铁路在这里与京张高铁交会，形成一个"大"字形的"图腾"。京张智能高铁是新时期铁路建设的一道亮丽的风景。它既是我国铁路建设的自豪，也是世界高铁发展的骄傲。京张高铁为世界高铁史发展添加了浓墨重彩的一笔。时隔110年，京张高铁在詹天佑当年设计"人"字线的顶点下方4m穿过，将天地间的"人"字改写为"大"字，新老京张，历史交汇。

京张高铁预可行性研究工作于2008年12月启动，并开始了初步设计工作，2015年9月获得国家批复，2016年3月完成施工和招投标工作，2016年4月京张高铁全线开工，由于工程师们采用科学合理的设计方案与先进的铺轨机作业，工程于2019年6月全线铺轨完成，经过联调联试于2019年12月30日通车，全程仅用时3年多时间。如今京张高铁与老京张铁路结伴而行，开启了一条通向西方的新通道，方便人们生活，对促进京津协同发展有重要的意义。智能京张高铁建设历程如下：

2008年12月3日，铁道部发展计划司以"计长便函〔2008〕62号"文《关于委托开展准格尔至张家口铁路、北京至张家口城际铁路前期工作的通知》，委托中铁工程设计咨询集团有限公司进行预可行性研究。

2009年1月，中铁工程设计咨询集团有限公司编制完成京张城际铁路预可行性研究报告。1月15日，铁道部发展计划司组织对该铁路的建设方案进行研讨。4月15日，编制提交可行性研究报告（送审稿）。2010年至2012年间开展可行性研究及优化。2012年7月，设计单位编制完成了可行性研究鉴修稿。2012年8月，国务院常务会议提出，对已经批准但尚未开工的铁路建设项目，重新组织系统的安全评估；暂停审批新的铁路建设项目，并对已受理的项目进行深入论证，合理确定项目的技术标准和建设方案。

2012年12月5日，河北省发改委在其官方网站公众参与板块对京张城际铁路的进展进行了答复：京张铁路在2010年7月28日国家发改委就批复了项目建议书。2010年11月，铁道部、北京市、河北省联合向国家发改委上报了可行性研究报告，中咨公司也已完成专家评估工作。2011年以来，根据国务院开展安全大检查和铁路建设项目勘察设计质量安全评估工作部署，铁道部会同北京市、河北省人民政府对北京至张家口铁路建设方案、技术标准、工程投资等进行了系统研究。2012年6月，铁道部组织专家进行了论证，形成了调整后的项目可行性研究报告。

2013年4月7日，北京市国土局公布《国有建设用地供应计划》，重点保障京张高铁。2013年7月27日，对可研进行了调整，铁路总公司、北京市、河北省发布《关于报送调整新建北京至张家口铁路可行性研究报告的函》（铁总计统函百〔2013〕491号）。

2014年11月，京张高铁八达岭越岭段可行性研究获国家发改委批复，同年12月，铁路总公司对初步设计进行了批复。

2015年8月，铁科院网站发布了《新建北京至张家口铁路环境影响报告书》。2015年11月2日，国家发改委正式批复新建北京至张家口铁路可行性研究报告，同意新建北京至张家口铁路。

2016年4月29日，京张高铁全线开工。

2017年11月11日，随着千斤顶将钢梁顶推到位，由中铁大桥局承建的京张高铁官厅水库特大桥主桥主体工程完工，标志着北京到张家口高铁建设取得重大突破。2017年11月23日，经过446天的奋战，京张高铁下花园区，全长1 162 m，最大埋深约70 m、最浅仅为4 m的董家庄隧道贯通。这也是京张高铁全线贯通的首条隧道，标志着该条高铁建设再次提速。

2018年1月9日，北京冬奥配套交通工程——京张高铁崇礼支线，建设者在崇礼铁路赵川镇高架特大桥架梁施工。奋战在京张高铁崇礼支线上的中铁二十局二公司建设者冒着"三九"严寒，加快推进519孔预架梁任务。在通往崇礼30 km奥运高铁工程现场，以日架梁2孔进度推进。

2018年1月16日，京张高铁官厅水库特大桥拱形8孔钢桁梁最后一孔"落梁"成功，这标志着该特大桥主桥主体结构全部施工完成，桥面附属工程将如期推进。

2018年3月3日，京张高铁崇礼铁路太子城特大桥施工现场机声隆隆，一台大型旋挖钻机巍然屹立在作业平台上。长 12 m、直径 1.25 m 的 3~10 号桩基的开钻，标志着崇礼铁路三标项目太子城特大桥正式开工建设。

2018 年 3 月 27 日，京张高铁怀来县土木特大桥进行整体箱梁安装作业，全桥长约 3.5 km，约百孔箱梁，设计速度 350 km/h，4 月 25 日完工。

2018 年 4 月 23 日，京张高铁智能动车组众创设计结果"龙凤呈祥"和"瑞雪迎春"。2018 年年底智能动车组完成样车试制组装，2019 年上半年完成调试及试验验证。

2018 年 5 月 7 日，随着河北张家口市宣化区最后一条 500 kV（合同内）超高压输电线路迁改顺利完成，标志着由中铁电气化局电气化公司承建的京张铁路三电迁改超高压工程全部竣工。

2018 年 5 月 26 日，由中铁二十局承建的京张高铁崇礼支线下花园区孙家庄隧道顺利贯通，这是崇礼铁路 5 条隧道中率先贯通的隧道，为后续架梁铺轨打下了基础。

2018 年 5 月 29 日，京张高铁跨官厅水库特大桥成功合龙，这标志着该特大桥桥面工程进入全面施工期。

2018 年 6 月 13 日，京张高铁崇礼支线的最后一座连续梁成功进行了双转体，完成对唐呼铁路的跨越。

2018 年 8 月 16 日，京张高铁接触网第一杆完成组立，标志着京张高铁站后四电系统集成工程正式开工。

2018 年 9 月 13 日，京张高铁北京段首个贯通隧道实现贯通。

2018 年 10 月 17 日，清河站主体结构封顶。

2018 年 11 月 1 日，京张高铁开始全面铺轨。

2018 年 11 月 22 日，南口特大桥主体工程完工。

2018 年 11 月 24 日，京张高铁站后四电接触网工程进入上部施工阶段。

2018 年 12 月 27 日，京张高站后四电工程进入接触网上部组网施工阶段。

2019 年 2 月 16 日，北京地铁 13 号线西二旗站至上地站区间改线拨接进入清河综合交通枢纽。

2019 年 2 月 20 日，清河站第二阶段工程施工已全面开启。2019 年 3 月 2 日，张家口站正式启用。

2019 年 3 月 5 日，京张高铁供电、通信、信号、电力"四电"工程正式开工。

2019年3月16日，北京地铁12号线成功下穿京张高铁隧道。2019年4月12日，下花园北站主体完工。

2019年5月10日，京张高铁八标无砟轨道工程完工。2019年5月15日，昌平站完成最后一步升级改造任务。

2019年5月21日，京张高铁上中国我国首个混凝土框架结构封闭式声屏障工程顺利完工。

2019年6月12日，京张高铁完成了全线铺轨工作。

2019年7月20日，"智能化安全屏障"系统就已经开始在京张高铁安装。自然灾害监系统工程是由风速风向监测、雨量监测、雪深监测、地震监测，以及异物侵限监控等子系统集成，运用大数据处理、物联网等技术，在沿线设置上百个传感器等感知设备，对沿线自然灾害及异物侵限等实行全天候监测。在风速大于7级时、每小时降雨量大于45 mm时、轨道积雪深度大于100 mm时或地震动加速度峰值达40伽时，系统便进入对列车分级限速报警，同时反馈给列车调度中心指挥系统。即使列车司机未予及时反应，列车控制系统也会自动减速或停车及时准确起到智能化安全调度功能，实现自动指导列车安全运行，同时还能指导沿线铁路进行灾害线路巡检和故障处理。

2019年8月10日，京张高铁10 kV电力贯通线路全线送电成功。2019年8月25日，京张高铁接触网工程实现全线正线路贯通。

2019年9月4日，京张高铁全线接触网一次送电成功。

2019年9月19日，京张高铁全线带电热滑试验工作启动。

2019年10月5日14点18分，首列综合检测车55201次从新建昌平站开出，京张高铁联调联试工作正式启动，预示着京张高铁正式开通进入倒计时。

2019年10月20日，京张高铁线路上引发"惊鸿一瞥"，被称作"黄医生"的高铁综合检测车黄色的身影闪电般驶过，试验速度首次达到385 km/h最高值，超出设计最高速度350 km/h的10%。飞驰的高铁不时激起道路两侧的惊呼之声。"黄医生"以动态检测方式，通过不断提升速度等级，对沿线轨道路基、接触网、通信信号等进行实时检测，并对全线各业务系统和整体系统不断调试、优化，使线路功能及性能达到标准要求。京张高铁接触网动态几何参数整体良好，无接触线拉出值、接触线高度和硬点缺陷。

2019年11月7日上午8点30分，05301次列车从清河站开出，中国具有完全自主知识产权的智能动车组在京张高铁参与联调联试。这是京张高铁正式开通的前奏曲。

2019年12月28日18时起,京张高铁正式发售车票。开往张家口的车次第一时间放票,开售时间不足1 min,就被抢购一空。

2019年12月30日,京张高铁顺利开通。开通运营初期,铁路部门安排开行动车组列车日常线36对、高峰线6对。动车组列车开行大大缩短了京张两地的时空距离,张家口真正融入了北京1小时经济圈,京张步入同城时代。同时,增强了城市间的经济合作,将带动周边区域乃至全国的人、财、物资源向张家口汇聚,给城市发展带来重大利好。

正如北京冬奥会将"更快、更高、更强、更团结"的理念贯穿始终,铁路各专业各部门也紧密团结在一起,发挥设备联动、作业联劳、管理连贯的优势,确保冬奥会运输服务优质高效。冬奥会期间开行动车和运送旅客情况如图5.1所示。

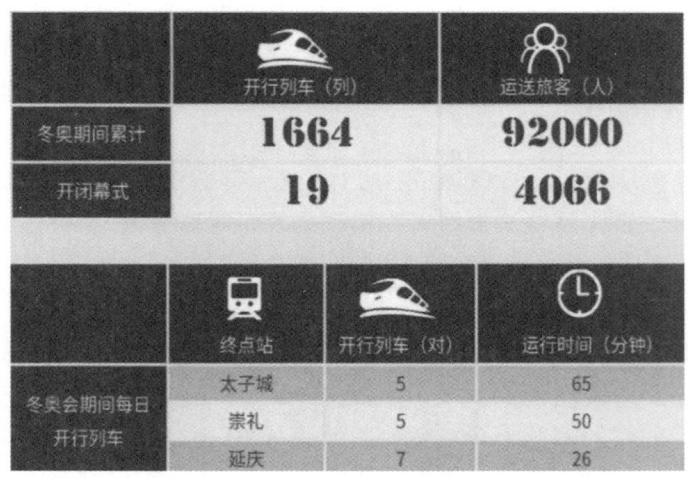

图 5.1　冬奥会开行列车和运送旅客数量

5.2　京张智能高铁智能化服务需求与功能分析

5.2.1　京张高铁智能化服务总体需求

京张高铁智能化服务总体架构如图5.2所示。

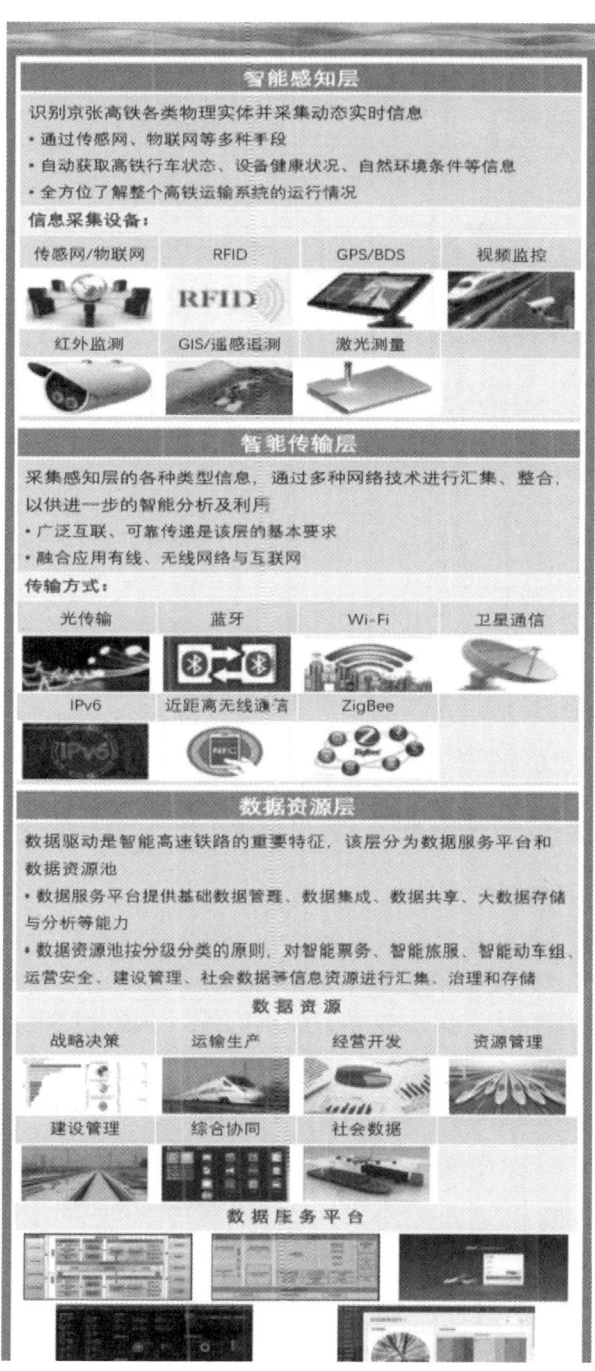

图 5.2　京张高铁智能化服务总体架构

以北京冬奥科学办赛顶层要求为指导,京张高铁智能化服务需解决 1 个关键科学问题,6 项关键技术问题,如图 5.3 所示。

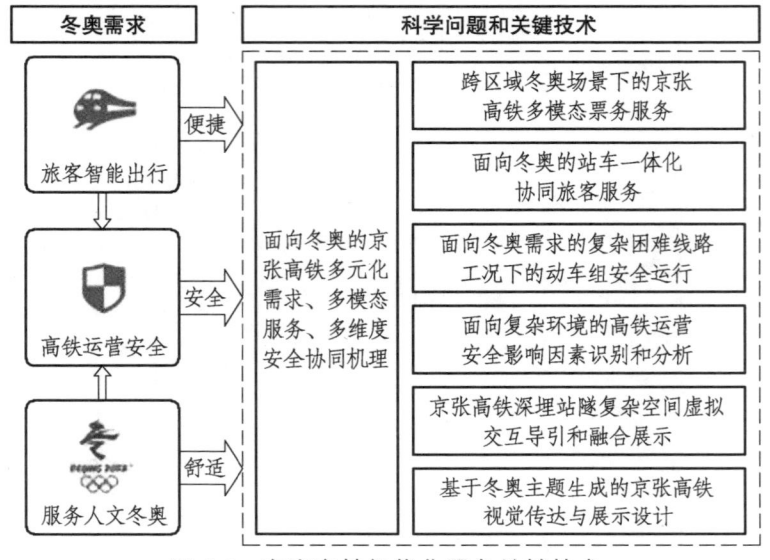

图 5.3　京张高铁智能化服务关键技术

5.2.2　京张高铁智能化服务功能

为了确保冬奥会服务需求的实现,主要工作有下述几方面。

1. 票务国际化方面

我国铁路客票发售和预订系统全渠道日均售票量已超过 1 200 万张,年售票量超过 30 亿张,是世界上最大的票务系统。但当前铁路客票系统主要面向国内旅客,在国际化售票服务方面有待拓展,智能化服务方面有待提升。

2. 客站服务方面

我国铁路客运集中管控平台实现了对内数据统一存储、对外数据统一接口、计算资源统一调配、算法模型深度应用、运营状况总体研判、人员—作业—设备统一指挥、业务流程再造、数据集成展示等功能。为满足冬奥会旅客国际化、个性化、智慧化的站车服务需求,需进一步优化该平台,提升京张高铁智能化旅客服务水平。

3. 智能动车组服务方面

复兴号动车组是基于我国国情、路情实现自主化、标准化和系列化的成果，设计、软件开发及制造技术均达世界先进水平。针对冬奥会需求，在复兴号基础上进行智能化、轻量化、适应性提升设计，以满足京张高铁沿线高寒、多山区桥隧等复杂环境下的困难工况。京张高铁智能化服务如图 5.4 所示。

图 5.4　京张高铁智能化服务

京张高铁研发应用面向旅客的智能服务技术，其中包括：完善"12306"网站及自助服务设施；支持多国语言国外银行卡支付；拓展票种形式（定期票、联程票、常旅客票等）；可实现电子客票、刷脸进站及检票；提供行程规划及资讯服务以及 Wi-Fi 全覆盖、站内导航服务；可实现行李托运及同步安检，并提供个性化及无障碍服务等；智能感知温度灯光车窗颜色自动调节。未来感十足的蓝色灯光、胡桃木色的车厢部件、近 2 m 宽的行李架、专门的滑雪器材柜、宽大的无障碍洗手间……一登上智能动车组，旅客们都不由自主地惊呼"哇！"。簇新的车内设施整洁靓丽。奥运冰雪主题气氛更是扑面而来。观光音量、观光风量、观光照明、"内温 23 ℃，外温 −7 ℃"……车厢内，控制面板显示着目前车内的各项指标。

研发的客运管控平台，实现精准旅客服务、高效生产组织及客站设备节能管控。为更好地保障北京冬奥会运输，车内设置无障碍车厢、全列盲文标识，可实现轮椅固定停放和卫生间无障碍通行；提供冷水直饮、无线充电、听障助听、多语言音视频服务；设置开放式餐吧区、媒体车厢，方便媒体工作者车内办公，观看奥运赛事高清直播。另外，先进的智能化调度指挥、灾害实时监测预警、北斗导航应用，密织起一张安全保障的"天网"，为旅客安全出行奠定了坚实基础。票务综合机实现售、取、改、退等多功能。京张高铁还实现手机二维码检票全网覆盖，大型换乘站及交通枢纽实现语音购票；客运服务实现智能化、自动化，信息及时、全面、精准。在客运管理方面，未来在人机融合的前提下，将引入人工智能机器人的语音导航服务，为高铁旅客提供更加高效的、高质量的服务。

智能客服为旅客通行提供了更人性化的服务，智能机器人可以贴身导航并搬运行李；通过电子客票、刷脸进站等可简化乘车流程；站内导航与站外导航融合，乘客出发时输入车次，即可导航至检票口或候车厅。车站环境舒适性监控系统、能源管控系统等各类系统将保证车站的高效运转，而高铁周界入侵报警系统、地震预警系统、自然灾害监测系统等将组成动车组的智能调度指挥系统。京张高铁实现了电子客票一证通行和刷脸进站等便民服务；站内导航与站外导航融合，乘客从家出发输入车次即可导航至检票口或候车厅；沿线高铁站内将配备各种智能机器人，像随行小秘书一样为旅客服务。

5.3 京张高铁助力冬奥会

5.3.1 迎接冬奥会

京张高铁助力于北京冬奥会如图 5.5 所示。

2008 年，京津城际铁路开通运营，助力北京成功举办夏季奥运会；2019 年年底，京张高铁开通运营，成为助力 2022 年北京冬奥会的重要配套工程。在助力冬奥的热烈氛围中，京张城际铁路有限公司高级工程师王久军自豪地说："京张高铁在向老京张和詹公致敬。今天的我们要幸运得多，赶上了好时代，心有多大舞台就有多大，天天有使不完的劲儿啊。"听完他对京张高铁建设历程的介绍，会让人感叹：家国情怀、勇为人先、创新跨越的血脉传承，全都浓缩在"精品工程、智能京张"八个字里了。

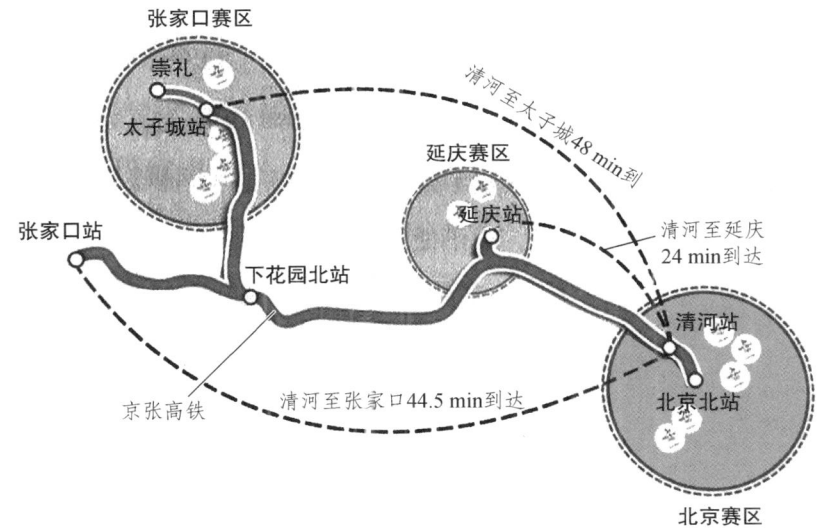

图 5.5　京张高铁助力于北京冬奥会

你会在张家口的宣传片中感受到山河如画,岁月如歌,史诗厚重。透过明媚的画面,我似乎看到军事要塞张家堡上空的烽火;看到战火止息,大境门打开,贸易繁荣,走西口的歌声中,伴着张库大道驼铃声声;看到京张铁路一声汽笛,拉来了"北方第一商埠"的无限风光。如今,看到助力京津冀一体发展的京张高铁,为张家口带来了发展的新引擎,它在宣传片中深情呼唤:一起向未来!

5.3.2　冬奥列车

作为 2022 年北京冬奥会的配套工程,奥运元素必不可少。京张高铁设有太子城站,这是冬奥会历史上首次直达比赛核心区的高铁站。其次,京张高铁智能动车组按照"标准配置+奥运配置"的思路,形成了"鹰隼""旗鱼"头形方案和"龙凤呈祥""瑞雪迎春"两种外观涂装方案。"龙凤呈祥"作为京张高铁的标准配置,"瑞雪迎春"则是奥运配置,在奥运期间使用。京张高铁智能动车组的开发充分考虑了中国元素、奥运精神、百年京张文化传承以及前期众创成果,按照"标准配置 + 奥运配置"的思路,开发了一对"双胞胎",车头按照"鹰隼"和"旗鱼"头型进行优化设计,车身涂装成"瑞雪迎春"和"龙凤呈祥"两种方案,具有优越的空气动力学性能和漂亮的外观。2018 年 4 月 23 日,京张高铁智能动车组众创设计结果,在中国铁道科学研究院集团有限公司公布，有"鹰隼""旗鱼"两种头型方案和"龙凤呈祥""瑞雪迎春"两种外观涂装方案，如图 5.6 所示。

图 5.6　京张高铁智能动车组"龙凤呈祥"和"瑞雪迎春"

冬奥列车如图 5.7 所示。

图 5.7　冬奥列车

该列车由中车长客股份公司制造，8 辆编组，为 4 动 4 拖动力分散式动车组；定员 564 人，设商务、一等、二等、媒体车厢；外观采用"瑞雪迎春"涂装方案，以冰雪蓝为基调，配以飘舞的白色飘带，体现整体的动感状态；整体颜色中点缀若隐若现的雪花和运动元素，彰显冬奥主题。

在绿色节能方面，列车采用轻量化技术、环保可降解材料、石墨烯空气净化装置、灰水再利用系统打造绿色低碳空间；采用仿生学车头方案，实现运行阻力减小 7.9%，综合能耗降低 10% 以上。

为保障列车安全，全车设置 2 700 余个监测点，运用云计算、大数据、人工智能等先进技术，搭载中车四方所研制的智能化 PIS 系统及故障预测与健康管理系统，构建"车-空-地"一体化智能运维体系。5G 及车载 Wi-Fi 应用如图 5.8 所示。

·第 5 章 智能京张与冬奥会·

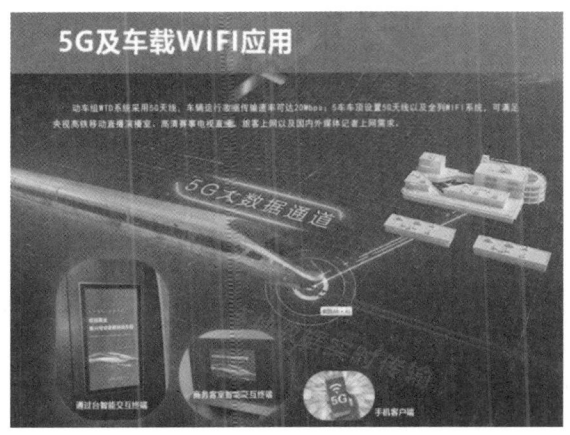

图 5.8　5G 及车载 Wi-Fi 应用

北京冬奥会期间，奔驰的列车向世界展现了智能高铁的无限魅力，也就是车上车下、站内站外，京张高铁处处彰显智能特色。如：依托我国自主研制的时速 350 千米复兴号动车组，推出奥运版复兴号智能动车组；基于 VR 展示系统，八达岭长城站为旅客提供站内虚拟环境智能展示；"12306"网站、客户端和自助售票机上线英文版功能，服务外籍运动员和旅客无差别购票……智能京张全方位展示了中国高铁科技创新的速度与力度，凸显了科技以人为本、推动高质量发展的温度与情怀。

张家口着力推动"冰雪+体育""冰雪+赛事""冰雪+旅游""冰雪+文化"深度融合，充分挖掘培育群众喜爱、适合大众参与的冰雪运动项目，连续多年举办主题活动，在引导社会力量举办冰雪赛事，带动广大群众积极参与冰雪运动的同时，也吸引了大批京津冀晋等地游客来张家口旅游。张家口市崇礼区云顶滑雪公园赛道如图 5.9 所示。

图 5.9　2021 年 11 月 8 日，张家口市崇礼区云顶滑雪公园赛道（左），
一列复兴号列车行驶在崇礼铁路张家口市下花园区路段（右）

5.3.3 票务服务

1. "12306"

"12306"售票系统是国家关键信息基础设施。为了保障系统安全运行、维护公平公正的购票秩序和旅客个人信息安全,以理论创新、技术创新、应用创新为手段,建设"12306"风险防控系统,如图 5.10 所示。

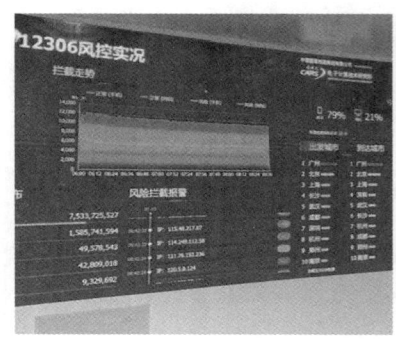

图 5.10 "12306"示意

通过构建多维风险指数融合的智能风险识别模型,设计基于多引擎和复杂计算风险防控系统架构,实现"12306"风险防控数据中台,建立实时和离线双重计算平台,首创了"终端、行为、业务三位一体"的纵深风险防御体系,为风控策略实施提供高效的计算环境,持续提升用户风险识别的精确度,保障"12306"售票系统稳定运行和用户个人信息安全。检票和机器人服务如图 5.11 所示。

图 5.11 检票和机器人服务

另外,票口人太多?电子客票、一证通行,各种自助服务,大大提高旅客的进站效率,检票口不再拥挤。行李太重?行李搬运机器人来帮忙,持有当日车票的旅客,可以通过扫二维码、刷身份证等方式,轻松开启机器人的行李搬运功能,机器人在搬运行李的同时,还能依靠精准定位导航,快速准确地引导旅客前往检票口、卫生间、饮水处……

2. 电子客票

（1）实现了全行程旅客服务信息的整合。实行全面电子客票后，铁路"12306"系统以乘车人为线索，将其购买的车票和服务的信息进行完整记录和整合，根据服务进度或者旅客的变更实时进行信息更新，并记录更新的轨迹形成一个完整的行程数据描述。

（2）实现了基于分布环境的数据实时同步。全面电子客票在全路涉及多个分布式业务系统，每个业务系统之间需要进行业务数据同步，并且根据应用场景采用不同架构数据库/系统，形成多种数据库/系统混合部署状态，电子客票开发了各系统间的同步服务中间件，可实现包括文件、内存数据库集群以及其他类型数据库在内的异构数据同步。

（3）实现了车票无纸化和全渠道电子客票变更。电子客票系统为旅客提供了无纸化的出行方式，免去旅客在出行前必须打印车票的环节支持旅客线上或线下购票线上变更（改签、退票、变更到站），缩短了旅客的出行和排队等候时间，提升了铁路旅客的出行体验。

高铁电子客票的数字化将能够降低 20% 的票卡成本，通过实现精准营销的资产营等方法来提高效益。同时在 5G 技术支持下的智能高铁 4.0 的电子客票系统，京张高铁实施电子客票、刷脸进站、站内外全程导航等智能化服务，让旅客出行更加便捷舒适。

3. 计次票

如何购票？高铁 20 次计次票可以通过"12306"网站和铁路"12306"手机 APP 购买。计次票是铁路部门为满足长期或短期固定区间频繁出行的商务或通勤旅客出行需求，依托铁路电子客票，实现"有效期内可随时出行、开车前可随时预约席位，未启用可随时退款"的一种新型票制产品。

旅客朋友们需在购买后 30 日内开始使用，有效期为自开始使用之日起 90 天，可乘坐 20 次、指定发到站（含同城车站）间的各次动车组列车。以北京北站至张家口站的 G2509 次列车为例加以说明，G2509 次列车二等座席位单程票价 91 元，而购买计次票单程票价只需 82 元，在得到优惠的同时，还会获得相应的积分奖励。

5.3.4　贴心设计

复兴号智能动车组车厢内的服务设施进行了智能化升级，进入隧道时，列车可智能控制车内压力，提前调节灯光、车窗颜色等。智能动车组内饰如图 5.12 所示。

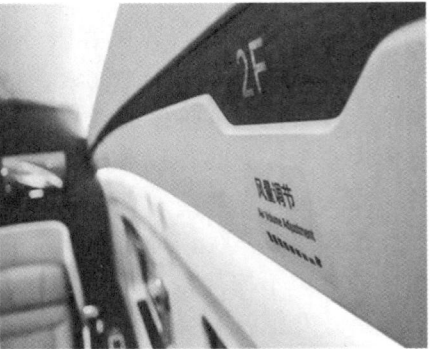

图 5.12　智能动车组内饰

全列覆盖免费高速 Wi-Fi，旅客在旅行途中可以随时使用电脑办公、手机娱乐。车厢内设有大件行李存放处、无障碍卫生间等设施，并在残疾人座位区配备有轮椅固定装置、SOS 按钮等。如图 5.13 所示。

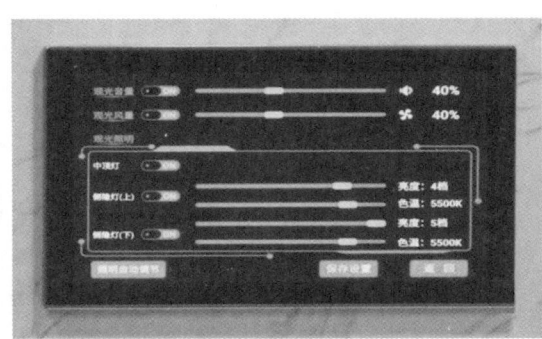

图 5.13　调节灯光与 SOS 按钮

一等座车厢采用 2+2 布局，座椅更宽更舒适，电源插座、踏板、衣帽钩、折叠小桌等设施一应俱全。二等座车厢座椅设有靠背调节按钮，旅客可以利用扶手上的调节按钮调整靠背角度；座椅下方的充电口设有两孔、三孔插座和 USB 接口；小桌板上印有"中国铁路"微信公众号、铁路"12306"APP 二维码，方便旅客关注和下载。如图 5.14 所示。

商务车厢的半包式座椅不仅可以调整为半躺、平躺等多种角度，还具有按摩、加热功能。无线充电装置、LED 阅读灯、车窗亮度调节按钮等，可为旅客提供优质的差异化服务。如图 5.15 所示。

·第5章 智能京张与冬奥会·

图 5.14　车厢内饰和多功能车厢内景

 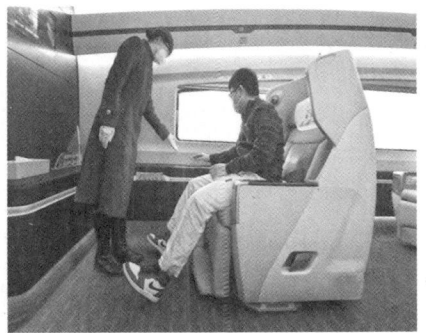

图 5.15　商务座内景

多功能车厢内设置了 12 套媒体臬椅，工作台可以进行推拉以增加使用面积，下方配有大功率多功能插座，方便各种电子设备快速充电。2022 年北京冬奥会期间，多功能车厢将"变身"媒体车厢，各国记者可以一边观看 5G 赛事直播，一边发稿。蓝色的灯光、洁白的雪花、绚丽动感的车窗贴纸……在京张高铁服役的复兴号智能动车组将冬奥元素、运动精神和铁路文化融为一体。

复兴号座椅上的灯有红色、绿色、黄色三种，到底是什么意思呢？红色是代表这个座椅已售出，黄色代表预警，即下一站会有旅客上车。绿色代表这个座椅暂时没人坐。所以大家看到有红色、黄色的座椅指示灯时，请不要占用座椅，避免给其他旅客造成麻烦。复兴号洗手池镜子增加了补光带。乘客可以在柔美的灯光下整理妆容。水龙头可以调节温度，左扭是热水，右扭是冷水。洗手液在镜子的右下角向上扳起，就可以自动出洗手液啦。洗完手后，擦手干巾在左手边位置。座位预警标志如图 5.16 所示。

225

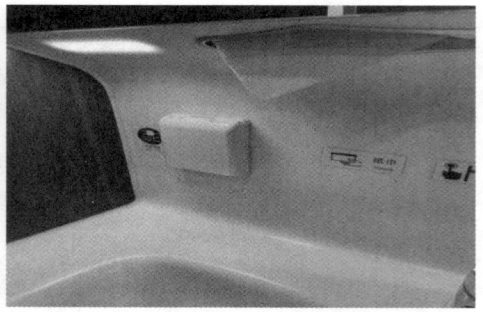

图 5.16　座位预警标志

智能服务设施还体现在：车厢内的灯光能够自动调节，车厢 Wi-Fi 全覆盖，接入 5G 技术等方面，能够为旅客提供全方位信息交互服务。商务座能够实现手机无线充电，旅客可以自主调节车窗玻璃的透光度，实现最佳视觉体验。商务座的座椅可进行 90°～180° 的调整、360° 旋转，增加了通风加热、按摩等多种功能，让旅客体验更舒适。扶手的一旁设置了呼叫按钮，在旅客有需求时按下按钮，工作人员会及时进行服务。

另外，乘客身份识别全覆盖、京张高铁的 10 个车站实行行为识别，实际作业状态 100% 识别。其他方面采用人性化无障碍设计，在通往候车室、站台等服务设施的地面设置了盲道，设有残疾人士专用服务设施，设置爱心服务区，为重点旅客提供温馨服务。高铁网与互联网"双网融合"，在旅客行程规划、综合交通信息共享等方面提供优质服务。同时，实现了站内外导航融合，乘客出发时只需要输入车次，就可以导航至检票口或候车厅。在网络购票、订餐、购物、宾馆预订和"高铁 + 共享汽车"等一条龙服务方面提质增效，为旅客出行营造了更加方便、快捷、温馨的环境。如图 5.17 所示。

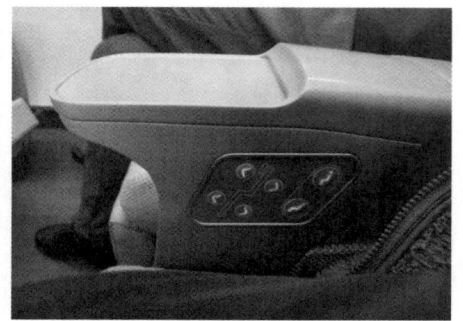

图 5.17　商务座席和一等座的座椅调节装置

商务座席的设计灵感源自中国古典屏风，私密性更好。隔断空间内有极佳的功能性，乘客随身携带的物品都有合理的摆放位置。智能交互终端不仅可以直播赛事，还提供高铁娱乐中心、无线投屏、车辆功能介绍、车辆运行信息查询等服务。在一等座车厢，座椅可以调节成航天员升空时的122°角姿态，这个姿态可以使乘客有最小的重力感，长时间坐车可以有效缓解疲劳。

5.3.5 "雪之梦"

在京张高铁列车上，你有没有注意到，有一些乘务员小姐姐，会戴着一枚特殊的徽章，原来这是"雪之梦"乘务组的专属标志，游客可以体验一下"雪之梦"乘务组的优质服务。北京局集团公司北京客运段在奥运专线上精心打造成立的"雪之梦"乘务组惊艳亮相，如图 5.18 所示。

图 5.18 "雪之梦"乘务员

乘务组的成员经过层层选拔，历经英语、手语、冬奥会知识、国际礼仪常识、业务技能等全方位强化培训，在冬奥会期间为来自世界各地的冬奥健儿提供一流的运输保障服务。

为了更好地服务特殊旅客，"雪之梦"乘务组已经做了充分准备。印有中、英文和盲文的列车长联系方式温馨服务卡以及操作简单的远程呼叫器会及时发放到特殊旅客手中。旅客只需拨打卡片上的电话或按动呼叫器按钮，可立即与工作人员取得联系。工作人员会第一时间赶到旅客身边，提供相应服务。

乘务组践行"两心、三真、六主动"服务法，深入人心，以心交心，用真诚服务旅客，用真心留住旅客，用真情感动旅客，主动送去一句问候，主动引导座位，主动帮助提拿行李，主动询问旅客需求，主动提供辅助器具，主动进行到站前温馨提示，于细微之处体现对重点旅客的关怀。

5.4 高铁美学下的视觉文化

总结提炼新时期京张高铁精神，建设京张高铁文化展示和宣传平台，大力宣传京张铁路文化的历史传承和时代内涵，集中展示京张高铁建设精品工程和智能精装的成果，通过老京张铁路和京张高铁的对比，充分展示中国铁路的历史变迁和中国高铁的最新发展成果。京张高铁美学下的视觉文化要求主要体现在以下几个方面。

5.4.1 提炼新京张文化

京张高铁承载着重要的历史及文化意义，是冬奥会交通服务的重要保障，是京津冀协同发展的经济服务线，也是中国高铁建设成就的代表，在冬奥会期间举世瞩目，需要讲述传达中国精神、中国力量、中国特色、中国哲学的中国梦。如，代表中华民族精神和京张铁路的视觉符号"人字纹"。"人字纹"造型提取"人"的文字流变造型，用于细部和标识性的装饰及造型。京张高铁通用 Logo 图标艺术设计体现"人"在新老京张铁路中发挥的重要意义，冬奥会期间的通用 Logo 增加了滑道元素和积雪元素以及代表性的配色，显示了冬奥会的运动氛围。复兴号客运服务和京张高铁标志如图 5.19 所示。

图 5.19　复兴号客运服务和京张高铁标志

5.4.2 融合地域文化、奥运文化、冰雪文化

中国文化注重工程建设与文化建设的融合，京张高铁建设要体现出艺术的温度感和时代的精气神，把地域文化、奥运文化、冰雪文化等元素融入京张高铁建设全过程，实现"一站一景"，更好地体现奥运精神、中国文化和铁路文化，将京张高铁打造成一条体现深厚文化内涵的风景线。京张高铁文化区如图 5.20 所示。

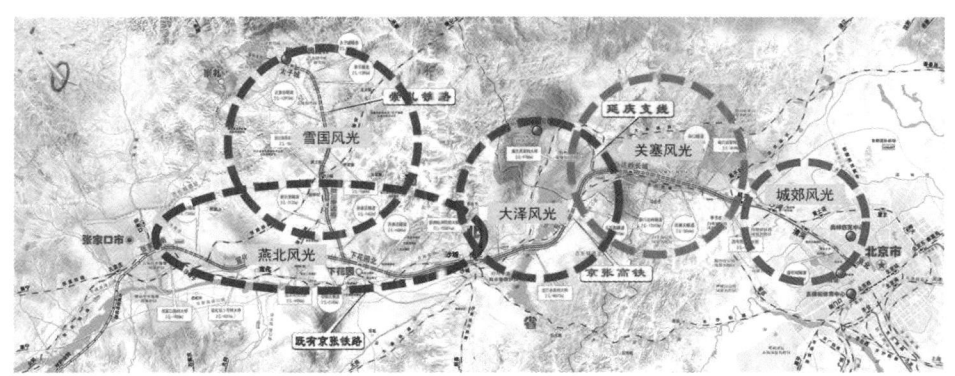

图 5.20　京张高铁文化区

5.4.3 注重保护老京张铁路的相关文物和文化

结合高铁时代特点，充分挖掘、传承和发扬。构建优秀传统文化传承体系，挖掘优秀传统文化的思想价值，坚守住传统文化的基本元素，建立传承的保障机制。文化元素如图 5.21 所示。

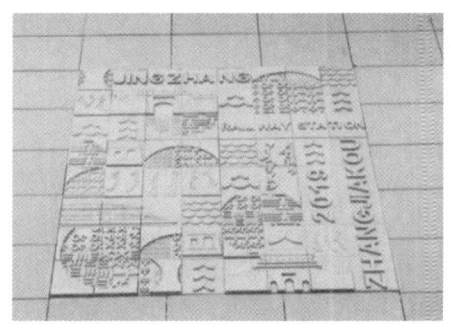 

图 5.21　文化元素

5.4.4 宣传和展示京张铁路文化

文化是个综合体，京张高铁承载着重要的历史文化意义，把"京张文化"书写好，既是对我国传统铁路文化的传承，也是中国铁路文化在世界上的有力彰显。京张高铁文化的表达包含四个核心视觉元素：代表中华民族精神和京张铁路的视觉符号"人字纹"，代表中国铁路历史的视觉印记"苏州码子"，代表中国哲学精神的视觉镜像"山水视界"，代表中国美学的视觉韵律"五行五色"。"人字纹"造型提取"人"的文字流变造型，用于细部和标识性的装饰及造型。"苏州码子"是老京张线独有的里程标识符号，将"苏州码子"花数进行抽象化提取及打散重构，转化为极具视觉冲击的艺术形式，寓意中国铁路源源不断的生命力。"山水视界"主要将传统中国画的写意手法与现代性的表现方式结合，创作京张高铁独有的"中国山水意象"装饰图像及纹样。"五行五色"汲取传统美学的五色观，以五行与五方相配，将东南西北中对应五色，创作具有中国特色的色彩应用体系——水墨黑、汝瓷青、琉璃黄、冰雪白和春节红。京张高铁的 LoGo 设计如图 5.22 所示。

图 5.22　京张高铁的 LoGo 设计

总之，结合新时代要求，对传统文化赋予现代意义，推动文化创新发展，对传统文化做出当代表述，为文化发展开辟出更大空间，使得优秀传统文化始终与当代文明相互映衬，相互协调，成为新时代的新动力。苏州码子元素文化和站房文化元素如图 5.23 和图 5.24 所示。

图 5.23　苏州码子元素文化

图 5.24　京张高铁站房文化元素

5.5　百年京张的惊艳

百年京张，历史跨越，智能京张，驶向未来。京张高铁这条由中国铁路人自主设计建设的世界上首条速度 350 km/h 的智能高铁再次引发社会广泛关注。提起京张高铁，熟悉我国铁路发展史的朋友都会想到京张铁路，这是具有开创性意义、在国人心中具有非比寻常地位的铁路。

清朝末年，朝廷懦弱无能，中国被西方列强欺压，铁路修筑权基本上被列强攫取，当然这除了清廷无能外，也是因为国人在铁路设计建造等方面没有太多经验，缺乏足够的人才。但是从国外留学归来的詹天佑为国人自主建造铁路带来了希望，中国人要凭借自己的能力建造第一条国人独立设计、建造、运营的干线铁路——京张铁路。因为当时铁路建造的先进技术主要掌握在西方欧美国家手中，而且京张铁路所经地区地形又极其复杂，难度非同一般，外国工程师因此敢放出鄙视国人的言论："中国能修京张铁路的工程师还没出生呢！"从美国耶鲁大学土木工程系毕业归国的中国铁路工程专家詹天佑，克服重重困难，在极其艰苦的条件下主持京张铁路设计和修建。这是我国有史以来第一条从设计到建设、运营全部由中国人完成的铁路，承载了一个民族实业兴邦的艰辛探索，也开启了中国现代铁路史。作为中国人自主勘验、设计、建设和管理的第一条干线铁路，京张铁路的成功让每一位国人都感到无比骄傲和自豪，让世界对中国刮目相看。但这并不仅仅是一条铁路的成功修建，拉开了中国铁路发展的序幕，它更是增强了国人的自信心，其积极意义怎么说都不为过。

第一篇　智能京张2019

一百多年前，自主创新是从詹天佑那一辈人开始发力的。詹天佑发扬爱国图强、自力更生、艰苦奋斗的精神，克服了南口和八达岭的高度，将南美伐木所用的"人"字形铁路首次运用在我国干线铁路上，靠人工一下一下挖出来八达岭隧道，通过延长距离，顺利通过了京张铁路关沟段33‰大坡度，将原本需要开挖1 800多米的八达岭隧道缩短为1 091 m。京张铁路的建成通车一举打破了国外认为"中国人不能自己修铁路"的言论，实实在在地为中国人争了一口气，让世界都为之惊叹。京张铁路全线通车，铸就了中华民族自强自信的丰碑。詹天佑"爱国敬业、自主创新、追求卓越"这12个字经过百年来的传承已深深地印在每一位铁路职工的心中。

从清朝初建的第一条铁路"老京张"到如今实现引领的"智能京张"，京张高铁建设中运筹帷幄的领导者、勇于创新的科技人员、技艺高超的能工巧匠以及平凡岗位上的普通劳动者，他们手足重茧、纯朴敦厚、吃苦耐劳、勤奋努力，一代代铁路工作者的不懈努力，让我们整个民族为之振奋，信心满满为之"爆棚"。

天翻地覆的巨变，源自一条道路。洗尽铅华始见金，从京张铁路到京张高铁，110年的沧桑巨变，见证了中华民族复兴之路的艰辛与坎坷，奋进与前行，悲壮与勇敢，从胜利走向胜利的光辉历程。百余年时间见证了历史的变迁，见证了时代的更迭，但更见证了中华民族由弱到强，实现百年圆梦，中华民族在任何时候都有着勤劳、智慧、团结，不畏艰辛，不惧困难的勇气，以及时刻保持昂扬斗争热情的民族精神。一代又一代先人不忘初心，奋力前行，方能于曾经的战争年月里走出一条救亡图存的道路，实现国家的解放和民族的独立，进而实现社会改造和建设时期一项又一项国防科工领域的成果突破，实现改革开放四十多年来国家和民族发展的奇迹。京张铁路当时的速度只有35 km/h左右，而今天的京张高铁成为世界首条设计速度达350 km/h的智能化高铁。从35到350 km/h，从3个多小时车程，到1 h之内，世界上最快的高铁将让京张两地近在咫尺，提速的不只是铁路，还有中国的国力和在国际上的地位。

京张高铁通车仪式那天，詹天佑的曾孙女詹欣握着人民铁道记者李蓉的手说："小李，这一眨眼的工夫，列车就穿过'人字坡'，当年火车在这里爬上爬下要78分钟。"穿过"人字坡"，百年前中国人靠的是智慧，百年后靠的是实力。京张高铁并不是条简单的高铁，不论是从施工难度、运用的新型技术、智能化程度等各方面，它都是在我国铁路发展史上具有划时代意义的"集大成者"。京张高铁的智能化设计贯穿在铁路设计、建造、电力保障、行车调度指挥系统、旅客服务、车辆设备、维修养护、天气监控等各个环节，京张高铁采用我国自主研发的北斗卫星导航系统和 CTCS3 信号系统，速度能达到 350 km/h 的智能化运行。

京张智能高铁引领高铁升级革命。智能高铁对于世界任何一个国家都是挑战。京张智能高铁将开启高铁无人驾驶领域的先河。通过高铁工作者们的努力探索、研究和实践，我们在高铁领域的各项技术已然取得了领先于世界的突出成就，并让"中国技术"走向了世界。用科技创新描绘中国铁路更加美好的明天！京张智能化高铁的诞生将会更新全球对高铁的认知，掀起世界智能高铁的发展热潮，将中国高铁技术和管理在智能的系统基础上进一步融合、完善、升级，促进中国高铁的智能技术走向成熟。

智能高铁体系架构及京张高铁示范应用首次给出智能高铁定义和内涵，创建了"技术体系-标准体系-数据体系"三位一体的智能高铁体系架构，提出了"模数驱动、轴面协同"的智能高铁复杂巨系统工程管理方法，编制了国铁集团智能高铁体系架构 1.0 标准。在智能建造领域，首次提出了中国铁路 BIM 标准体系，攻克了基于 BIM 的多专业协同应用等关键技术；在智能装备领域，研究构建了移动装备和固定设施监测技术体系；在智能运营领域，研究构建了涵盖养护维修、运输调度、客运管理、旅客服务等成套技术方案；上述关键技术和系统在京张高铁成功验证并取得示范作用。项目获发明专利 20 项、软件著作权 76 项、形成标准 124 项，国家及省部级评审 79 项，出版著作 4 部，发表论文 117 篇。

2021 年 6 月，我国首部铁路行业 BIM 标准《铁路工程信息模型统一标准》（TB/T 10183—2021）由国家铁路局发布实施。该标准编制的主要目的是规范铁路 BIM 领域基础标准，发挥基础性、指导性与引领性作用，促进铁路工程 BIM 技术发展，规范和引导 BIM 技术在铁路工程全生命周期的应用，统一铁路 BIM 技术要求。标准明确了铁路工程信息模型实施主体、应用阶段、应用流程、信息分类、数据存储、信息交换、保密与信息安全等方面的基本规定，明确了铁路工程信息模型创建的原则和方法等要求，提出了铁路工程信息模型应用成熟度评价指标及计算方式，明确了设计阶段、施工阶段铁路工程信息模型应用的主要内容，明确了各参与方应用信息模型的主要工作内容，明确了基于信息模型的项目协同工作宜满足的要求、面向信息模型应用的协同工作平台需具备的功能或特性、施工图阶段和施工阶段基于协同工作平台的项目协同工作程序等，明确了铁路工程信息模型交付的基本原则、交付精度、交付物格式及交付方式等要求。

2023 年伊始，中国通号所属二级企业通号工程局集团主编的国铁集团首批智能建造标准——《铁路通信信号工程智能建造施工技术指南》（Q/CR

9258—2023）正式发布，标志着铁路行业对智能建造水平等级出台了可量化的评价标准。该技术指南是铁路行业唯一一部面向通信信号专业的智能建造评价标准，总结了近年来我国铁路通信信号工程智能建造施工的实践经验，以京张高速铁路等建造成果为依托，在广泛征求建设、设计、施工、监理、运营等各方意见，并进一步落实国铁集团智能建造要求的基础上编制而成，充分体现了智能建造的技术特点和质量要求，规范铁路通信信号工程智能建造，积极推动先进、成熟的技术应用，指导智能建造施工技术应用和发展。其中，通信信号工程智能建造等级分为三级：Ⅰ级（最高级）、Ⅱ级、Ⅲ级。各工程项目宜根据建设目标、建设条件、工程特征、周边环境等项目特点确定整体智能建造等级，明确等级指标，并依据相应等级配置要求进行评估。通信信号工程智能建造等级的评价指标包含 6 类分项指标：施工准备、建筑与安装施工、施工调试、BIM 技术应用、施工信息化管理、智能建造资源配置。考核两个维度：前 3 项从工程施工全生命周期的时间线的维度进行考核，后 3 项从贯穿于工程施工全生命周期采取的保障措施进行考核。

京张智能动车组是我国自主研制的世界首列时速 350 km 的自动驾驶智能动车组和国内首列冬奥定制列车，实现从 0 到 1 的重大突破，达到国际领先水平。创新了面向智能行车、智能服务、智能运维的高速动车组智能化技术，打造了冬奥定制化列车，提高冬奥服务品质，提出了面向高寒长大坡道、绿色环保和综合节能的环境友好性技术，构建了智能动车组技术平台，推动了轨道交通装备智能化战略转型。项目获发明专利 10 项、实用新型 2 项、外观 2 项、软件著作权 2 项，形成标准 2 项，出版专著 3 部，发表论文 19 篇。

时隔百年，从逐梦到现实，从京张铁路到京张高铁，见证了中国铁路的飞速发展，见证了铁路为民的矢志初心。百年京张路，而今再出发。中国铁路担当"交通强国、铁路先行"历史使命，以智能高铁建设发展为新起点，必将不断增进人民福祉、助力国家富强。京张高铁不仅连接着过去与未来，世界高铁看中国，京张智能高铁都是研发者、设计者们一遍又一遍地去试，一次又一次地去改最终形成的，还要了解各个地区的地形等，中国高铁的快速发展是我国国力提升的显著标志，通过京张铁路的智能化，"中国铁路"的名片在世界上将越来越绚丽。京张高铁引领世界的超高技术水准，更让我们自豪。同时，京张高铁彰显了社会主义制度的巨大优越性。中国铁路的发展无不诠释着"人民铁路为人民"的宗旨。

百年前京张铁路的自主修建，保护了从北京到西北的重要关卡，紧紧握住商贸粮道带来的财富；如今，智能京张高铁再次贯通更是与民生息息相关——张家口优质的蔬菜与牛羊肉运进北京，助力张家口农业发展与农产品销售；冬奥会举办在即，也让张家口丰富的旅游资源成为名片。一条铁路的开通再次帮助京冀两地人民实现共同富裕，为京津冀协同发展助力。整体来说，京张智能高铁是我国智能铁路最新成果的首次集成化应用，在列车自动驾驶、智能调度指挥、故障智能诊断、建筑信息模型、北斗卫星导航、生物特征识别等方面实现了重大突破。智能京张的建设，具有划时代的重要意义。

"今日之世界，非铁道无以立国。"百余年前孙中山先生给我们描绘的铁道强国梦想，在中国共产党成立一百周年的重要历史时刻，已真切地照进现实。百年来，中国人民经历了诸多磨难，在中国共产党的领导下不畏强权站起来，特别是改革开放以来，我们用短短几十年时间走完了西方发达国家上百年乃至几百年的进程，大踏步地走上了民族复兴之路。曾经的京张铁路速度仅为 35 km/h，现在是速度可达 350 km/h 的高铁飞驰在崇山峻岭间，大大缩短了从北京到张家口的时间。百年来，中国的铁路建设实现了从举步维艰到一日千里的跨越，实现了从蒸汽时代、内燃机时代和电气时代到高铁时代的飞跃。京张铁路见证了中国共产党领导的中国人民，英勇不屈、抵御外辱，自强不息、民族独立，砥砺前行、开拓创新，奋勇前行、民族复兴，国家强盛，民族富强，人民幸福安康。

京张高铁带着历史的使命，不负国人的重托，它重整旗鼓再次出发，像一百多年前一样，现在的"智能化"修建流程同样惊艳世界。作为流淌着中国血脉的标杆式线路，京张高铁从设计到建成运营，都是百分之百的"原创精品"。京张高铁世界瞩目，但这不是建设者创造的奇迹，是伟大的时代、祖国的发展，造就了这个奇迹。虽在铁路建设上起步落后于西方国家，但凭借着中国人民的聪明才智和铁路科研工作者的潜心努力，实现了在铁路发展上的从追赶到领跑的历程。在中国共产党领导下，中国人民发愤图强、艰苦创业，创造了"当惊世界殊"的发展成就，独立、民主、富强的国家早已巍然屹立在世界东方。中国特色社会主义进入新时代，中国大踏步赶上了时代，中国人民已意气风发走在时代前列！

第二篇

京张铁路 1909

　　修比铁路，纵有千难万难，也不会半途而废，生命有长短，命运有沉升……所幸我的生命，能化成匍匐在华夏大地上的一根铁轨，也算是我坎坷人生中的莫大幸事了。

——詹天佑

第6章 京张铁路建设准备

6.1 中国初期铁路的艰难诞生

铁路是第一次工业革命的产物，自1825年世界上第一条铁路在英国诞生以来，它像横空出世的一条"巨龙"，迅速在欧美包括英国殖民地推广。一条条绵延无尽的钢铁大动脉，以其庞大的运输能力，成为世界各大工业国获取资源的利器，深刻影响着世界政治经济格局。铁路的兴起和发展又与科学技术和社会的进步密不可分，与此同时，铁路的技术进步和现代化进程，又在深刻影响着整个世界经济的发展，推动着人类社会的不断进步。

铁路及火车的发明，标志了近代铁路运输业的开端。它使陆上交通迈入了以蒸汽机为动力的新纪元，成为二业革命的一个重要环节。我国铁路起步于近代。19世纪30年代起，就有西方传教士来中国传播宣扬西方的工业文明。被称为"近代中国睁眼看世界的第一人"的政治家、思想家林则徐，在主持编译的书刊中也介绍了国外铁路和火车的情况，并生动地描述了呼啸奔驰的火车形象。1839年，林则徐受命赴广东查禁鸦片，他一到广州就设译馆、译西文，开眼看世界，率先接触到了铁路知识，并编入他的《四洲志》，成为第一个在著作中介绍铁路的中国人。1841年7月13日，林则徐被贬谪，发配伊犁，途经镇江与老友魏源作了一次彻夜长谈，并将《四洲志》手稿交于魏源，嘱咐其要发扬光大。魏源因之而成《海国图志》，介绍了当时外国的铁路、火车等科学技术信息。晚清末年地理学家徐继畬于1848年编著了《瀛环志略》一书，进一步介绍了一些国家的铁路情况，如"造火轮车"，"以石铺路"，"熔铁为路，以速其行"，并称赞这种运输工具"可谓精能之至矣"。

我国铁路最初是在1840年鸦片战争之后，各资本主义列强相继侵略我国，强迫清朝政府订立了一系列丧权辱国的不平等条约的历史背景下产生和发展的。西方列强为了能获得更大的政治、经济利益，开始在中国大肆争夺筑路权、贷款权、经营权，其目的不仅可以从铁路本身获得巨额利润和经济

第二篇 京张铁路 1909

优惠，更重要的是通过对铁路的控制向中国推销商品、掠夺原料，使中国在经济上长期地依赖于帝国主义并实现其瓜分中国的野心。

铁路作为工业化的重要象征，对于国家发展的重要意义不言而喻，但是一开始在晚清政府眼里，不过是"奇技淫巧"。清政府和国人对铁路这个"怪物"采取了拒绝的态度。中国第一条铁路是 1865 年英国商人杜兰德在北京宣武门外修建的一小段铁路。杜兰德真正的目的就是想让清王朝的主政者们直观认识铁路，希望借此得到清朝政府的认同，从而同意让他代表英国主持修建铁路，打开中国市场。但是事与愿违，反而引起了清朝政府的恐慌，这举措不可谓不大，此事生出了一个天大的笑话却是始料不及：汽笛一响，吓得京城里的人心惊，将其视为"妖物"，老佛爷也十分讨厌那火车发出的巨大声响。于是，世界铁路史上的一个奇观在此出现：拉车厢的不是蒸汽机，而是一群太监。

根本没有任何讨论的余地，慈禧太后以"失我险阻、害我田庐，妨碍我风水"之由，下令拆除。与其说这是一条真正的铁路，不如说这更是一个实物模型广告。当时中国人对此的反应大大出乎杜兰德的预料。清人笔记记载，京师人诧所未闻，骇为妖物，举国若狂，几致大变，步军统领以"见者骇怪"为由命令拆除，这才平息了骚乱。这条铁路一闪而过，悄无声息地就这样结束了短暂的命运。此前两年，李鸿章在任江苏巡抚时，上海的英国怡和等 27 家洋行就联名向李鸿章提出，意出资建一条从上海到苏州的铁路，李鸿章不敢答应。直到 1872 年，清朝同治皇帝年满 16 岁，到了大婚的年龄。英国人以此为契机，来到总理各国事务衙门，与各位大臣商量，打算送条铁路给同治皇帝，作为皇帝大婚礼物，但这条建议被总理各国事务衙门的大臣们异口同声地"否决"了。

1. 淞沪铁路

由于上海地理位置和经济中心的重要性，西方各国纷纷在上海建立租界。看到英国人在中国建铁路没成功，美国人则采取了"明修栈道，暗度陈仓"的办法。他们认为，"想从中国政府得到正式的许可是徒劳的"，只有先正式买地，然后突然把铁路造起来。后来美国以修筑一条"寻常马路"的名义，骗取了当时上海地方政府的允许。美国人又将权益让给英商，另行组成"吴淞铁路公司"继续修路。这条铁路从上海至吴淞镇，全长 14.58 km，轨距为 762 mm 的空轨，采用 13 kg/m 的钢轨；用一台叫作"先导号"（Pioneer）的机车，重量仅为 15 t，速度 24~32 km/h；客货车辆也是小型的。

淞沪铁路沿线人民从一开始就反对洋人筑路。巧的是，1876 年 8 月从上海至江湾一段通车营业后，发生了火车轧死行人的事故，激起群众的愤慨，迫使英国侵略者同意，由清朝政府用 28.5 万两白银将铁路收买回来。然而腐败的清朝政府认识不到铁路这种运输工具的优越性，1877 年 10 月，清政府付清货款，随即拆毁铁路，移往台湾，中国的第一条铁路就此夭折。1878 年，中国的铁路里程重归于零，而当时世界上的铁路里程，早已超过 20 万千米。吴淞铁路虽然在政治上是一条"屈辱路"，但在中国铁路发展史上是一座里程碑，虽然历时短暂，它如炸响在沉闷中国大地上的一声惊雷。吴淞铁路通车场景和江湾镇站如图 6.1 所示。

图 6.1 吴淞铁路通车场景和江湾镇站

2. 唐胥铁路

虽然第一条、第二条铁路都先后被拆除，但是铁路终究进入了人们的视野。以李鸿章为首的洋务派开始对铁路发生浓厚的兴趣。当时日俄都打起了中国的主意，中国边疆危机重重。李鸿章进言："非开铁路，则新疆、甘陇无运之法。""中土若竟改驿递为电信，土车为铁路，底足相持。"直隶总督北洋大臣的此番言论，自然遭到一片嘘声。1874 年，日侵台湾，从琅桥登陆，经过交战，7 月日军以龟山为中心建立都督府。李鸿章奉命向南方调兵遣将的同时，与日本进行谈判，军情紧急，外交谈判瞬息万变，在此过程中，他深刻感受到铁路和电讯对于国防和国家建设的重要意义。李鸿章建铁路想法更为迫切。他在《筹议海防折》中再次指出：火车铁路，电兵于旁，闻警驰援，可以一日千数百里，则统帅当不致误事。

唐胥铁路实际上是为解决北洋水师的用煤问题。1875 年，李鸿章令唐廷枢筹办开平煤矿，组建开平矿务局，并将煤炭从唐山运至胥各庄、芦台，再转运至天津。当时，唐山被称为"中国近代工业的摇篮"，由于唐山到胥各庄一线地势险峻，极难通行，只能修建铁路。后来，清政府内部开始重视铁路问题，并围绕要不要修铁路展开大规模讨论。洋务派官员纷纷上书，力陈铁路对于国家安危的重要作用；顽固派官员则认为铁路对于中国来说有百害而无一利。争论的结果是以洋务派官员占上风而告结束。1879 年，慈禧太后批准了李鸿章兴建唐胥铁路的奏请。然而，唐胥铁路建设一波三折，在路基刚刚建成后，清政府内部顽固派官员以"伤损地脉、伤及国运"等理由，极力反对铁路建设，导致唐胥铁路停工。1880 年 12 月初，李鸿章又授意直隶总督刘铭传以铁路利于用兵为由，提出修筑铁路，引起了清朝政府内部的巨大争论。最后，在拆毁吴淞铁路的 4 年后，为满足实业对煤炭的需求，清政府自行出资，建成长 9.3 km 的"唐胥铁路"，这便是中国铁路落后而寒酸的起点，当然也是经过李鸿章的不断斡旋，采取了折中的办法，在铺设铁轨后，不使用机车而采用骡马牵引的办法，被称为"马车铁道"。

  1881 年 11 月，唐胥铁路在骡马的牵引下正式通车。中国的第三条铁路以这样一种奇特的方式诞生。此时，詹天佑刚刚从美国完成学业回国两个月。1 年后，唐胥铁路改为机车牵引。唐胥铁路是中国自建的第一条标准轨货运铁路，这条采用了国际通用的"1.435 m"标准轨距的铁路，成为中国铁路建筑史的正式开端。

  如今，唐胥铁路原址路旁立有一块石碑，上刻"中国铁路零起点"字样。唐胥铁路迈出了中国兴建铁路的第一步，但是铁路建设依然面临着重重的阻力，成规模的建设还没有展开。1886 年，中国自办的第一家铁路公司——开平铁路公司成立，收买唐胥铁路后，开始独立经营铁路业务。1887 年，唐胥铁路修筑至芦台，称唐芦铁路。1888 年修筑至天津，增长 80 余千米，称津沽铁路。以后，该铁路线逐步发展成为现在的京沈铁路。到如今，最初的唐胥铁路也不断延展，运营里程从 9.3 km 扩展至 1 000 余千米，最终贯通山海关内外。如今，从起始点看，从北京正阳门直抵沈阳，唐胥铁路成为老京哈铁路的一部分。图 6.2 为李鸿章察看唐胥铁路和一车站场景。

图 6.2　李鸿章察看唐胥铁路和一车站场景

从追赶到领跑，从落后到先进，从师夷之技到自主创新，一切的开始，可以从国家一级文物——"0号"蒸汽机车说起，它是中国现存最古老的机车，100多年前它见证了中国铁路从零起步。1881年，中国最早的官督商办的唐胥铁路诞生，"0号"机车就是用于这条铁路的运煤机车。130多年前，它以20多千米每小时的速度运行在唐胥铁路上；130多年后，具有完全自主知识产权的复兴号动车组以350 km/h的速度奔驰在祖国广袤的大地上。汽笛声声，钢轨绵延。当我们穿越时空，与漂洋过海的"0号"机车对话时，愈发感到已经领跑世界的中国铁路，取得今天的成就真是来之不易。"0号"蒸汽机车如图6.3所示（金达参与设计）。直到1952年，当时的四方机车车辆工厂制造出新中国第一台"解放"型蒸汽机车，开启了我国自主设计制造火车的历史。

图6.3 "0号"蒸汽机车

6.2 晚清政府对铁路的态度和政策

随着洋务官员的继续努力和国内外的时局发展，1889年清政府颁发上谕，称修筑铁路"为自强要策，必应通筹天下全局……但冀有益于国，无损于民，定一至当不易之策，即可毅然兴办，勿庸筑室道谋"。清政府虽然决定修筑铁路，但至1895年中日甲午战争结束，中国修建的铁路仅有约360 km。

1894年甲午战争以前，列强虽在不断谋求中国铁路的路权，却未能得逞，清政府在铁路的修建和经营方面，仍有相当的自主权。在甲午战争中，清政府战败，被迫签了屈辱的《马关条约》。清朝朝中重臣认为此次战争失败的原因之一是铁路的缺乏。张之洞、刘坤一等洋务派官员纷纷上奏，要求朝廷继续修建铁路，以增强国力。1895年7月19日，立志有所作为的光绪帝颁布上谕："叠据中外臣工条理时务，详加披览，采择施行，如修铁路，铸钞币，造机器，开各矿，折南漕，减兵额，创邮政，练陆军，整海军，立学堂，大约以筹饷、练兵为急务，以恤商、惠工为本源，此应及时举办。"

此时，列强开始在中国疯狂地划分势力范围，中国铁路的路权自然也是它们争夺的焦点。清政府因铁路修筑资金不足，不得不借洋款筑路。列强通过与清政府签订借款合同取得了大量的路权，民族危机愈加深重，各国侵略者更加为所欲为，俄、德、英、法、比利时、日本等国分头在华分割势力范围，争夺开矿路权，在中国领土上大肆建造铁路，以攫取资源和军事利益。

光绪帝将"修铁路"视为甲午战后"图自强"之首，坚持了清政府确立的"毅然兴办"铁路之政策。虽然甲午战争后清政府对修铁路始终持积极态度，但国库空虚，无力大规模投资铁路，加之列强加紧掠夺中国铁路路权。因此，这一时期清政府自建国有铁路进展迟缓，无法成为铁路建设的主流。同时，面对清政府丧权辱国的痛苦现实，国人自强图存，要求赎回铁路，自建铁路的呼声日渐高涨。

清朝统治集团内部就兴办铁路的方式进行了讨论。第一种意见主张铁路商办，不借外债，不入洋股；第二种意见则主张借债造路，官办或官督商办；第三种意见既支持铁路商办，但同时主张允许洋商入股，采取中外合股方式。清政府采纳了第一种意见，在兴办铁路的上谕中宣布："各省富商如有能集股至千万两以上者着准其设立公司，实力兴筹，事归商办，一切赢绌，官不与闻。如有成效可观，必当加以奖励。将此电谕中外知之。"

清政府倾向于铁路商办，究其原因：一是政府财政拮据，无力承办，试图通过商办铁路，抵御西方列强对中国路权的掠夺；二是官办企业的种种弊端日益明显，清政府对官办企业失去了信任。然而，上谕发出之后，应者寥寥。这是因为，当时的中国商人财力有限，而且对投资铁路兴趣不大。这样，清政府不得不放弃铁路商办的想法。在清政府内部，借款官办的主张转而占了上风。

1896年9月，主持卢汉铁路事务的湖广总督张之洞与直隶总督王文韶联名上奏："铁路未成之先，华商断无数千万之巨股，唯有暂借洋债造路，陆续招股分还洋债之策，集事较易，流弊较少。盖洋债与洋股不相同，路归洋股，则路权倒持于彼，款归借债，则路权仍属于我。"张、王二人建议借洋款造路，成立铁路总公司，并推荐盛宣怀担任公司督办一职。盛宣怀所推行的筑路政策依然是官督商办的形式。盛宣怀提出：铁路资金的筹集应为4个途径，分别是商股、官股、官款、洋款；计划先募集商股700万两白银，然后再入官股300万两，借官款1 000万两，借洋款2 000万两，共计4 000万两；计划先办卢汉铁路后办苏沪、粤汉等路。

外债的举借亦由铁路总公司出面，商借商还。盛宣怀的计划虽然很好，在实际推行过程中却发现筹措资金十分困难。在官款方面，经过数月的努力，盛宣怀仅筹集到50万两官股，距原定的300万两相去甚远。筹措商款亦是十分困难。在这种情况下，盛宣怀只能采取借洋款筑路的方法。

张之洞、盛宣怀在借用洋款这一问题上，还是比较慎重的，也曾想出过一些对策：必须先用华款，后压洋债，以避免外国在借款谈判中多有要挟；坚持借款为商业性贷款，不涉及国家主权。但是，这根本不可能扼制列强对中国铁路控制权的野心。它们纷纷通过对华借款合同掠夺了中国铁路大量的修筑权和经营管理权。在掌管铁路总公司期间，盛宣怀同列强签订了多份铁路借款合同，分别是：卢汉铁路、汴洛铁路向比利时借款；正太铁路向俄国借款；沪宁、苏杭甬、广九、浦信（浦口至信阳）、道清铁路（河南道口至清化）向英国借款；粤汉铁路向美国借款；广澳铁路向葡萄牙借款。在签订借款合同的同时，这些铁路的路权也被列强所夺取，这极大地损害了中国的主权。

据史料记载，从1876年至1911年清廷统治的封建王朝垮台，中国总共建成铁路9 100 km，但其中国外直接投资和管理的铁路站到44%。中华人民共和国成立前的铁路，不但数量少，而且标准低、设备差、速度慢。争夺路权的最后一幕是在1911年，清政府要把商办的川汉（成都通往汉口）铁路改为官办，从而酿成了波及数省的、声势浩大的保路运动，最终引发了辛亥革命的熊熊烈火，推翻了清王朝260多年的统治。

值得一提的是，晚期的清朝，虽然已经无力回天，张之洞曾建立的汉阳铁厂，虽然是清朝时期的钢铁厂，但生产出来的钢铁用于修建铁路，很多当年的钢轨，至今都还在默默地工作着，仍然没有生锈，每根都是无价之宝。2012年11月，铁路检查维修工在检查铁路线时发现110年前"汉阳造"钢轨至今还在正常使用。钢轨内侧清晰铸有繁体字的"1902年汉阳铁厂造"。钢轨全长约25 m，位于万源市境内的万白货运专用线一处山间铁路桥上，是作为护轨使用的。护轨指的是在铁路基本轨内侧增设的两根平行的钢轨，主要是用来防护火车轮掉道，帮助卡住车轮缘内侧。在铁路平交道口、桥梁等地段常设有护轨。随后，在陕西略阳县、北京、湖南衡阳、河北石家庄、四川达州等多地也相继发现了汉阳铁厂制造的钢轨。从汉阳铁厂这个小小缩影可以看出：中国人骨子里的傲气一直都是存在的，哪怕是一颗小小的螺丝钉，都会倾注全部的心血去制造。

6.3 为什么要自主修建京张铁路

6.3.1 修建京张铁路的重要性

在掠夺中国路权的问题上，西方列强既相互斗争又相互勾结。俄国在对华路权的争夺上，充当了列强的急先锋。1896年5月，沙皇尼古拉二世加冕，清政府派李鸿章为钦差大臣前往俄国祝贺。俄国政府诱使李鸿章签订了《中俄密约》，骗取了在黑龙江、吉林修建铁路的权利。同年9月，又以中俄合办的名义，诱使清政府签订了中俄《合办东省铁路公司章程》，完全夺取了中国东北地区的铁路修筑权和经营管理权。

张家口在长城居庸关外，地处北京的西北，为通往内蒙古的要道，在历史上一直是北方的军事重镇。由北京到张家口是南北商旅交通的要道，贸易数量很大。每年运输的货物，有从北方输出的土产皮毛、驼绒和南方输入的茶叶、纸张等生活用品。张家口又称"张垣""武城"，位于中国河北省的西北部，地处京、冀、晋、内蒙古四地的交界处。张家口地处蒙古高原与华北平原的过渡地带，是中国北方重要的物资集散地和对欧贸易的重要陆路商埠。

实际上，俄国对张家口的商贸地位垂涎已久。张家口的皮毛在我国外影响日益扩大，"天下皮裘，经此输入海内，四方皮市经此定价而后交易"。张家口成为誉满中外的"皮都"。由于货优物美，享有盛誉，"口羔""口皮"曾在相当长一段时间里驰名国际市场。这里有北京连接起张家口的官马大道，就是闻名中外的张库大道。张库大道起于大境门，穿过辽阔的草原、起伏的丘陵、荒凉的沙漠，从张家口一直绵延到库伦，也就是今天的蒙古草原腹地乌兰巴托。张库大道是中俄贸易的唯一通道。由于运输方式落后，在长城脚下、大境门外，马车、驼队云集，各类货物堆积如山。

1860年，俄国商人已经开始在张家口出现。1884年起，英、美、法等国的商人纷纷到张家口收购皮张和羊毛，张家口逐渐成为陆路大商埠，"百货之所灌输，商旅之所归途"，年进出口额平均高达1.5亿两白银。俄国强迫与清政府签订了《中俄北京续增条约》，获得了在张家口设立行栈、进行贸易的权利。俄国的做法引起了其他列强的嫉妒，其他列强紧随其后纷纷来到张家口从事贸易活动，纷纷加快了对华路权掠夺的步伐。

德国紧随其后，1898年强迫清政府签订了《中德胶澳租界条约》，强行夺取了胶济铁路的经营管理权和山东全省的筑路权。法国通过中法战争取得了在中国西南地区修筑铁路的权利后，分别于1896年与1903年，强迫清政府签订了《续议界务专条附章》《滇越铁路章程》，夺取了龙州铁路的筑路权和滇越铁路的直接经营权。而比利时则与俄法两国相互勾结，借此机会夺取了卢汉铁路的筑路权和经营管理权。后来俄法两国又相互勾结，在1902年夺取了正太铁路的路权。英国在1898年和1899年通过借款合同，夺取了沪杭甬铁路、浦信铁路等路的路权。美国在1900年通过借款合同夺取了粤汉铁路的路权。与此同时，日本、意大利、葡萄牙等国也纷纷参与到对华路权的争夺战当中，这使得清末中国的铁路建设呈现出了极为复杂的局面，中国也因而丧失了大量的路权。

到20世纪初，张家口的各种店铺已达千余家。北京、天津、山西等地客商到张家口经商者日众。张家口被开辟为蒙汉互市之地，逐渐发展成为北方著名的商贸重镇，原先单纯的军事功能也逐步向兼具军事、经济的双重功能发展，城市初具规模。因此，修一条从北京到张家口的铁路来解决因山高路远而造成的运输困难十分必要。那时就先后有批商人上书清政府要投资兴建这段铁路，但都被回绝。不过此事却引起了清政府的注意，清政府开始研讨修建这条铁路的可能性。

可见，在京张铁路之前清朝时期已经修建了十数条铁路，如京汉铁路、沪宁铁路、津唐铁路、胶济铁路、东清铁路等都是由西方列强投建，路权均属西方列强，这让朝廷为尴尬和难堪。晚清为了挽回脸面，必须要修建一条属于自己的铁路来证明自己并非一无所能。修京张铁路就等于往脸上贴金，以图保全清廷脸面。

1901年，清政府被迫签订了丧权辱国的《辛丑条约》。面临本息共计98亿两白银的对外赔偿，清末国力衰微，京郊皇家御园荒废已有时日了。这些银两都要从中国的关税收入中支取。为此清政府即使一向腐败透顶，也会做出逐利的决策，那就是修建京张铁路。如果张库大道的繁荣和对外赔偿还款的压力，促使清廷把第一条国有实用铁路修到张家口。但外国工程师认为京张铁路山高谷深，施工难度超出想象，如同鸡肋食之无肉弃之可惜，要价更高得离谱。所以清政府认为启用詹天佑更加合算，可以把京张铁路的投资压缩到最低。

同时，甲午战争失败后，一股变革、图强的力量逐步在涌动、汇集。清政府中开明之士逐步认识到铁路对军事和经济等各方面的作用。中国要自强，要维护清朝统治阶级的利益，必须效仿西方，清政府于是对开矿、办厂、修铁路转而采取鼓励的态度。也就是从那一年起，中国各界以绅商为核心，以清政府与美国交涉收回粤汉路权为契机，掀起了国人争回铁路路权和商民自办铁路的热潮。在这个热潮中，清政府于1903年成立商部，颁布《铁路简明章程》，允许民间资本修筑铁路。在清政府的鼓励和引导下，各省士绅竞相成立铁路公司，在全国掀起了一场声势浩大的商办铁路运动。京张铁路未修前的驼队如图6.4所示。

图 6.4　京张铁路未修前的驼队

6.3.2　自主修建京张铁路的可行性

由于清政府的腐败，国库空虚。若是再借外债，利益又要落在外国人的手里；若不借外债，自己又无力修建。1903年，已经通车的关内外铁路盈利丰润。这些状况已经让当时督办关内外铁路大臣的袁世凯在考虑用关内外铁路的余利来修建京张铁路了。而此时关内外铁路的余利存在英国的汇丰银行，英国人认为京张铁路是关内外铁路的延长线，必须由英国主持修建；俄国则以1899年清政府所作的承诺为理由，要求由俄国主持修建京张铁路。英俄认为，中国根本就没有能够修筑京张铁路的工程师。如果没有他们的帮助，中国是根本没办法动工的。即使动了工也必然会中途失败。到那时还得向他们求援。他们认为这给中国出了个很大的难题，在当时的条件下，中国人能把这条穿越燕山山脉的铁路修成恐怕是天方夜谭。

袁世凯顺水推舟当即宣布：京张铁路全部由中国人自己修筑和经营。不用任何外国工程师，与他国无关。英俄两国最后达成协议，清政府在不用洋款，不用洋工程师，完全自主修建的情况之下，则双方均不插手京张铁路的建设。清政府也借此机会提出了京张铁路完全自主修建，以杜绝列强的觊觎之心。

1905年，清朝政府决定使用京奉铁路的利润，完全依靠本国的工程人员和技术，自行修建京张铁路（北京—张家口），并任命陈昭常为总办、詹天佑为会办兼总工程司。清朝政府之所以自建京张铁路，是因为"俄国自修筑西伯利亚铁路之后，屡怀北京之野心"，"欲续建一横断蒙古铁路，由张家口而径达北京"。清朝政府深知京张铁路对于国家安全的重要性，拒绝了俄国的要求，并且利用英俄两国争夺筑路权的矛盾，与英俄两国反复磋商，最终达成了协议，约定京张铁路"完全不用国外资本和工程师，铁路建成后不得作为外国抵押借据"。

1905年6月，詹天佑完成实地勘测并在勘测报告中写道："此路早成一日，公家即早获一日之利益，商旅亦可早享一日之便利，外人亦可早杜一日之觊觎；而路工之难，亦实为向来所未有。"这或许就是当时修建京张铁路的最佳答案。

从某种意义上说，当年詹天佑缔造这条钢铁的运输线，张家口不仅是一座火车拉来的城市，也是一座需要火车来拉的城市。京张铁路的兴建，使张家口一跃成为继上海十里洋场、天津通商口岸外的中国第三大外商聚集地。大量的物资流通，京张铁路取代了"丝绸之路"上的"张库大道"，往返于内地及蒙俄、东欧市场的效率更高了。

6.3.3 京张铁路总工程师人选

詹天佑学问渊博，铁路工程是他在美国耶鲁大学所读的专业，回国后已在关内外、新易等铁路工程已积累了17年丰富经验。京张铁路是通往蒙古的要道，千万不能让列强染指。袁世凯在督办关外铁路中，对詹天佑快速修复关外铁路的才能十分欣赏，特别是詹天佑在4个月里赶修成新易铁路，使慈禧太后能如期赴西陵祭祖，为袁世凯脸上增了光。对此，袁世凯荐举詹天佑由选用知府升职为选用道员。但他还是担心：京张铁路沿线地形复杂，不同于区区42.5 km的新易铁路，詹天佑能担此重任吗？

为争夺修路权，英、俄两国相持不下，清政府虽然决定自力修筑，但缺乏信心。京张铁路是中国铁路史上第一条由中国人自己修建的重要铁路。各国的工程界都关注着主持这条铁路工程的人选和动工时间。由于建筑西陵铁路的成功经验，袁世凯经过反复的研究和分析后，认为詹天佑有足够的经验和能力担负这项艰巨的工程。清政府任命詹天佑为京张铁路总工程司兼会办的札文如图6.5所示。

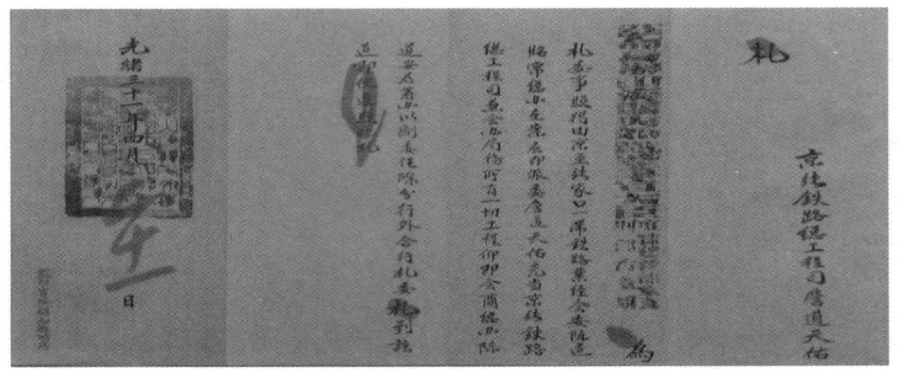

图 6.5　清政府任命詹天佑为京张铁路总工程司兼会办的札文

此时，外国人纷纷议论，还在认为中国无力完成此路修筑工程。詹天佑被派主持修路，先任总工程师兼会办，后升任总办兼总工程师。该路自北京至张家口，穿越军都山脉，地形险峻，工程异常艰巨，长约 200 km，为通往西北之要道。

当时一些西方国家纷纷攻击詹天佑"狂妄自大""自不量力"，甚至扬言说"会修京张铁路的中国工程师还没有出生"。詹天佑是在国外一片质疑声中上任的，不仅外国人准备看笑话，本国人不看好的也大有人在。但詹天佑却意志坚定，不畏人言，迎难而上，他勉励参加建设的工作人员说："全世界的眼睛都在望着我们，必须成功！"他表示："我国地大物博，而于一路之工，必须借重外人，引以为耻。"他深知，修建京张铁路的成败关系到中国工程师的声誉，因此只能成功不能失败。但对于这项工程，詹天佑也不是充满自信的，即便自己的技术能力得到认可，拥有了"中国最好的铁路工程师"的名誉，但依然对修建这条铁路充满了担忧。

最后，凭借着高度的历史责任感和敢为人先的勇气，再加上幼年赴美留学时积累的知识和经验以及艰苦奋斗、自强自立的精神，詹天佑排除万难、勇于创新，提前两年主持完成了京张铁路的修建，震惊了西方国家，为当时饱受屈辱的民族同胞争了一口气。詹天佑始终认为，以中国工程师的勤奋刻苦，在不远的将来，中国工程建设领域一定能够摆脱落后的面貌。

6.4　留美攻读生涯

詹天佑（1861 年 4 月 26 日—1919 年 4 月 24 日，英文名 Jeme Tien Yow），汉族，字眷诚，号达朝，生于广东省原广州府南海县。詹天佑的出生与成长的年代正是民族危机空前严重的年代，詹天佑的家乡广州也是中国与西方接触最早、最多的地方，是中国近代历次反侵略战争的最前沿。詹天佑深切地看到、感到自己的国家在近代世界潮流中的落后、贫穷以及因此而遭受的侵略与欺凌，所受的灾难与贫穷，这使他的心里激起越来越强烈的富国强民、振兴中华的梦想。

父母给他取名为"天佑"，是希望上天保佑他长大以后，能重整家业光宗耀祖。当时的广州是中国南方重要的城市与对外贸易港口，物产丰富，经济发达。在鸦片战争前，广州是全国唯一的对外通商口岸。鸦片战争后，中国对外贸易的中心逐渐由广州转向了上海。詹天佑的曾祖父詹万榜便是从安徽南部的婺源（今属江西省）来到广州从事茶叶出口贸易生意，后举家迁往广州定居。到詹天佑的父亲詹兴洪继承祖业时，第一次鸦片战争爆发，战后英国人逐渐操纵了广州的外销市场，国产商品价格下跌，小户的经营日趋艰难，生意也受到了很大的影响。

第二次鸦片战争期间，英法联军攻入广州，洗劫了十三行的商业区，广州人民为了反抗外国人的无耻行为，放火烧了"十三行"一带的所有洋馆，但熊熊燃烧的大火也烧毁了在附近地区的詹家产业，詹家的茶行毁于一旦。詹家的家业日益艰难，詹兴洪除了操持一些田亩外，还替人代写书信、刻印章挣些收入，补贴家用。詹天佑的母亲终年操劳忙碌。

詹兴洪共有7个子女，詹天佑是詹兴洪的大儿子。詹家生活虽然比较困难，但是在詹天佑6岁时，父亲仍然把他送到一所私塾去读书，他在私塾学习时的成绩非常好。詹天佑从小熟读儒家经典，又喜追根溯源，聪慧异常，在当地小有名气。一次，有人想考考小天佑，出了个上联让他应对："宝塔层层，一二三四五六七。"詹天佑瞥了瞥桌上的算盘，片刻便吟出下联："算盘度度，万千百十两钱分。"赢得一片赞叹。

通过几年的私塾生活，他学习了一些中国的传统文化，吸取了许多有用的思想，逐步形成了好学深思、沉稳坚韧的性格。但是，詹天佑对所读的《四书》《五经》，尤其是科举八股，越来越不感兴趣，反而对当时传入广州的西方科学技术产生了浓厚的兴趣。

詹天佑生活在与港、澳近在咫尺的广州，自小就受到西方文化的影响。他经常看到或接触到西方的各种各样的工业产品。他在街上走时，看见洋人或从港、澳回来的中国人摆弄新奇的"洋货"或机械产品、洋式玩具等，总要伫立很久，看个究竟，仔细观察研究它的构造、运作原理与制作方法等。少年时的詹天佑对机器十分感兴趣，常和邻里孩子一起，用泥土仿做各种机器模型。有时，他还偷偷地把家里的自鸣钟拆开，摆弄和捉摸里面的构件，

第二篇　京张铁路 1909

提出一些连大人也无法解答的问题，村里人都很佩服这个孩子。

詹兴洪有个安徽老乡，名叫谭伯邨（后来成为詹天佑的岳父），他经常往来于香港和广州之间经营生意。他经常来詹家，非常喜欢詹天佑，每次来都带些新式画报送给詹天佑看。这些新式画报介绍了西方经济、文化和社会生活，引起了詹天佑的极大兴趣。

1870年代，经过中国留学生之父容闳的运作和促动，曾国藩、李鸿章等人上奏清王朝请求派遣学生留学国外，以实现富国强兵的梦想。1871年，也就是詹天佑11岁那年，清政府决定派幼童官费出国。而后，容闳等四处奔走招选出洋学生，甚至因此来到岭南的港澳及今珠海地区。根据计划，留美幼童计划招募120名，费用完全由官方承担，自1872年开始每年派30名，留学肄业15年，归国后分别奏赏顶戴官阶。虽然条件十分优厚，但当时普通百姓认为留学是件很危险的事情，认为西方都是"蛮夷之邦"。民间甚至有谣言说，外国人会把中国人的皮剥下，"安在狗身上"，然后在大街上展览。此番美国之行，一走就要15年，幼童们的家长担忧在所难免。

谭伯邨专门从香港赶回广州，告诉詹家清廷的留学生计划，并力促詹兴洪让詹天佑赶去香港报考。可是，詹兴洪夫妇就像当时中国许许多多的父母一样，对西洋各国毫无了解，对自己11岁的孩子长离膝下、远涉重洋、奔赴异国顾虑重重。谭伯邨多方解释说明，最后为打消他们的顾虑，鼓起他们的决心与勇气，他对詹兴洪夫妇说："只要你们让天佑出国学习，我就把我的四女儿谭菊珍许配给天佑为妻。"詹兴洪夫妇见状深受感动，于是让詹天佑去香港招生处报考了"技艺门"。

1871年秋，詹天佑到香港应试。按照报考章程规定，考试科目为国文写读，已经学过英文的考生还要加试英文。1872年4月，詹天佑的家中接到了"幼童出洋肄业局"的通知，须立即送詹天佑去香港，与其他被录取的幼童一道前往上海进入刚开办的"留美预备学堂"受训，进行赴美留学的各种预备性质的学习与准备。幼童们离家出国，跨越太平洋，前往异国他乡的美国长期学习与生活，这在当时国人的心目中无异于生离死别，清政府当局为防不测，特地在报考章程中规定，每个出洋幼童的家长要给"幼童出洋肄业局"具结画押。1872年4月22日，詹兴洪在詹天佑离家赴沪前夕签订了生死具结书。詹天佑随容闳由香港到上海，入上海出洋局预备班，从陈兰彬习汉文，从容闳习英文。

1872年9月下旬，首批幼童30人乘船离开上海，广东幼童坐在闷热的船舱里横渡了太平洋，越过重洋，来到美国大陆，又坐在横贯美洲大陆的火车上，见到了"头上插着鹰羽毛，脸上有不同颜色花纹"的印第安人。詹天佑远渡重洋，慷慨陈词："各出所学，各尽所知，就能使国家富强不受外侮，足以自立于地球之上。"此时，他们尚不清楚这次留学经历对于这个国家未来发展的意义，但是在数年之后，这批接受美国教育熏陶的学子中产生了很多中国的铁路业、电报业的先驱，以及清华大学、天津大学最早的校长，也诞生了中国最早的一批外交官，诞生了中华民国的第一任总理。这批西学所造之子，历经了中国晚清政坛的跌宕起伏，目睹了近代中国的荣辱兴衰。37年后，在当年那位幼童的带领下，中国建成了第一条完全自主设计和修建的铁路——京张铁路。

美国东海岸的春田城，这里也是洋业局（又称作美学生事务所）的所在地。按照容闳事先的安排，留美幼童寄养于美国家庭中。这些家庭分布在康州和麻省的大小城镇之中，家庭成员多担任教师，文化素养较高，对教育事业有着高度的热爱，他们笃信基督教，具有育儿的经验，便于他们对幼童的抚养与教育。这些幼童在寄宿家庭中都受到了良好的教育，他们很快掌握了日常英语的运用，适应了西方的生活方式。

詹天佑被分配在诺索布夫妇家中，在诺索布夫妇的帮助和教育下，便迅速掌握了英语，还顺利通过测试进入康涅狄格州黑文海滨男生学校学习，接受了为期两年的相当于现今小学阶段的教育。在此期间，出洋预习班的同学们，亲眼目睹了北美西欧科学技术的巨大成就，对机器、火车、轮船及电讯制造业的迅速发展赞叹不已。詹天佑怀着坚定的信念说："今后，中国也要有火车、轮船。"留美幼童集体照如图6.6所示。

图6.6 留美幼童集体照（最后排左三为詹天佑）

第二篇 京张铁路 1909

詹天佑在诺索布夫人家里生活，她给了詹天佑慈母般的爱，对詹天佑的影响是非常大的。1906年5月，詹天佑给美国留学时的"家长"诺索布夫人写了一封信，表达了京张铁路对所有中国人以及中国工程师的重要意义，他用英文在信中写道：

亲爱的诺索布夫人：我现在已经是七个孩子的父亲了，三女四男。我现在任"京张铁路总办兼总工程师"。本路长一百二十五公里，将开凿隧道三处，其中最长的为四分之三英里。本路为第一条全部由中国工程师负责修建之铁路，企望吾人能顺利完成。

该路全线分为三段施工：第一段自丰台至南口，工程初由邝孙谋负责，邝孙谋应聘为广东商办粤汉铁路总工程师后，乃由詹天佑自己带同副工程师俞人凤、陈西林、柴俊畴等担任；第二段南口至当道城，工程由副工程师颜德庆、工程师张鸿诰、苏以昭等担任；第三段自道城至张家口，工程由副工程师程兆麟和山海关铁路学堂毕业生刘锜、李鸿年、耿瑞芝等担任……

后来，他又在信中写道：

如果我失败了，那就不仅是我个人的不幸，更是所有中国工程师和中国人的不幸。

1874年，中国留学生事务所在美国哈德福城柯林斯街建成楼房，供教师及学生住宿，督责学生学习汉文甚严。1878年，詹天佑顺利完成了高中学业，并且取得了全班第一、全校第二的优异成绩。清政府原本希望詹天佑等留学生能够进入西点军校类的美国优秀军事院校继续大学学业，回国后成为新式军事人才。但是当容闳代表中国向美国政府提出这个要求时却遭到了拒绝。这件事也成为后来留学计划提前中止的原因之一。无奈之下，容闳等人只得退而求其次，安排詹天佑等人报考美国高校的理工科专业，以便他们学成后成为各种工程实业人才，为国家建设做出贡献。

詹天佑报考的是美国著名的耶鲁大学，进入该校谢菲尔德学院土木工程系铁路工程专业学习，学制3年。耶鲁大学谢菲尔德理工学院拥有优良的实践传统，重视将科学知识的学习和实践结合起来，运用理工科的理论知识解决实际问题。詹天佑之所以报考谢菲尔德理工学院铁路工程专业，是与当时美国的社会背景和个人的抱负紧密关联的。现代铁路虽然18世纪起源于英国，但美国却有更为广阔的发展空间。因为美国幅员辽阔，所以国家各个地区的经济联系都需要这种高效的交通方式作为保障。19世纪的美国，国家综合实力正在以前所未有的速度发展。这个过程中铁路起到了举足轻重的作用。中国在这方面的情况与美国相仿，因此少年詹天佑暗下决心，学习现代铁路专业知识，回到祖国为国效力。

在美国，出洋预习班的同学们亲眼目睹了北美西欧科学技术的巨大成就，对机器、火车、轮船及电讯制造业的迅速发展赞叹不已。但是，有的同学就由此对中国的前途产生悲观情绪，而詹天佑却怀着坚定的信念说："今后，中国也要有火车、轮船。"他怀着为祖国富强而发奋学习的信念，刻苦钻研。留学生活，使詹天佑深深体会到：由于清朝政府的腐败卖国，祖国贫弱，国际地位日益低下，中国人受到种种歧视。他决心运用所学的科学技术，为祖国服务。

詹天佑学习的铁路工程专业是一个具有高度综合性的工科专业，围绕铁路工程相关的勘测、建筑、运行、机车保养制造等内容都在学习范围之内。课程要求严格、学习内容扎实。在课程安排上，以数学、物理、化学、地质学等现代学科为基础课程，结合工程实践中需要大量应用的测绘、土方计算、结构力学、材料学等课程，形成了现代工程师所必需的知识体系，这些都为詹天佑成为中国最早的一批受过系统培训的现代工程师奠定了基础。

当时耶鲁修业期限为3年，詹天佑的毕业论文《码头起重机研究》获得的评价很高。詹天佑刻苦努力，最终完成学业，1881年他从耶鲁大学毕业，并获得耶鲁大学学士学位，成为4批共120名的留美学生中完成大学学业的两个人之一（另一个为欧阳庚，回归后被招到旧金山领事馆见习，后来就接任总领事，一直干了20多年，做了大量护侨工作）。詹天佑和耶鲁大学同学合影如图6.7所示。

图 6.7　詹天佑和耶鲁大学同学（四排左二为詹天佑）

现代工程技术体系是以自然科学为基础建立的，讲究计算上的严谨科学。中国古代虽然也创造了不少工程技术领域的非凡成就，但是由于没有现代数学作为基础，缺乏现代工程技术的严谨性。詹天佑在耶鲁大学学习期间全面掌握了现代数学的各种知识，并且在数学学科上取得了优异的成绩，两年获得年级第一名，耶鲁大学因此颁给詹天佑一枚金质奖章。詹天佑非常珍惜母校授予他的这个荣誉，一直珍藏着这枚奖章。现在奖章就收藏在詹天佑纪念馆中，2012年被定为国家一级文物。

詹天佑在耶鲁大学学习期间，在学院教师的组织下，经常参与各种实践活动，来到实地进行工程测量计算，来到实验室动手进行实验。这些操练和实践不仅使书本上的知识更加鲜活，而且使他学会灵活应对许多书本上学习不到的问题，提高了解决实际问题的能力，养成了严谨求实的工作风格。30年后，詹天佑将所有建设铁路的成就归功于母校——耶鲁大学。如今，詹天佑曾经求学的美国斯普林菲尔德市，也建成了中国的高铁研发中心，中国正与世界分享高铁经验。

詹天佑回国前，曾有美国籍的同窗好友劝他留下来，詹天佑自然明白留在美国会有更好的学习和发展的机会，但报效祖国、为祖国规划美好的铁路网图才是他留美的初心。1881年10月6日，詹天佑随第三批留美的中国学生一道，回到了阔别9年的国家。1881年也是中国第一条自主修建的铁路唐胥铁路的建成之年。刚回到祖国的詹天佑怀着无限的报国热情，指望着能有机会利用所学为中国修建铁路，使中国铁路摆脱受制于外国的境地。然而这个梦想在当时却难以实现。在轮船快到上海的时候，他们期待着热烈的欢迎仪式和亲朋好友的迎接。然而当轮船靠近码头时，这一切都成为了泡影。没有亲人，也没有温暖的怀抱，迎接他们的是惊讶的目光和嘲笑的人群，一顿简单的晚饭过后，他们被送到上海道台衙门后面的格致书院。

包括詹天佑在内的年轻留学生在外受到美国家庭和美国文化的影响，剪掉辫子、信奉洋教，价值观念发生了微妙的变化，尽管绝大多数留学生接纳并学会了美国的生活方式，但骨子里始终保持着对故国的忠诚与热爱。满怀爱国热情的詹天佑等94名留美学生，本以为归国后会受到政府的热情欢迎，不料迎接他们的是冷遇与歧视。在争议声中出国留学，在批判声中被撤回国。没有掌声，没有鲜花，也没有拥抱，没有对他们的归来表示欢迎。等待他们的只有下等差役，只有独轮车，只有已被关闭10年的"求知书院"，只有道路两旁鄙夷的眼光。其实，等待他们的还有更为晦暗的未来。甚至，他们连行动的自由也被剥夺了。纵使这些留洋学子踌躇满志，然而他们的爱国情怀和崇高人格却很难被封建官僚们所认可与接受。清政府官员用他们的愚昧、专横，非常草率地把这些胸怀壮志的留学生们分配到并不属于他们的职位上去。

在封建官僚一些人看来，詹天佑虽然获得了耶鲁大学学士学位，但却不是优等生，不是做官的材料。不久之后，他们乘坐了刚刚才开行1年的北洋航线招商轮船，离开上海到设在天津的北洋大臣衙门报到并听候安排。李鸿章亲自接见了回国的留学生。在接见时，按当时清朝的规定，学子们必须身穿长袍马褂，头结长辫。詹天佑脱去了西装，罩上了长袍，但不肯戴假辫子。李鸿章看到这些留学生直挺挺地叉腿而立，不屈身也不作揖，特别是一些学生头上已没有了长辫，大发脾气，大声嚷道："离经叛道，无父无君！"说完拂袖而去，下令让这些留学生等候分发。这批学生被分类派遣，"优等生派到政府高门充当翻译，学习做官的本领，以备日后录用为官；次等生则分配到天津、上海各处机器局和水雷局等部门，专习一艺"。詹天佑曾经讲了这样一番话："我们留学外国获得了一些知识技能，要做一点事贡献国家。如要做官，就不能做事；想做事，万不可做官。而且做惯官的人一旦没有官做，精神便会十分痛苦。但官不可不做，又不可无。在现在中国里，没有经过朝廷给予你一官职，就没有地位，没有人把重要的事给你做。"

詹天佑被分到了福州船政学堂。从铁路到海洋驾驶，跨度不可谓不大。可见，詹天佑以毕业于耶鲁大学的高等文化水平，却学非所用，备受冷落，被打发去"补习"中等专业程度的轮船驾驶课程。詹天佑并不以自己毕业于耶鲁大学学有专长而自傲，仍虚心学习，磨炼自己，计划两年半学完的课程，他用半年就学完。1882年，詹天佑在福州船政局后学堂毕业，考取一等第一名，被派往扬武号兵舰操练，为实习船员。1884年2月至10月，任福州船政局后学堂教习，因教导出色，获得清政府五品顶戴奖。10月，由张之洞邀请回粤，在广州黄埔广东实学馆（后改名广东博学馆，后改名广东水陆师学堂）外文教习；同时，修筑沿海炮台和测绘广东沿海海图，为我国第一幅海图。1887年与谭伯邨的女儿谭菊珍举行了结婚典礼。

从留美幼童的经历中可以看到他们的希望、梦想、奉献和自我牺牲，在清朝灭亡到民国初期的社会剧变以及变幻莫测的动荡时代里，这些曾经满怀抱负的热血青年，在艰难困苦的环境中秉持对自身文化的信仰，恪守现代教育的理念，完成了历史赋予他们的使命。据不完全统计，到1880年，共有50多名幼童进入美国的大学学习。其中22名进入耶鲁大学、8名进入麻省理工学院、3名进入哥伦比亚大学、1名进入哈佛大学，还有几名进入理海大学。令人扼腕的是这个培养人才的宏伟计划，因种种原因被清政府视为失败之举，最终决定取消原计划15年的培养项目，于1881年召回所有留美学童。官派的120名留美学童，除了后来重返美国的，当时只有詹天佑、欧阳赓两位完成了在耶鲁大学的学业。大部分尚在念书的留学生被迫中断学业、遣返回国，接受清政府后续统一安排。

从1872年至1881年，这趟首次打开国门迈向现代化的教育之旅就此半途而废。这也因此成为很少被提及而渐渐被遗忘的历史憾事，更是鲜有文字记录和史料报道这些官派留学生回国后的遭遇及职业发展经历。具体包括：13位在外交领域工作；6位毕生在开滦煤矿工作；14位为中国新建铁路干线的主要工程师或管理人员；17位是服役的海军将士——当中7位在中日海战中为国捐躯，2位最终成为海军将领；15位就职于新兴的电报业；4位行医；3位任职于新型教育机构；2位就职于海关；12位成为朝廷官员，如道台或其他地方官员；10位选择脱离朝廷或政府机构，经营私人贸易；5位选择重返美国，2位在美国驻中国领事馆里任职。

6.5 中国最好的工程师

邝孙谋（1863—1925），又名邝景阳（扬）。1874年9月，他作为清政府派出的第三批留美幼童赴美留学，经过小学、中学、预科阶段，于1880年考入波士顿的麻省理工学院，学习土木工程。按照正常学制，邝孙谋本应1884年大学毕业，然而清政府的一纸电令，让几乎所有的留美幼童被迫中止学业并踏上归途。他只在铁路学习一年就回国了。1881年是个重要的年份，这一年，开平矿务局建成了中国第一条铁路——唐胥铁路。也是这一年，邝孙谋等7位留美幼童被派往唐山的开平矿务局，跟随美国工程师巴图斯学习矿冶技术。

1888年由开平矿务局留美同学邝孙谋向中国铁路公司总办伍廷芳推荐詹天佑，邝孙谋后来成为詹天佑最得力的帮手。詹天佑在经历了回国后的冷遇、挫折之后，通过自己不懈的努力和坚持，终于迎来了人生的重大转折。"中国铁路公司"的一纸聘书，开启了他长达30年的铁路生涯。从1888年开始修筑津沽铁路，到关东铁路河大桥，再到参与修复关内外铁路，修建西陵铁路首任总工程师前后17年间，面对"甲午巨变"和"庚子国难"后支离破碎的山河大地，面对清朝落后的铁路建设，面对帝国主义对中国路权的狂掠和吞并，他不辞辛劳，奔波于长城内外、脚踏大江南北，克服了重重困难，不但为中国铁路事业贡献了力量，也展现了自己出众的才华，积累了丰富而宝贵的工作经验，成长为中国铁路工程技术的领军人物，逐渐担当起了中国铁路事业建设和发展的重任。

第 6 章 京张铁路建设准备

先说詹天佑到天津中国铁路公司任帮工程师，从事塘沽到天津铁路铺轨工程。在北上途中路过上海时，詹天佑专门参观并凭吊了淞沪铁路的遗迹。就是从那一年起，詹天佑任关内外铁路（今北京至沈阳铁路）之一段——（天）津（塘）沽铁路帮工程司（即助理工程师）。1889 年开始修筑唐山至古冶铁路。詹天佑亲临工地，与工人同甘共苦，他在无图纸的情况下，利用一个多月的时间，重新进行勘测和设计，并调集人马立即动工。詹天佑采用土洋结合的办法，不到 3 个月的时间，湘东大桥便铺上了钢轨。唐山铁路在开滦煤矿唐山矿 1 至 3 号井东面，一条铁路从一个上百年的涵洞里穿越而出，从唐山市区主干道新华道下穿过，全长 12 km。这就是中国第一条国际标准轨距铁路，它最初是从唐山矿修到丰南胥各庄，仍是京山铁路的一个重要组成部分。

李鸿章在对津沽铁路建设工程人员论功行赏时，将功劳都归于总工程师金达。詹天佑说，"我自己才到铁路上来，应当多做事，又何必争功"。詹天佑深深地知道，中国铁路建设要想走向自主，中国铁路工程师要想赢得尊严和尊重，还要跨过很多门槛，还有很长的路要走。詹天佑从此就立下了自己的初心"多做事、不争功"，一生致力于祖国的铁路事业，为中国能够早日摆脱列强的铁路技术垄断，独立自主建设铁路，建设铁路强国而努力。詹天佑的铁路人生也由此拉开了序幕。

1891 年年初，清廷重臣李鸿章受命在山海关设立了"北洋官铁路局"，全力以赴修建关东铁路（古冶—山海关—中后所—奉天等）。虽然朝野中的洋务派和顽固派对政府修建铁路一直争论不休，但李鸿章在 1892 年已经和开平矿务局的英国技师金达签下了协议，着手修建关东铁路第一段由古冶到山海关的铁路。詹天佑被派去修建。1893 年修建古冶至山海关段最艰巨工程——滦河铁桥。当这条铁路延伸到滦河岸边时，奔腾咆哮的滦河水使修路的步伐戛然而止。面对宽阔的河面，踌躇满志的金达邀请世界一流的英国铁路专家喀克斯，信心十足地指挥着施工架桥。可是滦河下游河宽水急，河床泥沙很深，地质结构复杂，桥墩屡建屡塌，众人一筹莫展。高傲的英国专家金达在架桥环节屡次受挫之后，最终将这块烫手的山芋转嫁给了德、日专家，但还是以失败告终。工期将至，金达想起了詹天佑。

各国建滦河大桥失败之后，詹天佑要求由中国人自己来建造。他详尽分析了各国失败原因，又对滦河底的地质土壤进行了周密的测量研究之后，决定改变桩址，采用中国传统的方法，以中国的潜水员潜入河底，配以机器操作，胜利完成了打桩任务，建成滦河大桥。滦河桥为单线铁路桥，全长 670.6 m，共 17 孔，自山海关端起为 9 孔 30.5 m 上承钢桁梁、5 孔 61 m 下承钢桁梁、1 孔 30.5 m 上承钢桁梁、2 孔 9.14 m 上承钢板梁。从 1876 年吴淞铁路修筑到 1911 年清朝统治被推翻，中国铁路共修筑桥梁 6 000 余座，其中滦河大桥是采用先进的气压沉箱建筑基础的第一桥。

詹天佑的"气压沉箱法"成功地解决了打桩失败的难题，1894 年 2 月滦河大桥如期竣工。大桥长约 670 m，是 19 世纪末中国最长的铁路大桥，且结实耐用。一直到 1943 年，由于运输量加大，并几经战争摧残，直到建设新桥代替，该桥才停止使用，但这期间该桥经受了多次特大洪水的考验。今天的滦河大桥虽然已经"退休"，但依然立在滦河滩上，见证着中国铁路建设走过的艰难岁月和"初出茅庐"的詹天佑所取得的巨大成就，它让那些傲慢的外国工程专家感到汗颜，也让全世界都认识了这位年轻的中国工程师。如今的滦河大桥位于河北省滦州市，京哈线 214 km 处，如图 6.8 所示。

图 6.8　滦河大铁桥文物保护碑

1894 年，英国工程研究会选举詹天佑为该会会员，这一年他刚刚 33 岁。中日甲午战争爆发，让詹天佑深感痛心的是，他的 3 名留美同学——沈寿昌（中日甲午战争中第一个为国捐躯的海军将领，年仅 32 岁，1997 年墓址纪念碑建于原上海铁道大学现同济大学沪西校区内）、陈金揆、黄祖连在中日黄海大战中壮烈牺牲。

帝国主义对中华大地的肆意践踏和蹂躏，再一次激发和坚定了詹天佑筑路报国的志向，历史也给他提供了这样的机遇。1895—1901 年，他先后任北洋官铁路局帮工程师，率队测量、修建津卢铁路（天津至卢沟桥）；任官办关内外铁路总局帮工程、锦州铁路驻段工程师（推广使用压气沉箱法修筑女儿河等桥梁）；主持修建营口铁路支线（沟帮子至营口）；帮办关外铁路事宜；被派往萍醴铁路办理修建事宜，坚持此路采用标准轨距等。

1902年，清政府决定修建新〔河北省新城县高碑店〕易（易县）铁路，其主要目的是便于清室去清西陵祭拜，并限期6个月完成。直隶总督袁世凯任命詹天佑为新易铁路总工程师。尽管当时这条铁路线民用价值不大，却是中国人自修铁路之始，詹天佑仍是非常重视。从测量到通车，实际上仅用了4个月的时间，比预定期限提前了2个月。慈禧坐上这趟专列甚为高兴，特意召见了詹天佑，将随身所带的珠宝赏赐给詹天佑。詹天佑仅取了一只钟作为纪念（现存在八达岭脚下的詹天佑纪念馆），其余的全部分给了参加筑路的工程人员。

詹天佑从事铁路工作18年间取得卓越成绩的同时也取得了清朝统治者的信任。詹天佑被任命为京张铁路会办兼总工程司后，开始着手组织京张铁路的团队精英，除了邝孙谋这样具有海外教育背景的工程师外，其他工程师大部分来自洋务运动中新建的西式学堂，主要有天津武备学堂附设北洋学堂铁路班、山海关铁路学堂。北洋学堂只开办了一个铁路班，约有学生20人，德国人包尔教授铁路工程和行车运输。1882年，该班有12人毕业，他们都被分配在关内外铁路工作，这个铁路班虽为附设，且几年后就停办，但为中国铁路事业培养了不少精英人才。

山海关铁路官学堂是西南交通大学的前身，创建于1896年，1900年有17名学生毕业，25名学生肄业，他们是我国自己培养的第一批铁路高级技术人才（山海关北洋铁路官学堂，当年这所铁路学堂的建立得益于时任北洋官铁路局总工程师克劳德·威廉·金达，他是主张在中国建立铁路学堂的第一人，曾上书给胡燏棻，学堂成立后还任教并协助聘请相关教师）。詹天佑深感中国工程技术人员的匮乏，对山海关铁路官学堂的青年十分珍视、多方培养，使他们在京张铁路的修建中迅速成长，很多学员在汉粤川铁路上，成为詹天佑督办的技术骨干。勘测京张铁路时，詹天佑仅有的两名技术助手就是山海关铁路官学堂第一届毕业生徐文炯、张鸿诰。京张铁路建成后，清政府邮传部奏准给予奖升的帮工程司有5人，其中4人是山海关铁路官学堂的学员。

西南交通大学内的眷诚斋是为纪念詹天佑而命名的。最早的眷诚斋是1931年在唐山建成的3层楼学生宿舍。《西南交通大学大事记》称：8月1日"由詹天佑家属捐款新盖之学生宿舍大楼落成，为了纪念中国第一位铁路工程师詹天佑，以他的号命名为眷诚斋"。

第 7 章　艰难的京张铁路建设

7.1　不辞辛苦勘测选线

7.1.1　勘测经过

当清政府选择京张铁路总工程师的人选时，环顾神州，在当时为数不多的中国铁路工程技术人员中，44 岁的詹天佑无疑是最优秀的人选。他的学识与经验都是中国工程技术人员中首屈一指的。主持建造西陵铁路的技术水平与成功经验，更使他在社会各界赢得了声望。

清政府虽然决定由中国人自己修筑京张铁路，但是英、俄等西方国家的有关人士普遍认为，由于京张铁路要穿越险峻的军都山关沟段，中国铁路工程技术人员不但人数有限，而且从来没有独自承担主修一条铁路干线的知识与经验，因而中国将不可能完成这条空前艰巨的铁路建筑工程。当时关内外铁路总管兼总工程司、英国人金达曾经踏勘过京张铁路的线路，深知从南口至八达岭段（俗称关沟段）线路坡度很大，隧道工程艰巨。金达还冷语讥讽，根本不相信中国的工程师有此能力。英国和俄国因为都认为清政府没有能力修建铁路，最终还是要求救于外国人。他们就静观其变，等着中国人自己建铁路陷入僵局之后请求他们救援。

1905 年 5 月 4 日，詹天佑在天津接到了直隶总督、北洋大臣兼督办关内外铁路大臣袁世凯的信函，命令他"对拟修筑之北京到张家口铁路进行测量"。当天出任京张总工程师兼会办的消息传出后，有人笑他自不量力，有人说他不会有所作为，还有的人说这不过是花了几个钱。但是，这些都没有影响詹天佑的坚强信心，他决心用事实来证明自己。詹天佑立即着手筹组工程局，所有工程师都由他量才调度。然而在清朝政府的腐朽统治下，中国工程人员是很有限的。詹天佑并不因此而气馁，他相信依靠广大的工人、熟练的办事人员和他领导下的少数工程师是可以解决困难的。

詹天佑一方面怀着兴奋的心情，一方面也考虑到工程技术人员缺乏等实际情况。最后，京张线的初测工作，由詹天佑和学生张鸿诰、徐士远担任，他们从丰台以东京奉路柳村第六十号桥测量起，经过广安门西南门、清河、沙河直奔南口。他们迎着和煦的春风，敞开衣襟，在盛开的桃花树下，插下标杆，架起经纬仪器，非常愉快并艰辛地工作着。同时，关内外总工程师英国人金达也从唐山来到北京，他将在游猎途中勘查南口镇一带的山区，以图选出一条铁路路线。

5月7日，詹天佑率领勘测队从南口进入关沟地区。所谓关沟地区，是指太行山北部余脉军都山的一条通道。这里处处是崇山峻岭、巨壑深涧。南口到八达岭的距离不到20 km，但坡度极陡。很显然，以中国当时的技术水平，要在这样峻岭深涧连绵不断的地方修筑铁路，将是极其困难的。詹天佑率队进入关沟后，由于所经过的路线进入山区，非常崎岖难行，而且有很多弯路，因而勘测工作十分艰难，还充满了危险。他们每天只行进几华里，不仅要测绘地形，计算里程，而且要进行水准测量，还要了解地质、土壤情况，选择最佳线路，并对未来施工中的桥梁、隧道、填挖土方等逐一预测估算。

5月10日，詹天佑带领工程员徐士远、张鸿诰二人对线路进行初步测量。徐士远、张鸿诰二人毕业于山海关铁路官学堂，就是当时中国为数不多的铁路工程技术人员。三人由丰台柳村京奉铁路60号桥出发（以此为起点，是为了与京奉铁路接轨），沿着关内外铁路局原拟修筑的万寿山铁路支线选定的路线前进，由彰义门（今北京广安门），经西直门，到西直门外双旗杆关帝庙处，离开原测的万寿山路线，往北向张家口方向进行测量，过大石桥、城府等地，到达沙河镇。詹天佑在当天的日记中写道："沙河镇有一些商号，故需设置二等车站一处。"

5月16日，詹天佑的勘测队完成了丰台柳村到南口的勘测工作。这段路线约50 m，地势较平坦，勘测也较顺利。詹天佑经过勘测比较，在南口选定了"唯一可设车站车场之处"，确定在这里设一个二等车站。

5月21日，詹天佑一行在八达岭路段勘测。"第121测站是在八达岭长城'北门锁钥'关城顶上。这里是南口关沟段最高点，地面由这里向前后两个方向顺坡而下，这里需要一座山洞。"这就是未来施工中著名的八达岭长隧道工程。

詹天佑在关沟地区20 km路段勘测历时5天，严谨认真，不辞辛苦。据他后来说："京张之间工程最难之点为南口关沟，曾经测勘七八条线之多，始定一线。"在勘测完关沟地区后，5月22日，詹天佑率勘测队出岔道城，进入长城以北的高原丘陵地区。詹天佑率队从岔道城出发，继续勘测，沿山麓到达康庄，过狼山（今官厅水车淹没区）、土木堡、怀来、沙城、新保安、鸡鸣驿、下花园、蛇腰湾、老龙背等，经桑干河支流的洋河河谷，越石子，到达张家口。从岔道城到张家口约 110 km 长。蛇腰湾、老龙背、石子等处，工程仍将比较艰难。

5月31日，詹天佑率队到达经点张家口，即第235测站。在当天的日记中，詹天佑写道："在此直线段内设置张家口车站车场，因为此处接近一座当地的大桥，该桥跨过的河流将张家口城镇与其东郊划分为两部分……跨过河流后设置车站站场的方案不当，其原因是这将必然增加日后扩展车站时另外修桥的费用。但此处地价甚高，这是唯一不利因素。"

在张家口的两天中，詹天佑又调查了张家口上堡与下堡的地形、野外概貌与河水量等情况。6月1日，詹天佑拜访了察哈尔都统溥仲鲁、副都统魁福，还拜访了其他官员。这些官员也认为车站站场选择地比较合适，同时建议车站离下堡稍远一些并且地势高一些。此外，该处并非菜地，地价不会太高。

从5月10日到6月2日，詹天佑率队对京张铁路全线进行了初步勘测与估算，历时24天。在勘测过程中，他始终严谨认真，一丝不苟。他亲自率领工程技术人员，背着标杆、经纬仪等测量仪器，穿行于在山野河道间，定点制图，测量数据。詹天佑作为领队，不仅始终与测量队工作在勘测第一线，而且还得常常骑着小毛驴四处奔波，走访当地官员与村民，了解情况，夜晚还要伏在油灯下查阅资料，核实方位，计算数据，比较线路，设计绘图，记录情况。詹天佑对京张铁路全线初测完成后，感到关沟地区地形过于险峻，将来施工难度非常大，而且铁路建成后受地形影响，火车通过能力低，运输量将受到很大限制。

6月3日，詹天佑一行从张家口启程，返回京城。在回京过程中，詹天佑又对线路进行了复测，试图寻找一条新的可以绕开关沟段的铁路线路。这次，他从张家口经宣化、鸡鸣驿、下花园、土木堡、怀来，自延庆开始，测量通过德胜门沟谷的另一条线路，以绕开八达岭地区。在张家口到宣化途中，他们调查了石壑子后面（南侧）的路线，"发现地形极为平坦，但多砂……这条路线比山上路线更为径直，且不必攀登大小山陵，因此，我认为将来选定路线时宜采用此线"。

6月4日，詹天佑一行离开宣化，夜宿鸡鸣驿。他们对这一段线路（即第195测站到第182测站）进行了复测。在当天的日记里，他写道："这段路线在第182测站与原路线相接，新线比原线长。这里应该能有另一条路线，从下花园引出，直至山地，这将是一条更为平易的路线。但据说不行，因为该处有更多的山谷回绕山陵起伏。当定线时，应加测量，然后作出决定。"

6月8日，詹天佑一行测量从延庆通过德胜口垭口的一条线路。线路"从延庆城的东北角开始，一共 13 个测站，最高点在第 12 测站，约有 800 英尺的山路通过山顶垭口（最高点）"。

6月11日，詹天佑一行对八运岭一带的线路进行了复测。他们听说这里有一条山路可从青龙桥到小张家口（凤凰台），可以绕过八达岭和岔道城。詹天佑通过勘测后认为此线值得考虑。"因为此线省去了既长又困难的八达岭山洞。如果黄土岭顶多需要座山洞，不及 1 000 英尺，这座山的优越之处在于两侧山坡便于从两端进行开挖。"

从 6 月 12 日到 6 月 16 日，詹天佑对郭庄到万寿山的线路进行了勘测。至此，初步勘测工作完成。回到京城后，詹天佑开始编制京张铁路的预算，编写京张铁路的测量报告。在测量报告中，詹天佑描述了初步拟定的京张铁路的车站：丰台、彰仪门、平则门、西直门、两线联结站、沙河、南口、岔道、怀来、沙城、鸡鸣驿、宣化、张家口。

在勘测过程中，塞外总是狂风大作，黄沙被风带起，悬浮在空气中，不小心就会有掉下悬崖的危险。即便如此，詹天佑还是坚持亲自上阵。白天勘察线路，晚上将勘察的资料进行整理、总结，在油灯下绘图，一遍又一遍地计算、核对。为了能够选择一条最合适的铁路线路，詹天佑经常向当地人请教。当遇到困难的时候，詹天佑总是提醒自己：这是中国人"自主设计和建造的第一条铁路"，不能让外国人耻笑，一定要建好这条铁路，让中国的工程师充满自信。一名工程技术人员在岩壁上勘测，着急技术工作，将测得的数字记下来后，就下来了。詹天佑接过本子，看着记录的数字，疑惑地问这名工程技术人员："数据准确无误吗？"这名工程技术人员说："差不多。"詹天佑严肃起来说："我们的工作不能有任何的差错，要做到精益求精，数据要精确，工程人员不能满足于'差不多''大概'。"说着，詹天佑就背起仪器，尽管风沙很大，还是吃力地到岩壁上，重新勘测，将误差修正过来。下来的时候，詹天佑的嘴唇已经冻青了。詹天佑总是亲自上阵勘测，用标杆和经纬仪在壁上定点，认真测绘。

7.1.2 三条线路

詹天佑与工程技术人员历尽各种艰险，勘测出 3 条线路。第一条线路是关沟线。从南口至岔道城，长度为 20 km，途经居庸关、青龙桥、八达岭。这条线路悬崖峭壁比较多、坡度大，道路险要，工程量也大，而且还存在运输难的问题。

在测量报告中，詹天佑对两条初选的路线进行了比较。关于南口关沟段，詹天佑认为："（南口关沟段）在八达岭需要一座长约六千英尺的山洞，此山洞若只用人力开凿，至少要三年才能完成；若使用机器，则一年余即可完成。在八达岭附近，看来还有一条通道，发端于南口关沟的青龙桥，转向东北，并走过一座名叫黄土岭的小山，在小张家口出山，再走向平原。这条通道的距离（据当地乡民告知）增长约二十里，但修筑费，我们可以节省三十万银两。因为这一带坡度较为平缓，故线路虽增长二十里，而其维修费用不会有多大差别。"关于德胜口沟谷的另一条路线，詹天佑认为："鉴于南口关沟的困难情况，在我回测的途中，我勘测了南口关沟东面的德胜口沟谷，这段路线由于更为偏东，故增长了三十里的距离。这条山道更为困难，因为必须穿越两座山，均需开凿山洞。这段路线更为弯曲而又非常狭窄……在这样的山道中修筑铁路，必须开挖两侧山脉伸出的高峻的岩体，而且还需要多次跨过溪流，必须修筑许多桥梁……因此，毫无疑问，南口关沟段是最好的路线，还有一条三十英尺宽的大道，一直穿过关沟用以来往运输。"

1905年7月底，詹天佑派新调来的工程师陈西林对上述新线路进行了精确测量。8月4日，他又再次前往青龙桥与陈西林讨论了黄土岭的路线方案，并前往查看路线。"经对各种方案进行研究后，我们决定将原测路线稍加延长，使路线升高到与第117测站相同的高度。我们用此办法，可使八达岭山洞的长度从六千英尺缩短到三千英尺。"

8月7日詹天佑在日记中写道："命陈工程师及张学员做完水平测量，并绘出断面图。从而得知，按照1/35的坡度使路线延长，在到达第117测站时，其标高正在该站以下6英尺。这样，使山洞长度缩短到大约有3 000英尺。到此为止，看来已无更好的线路了，遂决定采用此线。经对此线费用加以计算之后，得知工程预算费比开凿6 000英尺山洞的路线有所减少，约可节省10万银两。"这样，享誉中外的八达岭"人"字形线路，就这样经詹天佑多次勘测、计算后确定产生了。在"人"字形铁路附近修建了青龙桥车站。

在当时工程技术条件还比较落后的情况下，詹天佑成功地解决了京张铁路全线中最险峻的八达岭的越岭关键问题。他初测时的路线是由石佛寺直接向西开挖约1 800 m的八达岭隧道，最终确定的路线是进青龙桥东沟后再折返穿过八达岭的，形成"人"字形线路，使坡面延长，坡度减小。最为重要的是，大大缩短了八达岭隧道的长度，仅约1 091 m，比初测时设计的隧道长度缩短近一半。这样设计不仅可节省工程费10万银两，而且在当时工程设备比较简陋的情况下，大大减少了工人的劳动强度与施工的危险性。

除上述两条线路外，一些著作提出，詹天佑曾经测了第三条线路：从西直门向西,沿永定河河谷,至沙城附近出山(1952 年修筑的丰台至沙城铁路即沿此线路)。这条线路虽然坡度比较平缓,但由于永定河峡谷河道蜿蜒曲折,需要多次跨越永定河,必须桥梁、隧道相连,工程量极大,技术要求极高。在当时的资金、工期和技术条件下,工程是难以完成的,詹天佑被迫放弃了这条线路。但据经盛鸿《詹天佑评传》一书的研究,詹天佑留下的 1905 年前后的日记、文章、书信以及其他有关建造铁路的报告、计划,都未有测第三条线路的记载。之所以有第三条线路的说法,很有可能将 1909 年京张铁路建成后,指示陈西林、邝景阳等重新测京张新线之事,移到了 1905 年。这条线就是现在修成的丰沙线——从西直门往西,绕过石景山,经三家店,到沙城附近出口到张家口。这条线比较理想,但山势更加陡峭,坡度小,但要修隧道 65 孔,工程费用较高。京张铁路基本走向比较线如图 7.1 所示。

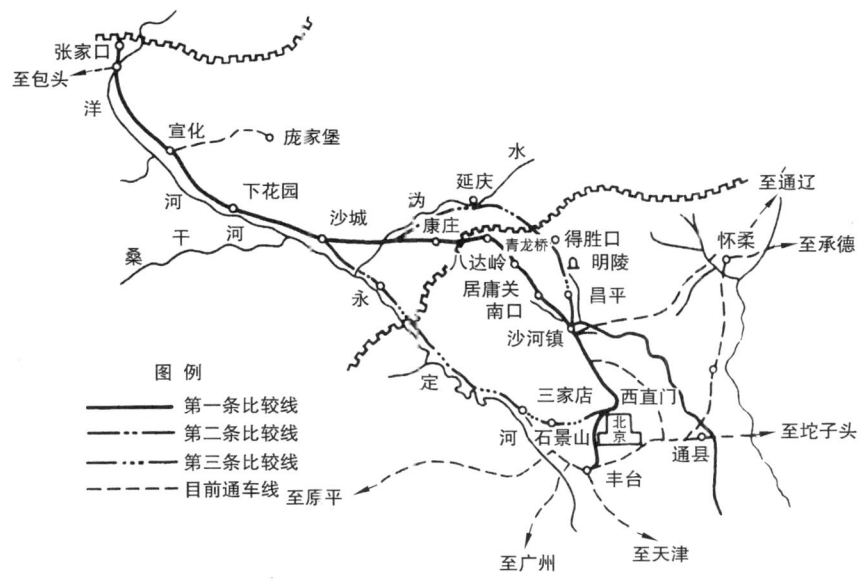

图 7.1　京张铁路基本走向比较线

由于关沟段地形过于险峻,不仅工程艰巨,而且如果选线不慎,铁路建成后火车通过能力低,将严重影响运力。为此,在全线初测完成后,詹天佑在返京时又进行了复测,希望找到一条能避开关沟段的线路。他勘测了关沟东面的德胜口沟谷,然而这条线路不仅增加了 30 里路程,而且路线更为弯曲狭窄,工程量巨大,材料运输极为困难。综合考虑下,詹天佑放弃了这条线路。

经过反复勘测与比较,詹天佑最终认定南口关沟段是最好的路线。在确定八达岭的隧道方案时，最初有两个备选方案：一是自石佛寺向西北方向，开隧道 1 800 m，这需要人工开挖 3 年完成。二是由青龙桥经过黄土岭至小张家口出山，这样虽然可避免经过八达岭，不用打通长隧道，但此线路要延长，并且开挖石量较大，不够理想。最后詹天佑决定：将线路由石佛寺引上山，进青龙桥东沟，然后折回，在八达岭下开挖山洞 1 091 m，这就是后来打通的八达岭隧道，比第一个方案的隧道长度缩短将近一半。但是进入青龙沟这个高坡就要采用一个办法，那就是建造"人"字形线路，这是当时最理想的方案。在总的线路走向确定之后，詹天佑对其中关键部分的线路仍不厌其烦地进行勘测比较，力图寻找最佳方案。比如在最初勘测的路线中，京张铁路翻越关沟段最高峰八达岭的线路是：从石佛寺经青龙桥，直接向西北穿越八达岭，需要凿长达 1 800 m 的八达岭隧道。詹天佑对这条线路并不满意。京张铁路"人"字线定线示意图如图 7.2 所示。

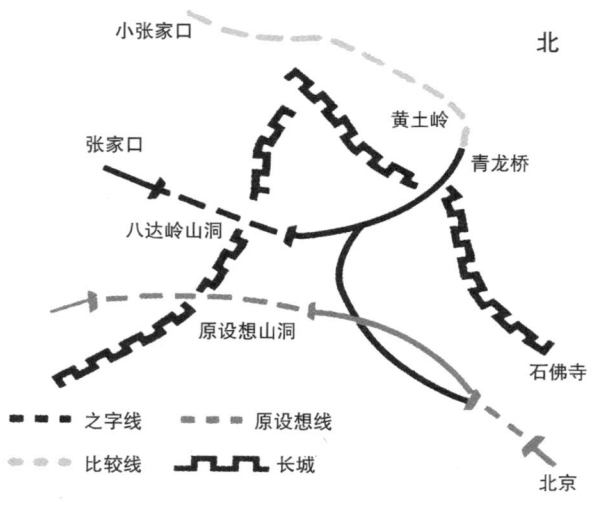

图 7.2　京张铁路"人"字线定线示意图

在对关沟段复测时，詹天佑根据当地村民提供的线索，发现了一条从青龙桥转向东北的坡度较为平缓的通道，可以大大降低通向八达岭的坡度，并且缩短八达岭隧道的长度，减工省费——这就是著名的青龙桥"人"字形线路的一部分。这样，通过不懈努力，詹天佑成功解决了京张铁路全线的难点工程，将八达岭隧道的长度由 1 800 多米缩短为 1 091 m，不仅节约了 10 万两白银的费用，而且在当时施工条件简陋的情况下，大大缩短了工期，降低了工程难度和危险性。除了关沟段，詹天佑对京张铁路全线其他复杂路段也反复勘测，仔细计算，认真比较，力图选择最佳路线。以此为基础，他撰写了京张铁路勘测调查报告，绘制了铁路平面、断面图，然后写成《修造京张全路办法》。京张铁路工程图如图 7.3 所示。

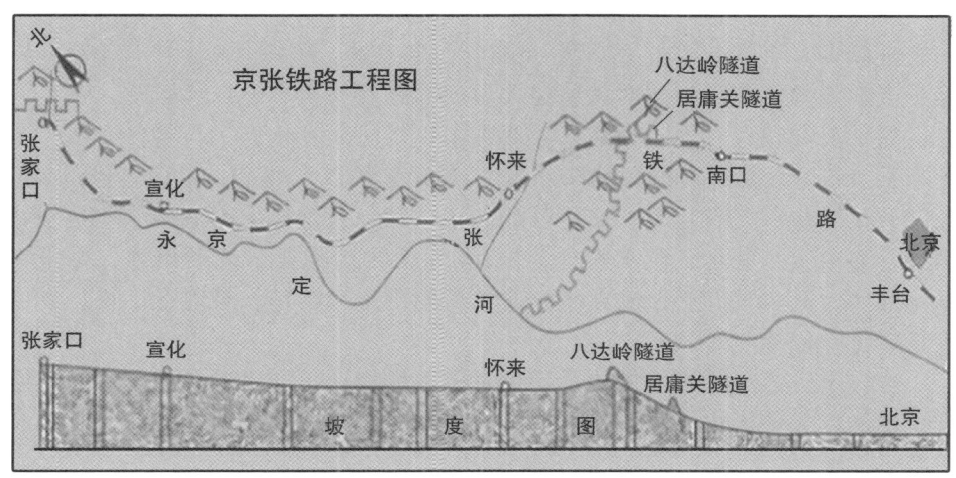

图 7.3 京张铁路工程图

7.1.3 勘测报告

在清政府的报告中，詹天佑陈述了京张铁路全线的情况和他准备分三段兴修的计划。他写道："全路里程按驿站计四百二十里，以测量路程计三百六十里，此路中隔高山峻岭，石工最多，桥梁又有七千余尺，路险工艰，为他处所未有。每里约估银二万两。"分段兴修的计划是："第一段由丰台修至南口，长一百零四里，从速动工，约年余，方可竣工。"修成后的铁路立即投入运营，既可获得一定盈利，也便于转运材料。"第二段由南口修至岔道城长三十三里"，第一段开工后，"即派精细工程师分驻关沟地方，详细勘测，两相比较，视何路为最宜，即由何山开凿，赶紧动工"。"第三段由岔道城经怀来、宣化达张家口，长二百二十三里。"因关沟地段隧道一时难以施工，所以该段的施工材料，只能先用骡车由原有的官道转运。两段同时开工，待隧道修通，第三段工程亦将告成。若两段同时修筑，全路可望用三年多的时间基本修通，再用一年时间完成铺垫碎石及零碎工程，约计四年余，若款项应手，则全路可以告成。

关于铁路用煤及沿线煤矿的开发利用，詹天佑建议：查宣化府属之鸡鸣山煤苗颇旺，已有用土法开采，其煤质亦似甚佳，于机器厂、火车锅炉，或可适用，若遣派矿师赴该山查勘，果系可用，再行设法开采，则京张全

第二篇　京张铁路 1909

路借资利用,既省转运工费,取值亦廉,并可运销各处,则全路进款亦日益加增。

预计京张铁路建成后的经济效益,他认为:"统计货票、客票两项,每年约有进款银二百零五万九二百两。"随着商务发达,铁路盈利也将日增,这将是令人鼓舞的。詹天佑还对铁路建成后的养路费与火车燃煤等问题,提出了自己的估算与建议。他特别建议在鸡鸣山(当时属宣化府)与新保安山(属怀来县)这两处煤矿,进行勘探开采。"如能开采以上两矿,先有三利:本路免购开平煤炭,既省运费,又可就近装用,利一;该矿出煤愈多,转运别处销售,必由火车装运,则车脚日多,利二;由火车装运,车价既廉,则民间日用亦多,其煤价亦必照现在减少,而民间更乐为购用,且附近小民,更可借该矿工作以谋生,利三。"

这份报告体现了詹天佑认真、负责的工作态度与严谨的科学精神,还体现了他不仅关注工程质量、进度、经费等,更关注铁路建成后的收支与经济效益。

詹天佑写成《京张铁路调查报告》,又绘制了铁路平面、断面图,然后写成《修造京张全路办法》,提出经深思熟虑后确定的分三大段建造京张铁路的详细计划与办法:

第一段,由丰台站外柳村起,经彰义门,"拟就关内外铁路局原勘开筑之路修建修至南口,长约一百零四里,沿途尚称平坦,间有水沟,修造桥梁,施工尚易"。

第二段,由南口经关沟修至岔道城,长约三十三里。此段坡度最陡,施工最难。由南至八达岭高低相距一百十丈,铁轨难以铺设。在南口至岔道城这路线,无论铁路绕行何处,坡度都非常高。铁路必须从南口垫高,"每四十尺即需垫高一尺"。铁路修成之后,在南口和岔道城两处,须多备机车一辆,以便上下斜坡时用两机车推挽,增加行车的安全性。

第三段,"由岔道城经怀来、宣化达张家口,长二百二十三里"。蛇腰湾、老龙背地形复杂,施工"必须逢曲取直,就低培高"。从宣化到张家口的路线,"有小岭名石子,形势险窄,乱石塞途"。铁路通车之后,如果此处遇到大风,铁路养护人员"须于养路之时,加意谨慎"。

在《修造京张全路办法》的结尾处,詹天佑以关切与急迫的心情陈述了早日建成京张铁路的经济价值与重要意义,"此次勘路,所过大小集镇,均不寂寞,沿途民户亦繁,口外货车更源源不绝。此路早成一日,公家早获一日之利益,商旅亦早享一日之便安,外人亦可早杜一日之觊觎"。艰苦的京张铁路勘测如图 7.4 所示。

· 第 7 章　艰难的京张铁路建设 ·

图 7.4　艰苦的京张铁路勘测

7.2　工程准备

经过詹天佑专业而缜密的工作，京张铁路全线的勘测选线和经费预算逐渐清晰。而他的这些工作也得到了清政府的认可。这和詹天佑出色的谋划统筹是分不开的。京张铁路在北京丰盛胡同和成门外分别设立了分局和工程局，詹天佑则作为京张铁路总工程司兼会办在工程建设现场指挥。1905 年 8 月，詹天佑将家搬到了北京阜成门外的工程局内。詹天佑的家人与他一同奔波至北京。他本人则吃住在工地全身心扑在工作上。1905 年 10 月 2 日，京张铁路工程正式动工修建。

京张铁路作为一项复杂的系统工程，在开工之前必须进行一系列周密准备。要完成这样庞大的工程，仅靠詹天佑一名总工程司显然是不够的，需要有大批有经验的工程技术人员参与其中。在当时的中国这样的人才是极为稀缺的。幸运的是，经过在中国大地上已经开展了几十年的铁路建设的锻炼和在各地开设的铁路学堂的培养，中国当时已经拥有了一批在铁路建设领域颇具理论和实践经验的工程师。詹天佑通过不懈地协调，得到了袁世凯、盛宣怀等人的支持，他们尽可能地将这些人才集中到了京张铁路

第二篇　京张铁路 1909

的施工团队中来,这让詹天佑颇感欣慰。这其中既包括当年介绍詹天佑入职中国铁路公司的留美同学邝孙谋即邝景阳,也有陈西林、翟兆麟、柴俊畴等毕业于北洋武备学堂附设铁路工程班的铁路工程师,还有一些刚刚从山海关北洋铁路官学堂毕业的学员,比如跟随詹天佑进行线路勘测的张鸿诰、徐士远。这些工程师代表了当时铁路工程技术领域的最高水平。通过修建京张铁路让更多青年工学家迅速成长起来无疑是詹天佑追求的目标之一,也是时代对他们寄予的希望。

修建铁路除了需要工程师队伍之外还需要大量的经费。这也是铁路开工前詹天佑不得不面对的问题之一。按照英国工程师金达最早的估算,京张铁路全路的工程款需要 500 万两白银,这笔款项当时已经获得了清政府的批准。可是经过詹天佑的实地勘测和计算,这个数字是远远不够的。詹天佑将自己仔细重新测算的结果编成一份更为详细科学的预算表上报袁世凯,预计京张铁路全线工程共需白银 729.1 万两。袁世凯采用了变通的方法,将不足的 229.1 万两白银列为机车车辆费及总务费。由于大多数机车车辆需待线路通车之后再使用,所以有时间另行奏请拨付,而工程总务费则决定由线路先期通车的区段的经营收入冲抵。这样,工程经费这个大问题似乎得到了解决。但是实际上,在工程开工之后,经费问题仍然时常让詹天佑感到烦恼。由于工程经费的主要来源是关内外铁路余利,这笔款项由英国汇丰银行负责调拨,然而汇丰银行的工程款经常不能按时拨付,詹天佑只得想尽办法游说邮传部调拨不足的经费。在詹天佑的努力下,从 1905 年开始,用了两年左右的时间,工程经费基本凑齐,为工程顺利推进提供了有力的保障。

修筑铁路必然要用到大量各种类型的材料。这些材料的采购直接决定了工程能否顺利开展以及工程质量。在京张铁路采购材料方面,詹天佑也做出了非常精细的谋划,采用招标的方式推进这项工作。关于这一点詹天佑认为:"铁路材料固贵投标,然操纵夺,仍在定标式之人。"对此詹天佑始终亲自把关,亲自与外国供应商进行谈判,保证用合理价格采购到质量最好的材料。根据线路设计,京张铁路全线正线均采用 85 磅重型钢轨;全线枕木采用美国松木,枕木用黑柏油处理,增加使用年限。

为了保管、分配筑路材料的便利,詹天佑分别在丰台和南口设立"材料厂"和"总材料厂",负责收存和转运各种筑路材料。由于当时铁路使用蒸汽机车,开通运营之后将消耗大量煤炭。关于铁路开通之后的用煤问题,詹天佑在线路设计过程中就进行了考虑。他调查了线路周边的煤炭资源开采分布情况,认为宣化附近的鸡鸣山煤矿和北京的门头沟煤矿可以作为今后京张铁路的煤炭供给资源。为此京张铁路特别设计了鸡鸣山支线和京门支线。铁路开通之后，这些线路运输的煤炭不仅可供铁路使用，而且还可以额外增加一笔运输收入，可谓一举两得。

京张铁路开工之前还需要选工程承包者。詹天佑在这项工作当中力求公平，同样采用了公开招标的方式，从工期、经费、施工质量等多个方面对投标者进行比选，保证了最后选择的施工承包者综合条件最佳。这种工程管理方法与现代管理体制相似，凸显了詹天佑当时先进的管理理念，在我国起到了开风气之先的作用。詹天佑1906年的一封书信记载了关于工程合同和招标的过程："关于我们分派工程任务的方式，鉴于待定的合同很多，采用的招标办法，条件最优的人可以得标。"詹天佑对于包工者的管理和任用也颇有心得。

7.3 首段工程初战告捷

7.3.1 首段工程顺利

1905年9月4日，京张铁路工程破土动工。在詹天佑的指挥下，筑路大军浩浩荡荡地开到工地。当时，机器设备缺乏，别说挖掘机、轧路机，就连运输钢轨的车辆都没有，只能用小平车和人力车来克服困难。但大伙儿情绪高涨，筑路工地上一片热火朝天的景象。詹天佑没有沿用把做好的路基风干一年的经验，大地边筑路基一边铺轨，节省了很多时间。在京张铁路轨距的选择上，坚持使用1.435 m的标准轨。他说，铁路像人体的血管一样，要能使血液流遍全身才行。

1905年12月12日开始铺轨。在丰台车站铺轨的时候，一件意外的事情发生了，一列工程车在运行的过程中，一个车钩链子突然折断了，导致火车脱轨，大费周折才恢复原状，影响了部分列车的正常行驶。一些外国人都不相信中国自己能修建铁路，这件事情就成为中国不能自建铁路的见证，于是各种非议从四面袭来，对脱轨翻车的事情大肆渲染。詹天佑并没有被舆论吓倒而是集中精力想着技术上的问题：这条路的坡度非常大，车厢之间如果没有连接牢固，就很容易发生事故。

于是，詹天佑就想到了改进车钩的办法。詹天佑的想法让保守人士知道了，都讥笑詹天佑自不量力，连世界上通用多年的车钩也要改。但在詹天佑看来，铁路需要标准的轨距、坚固的路基，列车的车厢之间还要连接牢固。京张铁路需要穿越高峻险陡的地方，当爬上高地或者曲线运行的过程中，所有的车厢都要牢固连接为一体，这是列车运行安全的基本保证。通用的链子很显然满足不了京张铁路的火车运行需求。詹天佑开始对火车各部位的结构进行研究。经过三年的刻苦钻研，不断设计、修改，一种新式的自动挂钩应运而生了。这种挂钩发挥了很大的作用。由于挂钩上安装了弹簧，只要两节车厢轻轻一碰就可以自动连接，两个钩舌相互之间咬得很紧，使得车厢形成整体，保证了火车运行安全。当车厢之间分开的时候也是非常方便的，人在线路外面站好，将提钩杆、抬车钩链起，就可以将两节车厢分开。

詹天佑用自动挂钩法顺利地解决了折断的问题。很多人都认为这项发明是詹天佑的专利，其实詹天佑是这项专利的推广者，并不是发明者。"自动挂钩法"是美国工程师詹内（Janney）发明的，而且还将这种车钩用他的名字命名为"Janney Couple"（詹内车钩）。火车车厢之间本是用铁链子拴着的，当车厢爬坡或者曲线运动的时候，由于连接不是很牢固，加之铁链缺乏弹性，就很容易被拉断，造成脱节，这是非常危险的。詹天佑思考着如何让车厢连接起来简力，连世界上通用多年的车钩也要改。詹天佑认为，明知道有缺点却不愿意改正，这才是最可怕的事情。直到现在，人们都是使用这种自动车钩，节省了人力和物力。"詹式"车钩模型如图 7.5 所示。

图 7.5　"詹式"车钩模型

在詹天佑指挥下，京张铁路首段工程筑路轨进展顺利。1906 年 1 月 25 日，横跨京汉铁路交叉点上空的铁路立交桥便造成，京张铁路上的火车车头第一次从上面试行通过。9 月 30 日，即京张铁路开工不到一年，从丰台柳村到南口约 50 km 的首段铁路便全部建成。首段铁路建成后，詹天佑指示试行开办运输列车每天从丰台到南口往返开行 2 至 3 次列车，每次列车挂 14 节车厢，增加收入。詹天佑特地举办了隆重的通车典礼，以鼓舞士气。他指示在南口搭了一座大彩棚作为庆典场所。应邀的来宾有 400 多名中国人与 80 多名外国人，胡燏棻、唐绍仪等清政府大员也来出席。首段工程的顺利完工并试行通车，有力地鼓舞了全路员工，也使詹天佑信心倍增。

7.3.2 人为困扰

詹天佑主持修建京张铁路一开始就遇到许多困难。对于全线 200 km 左右的京张铁路来说，修建线路、桥梁、仓库厂房等都需要占用大量土地。因此，土地征用问题在京张铁路修建准备阶段，甚至是开工修建过程中都是头等大事。京张铁路首段工程始于北京丰台至昌平南口，穿过北京近郊，土地情况极为复杂。除了一部分民属土地之外，还有许多清政府属地。这些土地原本用于兴建各种府第、寺庙、园囿等。由于土地持有者大多有权有势，拒绝出让土地，给铁路的修建带来了非常大的困难。从詹天佑的日记中可以看到数次由于占地问题导致的工程停工事件。

詹天佑在处理购地事项时，表现得有理有力有节：无关大局时，选择绕行避让；对铁路运营影响很大时，则坚持原则，选用最优方案。京张铁路从丰台柳村 60 号桥出发，詹天佑原计划在附近修建一座材料厂。原先此处已经由英国人修建了关内外铁路，并且拟修建一条供慈禧太后前往颐和园游玩之用的支线。此条支线已筑成一段路基，京张铁路直接使用本段路基。京张铁路拟建的材料厂则需租用关内外铁路附近的场地，英国工程师金达借机提高地价。詹天佑不为所动，据理力争，最后金达只得降低了地价，于京张铁路柳村起点东侧修建了材料厂并且允许京张铁路修建一条长 4 km 的支线与关内外铁路连接。

詹天佑在所著《京张铁路工程纪略》中记载：北京广安门一带线路，不仅需要横穿很多街道，而且需要经过白云观等古迹，园林坟墓星罗棋布，因此线路只能修建很多曲线避绕。在这些线路的选择上，詹天佑既考虑了古迹的保护，也不得不对当地的民风民俗做出让步。在清朝时期，人们认为修建铁路、迁移坟墓是破坏风水的事。可想而知，詹天佑因为铁路征地问题遇到的阻力之大。但是这些问题最后都凭借他坚定的信念和细致的工作解决了。

在铁路延伸至西直门附近时，需要修筑一座大站——西直门车站。西直门的地理位置特殊，位于北京城墙的一角，旁边还有高梁河和大量民宅。詹天佑本想将车站修在倚虹堂附近，也就是现在的北京动物园一带。但是因为当时这一带是皇家园林，不能靠近，所以只得更改了车站选址，修建在城墙和河道附近。为了扩大车站面积，他还设计将河水改道向北，形成"几"字形，由此可将选址北侧大片的芦苇塘扩进车站之中，填平使用。这也就是今天的北京北站所在的位置。凡此种种，詹天佑在可以选择的有限用地面积上动了很多脑筋，才使各种铁路设施最终得以修建。

当路基修到西便门外时，正好芦汉铁路通车了，必须架设一座横过芦汉路的路轨：修至广安门，又遇到白云观，遭到绕道改动线路的困难，其实这种说法值得推敲。因为芦汉铁路在 1905 年 5 月就已经开通了，京张铁路 1905 年 12 月才开工，白云观也早就坐落在那里了。这样詹天佑在测量京张铁路定线时一定会考虑到这些因素而不会纸上谈兵，随意画图，等修到那里再临时起意改图纸。

京张铁路修至清河镇时，要通过一个满族贵族广宅的私有土地。广宅是恭亲王载泽的亲戚，时任锦州道员，坚决不让铁路从他家祖坟的坟边通过，派人卧地阻拦修建。这里不只有广家地，西面是慈禧太后父亲桂公坟，北面是郑王坟，南面是太监坟，路线无论怎么左避右闪，都不能通过。恭亲王要求将铁路改线，而且还愿意出银酬谢。如果要将铁路线改道，不仅浪费时间，还需要消耗大量的经费，况且詹天佑认为这种变相的受贿是可耻的，因此宁可辞职，也不愿意修改路线。这名贵族在朝野势力很大，为了不让铁路通过他的私产，破坏他家的风水，他竟然雇人卧在线路上阻止施工正常进度。詹天佑考虑到绕道他处会徒增施工难度和费用，于是据理力争，拒不改线。另一方面，广宅也到处活动，要求改线，甚至贿赂邮传部官员。说来也巧，就在此时，发生了清政府五大臣出洋"考察政治"在正阳门东火车站遇到"刺客的大事件"。

1905 年 9 月 24 日，发生了"五大臣出洋被炸"事件，即镇国公载泽、户部侍郎戴鸿慈、兵部侍郎徐世昌、湖南巡抚端方、商部右丞绍英五大臣分别到东西洋各个国家考察政治，结果启程时遭遇刺杀，几名随从被炸死，虽然五大臣都距离比较远，幸免于难，但心有余悸。载泽不敢参与外面的事情了。广宅没有了靠山也就同意铁路可以从坟墙外通过。虽然载泽没被炸死，但吓破了胆的他再也不问外事，广宅也就失去依靠，"反拆迁"的态度也软了下来。经过当地乡绅从中调解，詹天佑答应广宅在他的私产旁边另建一条小河，并修建纪念碑以保持风水，从而得以让铁路从旁经过。詹天佑在面对封建保守思想的阻力的时候，选择适当变通，使工程能够顺利推进，但并未修建纪念碑。

7.4 攻克难题自主创新

7.4.1 设计创新攻克难题

以詹天佑为首的中国工程技术人员在京张铁路工程中遇到了许多难题，如：关沟段山高谷深，坡度过大；从岔道城到张家口的工程，有些路段施工难度仍然很大。詹天佑丝毫不敢掉以轻心，以他的智慧带领着他的团队解决着一个接一个的工程难题。

其一，线路选择问题。詹天佑所遇到的难题是山的坡度和隧道的问题。京张铁路路段中，南口到八达岭之间的路段是最陡峭的。火车的最高爬坡率一般是 25‰，特殊路段可达 30‰，但这一路段的坡度已经达到了 33‰。按照国际上普遍使用的设计方法，铁路每提高 1 m，就要经过 100 m 长度的斜坡，将铁路的线路延长。但为了压资金，就要将铁路的线路缩短，按照詹天佑设计的线路每提高 1 m，只需要修建 33 m 的斜坡。地面坡度大了，火车怎样才能爬上山呢？这成为詹天佑整天冥思苦想的问题。

两山夹一川，构成了"V"形盆地，所以，这里又被称为"怀地"，高差大约为 600 m。这里是历代设防抵御游牧民之地。关沟地带的山脉，最狭窄之处仅 20 km。古人都会选择这里作为通道。但是，如果修建铁路，不仅坡度大，而且运输能力不够。丰沙线是相对理想的路线，永定河通道的平均坡度比较低，铁路运输能力也会非常强。但是，山区地带峭壁林立，必然行程很长，而且还需要修建很多的隧道。即便技术允许，由于资金有限，这条线路也不能用。最终只能选择走关沟线。当时对于欧美国家而言，从技术上解决这两个问题并不是大事，但是清政府资金短缺，就要考虑到节省资金。1 800 m 的隧道需要消耗大量的人、财、物，而要缩短隧道，就要提高海拔，地面自然会坡度变陡，且会超过铁路允许的最大纵坡，而且铁路线的铺设受到地形的限制，为了让铁路线路达到预定的里程，就要顺应地形铺设展线，使线路沿山坡盘旋而上。铺设展线的目的就是通过延长线路的方式减缓车爬坡，"展线"是回上升的铁路线，包括多种类型，"人"字形、灯泡形、S 形、马蹄形等。詹天佑使用的就是"人"字形展线，很明显用展线的方式设计线路，必然会大大地增加里程，但是处于技术落后的年代，不仅受到牵引条件的限制且缺乏建设长道的能力，就要利用地形条件铺设展线。而且，在此段铁路上，詹天佑决定使用两台（马莱型）大马力机车来牵引列车爬坡，一台在前面拉，另一台在后面推，以增加机车的动力。当列车到达山上铁路折返线交叉点时，在后面推动的机车改为在前面拉，而原来在前面拉的机车则改为在后面推。这样不仅加大了动力，而且免去了调换机车的麻烦。各节车厢之间改用自动挂钩牢牢连接为一体，不易脱落翻车。火车在大马力机车的牵引下，顺利而又安全地通过八达岭。将关沟段由天险变为通途是詹天佑的又一创造性的工程设计。火车使用两台机车还可以加大牵引力。如果车辆的重量很小，使用一台机车也可以实现掉头折返，但是火车的车厢多，载重量大，使用一台机车带动很多的车厢上坡是不安全的，使用两台机车可以保证运输的安全。詹天佑不仅创造性地使用了双机牵引，还着力于从国外购进大马力机车，由此京张铁路的运输动力问题得到了解决。青龙桥这段铁路修成之后,看起来像个剪子的形状,当地人就将这段铁路所在地称为"剪子岭"。京张铁路青龙桥站西侧上下行火车同时开行场景和从美国引进的"马莱型"蒸汽机车如图7.6所示(1907年,詹天佑从英国购入4台"复胀式"蒸汽机车,后来命名马莱1型蒸汽机车;1911年、1914年、1921年从美国引进了马莱2型、马莱3型、马莱4型蒸汽机车)。

图7.6 京张铁路青龙桥站西侧上下行火车同时开行场景和
从美国引进的"马莱型"蒸汽机车

实践证明,"人"字形展线虽然是效率低的线路,但在八达岭这个地势条件下,詹天佑采用"人"字形线路,还是最佳的选择,使八达岭隧道长度缩短了近半,也使线路坡度降低到33‰以下,并且采用火车前后各挂一个火车头的方式以提升爬坡能力。詹天佑采用"人"字轨道的设计也是无奈之举。京张路修建到八达岭近青龙桥段,面对燕山山脉军都山的陡山大沟,要穿越过去,就需要在22 km线路区段内采用这种轨道设计,火车行驶的过程中用折返方法攀斜,非常省力。从詹天佑选择的3条铁路路线来看,热河线的施工难度是比较低的。北经平原到达延庆,这里的中部是河谷平川。曾有人把"人"字形线路说成是詹天佑的独特发明,其实这并非是他的发明。"人"字形线路原在南美洲森林和矿山铁路中多次运用,但它并不是最先进的筑路方式,它的缺点是由于坡度大容易导致运输通过率低,美国最早用于修建山地铁路,以节省初期投资,等通车营业有收入时再改建。但这一设计使八达岭隧道缩短了近一半,工期也缩短了两年。詹天佑在他的日记中却提醒后人:"人"字线路总不如螺形环山路线优越,除非万不得已,不要采用京张铁路的关沟段那样的路线。南口工程司处和机车房如图7.7所示。

图 7.7　南口工程司处和机车房

其二，设置保险岔道。关沟段地势陡峭，坡度达 33‰，詹天佑为保证行车安全，特在此路段设置保险岔道。火车行驶到此路段时，若机车制动失灵，则列车可驶入反向坡道之保险岔道线，以保证行车安全，而且不影响其他火车行驶。关沟段设置的保险道岔有 12 处，分别设于关沟谷口之地势险隘处所以及南口站场之上、下端，其中在车站内 4 处，在车站与车站之间的行车区间内 8 处。京张铁路的保险道岔和利用京张铁路"马莱型"蒸汽机车内热管焊接的车站护栏如图 7.8 所示。

图 7.8　京张铁跲的保险道岔和利用京张铁路"马莱型"
蒸汽机车内热管焊接的车站护栏

7.4.2　地形复杂战胜天险

1. 第二段铁路修建

1）居庸关隧道等关键

1906 年秋，詹天佑率上万人建设大军，开始进行京张铁路第二段工程建

第二篇 京张铁路 1909

设。这是从南口至岔道城的关沟段,是京张铁路最艰巨也是最重要的一段工程。该段铁路线只有约 17 km 长,但自南口起,地势急剧升高,山势陡峻,地形复杂。詹天佑经多次测量后选定的线路是由南口入山后,经过关沟——南口河谷两侧内的峡谷而修筑。路基逐渐升高,要穿越居庸关、五桂头、石佛寺、八达岭等处几座高峻的山峰。因而,施工任务十分艰巨,不仅要开山炸石,而且要设法减缓坡度,保障列车的牵引能力与安全等,尤其要开挖 4 条横穿大山巨岭的隧道。所以,关沟段工程是制约着京张全路能否顺利建成、建好的关键所在,可以说,全路成败在此一段。

从八达岭到南口这一段,是军都山中的著名峡谷——关沟,因古时候在谷中建居庸关而得名。关沟山峦重叠,景色优美,先后衍生为 72 景。石佛寺辖区在关沟段虽然也就只有 3 km,却聚集了关沟全部景观的 1/4。这些景观,既有古代遗留下来的,也有近年修复的,比较著名的有弹琴峡、五桂头等。

关沟段是詹天佑主持修建的京张铁路最艰巨的路段。詹天佑修建京张铁路也就与石佛寺村有了历史渊源。因为这段路山峰陡峭,坡度极大,需要修筑总长度达 1 600 多米的 4 条隧道。为此,詹天佑特地把总工程师办公室设在南口,总局的事务则全部交给陈昭常处理。他专心主持工程,并表示,不打通隧道就不回北京。为了亲自指挥施工,詹天佑还在居庸关租赁民房居住。

如今已经成为詹天佑纪念室所在的村里的院落为典型的北方农家小院,有正房 3 间,东、西厢房各两间,青瓦石墙,给人一种特别古朴的印象。后来,因为需要又临时迁到石佛寺村,借用了村里姬家的两间民房。詹天佑和他的助手就住在东房。詹天佑在姬家住了将近 1 年,直到关沟段铁路竣工才离开。为了纪念詹天佑先生,姬恒一家自筹资金,利用北房和东房,筹建了"詹天佑纪念室"展览室,姬家收集了与詹天佑有关的大量珍贵历史照片,制成展板,配以文字说明,向来这里的游人介绍詹天佑的生平经历和历史功绩。让人感叹的是,别看詹天佑是美国耶鲁大学的高材生,可与山沟里的村民关系处得极好。他白天出去测量路段,指挥施工,晚上回来自己随便做点饭吃,有时闲了还到北屋和房东聊会儿天。詹天佑喜欢农家饭菜,房东大嫂经常多做一些给他端过去。詹天佑也常给房东孩子买些糕点、饼干之类的小零食。而且,詹天佑还和同事们凑钱,一起给房东大哥买了头小乳牛,这样以后房东大哥刨地就不用人力了。詹天佑纪念室如图 7.9 所示。

图 7.9　詹天佑纪念室

在当时，开凿隧道是极为艰难危险的工程。开凿隧道之前，必须先进行精密的测量以定线，尺寸不能发生一点差错，然后还须勘查隧道所在地的地质条件、岩石种类、地下泉脉等一系列复杂的情况，作出精密的计算与准确的设计。施工须严格按凿线与设计进行，要求高、工程量大、工程艰苦，且要有各式开山机、抽水机、通风机等设备。詹天佑日夜工作在工地第一线，指导各项工程施工，甚至亲自参加繁重的体力劳动，鼓舞员工的士气，发挥大家的智慧，发现与解决施工中出现的各种问题，预防与排除各种可能发生的事故与隐患。在詹天佑的带动下，员工"上自工程师，下至工人，莫不发奋自雄，专心致志，以求达其工竣之目的"。詹天佑在勘测选定关沟段线路时，为节省经费与降低施工难度，想方设法减少隧道工程。对于这 4 条必须开凿的隧道，詹天佑选在山岭最狭窄的地方定线开凿，尽量使隧道线短而平直；在山势最为陡峭的八达岭地带他设计了"人"字形线路，以使坡度缓慢上升并减少隧道的长度。在詹天佑的精心设计下，4 条隧道的长度分别为：居庸关隧道，长 366.98 m；五桂头隧道，长 45.72 m；石佛寺隧道，长 141.12 m；八达岭隧道，长 1091.18 m。

詹天佑率领员工首先开通了两条比较短的隧道——45.72 m 长的五桂头隧道与 141.12 m 长的石佛寺隧道，鼓舞了员工的士气，积累了宝贵的技术与经验。1906 年年底，詹天佑率领员工，开始向艰巨的居庸关隧道与八达岭隧道挺进。居庸关在关沟段的南面，近南口，山势陡峭。起初，詹天佑设计的线路是直线穿关城而过，如果按此线路施工，"关内居民庐舍相连，须多拆民房，且地势低下，必将地基培高，而四壁皆石，取土殊难"，考虑到这些情况，詹天佑重新勘测设计了一条曲线，即从南口北上的路。到居庸关时，"绕道关东山麓，建大桥一座，横跨洞股，上绕六十余尺，至山谷始凿洞通之"。

詹天佑亲自测定线路与指导对居庸关隧道的开凿施工。为加快进度，詹天佑起初准备采用中距离垂直井法施工，但经过仔细勘察后，他发现这里山势高、岩层厚，距洞底距离过长，若在隧道中点垂直凿井再分向两端开工，施工极其困难。"两相比较，反以两端并凿之法为宜"，故未另凿直井，而采用从两端向中点凿进的方法。这种施工方法的关键是准确定线。詹天佑先选山谷最狭窄处勘测，然后升至山岭，再审视隧道洞线的方向，置经纬仪于"地点"，向"天点"取直，再反过来测量"人点"，并使天、地、人三点连成直线，再将经纬仪移到"人点"，测试天、地两点是否和人点准确地连接为一直线。如此测量准确以后，则于各点上竖立标杆，依此为标准，以定洞内的中橛，然后再用水平仪测量各橛相差的尺数，依此绘成隧道的剖面工程蓝图。

定线以后，施工开始，詹天佑亲自到场指导。工人们按照事先测定、钉在洞口的中橛向里凿进。凿进几尺以后，就把经纬仪搬到中橛上，按原测定的天、地、人各点的方向，再在隧道内测定一个中点，以一根长 2 m 左右的旗杆为标识，用孔明灯的光线反射将其显现出来。此隧道中点的测定必须精密准确，不能有丝毫差错，就这样逐步向前测量，不断测定中点，不断向前开凿。

隧道两端，同时开工，向中点凿进。詹天佑安排每端各配备 60 名工人，其中，凿工 40 名，土石运输工 20 名。凿工以两人为一排，一人拿钢钎，另一人拿铁锤，轮流用钢钎在岩石上打出 2 m 深的炮眼，再装上炸药爆破岩石。土石运输工将爆破后的碎石泥土运走清理后，凿工再向前凿进。詹天佑曾为工地上配备了凿岩机，但发现"凿岩机操作中困难很多，使用不便。因工人用手钻开凿进度更快，故包工将凿岩机弃而不用"。詹天佑同意因地制宜改用这种中国传统的凿岩方法。他对炮眼的大小、深浅、方位以及装药的分量，都亲自掌握，以防事故发生。

当开到距离洞中几十米处的时候，出现了山顶泉水渗透的感觉，洞中非常泥泞，不能使用炸药。当时无抽水设备，洞中泥水交融，给施工带来极大的困难。在没有抽水机的情况下，只能用水桶挑水，詹天佑就身先士卒，带领工人挑着水进行排水作业。为了避免出现两壁和顶部的土方塌落的现象，边墙环拱都用水泥砌上，形成水沟，将积水排除。采用这种施工方法实现了 6 个工作面同时进行，不仅施工的进度加快，而且还可以保证施工的质量。在进行凿洞施工的过程中，因为没有先进的机械设备，需要人工一锹锹地将石块挖出来，直挖到两端相接处。詹天佑虽然是总工程师，却没有半点架子，与工人共同干活，挖石头、挑水，一身污泥一脸汗。他还经常鼓舞大家:这条铁路是我们中国人自己修建的铁路,而且是用自己的钱修建的铁路,我们一定要成功,不让全世界的人耻笑!詹天佑指导工人用水泥砌边墙、环拱、修建水沟。边墙、环拱是防止两旁和顶上的土石塌落的,水沟则用来排泄积水。

居庸关隧道工程进至中间核心部位时,困难更大。此段约 200 m 的工程正好处于居庸关关城之下,土石松脆,又值雨季,泥水交下,土石塌落,炸药也不能使用。詹天佑想出新办法,"乃以大方木节节支持,且用小钢轨穿错其间,渐次进攻,始克成事"。经过约 1 年的时间,1908 年 5 月 13 日,居庸关隧道完工,如图 7.10 所示。

图 7.10 京张铁路居庸关新添车站道岔作工景

2)八达岭隧道

在居庸关隧道开工后不久,八达岭隧道也按计划开工。詹天佑根据此地的具体情况设计了开挖八达岭隧道的新工程方案。詹天佑认为,八达岭隧道洞身过长,若是像居庸关隧道那样仅从两端对凿,不仅耗时过长,而且不容易准确掌握隧道方向。因而他决定采用直井法施工,即在隧道两端施工凿进的同时,另在隧道上方山岭上外挖大、小直井各 1 座,自山顶垂直挖下,直至与隧道底深度平齐为止,然后再向两端开凿。

大直井位于隧道中部的山岭上,其开凿方法为:先将中线及水平测准,然后从山顶垂直向下开凿。等开凿到一定深度以后,工人在井口架设辘轳,以运载工人上下更替,运进井外的器材炸药等物,运出井内的土石与积水。大直井设计为深约 25.6 m,直径约 3 m。工人每一昼夜可掘深近 1 m。直井建成后,原定中线被移至井底,工人以此为依据,按中线方向分向两头进。小直井位于岔道城一侧之洞口外部,小直井建成后,工人也同时从井底分向两个方向开。这样，从大、小两个直井分向两端开凿，再加上隧道两端同时开凿，就同时有 6 个工作面在施工，可大大加快隧道工程的进度。

就这样在詹天佑身先士卒的带领下，那些不相信中国人能够完成开通隧道的外国人，常常以打猎为名跑来偷偷观察，希望看到詹天佑的失败，看中国人的笑话。但最后失败的是这些居心叵测的帝国主义分子。在八达岭隧道施工过程中，詹天佑还考虑到此隧道过长，建成通车以后，检修工人入道检修，若遇火车通过，将无处藏身，影响安全，于是在隧道内每隔 91.44 m 建一避险洞。全道共建避险洞数十个，以专门供日后通车后检修工人在隧道内存身避险用，以防发生意外。关于隧道建成以后的通风，詹天佑令人在隧道建成后仍保留大直井，上建通风楼，作为永久的隧道通风设备。

为了如期打通八达岭隧道，詹天佑决定，除隧道两端的两个作业面外，又在山顶打了两个竖井，向下挖掘到一定程度后，分别向两端开挖。这样，作业面一下子达到了 6 个。八达岭隧道是晚清和民国铁路建设中少有的长隧道工程，也是当时最为艰险的铁路工程。

在八达岭施工中，詹天佑还处处为工人着想。当挖到竖井底部时，他发现井内的碳气很重，影响工人们的操作和健康，于是就命在井口设扇风机连接铁管向井内输入空气，并用手拉的风箱来辅助补风。同时，他还考虑到通车后，洞内检修工人的安全，在洞内设制冷避险洞和通风楼。避险洞每隔 300 英尺设置 1 处，当火车开过来时，检修的工人可以进入避险洞避险，保证人身安全。八达岭隧道打通后不久，五桂头和石佛寺隧道也先后打通。这样，关沟段最困难的工程终于完成了。这条最长、最难打通的八达岭隧道在多年之后却出现了。

1908 年 5 月 22 日夜间十点半，八达岭隧道全洞贯通，"洞顶结拱，砌筑边墙水沟，八月间即可铺轨行车"。对八达岭隧道工程，邮传部批复："总工程师詹道，殚心测勘，督率在工各员，勤奋开凿，在工各员，亦均不避艰险，昕夕从事，用能克期奏功，本部堂前经逐节履勘，均臻妥善，实深嘉许，著传谕奖励。"八达岭隧道的建成，不仅攻克了京张铁路工程中的最大难题，而且向全世界表明了中国具有独立开凿铁路隧道的能力。

2. 第三段施工——岔道城到张家口

对从岔道城到张家口的第三段铁路施工，周密规划，事先准备，以不误工期。1907 年春，詹天佑在指挥开凿居庸关与八达岭隧道的同时，就部署对从岔道城到张家口间的线路细测定线与部分重点工程施工。此段铁路所经地势较为平坦，路基与铺轨工程较易进行，只有几处地形复杂，施工较困难，詹天佑决定对几项困难工程提前施工，以不误全路工程进度。

在第三段筑路工程中，最困难的是从下花园到鸡鸣驿的矿区支线铁路。这段铁路虽然不长，但必须沿山铺筑路基，由鸡鸣驿山，顺沿大河，过蛇腰湾、老龙背到达响水铺，右临洋河，左傍石山。施工人员须顺着山开 20 m 深的通道，用石块垫 3~3.5 km 长的河道，筑路基防护墙，以免洪水冲塌，施工之难仅次于关沟。在詹天佑的指导下，这一段工程顺利完工。

7.4.3 因地制宜架设桥梁

京张铁路长约 200 km，跨越多条大小河流，尤其是关沟段山高谷深，湍流极多。架设数量众多的大小桥梁也是不小的难题。在怀来，铁路需跨越著名的怀来河。詹天佑设计怀来河大铁桥用 7 座各长约 30 m 的钢梁架成。他指示先用骡车将钢梁运至工地铆接，同时建造桥墩。1909 年夏，詹天佑又设计修建了大桥的御水坝。在从岔道垴到张家口间所经过的康庄、怀来、土木、沙城、新保安、下花园等处，他部署事先建好车站。

经认真勘测计算，詹天佑认为如果架设钢桥，因所需材料我国尚无法制造，需从国外进口，不仅价格昂贵，而且来货时间不定，不能及时供应，影响工期，遂吸收中国传统造桥工艺的有益经验，设计建造混凝土拱桥。这种桥梁尽量利用中国工厂自造的水泥和当地的石料，不用钢梁，以节省开支。《京张铁路工程纪略》记载："所打洋灰沙，除墩帽外，其余皆加入坚硬片石，但片石上下四面相离至少须有 6 寸。不但此桥洋灰沙内加入片石，他桥及他项洋灰工程，凡厚宽高长各逾二尺者，均一律照加，省洋灰故也。"这样的混凝土拱桥不但节省开支，而且坚固美观，具有中国传统建筑的美感。关沟段铁路共有 20 座桥梁，其中有 13 座为混凝土拱桥。

1919 年 3 月，詹天佑在《致巴黎和会中国专使电》中谈到铁路桥梁工程，"忆天佑昔任京张铁路总工程师时，该路桥梁多用我国洋灰石料，以造成旋桥（今称拱桥），乃因该路原来地势及我国固有材料而变通利用之，耐固至今。若美观则必用钢桥矣，是可反证。盖铁路资本，工程占其大部分，如完全假手外人，糜费必多"。这段话真实反映了詹天佑为节约筑路经费而精打细算的心情。

京张铁路的石桥采用石砌或水泥桥拱形结构。八达岭山区修建的桥梁多采用这些材料，其原因是，就地取材开采石料较为方便，易于线路施工。另外，京张铁路整个线路的路基、路堤、路肩、挡土墙、护坡、桥台多采用石料筑成，詹天佑要求在混凝土中加石片，有些地方需要增加强度再用水泥勾缝或加固，这样可以节约昂贵的水泥。

居庸关上 30 号桥是一孔跨度 12.2 m 的圬工拱桥，由京张铁路副工程司俞人凤和颜德庆勘测设计并负责指导施工，该桥开通后经过百年时间，状况良好。京张铁路有 121 座铁桥梁采用架结构，是较早大规模使用现代桥梁技术的铁路线路。詹天佑从山海关造桥厂为京张铁路制了部分铁桥钢结构。这些钢结构桥梁大多采用"一"字形上承钢板结构，属于简支梁桥。这种钢梁结构在线路上很多地方使用。如鸡鸣驿 88 号桥。从技术要求上看，这些上承钢板梁结构桥梁可以修建在河道不宽或者便于施工的河床，要求地形相对平缓。上承钢板梁可在工厂或现场进行组装，采用这种结构有利于加快施工进度、降低造价成本、缩短建造工期。

对于一些河道宽、地势低洼的线路，采用较为复杂的简支上承钢梁结构，如岫泥坑 23 号桥、水定河 12 号桥就是采用上承钢桁梁。这种上承钢桁梁桥梁结构跨度大、承载力强，适合河道、水道较深的环境。一方面，组织工程人员对桥墩、桥台施工；另一方面，需要从山海关桥梁厂定制上承钢桁梁。南沙河 15 号桥采用了比较特殊的结构设计，桥梁有 1 孔采用下承钢桁梁，其他 5 孔采用上承钢板梁工艺结构。这样增加桥梁跨度，承载强度大大增强，丰富了桥梁钢结构设计样式。

京张铁路全线最长的桥梁是怀来河 56 号桥，为 7 孔 305 m 的简支上承钢桁梁组成，台采用木基础，由詹天佑负责勘测设计，由副工程司翟兆麟具体设计并指导施工。该桥于 1906 年冬开工，1908 年 5 月竣工，开通后运行状态良好。而这段工程里遇到的第一个难题就是在当时的怀来河上建桥，工程难度仅次于南口到八达岭的关沟段。该钢梁大桥跨越怀来河共 7 孔，每孔长 100 尺，全长约 213 m。工程于 1907 年冬开工，1908 年 4 月完工。它是京张铁路线上最长的一座大桥。当关沟段还在紧张施工时，詹天佑就已安排用骡车将架桥用的钢梁分别运到怀来河工地，然后逐一成桥。这样一来，不仅没有耽误全线铺轨工作，还大大加快了工程进度。但是当我们现在乘坐火车经过这里时，那座詹天佑修建的大桥已经不存了。20 世纪 50 年代，国家决定兴建官厅水库，那座大桥连同怀来老城全部沉入水底。怀来河大桥和一便桥如图 7.11 所示。

·第7章 艰难的京张铁路建设·

图 7.11 怀来河大桥和一便桥

京张铁路承载了中华民族实业兴邦的艰辛探索,见证了东方巨龙从起步走向复兴的世纪征途,从桥梁工程中可以窥见一斑。工程技术人员不惧困难、勇于探索、反复研究,解决施工中的重点、难点问题。工程本身体现了当时较高的桥梁技术工艺水平,打破了外国列强对我国铁路技术的垄断,为中国工程技术人员掌握铁路建设技术、积累施工经验打下了基础,开启了中国铁路桥工程的新纪元。

另外,京张铁路根据线路要求设计修建多处涵洞,用于路基下方排泄水,如张家口、七贤村涵洞等。

7.5 精打细算避免浪费

在修筑京张铁路中,工程上遇到的困难在当时确实也是"史无前例"的,但通过詹天佑和其他工程人员的努力都克服了。而其最大的困难应该是建设资金问题。在筹划京张铁路建设资金开始,英国人虽然答应可以启用关内外铁路的余利,但除"划存备付六个月借款本息"外,其余提拨作为开办京张铁路工程之需时,英方代理人顾璞增加了条件:以"接伦敦来电,应备存一年本息"为由,拒付此款。所以京张铁路建设资金在一开始就不顺利。有资料显示,袁世凯是负责京张铁路这项工程的主管。经袁世凯几次力争,英国才同意"允除将余款划存 6 个月借款本息,余可动用"。袁世凯召见并安排詹天佑勘测京张铁路后不到 1 周,就再次上折清政府最高统治者,呈请立即修建京张铁路。奏折中主要汇报了京张铁路款源已落实及解决款项的过程,即使现代人读后都会深感其困难程度之大和办事之难。

第二篇 京张铁路 1909

但在工程预算上，不知英国铁路工程师金达是别有用心，还是无意地将机车车辆等费用没有估算在内而提出了 500 多万两预算。詹天佑实地勘测后提出预算是 729 万多两，是包括了购地、工程电线、购料和机车车辆等全部费用。清政府最先得知的估价是金达提供的，这 200 万两的差额就让慈禧震怒了，差点儿没抹了这件事，也使主管袁世凯十分难堪。詹天佑经过认真核对预算，向袁世凯告知缘由。袁世凯只得再次上报，说明缘由才得到批准。但清政府批准后的预算仍不够。

这时，袁世凯也不敢再申请，他告诉詹天佑，"费用不足时，在第一段丰台柳村至南口完工通车后的营业收入中解决，够不够就它了"。此外，在詹天佑开始修建京张铁路时还发生了一件事，对京张铁路工程举足轻重，即广东商办粤汉铁路有限公司成立。粤汉铁路穿越广东、湖南、湖北三省，广东境内粤汉铁路自办。广东商办粤汉铁路有限公司上书清政府，请詹天佑到粤汉铁路任总协理兼总工程师，主持筑路工程。因为粤汉铁路广东段无论是从经济地位还是从战略重要性上讲，都是京张铁路不能比拟的。清政府最高决策者对广东的请求似要同意。

广东是詹天佑的故乡，他也很希望到故乡去修路。但他的去留对于京张铁路工程来说乃成败之关键。因为当时主持过铁路修筑的中国工程师只有詹天佑，而修筑京张铁路的工程极其巨大，还要穿越关沟段的崇山峻岭和万里长城，这都需要詹天佑。据说又是袁世凯出面郑重上书清廷，挽留了詹天佑，另派京张铁路工程师广东人邝孙谋任总工程师修建粤汉铁路广东段。

工期虽然开始了，但工程拨款却迟迟拨不下来。詹天佑本不善于迎奉上司或奔走权门，为了工程进展他只得委曲求全。这事使詹天佑十分苦恼。在第二段工程开工不久，英国汇丰银行又故意托付工程款项，詹天佑不得不求邮传尚书岑春煊亲自催款。可见在修建京张铁路中遇到的最大困难就是修建资金的到位问题了。在詹天佑主持下，清廷快速、高效、优质地建成了京张铁路。那么，建设京张铁路的费用是多少，使用的又是什么货币呢？当时，中国修建的铁路多使用外国的贷款和技术。

一国出资金、出技术帮助别国修筑铁路本是促进后者经济发展、传播工业文明的好事。但在 19 世纪末、20 世纪初，由于清政府软弱，加之国力不济，在当时的国际大环境下，西方列强在中国修建铁路多带有侵略及殖民主义的色彩。譬如，中国向某国贷款修铁路，这条铁路即由这个国家垄断。该国即享有该铁路的建设权、设备采购权、选人用人权、技术标准制定权，以及铁路建成之后的运营管理权。而且，为了追求最大的利益，外国人提供贷款在中国修铁路时，外国员工的薪水、进口的物资设备费用、收取的贷款利息等都相对偏高。此外，贷给中国的款项多以九折实收，还本付息却照原数计算，还有许多回扣、经纪费用等方面的支出。如 1898 年 10 月 10 日中英签订的《关内外铁路借款合同》规定，"借款期限定为 45 年，年息五厘，九扣付款，但遇债券市场不佳时，即自动改为八八扣"。凡此种种，最终都转嫁到铁路工程上，不但铁路标准五花八门，而且大大提高了铁路的建设费用。

不仅如此，根据贷款国的不同，各条铁路使用的货币也不同。如中东铁路使用俄国卢布、芦汉铁路使用英国英镑、滇越铁路使用法国法郎、胶济铁路使用德国马克、南满铁路使用日本军票。这些行为，不但在实际工作中造成了诸多不便，更为严重的是，使中国的金融体制遭到严重侵蚀。

作为中国人自己设计、修建的第一条铁路，京张铁路的建设费用的多少以及使用什么货币便有了指标性和示范性的意义。京张铁路建设费用折合成银元为每千米 48 600 元。而同期建设的、施工难度远小于京张铁路的几条使用外国贷款的铁路，沪宁、津浦、京汉、京奉铁路，平均每千米的建设费用分别为 122 900 元、119 000 元、95 600 元、94 600 元。此时，朝廷中开始出现官办的呼声。当时正值关内外铁路（1907 年改称京奉铁路）运营良好，盈利颇丰。时任直隶总督兼关内外铁路总办的袁世凯与会办胡燏棻提出，利用关内外铁路的营业收入来修筑京张铁路。按照袁世凯的计划，最初预算的 500 万两白银，从关内外铁路收入中每年支出 100 万两，拨付 4 年，另有关内铁路拨还款 80 多万两即可筹齐。但最终预算超出 700 万两，因此他计划将购置车辆的款项另作奏请，办公费用则从第一段工程完工通车营业额中周转。但后来的资金到位情况似乎要更为顺利些。

与以前修建的关内外铁路和同时期修建的京汉、沪宁、津浦等铁路相比，京张铁路工程要艰巨得多，而其建筑费用却远低于这些由外国工程师主持建筑的铁路，建筑成本每千米费用仅为京汉、关内外铁路的一半，是沪宁铁路与津浦铁路的近 1/3。京张铁路工程空前艰巨，而詹天佑为保证工程质量与行车安全，对所用铁路建筑材料、设备、机车、车辆等，均要求严格，标准很高。但全路建造用费却比其他借用外国款项、聘用外国总工程师主持的铁路造价要低廉得多，究其原因：一是省下聘用外籍工程技术人员与翻译人员等的巨额经费；二是詹天佑与中国技术人员直接管理工程、包工与材料设备采购，精打细算、避免浪费。如建造桥梁大多用国产洋灰、石料造拱桥，少造钢桥即是一例，更重要的是杜绝了回扣、贪污等恶习。京张铁路为中国铁路事业树立了一个节约而廉洁的楷模。

第二篇 京张铁路 1909

　　詹天佑带领着工作人员进行了艰难的勘测、选线和开工建筑,其间的辛苦、艰难、所遇到的困难和克服这些困难的意志、决心及智慧不再细表。只从原计划6年实际只用4年时间完工,节省工程费用28万余两白银的实际结果看,京张铁路的建成也实现了詹天佑自己提出的"花钱少、质量好、完工快"的目标。深度分析一下京张铁路修建工程为什么能节省这么多钱。一是工程师与建筑承包商直接订立合同,没有中间的代理人,这就省去了中介费;二是购买工程材料也没有代理人,所以没有回扣。这样总工程费用必然大大节省。更为难能可贵的是,在当时的历史条件下,在京张铁路建设过程中,坚持国人自己设计、自己建造,坚持使用本国货币,坚持自筹资金,"此路即作为中国筹款自造之路,亦不用洋工程司经理,自与他国不相干涉",杜绝了列强对京张铁路的觊觎,维护了国家金融体系的完整和尊严。

第 8 章　京张铁路成功运营及其影响

8.1　京张铁路开通运营

1905 年 9 月，京张铁路正式开工。詹天佑来到铁路的起点——柳村参加开工典礼，并亲自在第三根枕木上打入了第一颗道钉。全路共分 3 段：第一段为丰台至南口，共 57.2 km，于 1905 年 12 月 22 日开工，9 个月后便宣告完工；第二段为南口至岔道城，共 18.2 km，该段开工时间稍晚于第一段，1908 年 5 月 22 日随着八达岭隧道的凿通，本段实现贯通；第三段为岔道城至张家口，共 122.7 km，八达岭隧道尚未凿通之前，本段便已开工，1909 年 7 月 4 日本段铁路铺轨完成。1909 年 8 月 11 日，京张铁路全线完工。1909 年 9 月 24 日，实现全线通车。要知道，当年詹天佑是顶着压力走上勘测之路的。他应该感悟到中国正在觉醒，需要修筑自己的铁路："此路早成一日，公家即早获一日之利益，商旅亦早享一日之便安，外人亦可早杜一日之觊觎。"

8.1.1　京张铁路通车全国振奋

京张铁路是中国顶着西方列强的压力，由中国工程师自己设计，用中国的财力，在自主创新的同时，强调引入国外先进技术的必要，由中国人自己建造的第一条干线铁路，成为轰动中国乃至世界的一件大事，极大地振奋了民族精神。京张铁路就像它所穿越的长城一样，成为中华民族的骄傲。京张铁路不但过去是、现在是而且永远是中华民族的骄傲！

1909 年 10 月 2 日，清朝政府在南口举行了京张铁路的通车典礼。京张铁路南口站礼棚高扎，汽笛长鸣，彩旗飘飘，人头攒动，热闹非凡。达官贵人、各国使节、乡绅名仕、贩夫走卒、乡野农夫、筑路工人，熙熙攘攘、摩肩接踵，中外来宾上万人在这里参加京张铁路通车典礼（当时称为茶会）。万众欢腾、全国人心振奋，世界各国也为之瞩目。京张铁路通车盛典在南口举行。京张铁路张家口车站观成典礼和京张铁路通车庆典南口茶会盛况如图 8.1 所示。

图 8.1　京张铁路张家口车站观成典礼和京张铁路通车庆典南口茶会盛况

上午 8:30，京张铁路特备的专车满载参加庆典的中外来宾，从北京西直门车站开出。列车经清河镇、沙河镇等车站时，都停车让中外来宾下车参观。9:45，专车到达南口车站。机车汽笛长鸣，声震山野。在南口车站前的广场上搭起的巨大彩棚为庆祝大会的会场。会场内外，龙旗高扬，彩旗招展，鼓乐喧天，人头攒动，一片欢腾景象。莅临的中外来宾有 2 万多人，这是当时少有的万众集会。来宾中有清政府邮传部尚书徐世昌等官员，有社会各界的代表，有驻北京、天津的各国使节、领事和许多外国工程技术人员，还有远道赶来的各省代表，金达代表中英公司也来到了现场，他与许多外国工程师仔细考察了京张铁路的几处关键工程，对工程质量表示由衷的敬佩。

下午 1:00，庆典大会正式开始。先由邮传部尚书徐世昌致辞。他自信地指出,京张铁路的建成大大增强了中国工程师的名誉与信心。"然则此路一成，非徒增长吾华工程师莫大之名誉，而后此之从事工程亦得以益坚其自信力，而勇于图成。则吾国将来自办之铁路，枝干纵横，所继兴面未有者，必以京张为之矢，此甚非细事。"接着，詹天佑作为京张铁路总办兼总工程师走上讲台，在全场热烈的掌声中开始发表讲话。詹天佑在中文讲话中，简单地介绍了京张铁路建筑的艰难情况，展望了中国铁路建设辉煌的未来。他尤其谦虚地把京张铁路建成的功绩归功于上司的筹划督率与同事各员的互助努力。詹天佑接着又以英文致辞，讲述了他和京张路全体员工承担这条艰巨而意义重大的铁路工程时的爱国热情与忘我劳动。詹天佑说："此路的修筑，经历了四年，在这四年内，鄙人和同事诸君，抱有引人兴味的热情和令人忘却疲劳的工作。我们正是以修筑全由中国人自力完成的铁路而感到自豪。"

接着，各界代表发言，他们热情赞扬京张铁路给全中国人民带来的鼓舞、振奋，尤其向詹天佑表示了崇高的敬仰之情；同时，他们也表达了将在京张铁路胜利建成的鼓舞与带动下，发扬独立自主精神，大力发展各地的路矿机器工业，振兴中华，赶上西方先进国家的决心。广东省代表朱淇在发言中说：

"京张铁路筑造之初,外国人著论于报纸曰:中国造此路之工程师尚未诞生也,一时五洲传为笑谈。今者,詹君独运匠心,筑成此路,不假外国人分毫之力……嗟夫,如詹君者,可谓能与中国人士气矣。"接着,他又说:"夫铁路工程既可以中国人独力筑之,将来一切矿务机器制造等事,皆可以中国人自为之矣。吾今日为铁路祝,并为全国之矿务、山林、机器、工厂祝也,有开必先,其今日京张铁路之谓乎。"

在京张铁路全线通车后,邮传部批准将车票免费分送各界,票上书明:"自九月十日起至月底止、不拘何日,得免费乘车来回次。"其间京张铁路上往来客商无论何处上车,一律免收车费,运送货物也不计价。这不仅是为了庆祝自建铁路的成功,也是为京张铁路做了有效的广告。从中我们也能看到詹天佑的经营才智。

图 8.2 为通车典礼的照片拍摄于验道专列出发前的场面。前排为工程技术人员,前排右起第三人是总工程司詹天佑。后排为满载铁路工人的验道专车。验道专车从南口车站出发,詹天佑在官员乘坐的验道专车的头等车厢后加挂了两节浅箱货车,里面乘坐的是学习验收的铁路工人。

图 8.2　京张铁路验道专车詹天佑(前排居中)与工程人员的合影

京张铁路修建之前铺设在中国的 16 条铁道线,工程师全部由外国人担任。其中,英国工程师克劳德·威廉·金达主持了 7 条之多。当准备勘测京张铁路时,中国近代铁路史上举足轻重的两位人物,彼此心照不宣,在同一天出发,奔向同一个地点。自负的金达估计这条铁路的修建应该属于他的,或者中国人早晚都要求他修建,詹天佑就是"小字辈",况且就算詹天佑设计京张成功了,施工难度也是非常大,没有机械化的中国人是建不了京张铁路的,崇山峻岭需要开凿隧道,国外的施工能力也不好说能否实现,更何况就中国人要靠手工操作。当詹天佑由天津前往北京着手京张铁路建设时，时任关内外铁路总工程师的金达也于同日由唐山赶到北京，准备在游猎途中勘察南口镇一带的山区选出一条铁路线路。而詹天佑的北京之行也是为京张铁路选线。在居庸关上，44岁的詹天佑与53岁的金达不期而遇。自1888年起，詹天佑就开始在金达主持的铁路工程中工作，两人并不陌生，从某种意义上讲，金达就是詹天佑的老师。尤其在修建津榆铁路滦河大桥时，詹天佑充分显露出惊人的才华。当时金达想到："外国人想不到的，滦河大桥桥墩架设，国外优秀的工程师都搞不定，詹天佑怎么就想到了中国的'水鬼'，土洋结合的方法让我们这些老资格的工程师大开眼界。"

如今，我们仍能从詹天佑日记的字里行间，可以详细了解到詹天佑和金达之间的思想交锋和观念碰撞。京张铁路的自主修建最后的结局是：从此金达的身影逐渐淡出中国的铁路史，他告别了曾活跃了32年的中国铁路，有些神情落寞地返回了英国，他似乎在无奈的情况下一声长叹。京张铁路上奔跑的火车一声长鸣，宣告了金达等外国工程师在华铁路称霸时代的终结。金达虽然对中国铁路建设贡献不少，但此时的他知道中国铁路属于中国人而不属于他，有詹天佑为代表的后起之秀，这个衰败没落的国家已经有了某些生气，中国早晚会崛起。

从此，詹天佑光辉壮丽的人生旅程就是一条无限延伸的铁道线得到无限延伸，承载着他在中国近代铁路建设史上的光荣和梦想。詹天佑风貌如图8.3所示。

图8.3　詹天佑像

1909年10月15日，邮传部请求清政府对京张铁路技术人员给予提升奖励。奏折称詹天佑：品端艺粹，力果心精，自美国毕业回华后，历办京奉、新易各路工程，成效久已卓著。定线敷工，指挥群众带风浓。所夕勤勉，廉洁自持，事事节省，工用款比原估单有减无增，邮传部请求升天佑为邮传部"丞参候补"，升京张路会办关钩为邮传部"参议候补"。

在成功与荣耀面前，詹天佑不忘与他一道艰苦奋斗数年的同事，在他的热诚举荐下，参加京张铁路工程建造的各类人员：正工程师颜德庆、陈西林，副工程师俞人凤、翟兆麟，帮工程师柴俊畴、张鸿诰、苏以昭、张俊波、刘锜，转运兼翻译吴希曾，工程总文案徐荣书，车务总管杨昌龄，总收支辛宝慈，提调兼购地张祖笏，机务段长邵孝芳，车务段长余埐、陈炳仑，养路工程段长詹文彪等，均得到邮传部的奖升。

可以说，在如此艰险的自然条件下，以詹天佑为首的中国铁路员工，用如此高的质量与速度建成了京张铁路。这充分显示了中国工程技术人员高昂的爱国热情和报国之志，显示了他们杰出的工程技术水平与伟大的创造才能。它向全世界表明，中国已有一支高水平的铁路建设工程队伍，他们已赶上甚至超过了西方发达国家的铁路建设水准。京张铁路是屈辱的中国近现代史上的一个令人自豪的伟大壮举，是中国早期铁路的经典之作，它展示了中国铁路先驱詹天佑爱国、自强的风骨。詹天佑与京张铁路从此彪炳史册。京张铁路建成后，詹天佑的名字也随之誉满中外。同年，詹天佑被选为美国土木工程师学会会员、英国皇家工商技艺学会会员。1910年1月，清政府又授予詹天佑工科进士第一名，相当于工科状元。

京张铁路奠定了中国西北铁路网的基础，没有京张铁路就没有后来的京绥、京包铁路。在京张铁路建设中，詹天佑的智慧才能发挥得淋漓尽致，演绎出中国铁路早期建设史上的一大奇迹。时至今日，这条铁路仍在使用之中，奔跑其上的列车从蒸汽机变成了现在的动车组，传达出的艰苦奋斗和爱国情怀仍给后人以激励。京张铁路胜利建成后，为了庆祝中国人自修的第一条铁路通车，邮传部特批准从9月10日起到9月底，自丰台到张家口一线，来往的旅客商人，不论从哪站上车，一律免费，就连运货也不收钱。

还有一些画面就是在铁路两旁，一群农民正在地里忙着收割庄稼。火车的鸣声使他们都停住了手里的活计，直起身来看这个奔驰的庞然大物。在列车后部的一节车厢里，坐满了身穿礼服的洋人。这里的空气显得有些沉闷，不同国籍的外交官、工程师们互相礼貌地打过招呼后，便把头转向了车窗外，仿佛都在专心地欣赏迷人的风景。

康庄车站的机车库和水塔如图8.4所示。

图 8.4 康庄车站的机车库和水塔

如图 8.5 所示，五桂头山峒北口 34 号桥通过火车景像，这张照片显示了五桂头隧道的北口，该隧道是京张铁路线上开凿的 4 条大隧道之一。隧道口的正立面以中文写着"五桂头山洞"。在桥梁铁轨上可以看到一列正开过的货运列车。八达岭峒井通风楼：这张照片显示了一个圆形通风大楼，位于京张铁路线八达岭隧道的隧道竖井上方。康庄站老水塔依然矗立，康庄车站也是京张铁路上重要的车站之一，康庄车站的老站房在抗日战争时期被日伪政府拆改得比较严重，车站的站匾已经无存，站房门窗也被拆改。如今从康庄站老站房往东大约 200 m，可以看到在水泥修筑的高坡上有一个废弃的水塔，建在火车道北侧的机车库旁。

图 8.5 五桂头隧道通风口和山峒北口 34 号桥

京张铁路修筑完成后，詹天佑根据京张铁路施工中的工作报告编纂了《京张铁路工程纪略》，书中详细记录了詹天佑修筑京张铁路的工程费用、设计思想，各种设施的施工方案等，其中写道："康庄机车库设在正道第二千六百四十四橛号之北，全部建筑之中线距轨道中线为一百四十五尺，水塔、煤厂转盘等均与该库相距不远，建筑该库共用条砖二十余万块。"通过这段记录，可知这个水塔和机车库是京张铁路的老物件，因当时的火车为蒸汽机车，用水量大，因此詹天佑在铁路沿线每五六十里必设一座水塔，以便机车储水。

詹天佑心思缜密，他在《京张铁路工程纪略》中说："机车库亦行车上重要之部分，盖机车既须洗刷，而往来接替又断难露置……若任其露置，则必受雨露之侵损，为害必非浅鲜，故特于南口、康庄两处特设最大之机车库各一所。"詹天佑还写道："机车库内口净长为二十三丈，因本路添置特别山道机车，车身较普通者为大，故特改为二十四丈，净宽为三丈四尺。"现存机车库内的建筑与《京张铁路工程纪略》中记载一致。

8.1.2 京张铁路建成初期对发展沿线经济的作用

京张铁路的修建是交通运输业的一大飞跃，极大地推动了张家口地区的人际交往与货物流通，张家口固有的以小农经济为基础的相对封闭的经济社会文化遭到冲击，缩短了塞北与沿海内地的距离，改变了因崇山阻隔、交通不便形成的相对封闭的状态。张家口开始与内地及通商口岸等建立起直接联系，商品贸易迅速繁荣发展起来。社会交往的增多和商品流通的增强，必然会促进张家口地区社会经济的发展。故而京张铁路可以称为张家口经济发展的大动脉。

当京张铁路开通运营时，商业街的格局也已经悄然形成，直接促成了桥东地区的"新型城区"。后来，一些洋行、京津商贾纷纷在火车站周边继续抢购地皮、大兴土木，新的建筑群迅速形成，街道两旁的店面很快被占满。京张铁路的建成通车，对张家口的影响重大，它担负着张家口与京津和晋蒙广大地区的交通枢纽作用，实现张家口通往西北的人流和货流的枢纽能力加强，为张家口吞吐内地、西北和蒙地物资增强了活力，促进了"外管市场"的繁荣，经济贸易总量逐年增加。也是因京张铁路，大量外地人口流入张家口，大部分定居在桥东，在繁华街道及其背后集中着大量居民。桥东也很快发展成新型的商业区和居民区，从而奠定了张家口近代城市格局的基础。伴随交通和商业的发展，张家口的近代工业也悄然起步。张家口的城市空间也由桥西扩展到桥东，市区已基本形成，并初步确定桥东、桥西的城市空间格局，桥东的商业中心以怡安街和福寿街为主。至此，桥东形成商业、娱乐业和工业相结合的经济结构，而桥西仍然是以对蒙俄为主的商业贸易经济。谁也想不到，连接桥东、桥西，于明代建成的普渡桥在这个时期发挥了它的极大价值。桥东、桥西形成两种形态迥异的经济模式，"传统城区"与"现代城区"并存。

京张铁路通车后，经济效益非常显著。通车第二年（公元1910年），即盈利7.5395万银元（每个银元约合白银0.72两），第三年（公元1911年）

第二篇　京张铁路1909

盈利增至50.679 4万银元。1912年，该路年客运量达48万人次，年货运量达70多万吨。当时，有人称誉：此路交通，朝发夕至，昔之驼运货物，皆为铁路所揽矣。

京张铁路的通车使得北京至张家口间运输能力大幅度提升，运输速度大大加快，是一次运输业的革命性变革，使沿线经济得到了飞速发展，打开了张家口面向北京开放和发展的机遇，自此张家口发生了翻天覆地的变化。京张铁路作为一种新式运输方式，对张家口城市格局变迁、人口结构、经济发展、社会风俗演变等起到了重要的推动作用。

从此，京张之间的运输工作不再受天气和季节的影响，商品货物运输的安全性和稳定性大大提高。京张铁路每天往返6列车，大大提高了张家口的城市运转能力。公路交通中4驾马车运力是800～1 200 kg，一头骆驼的运力是300 kg，而火车每节车都能装载至少20 t的货物。安全稳定而又可提供大规模商品运输的铁路运输得到了广大行商坐贾的青睐，很快取代了其他运输方式，成为张家口地区货物运输的主要手段。张家口很快发展成为平津地区与西北地区贸易的门户，该地的铁路转运业迅速兴起，也提高了其与北平、天津等地联系的紧密度。自交通便利起，张家口的实业建设、地区贸易发展都有长足进步，旧日的荒漠寒村逐渐发展成为繁镇闹市。京张铁路的主要运输货物是煤炭、棉花、蚕丝、大米、茶叶、小麦、面粉等生活用品。铁道部门对京张铁路这些货物每年的运输量、铁路沿线的产销情况以及在这一过程中产生的各种问题都会做详尽调查，以便调整改进运输安排。这项调查最终编制成册，以京张铁路线上的车站为序，注明站间距离、车站附近物产、主要运输物品以及一些人文事项。这项调查，对京张铁路运输业的发展和京张铁路沿线的经济开发具有重要意义。

就在京张铁路开通不到10年的时间，民国北洋政府西北筹边使徐树铮率国民国防军整修了张库大道，升级为张库公路。这条公路也成为当时国内为数不多的汽车运营线路之一，张家口也成为名副其实的"旱码头"，号称"华北第二商埠"。时局的发展令人唏嘘，张家口对蒙俄商业贸易高度依赖的"外向型经济"特点，决定了其城市发展的不稳定性，受国内外社会环境变化影响重大。中国近代动荡的国内外社会环境，蒙俄局势变化、国内军阀混战、自然灾害、日本侵略等，重重阻碍着张家口的商业贸易，给张家口的经济带来沉重打击。解放后的张家口，已经是一个元气大伤的张家口，没有了1918年以前的光辉。但即便如此，基于丰厚的历史发展积累，张家口从明朝初期的一处荒地，历经张家口堡、张家口厅、察哈尔都统署驻地、察哈尔省会、内蒙古首府、张家口市区等一系列行政变迁，逐渐成为区域性的政治经济中

298

心，并最终取代了之前"老上级"万全及宣化的中心地位。

实际上，关于京张铁路对沿线经济发展的促进作用，詹天佑在进行勘察设计时做过精心的测算和估计。1905年6月，经过全线勘察后，他在《京张铁路调查报告》中写道：全路商务，居庸关设有道捐局……约计每日用马车骡驼转运货物，经过该局者有二万担之谱。由京往来张家口货物，现在每担约需时价银一两二钱，每人约需车价银三两五钱，若将来由火车装运，货物每担车脚以二钱五分核算，全年三百六十天，约可收货票银一百八十万两。客座每里以制钱五文核算，每日以五百客座计之，全年三百六十天，约可收客票银二十五万九千二百两。统计货票客票两项，每年约有进款银二百零五万九千二百两。

事后证明，詹天佑申请报告中关于京张开通后影响预测所言一一变为了现实。京张铁路建成通车后，铁路沿线长城以北的煤炭、矿石、牲畜、毛皮和土特产品源源不断运入关内，而内地的棉布、砖茶、煤油、纸张及各种生活日用产品也远销西北各省区，结束了西北地区依靠驼运的落后状况，加快了我国西北地区及边塞经济的发展和科技、文化的进步。

中国著名铁路工程专家萨福均在1946年所撰写的《三十年来中国之铁路工程》一文中说："京张铁路完成以后，中国工程司之能力，便受普遍之承认，因而踏进在中国工程司历史上新的时期。"此后，凡是中国自行投资的铁路，都是中国人自主设计修建。而在借款修建的铁路上，中国工程师的地位也越发重要起来。由此可见京张铁路所具有的重要的"中国意义"。

1923年，张家口的商业兴隆，引来我国钱庄、票号达42家。山西祁县的乔家、太谷的曹家等大户均在其中。外国资本也纷至沓来，英国的德隆、仁记商行，德国的礼和、地亚士商行，美国的茂盛路、德泰商行，日本的三菱、三并商行等，总计达到了44家。

1928年，国民政府设察哈尔省，张家口成为省会。1929年，国民政府与苏联断交，蒙古国关闭了中国的所有商号，张库大道中断。至此，繁荣至极的张库大道走向衰败没落。

8.2 修建京张延伸线

张绥铁路即张家口到归绥（今呼和浩特）的铁路，后延至包头（当时为包头镇）。张绥铁路建成后与京张铁路合称为京绥铁路。1927年，国民政府定都南京，此路改称"平绥铁路"。张绥铁路工程处设于张家口，1911年前一直归京张路局管理。因政局不稳及经费不足，张绥铁路工程进展迟缓。直到1921年，即詹天佑逝世两年之后，张绥铁路通车至绥远，全路建成。1922年，张绥铁路修筑到包头。自北京至包头，干线全长816 km，另有支线186 km。

8.2.1 艰苦的勘测

在京张铁路有序推进的过程中，清朝的大臣们对京张铁路完工后下一步铁路修筑的走向意见不统一。1906年考察游牧大臣博迪苏上奏折建议："唯有接修张家口库伦铁路，为目前必不可缓之；非徒兵事有资，即扩充商务，运输矿产，亦以此路为利用之具。"同年，肃亲王善耆奏称："俄日据我土地争筑铁路，今日经营蒙古可再落后尘。如以修路无此巨款尽可择要酌修，斥升车收价，又可接续扩充，造修交进。只有日富之理，断无日窘之事。铁路既通，电线邮局不谋自集，偶有边警，运兵亦易，其余利益所长，无待敷陈。"同年，库伦办事大臣延祉在奏折中也认为应该修建张库铁路：如安铁路，不唯可通百货，而运兵转饷，均属相宜。但更多的大臣主张应该先修筑张家口到归绥的铁路。他们认为，从经济角度来看，"张库客货较少，修养为难，应先展筑张绥……收效实较张库为易"。邮传部尚书在奏折中称："归绥一带商货萃集绕出其间以修兼养，且为北达库、恰，西通甘、新总干，较易着手。"廷议结果是先修筑张绥铁路。

詹天佑在主持京张铁路施工期间，就考虑到将铁路向归绥修筑，并积极做好修筑张绥铁路的准备。詹天佑在得到清政府的同意后，立即派工程技术人员进行初步勘测。

（1）张家口到天镇段。1908年10月，詹天佑派工程师俞人凤带领其他工程技术人员勘测张绥路线。经过初步勘测，线路大致分为北、南、中3条。北线由张家口向西北30 km到上韩努坝经兴化城、大草地、平地泉、十八台、卓资山、陶卜齐到绥远，行程360 km，该线路程最短，但张家口到坝上的一段坡度太陡，不能筑路；中线由张家口向西南到柴沟堡，沿大羊河经二道河、张皋（兴和县）、鹅岭坝、隆盛庄、丰镇、宁远、坝梁上、石匣沟、西沟门到绥远归化、托克托城、河口；南线从张家口出发，经太师庄、大羊河、洪汤水沟、怀安、枳儿岭，经天镇、阳高、聚乐堡、大同，入云冈沟、左云、朔平，过老爷坝入杀虎口到绥远。

北线的上韩努坝、中线的鹅岭坝、南线的老爷坝都是非常险峻之地，施工难度堪比关沟。经过反复论证，并综合考虑沿途物产商务及边防开垦、通车后营业收入和铁路工程修筑难度、资金等等，工程技术人员决定避开施工难度大的路段，采取南线的东部分，由张家口经万全、怀安，山西的天镇、阳高、大同，以避开北线的上韩努坝；由大同向北，取中线的中部分经丰镇，以避开南线西部的老爷坝。

詹天佑根据俞人凤的初步勘测结果，在京张铁路建成通车的当月，率队复勘首段线路，从张家口出发，经太师庄，渡大羊河，沿着洪汤水沟，过怀安县，越枳儿岭，到达天镇。詹天佑在《展筑京张铁路改定张家口至天镇路线报告》写道："沿路上下坡度甚大，仅有七十分之一，开山工巨，并须多建大桥，有长五千余尺及高十余丈者。费工旷时，路成行车多危险。"于是，詹天佑再派副总工程师陈西林率队重新选测线路，经过6个月细致勘测，确定了线路方案：从张家口站出发，取道阎家屯，一路下坡，沿大河北岸绕行，地势逐渐升高，到北沙城，然后渡大羊河、小羊河至柴沟堡，再沿南羊河北岸到达天镇。此线路需要开山垫河。但线路坡度较小，中途有平坦之地，而且不需要建造两座"长五千余尺及高十余丈"的大桥。1910年2月初，詹天佑再一次率队复测了此段线路，从修筑铁路的长远效益考虑，经过与工程师们反复讨论研究之后，才最后确定了这一比较妥当的线路。

（2）天镇到大同段。第二段天镇到大同，总体为"依山"而定。如果按照原测定路线，关家堡的工程巨大，而且关家堡曾发生过山洪，不宜筑路。路线从天镇出发，离山麓稍远绕行阳高城北，再折向西门外设站。阳高至大同一段，技术人员经过多巨勘测，决定铁路在聚乐堡东的分水岭最低处通过。

（3）大同到丰镇段。经过十几次选线比较，最后定线，由大同站沿大路向西，到羊坊村拐向东北过大沙沟，沿一支沟到孤山西的高原上设站。然后再沿玉河流域至薯地沟，循清水河西岸，经祁皇基村北盘山腰向西转过河湾，经宏寺堡、西平垣到达堡子湾设站。再过二十一沟、黑土注、河湾山嘴到老牛坡底，直达五台注，穿过村后的土梁到达丰镇西关外设站。此段工程艰巨，但较其他线尚属容易。

（4）丰镇到绥远段。第四段为丰镇到绥远（今呼和浩特）。1918年9月，工程师刘绮、邵善闻由丰镇出发，勘测丰镇到绥远的路线。初测结果为沿大路向西北过马场梁、天成村、宁远厂、坝梁上、石匣沟、西沟门到绥远，路线较短，但坝梁上、石匣沟一带有30 km坡度为1/30，且需要穿凿山洞，工程艰巨，只得放弃。随后，他们到坝梁上、石匣沟一带，欲寻坡缓之处绕过，但数次勘测无功而返。后来，他们经过调查得知，天成村到绥远有两条大路：一条仍经石匣沟，路近但坡陡；另一条途经沙带沟，绕远20 km，较为平缓，但仍有一段坡度为 1/50 到 1/100，这条也不合适。第三方案为宁远厅到绥远避绕石匣沟的古道，经勘测，坡度为 1/70。再次选线时，勘测人员听说由丰镇到陶林大道需经过平地泉，而平地泉到绥远则不过大山。陈西林和杨云栋进行勘测，到绥远时找到了一张地图，回测时则沿此路，经白塔到半苏人山、经陶卜齐过羊坡子上梁，但此处坡度太陡，仍不满意。但他们在下山时发现陶卜齐村东河流的上游，于是沿河觅路，发现十八台梁有分水岭，不能避绕，坡度可以减至 1/100；至灌箭滩，过葫芦、苏台上口达平地泉。这段线路可以避绕山梁或山路约为 160 km。他们由平地泉返回丰镇时又进行勘察，寻觅新线以资比较。

1919 年春，两队由丰镇出发进行勘测。邵善国带领的一队细测沙带沟一线，陈西林带的一队绕行平地泉细测，两队在绥远会合，比较所测平度是否相合。沙带沟一线已有实测图，只需插标细测，再寻更为合适的路线。而陈西林所经的线路则只有草测，这次需要细测。勘测结果是，沿大路 9 处山梁只有十八台和分水岭不能避绕，这两处坡度为 1/100。两队在距绥远 25 km 处的白塔会合，所测平度相差仅 66.67 cm，已是非常精确。两队相随到绥远，之后在返程中由陶卜齐绕行甘草胡同至旗下营，察看路线能否改良，比较沙带沟和平地泉二线路程之远近、坡度之陡平、工程之难易等，并绘制了 5 幅实测图纸，撰写了比较报告，上报交通部，由其定夺。批复为绕平地泉一线，但坡度仍需设法改良。铁路修筑到丰镇到平地泉一段时，总工程师翟兆麟、总段长张鸿诰测得穿脑包沟，过苏集线路程较短，但坡度还是太陡，故仍用原线。

平地泉段修通后，卓资山段开始修筑，工程师刘锜按原图细勘定线。因苏集至十八台段坡度为 1/100，陈西林与翟兆麟仍在勘测，欲寻找新线以降低坡度，未果，只得作罢。卓资山到绥远一段，因时局影响，卓资山一段铺轨工作耽误两个月，本段定线亦受影响。该段仍由工程师刘锜按照原测路线详勘定线，定线后即于 9 月 15 日开工，而定线至绥远时为 10 月初。后来陈西林等人对羊群窑至格勒半乌苏段进行了修改。

（5）绥远到包头段。1920 年冬，总工程师陈西林亲往视察绥包线路，派工务员冯宏殷、学习员舒壮怀进行初步勘测。之后，工程师刘锜、唐庆麟、梁信瑚等人和原来参加勘测的冯宏殷、舒壮怀再次测出南北两线。北线依山而行，长 139.5 km，所经地段均土质坚实，适合筑路基，但线路较曲折。南线 130 km，最高坡度为 1/500，但经过陶合齐、猫脑海、织机梁地带有几处注地，施工较难，而且离几个大的镇比较远，所以也不是很适合。随后，总工程师邝孙谋派勘测队又另测一线。工程师周良钦再三比较，率队定线。线路分为 3 段：第一段沿北线；第二段接近南线；第三段则全部取用南线，坡度最高为 1/400，里程为 137 km。定线之后，陈西林视察路线，由于绥远至察素齐段弯折多，所以裁弯取直，由台阁牧直到大尔，路线减少 1.5 km。1921年 8 月勘测完成。这是艰辛的修筑过程。张绥铁路按照计划分为 4 段施工，即以天镇、大同、丰镇为分界点，因人员缺乏未能同时展开。在京张铁路完工后不久，张绥铁路开工。

8.2.2 艰难的修建

（1）张家口到绥远段。张家口到天镇的 90 km 铁路分 5 小段，各由 1 名工程师负责。铁路从张家口出发，过通河、阎家屯、张家屯到孔家庄站；然后经郭磊庄，这一带地势平缓，过大洋河桥，经西过小洋河桥，到柴沟堡；再过清泉寺、西湾堡，沿南羊河西北山麓，在天镇城北设站。由于天镇到阳高的坡度较陡，所以铁路绕阳高城北，再折向西门外设站。1911 年 11 月路修至阳高、张家口距离阳高 114 km。

这时，辛亥革命已经爆发，资金不能到位，工程不得不暂停。1912 年冬，在总办关冕钧等人的积极努力下，铁路继续向西修筑，由阳高出发，经聚乐堡在周上庄设站，之后过玉河大桥直抵大同。1914 年 1 月，铁路修到大同，在河西城北设站。铁路设计人员更改了在玉河东岸设站的原计划，决定建玉河大桥，把大同站设在玉河西岸城北，以便将来的运煤线路与同蒲铁路接轨。

1914 年 3 月，大同至丰镇段铁路开工，1915 年 8 月竣工，路程 40.5 km。铁路从大同出发过羊坊村、大沙沟到孤山站，沿玉河经薯地沟、祁皇墓、宏寺堡、西平垣，在堡子湾设站，过二十一沟、老牛坡至丰镇西关外设站。

1915 年 9 月，铁路修到丰镇后，被迫停工。当时，铁路材料费用高涨，导致京绥铁路经费不足。

1919 年 8 月，停工 4 年的京绥铁路开工建设。铁路由丰镇出发，经新安庄、红沙坝、苏集，在平地泉设站；此后，北行至三岔口、十八台。

1921 年 1 月，修至卓资山；过福生庄、三道营、旗下营、陶卜齐、白塔；4 月末，修至绥远；5 月，全线完成。从丰镇到绥远，沿线有克克乌苏山梁、纳凉沟山梁、黑马泉山、弓箭滩、照山坝、羊群窑、格勒半乌苏等难于施工之地，铁路尽量避开这些地方。按照勘定的路线，铁路本应在平地泉村建平地泉火车站，但因平地泉天主教会、教民的反对，车站只得移至平地泉北的老鸹嘴村（今集宁）。因站名已备案，不便更改，所以车站建成后仍用"平地泉车站"站名，而平地泉则改为"老平地泉"，以示区别。老鸹嘴村改称平地泉。1921 年 9 月 20 日，交通总长张志潭、次长徐世章到绥远车站为京绥铁路通车主持盛大的庆祝活动，同时也为展筑绥包铁路开工仪式进行剪彩。

（2）绥远到包头段。1921 年 10 月，绥包线开工，沿大青山南麓行进，施工难度不大。台阁牧、大里堡、泽洛村、呼拉克、陶思浩、老藏营、扳生齐、公积坂、协盛、永窑子、古城湾等处地势较低，所以路基稍高。在水磨沟、万家沟、麦达沟、五道沟、包头河，建桥梁 5 座。1922 年 12 月，修至包头。包头城距离黄河码头南海子约 5 km，如果在南海子设站，则包头城就远离车站在头域和南海子之间设站，对于二者皆不便利，所以最后决定在包头城设站（现包头东站南海子的货运设在包头站前一站磴口站）。1923 年 1 月 1 日，包头通车。至此，京绥铁路全线通车，修建历时 18 年。

随着京张铁路的修建并逐渐向北延伸至绥远、包头等地，整条铁路的转运行业愈加发达，作为京张铁路枢纽站点之一的张家口火车站成为各种物资转运的核心。京绥铁路跨京冀察晋，起于丰台，连接平汉、北宁两路，东北通关外，南达郑州、汉口，并由此两路转陇海、津浦等路通向各地；终点包头为西北水陆要埠，借黄河船筏可达宁夏、兰州，所以本路对沿线乃至中国诸多方面都有着重要的影响。铁路通车包头，与黄河航道相连接。此后，西宁的羊毛、宁夏的药材、临河和五原的粮食等土特产可由皮筏运至包头，经铁路运输或转销内地或转天津出口。同时，关外的煤炭、矿石、牲畜、毛皮和粮食运入关内，而关内的棉布、砖茶、煤油、纸张等工业产品也运于西北各省区。

京绥铁路全线通车催生和促进沿线一些城镇的发展。平地泉（老鸹嘴村）原属丰镇一小村落，铁路通车后，商业活动逐渐繁荣。1921 年，"平地泉设治局"设立，1924 年改为集宁县，成为铁路上的重要一站，集宁也随着经济的发展壮大起来。包头位于内蒙古西部，但直到 19 世纪 70 年代之前，它还不过是黄河边上的一个小镇。随着外国资本和我国资本进入，在 19 世纪末 20 世纪初具有"水旱码头"之势，但包头到张家口段的旱路交通全靠套马车盘运。直到京包铁路通车，包头商业迅速发展，由地方性市镇发展为商业城市，正式与国际港口天津联系起来。这个原属于萨拉齐的小镇，1926 年被改为县。

8.3 设计中国的铁路网

京张铁路建成以后，詹天佑威望倍增，他的工作也更加繁忙、紧张，中国正掀起的铁路建设高潮到处都需要他。当时中国的各条新建铁路在爱国热情的驱使下，都希望由中国工程师主持建造，但是中国铁路工程技术人员很少，而知识与经验丰富、能独当一面主持整个铁路工程的高级工程技术人员更是凤毛麟角，像詹天佑这样德高望重、中外折服的人物，在中国当时可能仅他一人而已。

詹天佑认识到自己在中国铁路建设中的地位与作用，感到责任更加重大，因而更积极地、认真地投身到各条重要铁路的建设中去。从 1909 年到 1911 年，他几乎同时在 4 条重要铁路干线的建设中担任了几个重要职务：张绥铁路总工程师；四川商办川汉铁路总工程师兼会办；广东商办粤汉铁路公司总理兼总工程师；河南商办洛潼铁路公司工程顾问等。詹天佑任四路要职，往来奔波于张家口、大同、北京、洛阳、渔关、宜昌、广州各地，自塞外西北到广东岭南，自豫西山区到长江三峡，足迹遍及祖国大江南北，踏勘测量，调查访问，计算设计，指导施工。这时的詹天佑已年过 50 岁，感到体质下降，力不从心。詹天佑本人就是中国铁路的象征，他曾经满怀热望策划修筑广州至汉口的粤汉铁路，构想实现与京汉铁路连成一体，贯通中国南北的大动脉。可以说，当时中国的每一条铁路，几乎都和詹天佑有或多或少的联系。

1911 年，京张与张绥铁路合称京张张绥铁路，成立工程总局，并设立张绥工程处。詹天佑赴广州就任粤路总理，并自兼总工程师。邝孙谋离粤路北上，任京张张绥铁路总工程师。广州至黎洞通车（长约 106 km）。5 月，清政府将商办铁路强行收归国有。川汉铁路被迫停工。6 月，粤路公司致电川路公司称保路机关所已成立，请协力保路。辛亥革命爆发时，在广州领导广东省商办粤汉铁路总公司全体人员坚守岗位，制止离散，保证列车照常运行，以实际行动迎接辛亥革命。

1912 年中华民国成立后，北洋政府成立交通部，负责铁路规划与建设事宜，孙中山先生担任铁路总监期间，曾规划了建设 10 万英里铁路的宏伟蓝图。孙中山先生说过：交通为实业之母，铁道又为交通之母；国家之贫富，可以铁道之多寡定之，地方之苦乐，可以铁道之远近计之。在詹天佑的协助下，孙中山先生在 1918 到 1920 年间著成的《建国方略·实业计划》中完整提出了一个宏大的全国铁路建设计划，总里程达到 10 万英里。

当时，交通部为科学规划全国铁路干线路网工作，设立勘测全国路线处，并在海内外悬奖征文。身为交通部技监的詹天佑，责无旁贷地参与了这项重要工作。詹天佑凭借他丰富的知识和经验，对铁路建设情况和中国山川、地理的熟悉程度，以及他对世界铁路事业发展的了解，积极地为交通部出谋划策。最终交通部拟定了全国铁路四大干线建设规划。其中纵贯线两条：中央纵贯线从内蒙古经晋北，以北京为中枢，南经汉口，直达九龙；东部贯线自满洲（今东北地区）经河北、山东、江苏、浙江、福建达广东。横贯线两条：北方横贯线以江苏海州为起点，经河南、陕西、甘肃达新疆伊犁，与中亚铁路相连接；中央横贯线自沪宁，经武汉，入四川。并且还强调全国线路循序渐进地建设。实践证明，交通部拟定的这四大干线规划，科学性与可行性都很强。全国铁路四大干线建设规划凝结着詹天佑无数的心血。

1912年5月，詹天佑在广东省商办粤汉铁路总公司迎接孙中山先生视察。7月，詹天佑任粤汉铁路会办。9月，孙中山视察京张铁路和张绥铁路工程处，总工程师邝孙谋陪同视察。12月，詹天佑任汉粤川铁路会办，并在广州创立广东中华工程师会，被选为首任会长。当时，国外工程界研究发展独轨铁路，詹天佑在广州演说介绍国外研制的单轨铁路。詹天佑被选为英国混凝土学会会员。年内广州至连江口通车（长120 km）。

100多年的光阴在它身上漫漶开斑驳的印迹，但用红、黑两色线条勾画的铁路线路依然清晰可辨，这就是革命先行者孙中山先生1919年发表的《实业计划》中的《中国铁路全图》。庞大的铁路规划承载着以孙中山为代表的无数仁人志士对中华民族救亡图存、振兴复兴的强烈愿望。可惜这个规划在当时的政治、社会环境下根本无法实施。

1913年6月18日，詹天佑任交通部技监，主持全国交通技术工作，仍兼汉粤川铁路会办。驳斥广宜线德籍总工程师雷诺贬低并排斥中国工程师之言论，维护了我国工程师之地位及修路主权。《京张铁路标准图》册，由广东中华工程师会出版。倡议广东中华工程师会、上海工学会、上海路工同人共济会三会合并，成立中华工程师会于汉口，被推选为首任会长。

1914年，詹天佑以交通部技监任汉粤川铁路督办。针对外国借款短缺严重困难，统一筹划，就款计工，赶修粤汉路湘鄂线武昌长沙段及川汉铁路汉宜线汉口皂市段，并测定宜夔线。将广宜线改称汉宜线。张绥铁路张家口至大同段竣工。以汉口欧美同学恳亲会会长发表演说，号召青年"各出所学，各尽所知，使国家富强，不受外侮，足以自立于地球之上"。詹天佑被选为英国铁路轨道学会会员。詹天佑被选为粤东水灾汉口救灾会会长，多所捐助，各界闻声相继捐资。

1915年，张绥铁路自张家口通车到大同（长182 km）。大同至丰镇段年内竣工。张绥铁路建设中，工款不足，发行筑路债券。詹天佑尽个人所能，将平日积蓄购买债券。宜夔线及至成都线复测完竣，所定线路大致与扬子江并行，他将原商办川汉铁路采取之山区内陆线，裁弯取直。他还对成渝勘测中绕行泸州方案，作了批示纠正。接着，詹天佑再次被选连任中华工程师会会长，他坚辞未获同意。他将中华工程师会改名为中华工程师学会。詹天佑所编著的《新编华英工学字汇》《京张铁路工程纪略》及图由中华工程师学会出版，并捐助印刷费用。接着，粤东再次受灾，继续捐资。

1916年，武昌至长沙间开始铺轨。詹天佑为湘粤线长沙以南与广东省粤汉铁路连接之湘南路线工款事，去京与英、法、美三国银行团会商续借款事。接着，京张张绥铁路定名京绥铁路。广东省粤汉铁路自广州通车韶关（长224 km）。詹天佑任交通部交通会议副议长，主持通过统一路政等百余项决策案。中华工程师学会由汉口迁北京，詹天佑又捐资购房。香港大学授予詹天佑法学博士学位，他于1916年12月交通会议闭幕后亲往接受，并致函美国耶鲁大学表示，在学术上获得之一切荣誉应归功于母校耶鲁大学。耶鲁大学拟于1881年毕业班35周年返校恳亲校庆日授予学位，詹天佑因职务繁忙，未能返校接受。

1917年，詹天佑任交通部铁路技术委员会会长及交通研究会会员、审订铁路法规会名誉会员、运输会议会员。詹天佑因主持交通会议成绩昭著，交通部奖给名誉奖章。川汉路汉口皂市段因德国借款冻结而停工，共修筑汉口经皂市至扬家洚路基164 km及部分桥梁房屋。张勋复辟强行宣布詹天佑为邮传部尚书。詹天佑在汉口拒绝到任。后来，詹天佑再次被推选为中华工程师学会会长，又被推举为交通丛报社名誉社长。

1918年，粤汉铁路武昌长沙段通车（长365 km），与已建成的长沙株洲段接通，自武汉通车株洲（长416 km）。詹天佑被授二等宝光嘉禾章。詹天佑发表《敬告青年工学家》一文，对青年寄予厚望。詹天佑连任中华工程师学会会长。詹天佑向学会捐劝百金，悬赏征文，鼓励开展学术研究活动。

1919年2月9日，唐山交通大学（今西南交通大学）在北京成立校友会，选举詹天佑为理事。第一次欧战结束，詹天佑不顾身患腹疾，代表中华工程师会出席远东铁路国际会议，冒着严寒赶赴往海参崴、哈尔滨赴会，与企图霸占我国东北地区中东铁路的日方代表论战，并成功取得了保护中国中东铁路的权利。他日冒严寒赴会，夜研文书议案。因疲劳过度，心力交瘁，旧日腹疾复发，不得已请假就医。回乡途中，他抱病再次登上长城，浩叹："生命有长短，命运有沉升，初建路网的梦想破灭令我抱恨终天，所幸我的生命能化成匍匐在华夏大地上的一根铁轨。"4月20日詹天佑到汉口，21日入仁济医院，24日因腹疾严重，心力衰竭逝世，终年59岁。临终他遗嘱语不及私，向国家陈述三事：其一，振奋发扬工程师学会活动，以兴国阜民；其二，慎选人才管理俄路，以扬国光；其三，就款计工，唯力是视，脚踏实地建成汉粤川全路。并称，上述三事乃天佑未了之血忱，如得到国家采纳，则天佑虽死之日，犹生之年。

关于铁路建设问题，直到1928年南京国民政府铁道部成立后，也曾拟订了庞大的铁路建设计划，特别是采用中外合资筑路政策以推动铁路建设，然而由于战乱频繁、政局动荡、财政拮据等因素，铁路建设进展艰难缓慢。如今，在中国共产党的领导下，中国铁路的发展取得历史性成就，一张世界上最现代化的铁路网和最发达的高铁网还在快速延展。铁路密布，高铁飞驰，中山先生的梦想正在变为现实。孙中山先生在《建国方略》中提出的建设10万英里约合16万千米的铁路线网目标，于百年后的今天，在我们新一代铁路人的努力下才将实现。

8.4　詹天佑精神与对中华工程师学会的影响

8.4.1　詹天佑精神

"爱国、正直、奉献、创新、工匠、克难、创新"精神就是詹天佑的精神。带着这样的坚定信念，詹天佑回到了祖国，义无反顾地战斗在中国南北东西数千千米的铁道建设上。他深信，只要全体中国人从上至下，特别是那些已经学习与掌握了近代科学技术的人才，能够始终踏踏实实、持之以恒地艰苦奋斗，就一定可以让中国摆脱贫穷、落后、挨打、苦难的境况，实现民族的振兴与中华的腾飞。詹天佑正是带着这样的信念投身于京张铁路的建设之中。他深知，京张铁路建设成功与否，不仅事关商人旅客，更事关国家利益，京张铁路早一日建成就能早一日杜绝外人的非分企图。在《京张铁路工程纪略》中，詹天佑还说："世事至也，然衡其究竟，每败于易而成于难。若因其难而畏之，则事之抵于成者卒鲜。"这句话十分深刻地阐明了一个道理，世界上的事情纷繁复杂，然而仔细观察它们的规律，经常是因为轻视而失败，因为正确估量困难所以成功。

詹天佑忠于国家，维护路权，鞠躬尽瘁，死而后已。他忠于国家和民族的最高利益，不管在晚清还是民国，他都没有卷入任何政治漩涡。他对腐败的清政府早就心存不满，在保路运动期间，他积极声援；辛亥革命期间,他在广州带领公司员工坚守岗位、保证列车通行顺畅,极大地支持了革命运动;1919年巴黎和会期间,西方列强阴谋国际共管中国的铁路,企图在巴黎和会上通过,北洋政府态度暧昧,詹天佑得知消息后立刻以中华工程师会会长的身份致电巴黎和会的中国代表,指出其危害,坚决反对,并将《向巴黎和会中国代表致电》的电文在上海《申报》公开发表,反响强烈,迫使北洋政府坚定立场,使西方列强的阴谋最终没有得逞。之后詹天佑不顾身患腹疾,代表工程师会出席远东铁路国际会议,冒着严寒赶赴会议,与企图霸占中国东北地区中东铁路的日方代表论战,取得了保护中国中东铁路的权利。最后,他因疲劳过度,腹疾复发,心力衰竭逝世。他把自己的一生都献给了中国的铁路。时任民国大总统的徐世昌亲自为他写碑文称赞道:"求其功绩昭著、艰苦卓绝,为海内外同声赞美,盖未有若君者。"

在京张铁路建设中,千难万险,詹天佑把自己的智慧才华和严谨的作风都发挥到了极致,开创了"竖井开法",巧妙地设计了"人"字路线,克服了中国铁路建设技术和设备落后的困扰,解决了诸多的技术难题,征服了悬壁、化天险为通途;他严谨细致,"筹划须详、临事以慎",精确地把握每一个工程细节。尤其是八达岭隧道工程极为艰难,"此洞施工之初,因山形起伏,不能取平。仅就山面挂线测度,而上阳长城,中隔山岭,瞭望难周。屡屡踌躇,方克定线。洞内分段椎凿,又复精细测量,始有把握。迨开通后,测见南北直线及水平高低均幸未差秒"。

詹天佑两袖清风,廉洁奉公,主导制定了采购招标制度,并严格执行。1905年8月21日,他去信天津各国洋行,通告订购5 000桶水泥,要求投标商要把报价在《大香港画报》上公开,绝不中饱私囊,为私人敛财。在詹天佑的精心筹划下,京张铁路不仅工期缩短了2年,建造成本还比预算节省了白银28万余两。京张铁路平均每千米的建设费用与当时中国修筑的其他几条重要铁路相比,是最低的。京张铁路通车后,清政府奖励了詹天佑白银2 000两。詹天佑用这些奖金,打造了金银牌178面,分赏给有功下属,将功劳记在每一个人的身上。

詹天佑的婚姻虽然父母包办,却是一段佳话。詹天佑父亲的好友谭伯邨为说服他的父亲同意他出国留学,赤诚相见,以自己年幼的女儿谭菊珍许配给詹天佑做支持,才促成了詹天佑的留学。詹天佑果然也尽己忠人,在回国后,与谭菊珍结为伉俪。谭菊珍陪着詹天佑跑遍了大半个中国,夫唱妇随,生活幸福美满。谭菊珍一共为詹天佑生了五男三女,分别出生于广州、直隶林西、山海关、锦州、北京五个不同地域。婚后一年詹天佑在他人的推荐下进入了中国铁路公司，担任见习工程师，高材生终于得到了学以致用的机会。詹天佑报效祖国的理想终于开始。谭菊珍则一直在她的背后默默地支持。每天丈夫在外面工作，她则照顾着他的饮食起居。因为詹天佑的工作性质，需要经常性地跟着铁路线四处奔走，谭菊珍便免不了拖家带口地随着丈夫四处辗转，但她从没有一句抱怨的话，对丈夫是无微不至地关怀。詹天佑夫妻不追求都市安家，夫唱妇随，妻儿陪伴詹天佑修铁路跑遍了半个中国，不享受荣华富贵，而多是住在工地，终日劳碌在修路现场。有一张早年的照片将温馨的家庭场景呈现在一间简陋的工棚里，妻子缝补衣裳，孩子坐在桌边玩耍，丈夫躺在吊床上聚精会神读书。一家人辛苦奔波和长年劳顿，就是一代铁路先驱无愧人生的真实写照。詹天佑家庭生活相片如图 8.6 所示。

图 8.6　詹天佑家庭生活相片

　　詹天佑担任建造京张铁路的总工程师，这是对詹天佑最大的考验，社会各界对此争议不断，质疑声不断，当时中国技术上是无比的落后的。外国媒体更是发表众多侮辱性言论，这让詹天佑意识到：建好京张铁路已不单单是个人的尊严问题了，也代表着国家的脸面，所以不容许失败。面对如此巨大的压力，詹天佑没日没夜地工作，也患上了严重的失眠。谭菊珍对此非常地心疼，默默地陪在詹天佑的身边，总是半夜起来为詹天佑披上衣服。詹天佑一心钻进了图纸中，而妻子给了他力量，给了他动力。

　　詹天佑每天都要带着学生工人，扛着标杆，背着经纬仪，在峭壁上定点测绘。谭菊珍则提前打点好家里的一切等待丈夫的归来。每当丈夫在工作时，她都在旁边端茶倒水地伺候着。工程正式开始进行后，詹天佑的工作量越来越大，因为工地没有抽水机，他经常要带头挑着水桶去渗水的隧道里排水。

谭菊珍看在眼里急在心里，她知道丈夫身体一直不太好，经不起这些折腾，但她一直都非常地理解詹天佑，对于詹天佑所做的任何事，对丈夫的事业给予最大的支持。

京张铁路建成后没过多久，1912 年，詹天佑被聘为粤汉铁路会办，他带着全家人来到武汉赴任，他亲自设计监造了一幢欧式风格的两层小楼，一家人终于在汉口安定了下来。詹天佑认为男人必须敬爱妻子，不爱妻子的男人，也必定不会忠于事业与朋友，他非常反感听到夫妻争吵、离婚这类事情，一旦听说谁家夫妻不睦，他总认为错在男人。他总是反复告诫部下要尊重爱护妻子。詹天佑不吸烟，平素最讨厌别人赌博。他在汉口家中的院子里，建有一个网球场。闲暇时会打打网球以作消遣。因为谭菊珍的名字中有个菊字，所以詹天佑爱上了养菊花。

京张铁路职工大多十分尊重妻子，家庭普遍和睦，连夫妻吵嘴打架的事情都很少发生。个别职工家里不睦，小心翼翼地遮掩，生怕别人知道。詹天佑不是个能说会道的人。他对家人的关心，大部分体现在了具体的事情上。比如谭菊珍平时吃饭比较慢，常常饭未吃完，饭菜已经冷了。詹天佑就专门设计订造了一套保温餐具，供夫人专用。谭菊珍是詹天佑一生中最重要的人，她对丈夫的无限包容理解和倾尽全力的支持，使得詹天佑才能全心全力地投身于中国铁路事业。看着妻子为了自己付出的一切，詹天佑也一直都记在心里，他也从未有过纳妾的念头。詹天佑当时的工资，是每月 500 多两银子。此外还有 300 多两各种补贴，加起来一个月将近 1 000 两银子。尽管当时有头有脸的人物都会纳妾，但詹天佑始终对自己的妻子不离不弃，钟爱于她。

詹天佑家风端正，严格教育子女，忠诚地尽到自己做父亲的责任。他的孩子很喜欢外国的钱币，詹天佑就给国外的同学写信：“我寄上 160 元汇票一张，请为我购书。余下的钱，可否分心为我将其全部购买金币？我的孩子们很喜欢这些小货币（美金 1 元），每天都向我念叨……” 1914 年秋，北洋政府安排他的两个儿子公费留学，以詹天佑为中国铁路作出的贡献，并不为过，但是詹天佑为了教育子女养成自强自立的品格，拒绝政府的特殊照顾，坚持自己支付儿子们的留学费用。两个儿子从美国留学归来，有单位要用高薪聘请，詹天佑却不同意，对孩子说：“我送你们出国留学，不是要你们回来做高官、拿厚禄，而是要你们为国家的繁荣富强做些有益的事。我身边正好很需要人手，你们就在我身边工作吧。”两个儿子谨遵父亲的教诲，没有提出任何要求，帮助詹天佑工作。其中，二子詹文琮继承了父亲的事业，1918 年从耶鲁大学毕业后回国投身铁路事业，人称“小詹天佑”。抗战期间，詹文琮在株洲至萍乡间抢修被日机炸毁的铁路，因劳累过度病逝。在詹天佑的垂范和引领下，詹氏家族的光荣传统和优秀道德品质在一代一代向下传承。孙辈里詹同济是著名的铁路工程师。

1919年4月24日，詹天佑因为心脏病和疲劳过度逝世于汉口仁济医院。他逝世后，家人遵照他生前遗愿，移灵北京安葬。其夫人谭菊珍一向体弱，多年患肺病，詹天佑逝世时，她正卧病在汉口俄租界鄂豫哈街9号家里，惊闻噩耗后，悲痛欲绝。她迁居北京后，经常卧病，至59岁（1926年）病逝，夫妇相差7岁，夫人7年后逝世，夫妇同寿，合葬于北京西郊海淀小南庄村。

北京、汉口、广州、上海、天津各界举行公祭，远东铁路会议致哀。以邝孙谋为首的中华工程师学会，和以丁士源为首的京绥铁路局同人会联合倡议，以及以颜德庆为首的汉粤川铁路湘鄂线工程局500余人，联合呈请将詹天佑生平事迹，"藉没世之光荣，作后来之矜式"。

1909年至1919年，詹天佑艰难支撑的商办粤汉铁路、洛潼铁路、川汉铁路以及国有汉川铁路，终究因国际时局动荡以及当时政府制度腐朽，绝大部分工程没有修建完成，詹天佑心心念念的以广州、武汉、成都三点为核心的"厂"字形南方铁路网络始终未曾得见，成为其一生之憾事。但是，长城内外、珠江上下、长江南北、大河两岸都存有詹天佑的足迹，他给广大中国铁路工程师留下了一个重要的注脚、一个无限的期待、一个不屈的身影！

京张铁路是詹天佑一生中花费精力最多、成果最为辉煌的一条铁路干线。他对这条铁路始终怀有深厚的感情。他曾对人说：魂梦所寄，终不忘京张。他永远不会忘记，在京张线上，他率领上万名员工经历了无数艰辛，战胜了无数困难，终于取得胜利。被调离京绥铁路的几年中，詹天佑利用到北京公干之际不止一次来到京绥铁路视察。他还曾对家人表示，晚年退休后，当移居北京，面向京张……京张铁路是他心中的"圣地"，也是他一生的丰碑！

8.4.2　詹天佑与中华工程师学会

除了在铁路修建的过程中注重技术人才的培养外，詹天佑还创建和主持了中国第一个工程学术团体——中华工程师学会，以推动中国近代工程的学术研究与交流，发展中国近代工程事业。詹天佑与中华工程师学会部分会员合影如图8.7所示。

图 8.7 詹天佑与中华工程师学会部分会员合影

詹天佑在《敬告青年工学家》一文中说道:"莽莽神州,岂长贫弱?曰富、曰强,首赖工学。"而他也敏锐地察觉到:"二十世纪之世界,实赖工学家以左右之。""中国之事应办自国人。"詹天佑深刻地体会到,中国要有自己的工程技术人员,工学发达才是实现国家富强的基础。詹天佑是这么想的,也是这么做的。除了在铁路修建的过程中注重技术人才的培养外,他还创建和主持了中国第一个工程学术团体——中华工程师学会,以推动中国近代工程的学术研究与交流,发展中国近代工程事业。

清末,随着铁路建设事业的发展,中国工程人员均感到有必要设立工程师会,以共同探讨研究工程学术。1909 年京张铁路建成通车,由詹天佑率领的本土工程师团队得到了国外工程界的认可,工程师的地位和声望大大提高。1912 年 2 月,詹天佑任广东省商办粤汉铁路公司经理时,创立广东中华工程师会,并出任会长。其时,川汉铁路副总工程司(师)颜德庆、洛潼铁路工程司(师)徐文泂先后在上海发起成立了上海工学会、上海路工同人共济会。同时,两会各以本会名义,函请詹天佑担任名誉会长。詹天佑复函三会"所抱宗旨,均欲求工程学术之发达,与工程人才之集中,以互助精神,为国家社会服务",倡议将三会合为一会。三会各自征求本会会员意见,均一致赞成。

1913 年 8 月 17 日,三会会员齐聚汉口,举行中华工程师会成立大会,暂以汉口为总会会址。大会推选詹天佑为正会长,颜德庆、徐文泂为副会长,周良钦等 20 人为理事。三会会员共计 209 人,均为创立中华工程师会之发起会员。大会拟定会章 30 条,规定宗旨为三大纲,"一在规定营造制度,二在发展工程事业,三在力阐工程学术",又规定办法五则,"一为出版以输学术,二为集会以通情意,三为试验以资实际,四为调查以广见闻,五为藏书以备参考",呈教育、交通、农林、工商、陆军、海军各部,先后获准立案。1915年7月,因考虑中华工程师会"与普通集会不同,且全无政治性质,工程师会名义太泛,恐滋误会",遂易名为中华工程师学会,以示其纯学术性质。

起初,学会的成立是以当时铁路交通的巨大社会影响组织起来的,但以詹天佑为首的早期铁路工程司(师),放眼整个中国近代工程事业,逐渐发展中华工程师学会,使其成为一个涵盖土木、建筑、水力、机械、电机、矿冶、兵工、造船、窑业、染织、应用化学、航空12个学科的多学科性学术团体,基本囊括了我国早期工程事业的专业范围。

中华工程师学会"以研究学术为第一要义",主要通过召集年会、出版学会会报和专业书籍等来促进工程学术的研究与交流。学会出版的会刊《中华工程师学会会报》,每月一期,刊载工学方面的论文和信息,也同时和世界工学界交流,成为中国工程界一份颇有影响的权威学术刊物。学会先后出版了詹天佑编著的《新编华英工学字汇》《京张铁路工程纪略》及图册,赵世瑄编著的《道路工学》《曲线测设法》,华南圭编著的《铁路》等一批有影响力的专著。其中,《新编华英工学字汇》是詹天佑在从事工学20多年基础上,对工程技术名词随时记录,各方搜集,斟酌研讨,将英汉对照工学字词汇编出版的工具书,解决了长期以来各类工程词语杂乱不一、时有歧义、阻碍工程事业发展的问题。

詹天佑不仅为实现自己爱国报国、振兴中华的愿望艰苦奋斗了一生,而且还将自己这一思想向社会,尤其向广大青年工程科技人员广泛传播。1918年,詹天佑发表了《敬告青年工学家》一文,以表达对青年人才的深切期望。文章篇头写道:"莽莽神州,岂长贫弱?曰富曰强,首赖工学。交通不便,何以利运输?机械不良,何以精制作?若夫矿产之辟兴,市场之建筑,孰非工学之范围,皆系经营之要着。呜呼,我工学家之责任,不亦綦重耶!晚近以来,人才蔚起,各专科硕学济济,或积经验,以邃故知;或渡重洋,以求新理。而我国学校所产英才亦日增不已。工学之前途,发达可期,实业之振兴,翘足以俟,将不让欧美以前驱,岂仅偕扶桑而并骑。"

通过这些话语可以充分感受到詹天佑对国家富强、社会进步的美好追求以及对科技兴国、实业强国的深切期望。在《敬告青年工学家》中,詹天佑还表达了对于工程学术人才在专注学术之外,还应注重自身的道德修养。他说:"道德者,人之基础也。学术虽精,道德不足,犹筑高屋于流沙之上,稍有震摇无不倾倒。欧美富强,实普通人民,皆守自然道德所致也。近世人心浇薄,古道难行,毁谨厚者为迂腐,誉巧辩者为能才。而我工学家以实业为根本，切忌浸染于狂流。"这生动说明了即使工程人才学术精深而如果道德不足，就犹如在沙上建塔，无法承受任何的震动摇撼。在学术研究的态度方面，詹天佑用这样一句话进行了概括：'镜以淬而日明，钢以炼而益坚，凡诸学术，进境无穷，驾轻就熟，乃有发明。"这句话形象阐释了学术研究是永无止境的。镜子因为打磨而日益明亮，钢铁因为锤炼而更加坚固，因此学术研究要多积累经验，逐渐熟悉，才能有所创造。

在詹天佑的领导下，中华工程师学会创建初期发展迅速，成为当时我国最大的学术团体之一，在整合我国工程技术人才、推动工程科学的研究与交流方面具有开创性意义。詹天佑以极大的热情主持学会工作，先后担任过5届正会长。因此，詹天佑也被全国各行业工程师尊称为"工界泰斗""中国工程之父"。

1918年，詹天佑在汉口以汉口欧美同学恳亲会会长的身份所做的演说词中，有一段话成为传遍全国、影响久远的名言。他说，广大工程科技人员既有"利国之技能"，就应该"各出所学各尽所知，使国家富强，不受外侮，足以自立于地球之上"。詹天佑勉励青年工程人才应该发扬所学，使国家不受外国欺侮，能够自强地站立在地球上。詹天佑将毕生心血都投入到铁路事业之中，他在弥留之际，在口述给民国政府的遗呈中最后说："毕生致力于工学，仅就本职之范围，而言以上三端，倘赐之采纳，得尽未了之血忱，则天佑虽死之日，犹生之年。至天佑生性钝拙，从事路工始终垂三十年，只知报国，从不敢殖产营私……"直至逝世之前，他所念念不忘的依然是铁路建筑、科技发展，是国家的权益与国家的未来。

詹天佑之后，邝孙谋1921年为中美工程师协会会长、中华工程师学会会长，同时任平绥铁路总工程师兼平汉铁路顾问工程师[1882年回国，入开平铁路公司任总经理助理，1886年到京奉铁路任助理工程师，1901年到萍醴（萍乡至醴陵）铁路任助理工程师，1903年回京奉铁路任工程师，1906年任粤汉铁路总工程师，1911年任京绥铁路总工程师，1917年任津浦铁路总工程师，1920年任京绥铁路和京汉铁路主管]。

8.4.3 开创科学管理之先河

除了中国铁路自主化过程中重视民间资金筑路、支持本国本土工业外，詹天佑已经深刻认识到：近代中国铁路管理混乱的局面严重阻碍中国铁路事业向前发展，其根源就是铁路建设缺乏统筹规划，既无统一的技术标准又无先进的管理制度。詹天佑积极吸取国外先进的管理经验和方法，结合中国铁

第二篇 京张铁路 1909

路的实际情况,逐渐形成了独具特色的科学管理思想。詹天佑不仅是一名杰出的铁路工程师,还是一名优秀的管理者。他前所未有地建立、制定了许多规章制度,在一定程度上结束了中国近代以来铁路管理上的混乱局面,推动了中国铁路事业标准化、规范化的进程。但历史表明:中国半殖民地半封建社会性质不发生根本改变,这种管理上的混乱局面不会从根本上得到扭转。

1. 统一技术标准,规范铁路工程词汇

詹天佑不仅重视中国铁路技术标准的统一,还非常重视工程技术词汇的统一与规范。自中国出现第一条铁路起至京张铁路的修建,中国境内绝大多数铁路是被外国控制的,这些铁路的总工程师无一例外是由外国人担任,这种情况导致的直接结果就是:各国工程师都以本国的铁路修建标准为参照建筑铁路,如铁路轨距标准的不统一有损中国铁路利权,但互不相通的铁路却能巩固各国在华的势力范围。轨距是指两条钢轨内表面的水平距离,直接决定了通行车辆的车轴宽度,在 19 世纪铁路修建之初,轨距类别各式各样,但一旦需要将这些单独线路连接起来,并形成全国乃至国际铁路网络时,标准轨距的制定便显得尤为重要,全球范围内大约 60% 的铁路使用 1.435 m(4 英尺 8.5 英寸)为标准轨距或国际标准。

詹天佑对铁路规制标准不一的积弊认知颇深,他一直在为统一中国铁路技术标准而努力。1898 年为了供给汉阳铁厂煤炭之需要,时任督办铁路大臣的盛宣怀据此倡议修建萍(乡)醴(陵)铁路,以解决萍乡煤外运的问题。从醴陵到萍乡,一开始被定为粤汉铁路支线,由美国负责承建,后来几经复议,粤汉铁路不走醴陵,盛宣怀不得不改变原先的设想,改由萍乡煤矿先行借款修筑萍醴铁路。恰逢八国联军侵华,关内外铁路停工,不甘给外人工作的詹天佑应盛宣怀之邀,前往协助萍醴铁路修建工作。当时主持萍醴铁路工程事宜的是"洋参赞"李治,坚持萍醴铁路采用窄轨距,但詹天佑深知如果中国的铁路轨距永远是英美制、比法制、日本制、德国制、俄国制等杂然并陈,那么中国铁路统一化、联网化、国际化将无从谈起,还会永远为帝国主义所宰制。

1901 年詹天佑参与修建萍醴铁路时,就开始大力倡导全国各铁路均使用 1.435 m 的国际标准轨距,这是中国最早倡导国际标准轨距的记载。细究詹天佑采用 1.435 m 国际标准轨距的原因无他,唯路径依赖尔。詹天佑师承美国耶鲁大学,美国铁轨就是 1.435 m 宽,而美国师承英国;中国的第一条铁路唐胥铁路由英国人主持修建的轨距为 1.435 m;詹天佑多年来也一直在英国工程师金达的手下参与铁路工作,对 1.435 m 轨距最为熟悉。故詹天佑采

用 1.435 m 国际标准轨距不足为奇，更何况按照此标准中国已经修建了多条铁路，有很好的基础，有利于统一中国铁路轨距标准。

紧接着当时主管路矿事务的商部在1903年颁布的《铁路简明章程》里就规定："两轨相距须照英尺实宽四尺八寸半，与现行之路一律。"1905年詹天佑向商部提出建议书，大致内容是请迅速厘定全国铁路轨距，统一使用"英尺四尺八寸半"轨距。同年詹天佑编制了中国第一份铁路工程标准图，即《京张铁路工程标准图》，"规定了该路的桥涵、轨道、线路、山洞（隧道）、机车库、水塔水鹤、房屋、客车、车辆限界等49项技术标准"。年底，商部专奏厘定铁路轨道，规定"钢轨距离之尺寸，桥梁承受之压力，开首山洞之大小，造作车辆之高宽，以及车底挂钩之形式，与离轨之高低，均宜各路一律，无爽毫厘，以免轨不一，不相接"。詹天佑的高瞻远瞩显露无遗。

再如，在运价及装卸费标准方面，中东铁路用俄国卢布、滇越铁路用法国法郎、胶济铁路用德国马克、南满铁路用日本军票结算，这不仅给中国铁路实际工作造成诸多不便，还侵蚀了中国的金融体制，贻害甚多。因此，中国大地上出现了众多不同规制的铁路线，使得各路的材料配件不能通用，影响了列车路线的调度，阻碍了中国铁路标准化进程和全国铁路网的实现。1906年，詹天佑就线路等级、桥梁载重、路基宽度、曲线最小半径、限制坡度、站台高度、车辆界限、机车载重、车钩安装等项标准，向商部提出3份建议《说帖》，以便各项标准向全国推广。商部据以制定全国铁路建筑章程，是为中国最早的铁路技术规范。后来，邮传部又重申轨距以英尺四尺八寸半为统一标准，还专门制定《中国铁路轨制章程》，对"重轨铁轨，中轨铁轨，轻轨铁轨以及路轨工程、破山工程、弯道工程、坡道工程、道旁沟渠、过道栅栏、过道桥洞、整道枕木、桥梁枕木、护枕木料、轨道材料、轨道宽度、道尖道岔、桥梁涵洞、车站造法、车站附件、行车车辆、车轮车轴、碰垫车钩等各项规格和技术要求分别做了具体的规定"。这些都为中国铁路界建立统一、科学的技术标准奠定了初步基础。

但是，由于铁路标准互异由来已久，积弊甚深，至民国建立这个问题也没有得到解决。1913年，詹天佑以超高的威望和技术水准被交通部聘为技监。交通部针对客、货运叠生，材料配件互不通用等标准不一问题等设"铁路技术委员会"，让詹天佑担任会长，英国人、美国人、法国人等200多名中外专家分别担任工程顾问和委员，并按照工程、机械、运输、总务（综合）各专业分设各股，集思广益，深入研究，分别制定铁路与交通建设中的各项技术标准。比如《国有铁路材料规范书》《国有铁路钢轨规范书》等。这项工作自詹天佑倡导和开创之后，最终于1922年由交通部颁布中国近代铁路第一部铁路工程技术规范,即国有铁路建筑标准及准则等 13 种规范,为中国铁路交通事业统一技术标准打下了良好的基础。

詹天佑认为"工程学术之发达,必待名词之统一"。他发誓要编译工学名词审定、统一名词,以便实用。但近代来,西风东渐,西方的科学技术知识通过两种不同的途径向中国传播。第一种由外而内的传道式途径,即西方的商人、牧师宣传介绍以及外国技师在华工作时传授,比如英国商人曾在北京宣武门外修建展览铁路;第二种是由内向外的修道式途径,即中国学人通过主动学习来获取先进的科技知识,例如以詹天佑为代表的留学生。这两种途径并举,看似给中国带来了无数的新知识,但是同样也产生了术语混乱问题。外来人员五花八门,很多的东西也都是道听途说,非常地不系统、不专业、不严谨;师从日俄同样不够专业,"西学东来,历史虽久,工学名称,迄未准定。南北既异其方言,文俗复不同乎称谓"。师从欧美,虽然比较正统,虽然成熟较早,开放程度高,但一个工程词汇或科学名词,往往有多个语言版本,结果出现一词多种译法等现象,出现了多种词汇的混乱现象。这非常不利于中国科学技术的发展和技术标准的统一,也严重阻碍了中国与世界交流的脚步。"自服务北洋,从事工程之际,凡关于工学之名称,辄随时记录。至修筑京张铁路时,复偕该路工程司时相讨论,搜辑渐多。任粤路后更参酌彼间习惯名称,逐次增益,积二十年之岁月,勉得成编。至于所译名词,或根据旧籍,或沿用俗名,中国所未译出者,必征集众意,方始决定,斟酌损益,易稿屡矣。"1915 年 3 月最终在中华工程师学会正式出版,汇成《新编华英工学字汇》,它是中国第一部汉英工程词典,在很大程度上解决了中国工程词汇混乱问题,有利于工程技术知识的普及、传播与交流,有利于中国铁路技术的标准化,统一标准后再指导铁路建设,使得铁路建设和运营得到良性循环。

2. 建设铁路法规,完善规章制度

科学、严密、可行的铁路法规体系和规章制度是铁路事业发展的重要保证。但由于清末以来动荡的时局和腐败的内政,中国没有建立起与铁路事业发展相配套的法律、规章制度。

1)"以法治路"——重视铁路法规建设

詹天佑熟知美国的自由民主制度,内心对民主政治十分认同,而崇尚自由的民主政治的重要基础就是法治。"人生而自由却无往不在枷锁之中",只有在法治之下,各项事业以及整个社会才会有序、稳定地运转。然而清王朝却是典型的专制帝国,即使是所谓的民主共和国——中华民国,也没有摆脱

人治,"封建的却是几乎原封不动地保存了下来,并几乎原封不动地融入民国政权体制中,成为其重要的有机组成部分,发挥着十分腐败与反动的作用"。两种制度带来的强烈反差,让詹天佑坚定了内心一定要为中国铁路事业谋一个有序、稳定秩序的想法,而建设铁路法规则是必然途径。

唐胥铁路建成的 20 多年后,清政府才制定有关铁路的法规,"兴修铁路之始,尚无专律,主管部门所拟规章即为法规"。1898 年,当时管理全国铁路行政的矿物铁路总局颁布《矿物铁路章程二十二条》,这是一部有关铁路申报原则、借用外资方式、兴办方式、权力范围等的章程。1903 年商部颁布《铁路简明章程》,它是对《矿物铁路章程二十二条》的补充,"是偏重于铁路集股的专门法律"。这两部章程的颁布,标志着中国近代铁路开始走向正规化,使得中国近代铁路开始有章可循。后来清政府又陆续就洋员、铁路厘卡、风纪等一系列问题出台了一些规章律令,这些法规有些包含着詹天佑的心血,只不过皆限于时局,没有得到很好的贯彻落实。

詹天佑在晚清的时候就已经开始参与到铁路法规建设工作之中,但其更系统地参与铁路立法工作则在民国之后。1917 年,交通部设立"审订铁路法规会",詹天佑被该会聘为名誉会员,"会内按法规内容分设总则股、建设股、运输股、营业股、会计股,负责将先前成立的铁路法规会已编各案重加审查,未编者另行起草,以正式编订与颁布中国铁路的第一套铁路法规,并限定于 1919 年底完成"。由于时间紧任务重并且与中国铁路事业快速健康发展有极大关系,詹天佑积极地投入到该会的工作中。最终,在这一年多的时间之内,共举行会议 27 次,审订决议总则编 25 项,建设编 9 项,运转编 7 项,营业编 16 项,会计编 4 项,总共 61 项法规,总称为《国有铁路建设章程草案》。该草案体现了詹天佑依法治路的思想,囊括了从建造到营运,从购料、招标、包工到财务、会计等铁路事业的方方面面,为建立中国铁路法规体系打下了良好的基础。

2)"以令促行"——制定周密规章制度

"铁路技术主要涉及路线铺设与机车行驶两大部分。"路线铺设属于铁路施工管理,而机车行驶则属于列车运营管理,工程施工与列车运营制度的完善与否,直接关系线路铺设的质量以及列车行驶的安全,也关系着铁路技术能否在中国的顺利移植。因此,詹天佑对两者非常重视。

第一,铁路施工包括设计、购料、预算、检验、监理、验收、维护、监理等众多环节,涉及人力、物力、财力,是十分系统、复杂的工作,需要全盘地、科学地规划,否则很容易亏本浪费、事故频发乃至葬送路工。

詹天佑制定了招标制度。"招标"是西方市场比较流行的一种方法,它的

第二篇　京张铁路1909

优点在于鼓励公平竞争、防止暗箱操作、克制贪污腐败。引进西方的招标方法，则能够有效地运用材料购置权，维护国家、民族的利益，避免在外商手下吃暗亏。采用招标方法，还能得到性价比更好的材料。詹天佑还特别制定了一套严密的规章，规定铁路上每次向国外订购大宗设备材料时，都要先召开专门人员会议，研究确定各设备材料的划一办法为招标标准，然后由各段外籍总工程师提出所需材料设备订单呈送督办，再由督办另行委派可靠之顾问工程师办理招标事宜。这样就把材料购置权牢牢地掌控在中国人手中，京张铁路之所以"花钱省"，一部分原因就是原料和机器设备大部分都是通过招标的方式从外国购买来的。詹天佑同样引用"招标"的方式组织施工，让得标者承包工程。

詹天佑认为"投标承办"，"费清而成效速"。在京张铁路的修建过程中，土石的采挖和铺设工作采用"外包"形式完成，即通过招投标由铁路沿线的本地人承担，这样比较节省时间和资金，既节约成本又便于管理。《京张铁路工程纪略》中记载：工程承包者如果承办不力，会有如罚款等相应的处罚。但处罚事小，误工程为大。"关于我们分派工程任务的方式鉴于待定的合同很多，采用的是招标的办法，条件最优的人可以得标。"詹天佑规定在选择承包队伍时一定要慎之又慎，不仅考虑他们的承包费用，同时也要综合估量他们的能力、信用和施工质量等。詹天佑曾致信颜德庆说："必须对工程极其熟悉，无经验者不得承担。"对得标的工程队，也不能放松警惕，要时时监督，特别是包工头。"至于管理包工人等，尤必格外详慎。盖包工者，本属营业性质，无不以利为归，其目的所属，固不在谋公益也。而其为人又多狡滑善辩，对于经验较浅之工程管理者，恒存尝试之心，复能鼓其如簧之舌，逞一方面之理由。若不深察其性质，慎己之行为，鲜不受其愚弄也。"

詹天佑不仅在组织施工与材料采购上做出了制度规范，同时对工程造价、指挥调度等也都提出了要求。詹天佑引进了西方先进的工程预算、成本核算等管理方法，为中国工程建设普遍、正常的工程预算、成本核算开了先河。虽然詹天佑没有对指挥调度建立规章制度，但是他的"细致认真，兢兢业业，计划周密，常态考核等"却成了各级工程技术人员无形的标准。

第二，列车运营是铁路事业非常重要的一项工作，是一个非常复杂的系统工程，而完善的列车运营制度直接关系着列车运营的安全，保障国家和社会的经济利益与社会效益不受损失。中国第一套科学、严谨、实用的铁路运营规章制度就是詹天佑设计的。詹天佑在1908年主持制订了包含《行车规则》《立杆号志规则》《响墩号志规则》《移动号志规则》《调动车辆规则》《守车号志规则》《车灯号志规则》《搬闸夫及执号志人等应守规则》在内的一套行车规则，同时也对路警、车站等做出了规定，这为京张铁路和中国铁路列车的运营提供了保障和规范。特别是面对关沟段的复杂地形，詹天佑制定了通俗易懂的关沟段行车的特殊行车规则，包括《南口至康庄行车特别规则》《南口康庄段内行车特别规则》《司机匠应遵守风规则》《南口康庄段内行车汽号及保险搬闸简明规则》《风雨雾雪行车特别规则》《南口至康庄行车遇险救援办法》等。1909 年，詹天佑又针对京张铁路丰台柳村至南口段的铁路客运、货运的票价及货物等级分类标准等做出详细的规定。这些铁路运营和铁路施工的规则章程，不仅在一定程度上弥补了中国铁路事业在该领域的空白，还促进了中国铁路事业健康、稳定、高效地向前发展。

受詹天佑的影响，曾鲲化先生对中国早期铁路事业发展做出了卓越贡献，是北京交通大学的倡建者，他上书邮传部，提出创办铁路管理学堂是培养铁路管理人才的必要途径，倡议创办铁路管理学堂，邮传部采纳他的意见，于1909 年 10 月在北京创办铁路管理传习所。曾鲲化先生在《上邮传部创办铁路管理学堂书》也讲道：铁路为专门学问，而管理又为铁路之专科，其业务内容，绝非寻常办事人员所能识其崖略。故英以铁路立国，而人皆归功于勋独烈；美以铁路强国，归功于顾裕德；日以铁路兴国，归功于岩仓公，何也？三子者，均以办铁路管理学堂有名。我国铁路学堂，然皆以建设、机械二科为限，而主体之管理科反漠然置之。夫管理者支配铁路之总关键也，建设上、机械上一切事务，莫不赖其指挥调度。乃秉路权者办建设、机械而独不办管理一科，推当事者之用心，无非以建设、机械有高深之学问，而管理一科可以不学而能。岂知机械、建设为形势上之学问，尽人易精，管理为精神上之学问，非学而才者不能穷其韫奥。故无建设、机械则铁路不能成，无管理则铁路不能久。如今，中国铁路正从"大建设"阶段进入"大运营"阶段，前辈们的理念和观点至今仍有启迪作用。

3）"以人为本"——规范人员管理制度

铁路员工是从事铁路事业的主干力量，有义务坚守岗位职责，也有义务为违规违纪行为买单；他们有权利得到尊重，有权利获得发展。詹天佑深知对人的管理是铁路事业管理中最困难、最复杂的事情，在多年的实践中，特别注重对员工的管理，逐步摸索出一套有关员工的人员管理制度。这套制度得到推广，在中国铁路建设和管理中很好地发挥了人的主观能动性。

（1）制定员工的福利制度以彰显人性，体现对员工的尊重。詹天佑在修建川汉东段汉（口）宜（昌）段时，德籍总工程师雷诺极力贬低中国工程师的能力，认为中国工程师不能胜任工作。为了维护中国工程师的尊严，詹天佑坚决予以回击。他认为：个别不胜任的员工可以裁撤但断不可推及全体。

同时，中国修建铁路的岗位必须由中国人担任。中国工程师不能胜任工作，必须由以其他能够胜任的中国人替换，外国工程师的聘任也仅限于经验丰富的优秀工程师。詹天佑还制定了中国工程师的工薪标准不低于同级外国工程师的规定。这些既保障了中国工程师的合理收入，调动了中国工程师工作的积极性，也展现了在外国工程师普遍排挤中国工程师的情况下，詹天佑对中国工程师尊严以及民族尊严的维护。

另外，詹天佑还制定了员工请假章程以及员工抚恤办法。1905年中国第一份员工请假章程出台，即《员司请假章程》："在差人员四年期满，准给假两月，查其四年之中，如平时从未请假，即归并计算，再加假两月，均全支薪水。""在差人员四年期满，不愿请假，或因公冗，不克分身，照常在局在工办事者，应将假期两月之薪水，作为奖赏。""在差人员工期之内请假，以15日为限，每年请假总天数超过15天，就要扣相应天数的工资。"这份请假章程的先进性和开创意义不言而喻，为后来我国各铁路陆续采用。针对施工过程中不免发生事故，詹天佑首先创立中国铁路自办医院，如1906年的阜成门医院，并制订《员役在差身故抚恤办法》，规定了因公伤病或身故的员工以及偶遇不幸的好员工的抚恤办法。这些章程中展现出浓浓的温情以及人道主义色彩。

（2）制订人员考核晋升办法以及工薪等级。1910年詹天佑颁布了《京张路张绥路酌订升转工程师品格程度章程及在工学生递升办法》，按专业知识技术水平，将工程技术人员分成了"工程练习生、工程毕业生、帮工程师、工程师和正工程师"五个等级，并规定了递升的办法。受工科教育而入路之优秀青年派为工程练习生，一面练习，一面施以基本工程教育。大后为毕业生，按《升转工程师品格程度章程及在工学生递升办法》，对工程学员与工程技术人员逐年考察，区分其品行资历，分别授以帮工程师、副工程师等职位，均给优厚的待遇。这有利于组建中国工程技术队伍，培养出大量高水平的自己的工程技术人员，对中国铁路事业发展具有十分重要的意义。詹天佑还分别制定了晚清时期和民国时期工程技术人员的薪资待遇表，"其向来任用学生之法，即系分定年级，按年递升其担任工事，历年愈久，位置愈高"，"每一名学员的待遇取决于他工作如何，而不是取决于他的工作年限"，"如果你的学识和经验有提高并能用之于铁路工作，则你的薪水将会增加，这要靠你本人的努力"。这保障了每个人都能得到公平公正的待遇，充分调动了中国工程技术人员的积极性。

（3）建立岗位职责制度和严格的奖惩制度，以彰显责任，维持秩序。1905年詹天佑制定了《京张铁路工程师与员司办事章程》，规定京张铁路全体员工各类人员的不同岗位职责。这份章程为中国铁路界广泛认可，并被逐渐推广。在铁路工程管理实践中，为了鼓励员工通过合法、正规的手段获取利益，詹天佑制定了奖勤罚懒制度。1907 年詹天佑亲自带队依照事先制定好的线路状况标准对全路各个路段进行打分，得分前 3 名的扳道工得到 1 500、1 000、500 元的奖金，所属路段的 3 个监工员也得到价值约 20 元的银表。对表现不良者，进行批评和惩处，情节严重者则直接解雇。詹天佑还规定类似的检查和评比将会常态化和制度化。此后，每年举行轨道检查两次，一次在雨季到来之前，另一次在寒冷季节前。詹天佑认为在递升中"必先品行而后学问"，品行不过关的人，将不能按期晋升。这些规定使得员工对岗位职责保持着敬畏，树立了正确的工程纪律，有利于形成良好的工作氛围和健康、稳定的工作秩序。中国人员管理制度在规范化、标准化的进程中走向了坚实的一步。

8.4.4 中国铁路必须自主化

近代以来，对应官办铁路、商办铁路、外资铁路这三种中国铁路的建设形式，中国筑路资金的来源也产生了分化。其一是外资筑路，包括外国直接投资和借债间接掌握的境内铁路；其二是官办铁路，不过由于大量赔款，政府更多的是借外债修路；其三是商办铁路，也就是民营铁路，它的资金主要来源于中国的民间资本，包含境外的侨商资本。詹天佑非常支持民营铁路或商办铁路。在那个时代里只有支持民间资本筑路才能维护中国铁路权益、防止外国资本的渗透与侵夺。

铁路出现于华夏大地伊始，中国就已经被迫开启了铁路向本土移植的进程。既然中国铁路可以由中国人独立筑之，那么与铁路有关的一应事物亦可由中国自为之。詹天佑支持本土工业。铁路建设依赖钢铁、水泥等工业建筑材料以及机车技术的发展，但中国的近代工业起步非常晚，很多铁路必需的材料如钢轨、水泥等都不能满足中国铁路的建设，机车制造技术很大程度依赖进口。

作为一项重要的外来技术，欲要实现"他石攻玉"的效果，学习、吸收、转化是首先应做的事情。詹天佑也并非在铁路领域无所不能，他也需要请教他的外国朋友们。例如，机车路线的坡度过大不仅会增加施工难度，同时也会限制列车运行的牵引量和货运能力以及安全，考虑到大坡度机车的使用并不熟悉，因此他专门向从事机车制造的同学进行咨询。尽管有些技术和经验可以通过购买外国工程杂志、书籍或询问朋友获得，但涉及核心的技术都有可能面临外国封锁。机车制造技术是比较精密的核心技术，要想实现铁路自主必须实现机车自主制造。遗憾的是，受限于当时中国的工业化水平和外国的技术封锁，当时中国的机车制造业只能生产客货车辆，不能生产机车，所以大部分机车只能从国外购买。

同时，铁路建设是一项系统性的工程，自主化还需要众多各方面的人才。因此，詹天佑非常重视中国本土铁路技术人才的培养。在京张铁路修建过程中，詹天佑建立了铁路青年培养机制，工程练习生边干边接受基本工程教育。6年后可以参加科目考试，通过39门科目考试后可以升为帮工程司，相当于今天的助理工程师。再之后，完成数学、地理地形、物理、工程等16项学科的考试后，可以晋升为副工程司，相当于今天的工程师。之后根据业绩积累可以晋升为工程司，相当于今天的高级工程师。

詹天佑不仅注重业务培养，更加注重品德要求，他在所著的《京张张绥铁路酌订升转工程司品格程度章程》中列出了铁路工程司的品行标准——"洁己奉公，不辞辛劳；勤慎精细，恪守范围；志趋诚笃，无挟偏私；明题达用，善于调度"。当时建立的资格考试和培养机制以及品德要求，放在今天也是先进的。

8.5 三位京张铁路副手

詹天佑的战友是一支队伍，最初人不多，只有徐士远、张鸿诰两名助手。而邝景阳，又名邝孙谋，是比詹天佑晚两年公派留美的中国幼童，是詹天佑步入铁路的推荐人，也是詹天佑一生的挚友。当詹天佑开始主持修筑京张铁路时，他便追随詹天佑，一同出征进行了前期的筹划和施工。第二年，因詹天佑无法抽身去主持粤汉铁路，邝景阳被派往广东。

陆续调来京张铁路的，有颜德庆、陈西林、俞人风、翟兆麟、柴俊畴、沈琪、苏以昭、张俊波等工程师，还有一大批山海关铁路官学堂、天津武备学堂铁路工程班毕业的技术人员。詹天佑在《京张铁路工程纪略》中强调，虽然他们"余繁不及备载"，却都是为"本路工程始终出力"的。

陈西林来得较早，使詹天佑如虎添翼。他按照詹天佑的要求，对新确定的八达岭选线进行精确核对，并写出报告。现在纪念馆有一套完整的绘图工具就是陈西林的。还有一盒竹质比例尺，上面有翟兆麟的英文签名。

在京张铁路建设中，詹天佑和他的战友们躬身丈量，用心描画，就有了那些标着"山川、河流、里程和高度"的各种各样的图。

8.5.1 设计沪宁铁路火车轮渡的颜德庆

颜德庆（1878—1942 年），早年毕业于上海同文馆，后随兄留学美国，在理海大学专攻铁道工学，1901 年毕业获工程硕士学位。修京张铁路时，詹天佑邀请颜德庆任青龙桥工程师，颜德庆和詹天佑在工作中互相帮助。1907 年年初，清廷邮传部派詹天佑为川汉铁路总工程师，主持川汉铁路宜（昌）万（县）段工程。但詹天佑此时尚主持京张铁路的修筑工作，不能离开，于是让川汉铁路宜万段副总工程师颜德庆先行前往宜昌。两人频繁地书信往还，有时一日连发两三封信，詹天佑了解川汉铁路的筹建情况并给予具体指导。1911 年初京张铁路建成通车后，詹天佑赴广州就任粤路公司总经理，但仍兼宜万段总工程师。他通过颜德庆继续对川汉铁路的建筑工程作出种种指示。通过沟通工程细节，两人已经成了无话不谈的至交好友。清政府强行收回商办铁路，对外出卖路权后，引起了社会各界的极大反弹，轰轰烈烈的"保路运动"由此爆发。四川保路运动后来发展成为保路同志军起义，成为辛亥革命的导火线。川汉铁路被迫停工。1912 年 7 月，颜德庆充粤汉铁路湘鄂局局长，兼管汉宜夔两段事宜。1914 年，为落实孙中山《建国方略》中修建川汉铁路的设想，詹天佑重新着手勘测，选取新线路，但直至他逝世，这条铁路仍无踪影。直到 2003 年 12 月 1 日，宜万铁路奠基仪式在恩施举行。2010 年 12 月，宜万铁路通车，中国人百年的梦想终于实现。

颜德庆后来的主要贡献在于全程参与胶济铁路的收回。经过漫长的谈判并压低了日本开出的价码。北京政府面向全国发起筹款 4 000 万日元的赎路费运动，但收效甚微，杯水车薪。胶济铁路国库券偿款只能由胶济铁路收入负担。但胶济铁路每年收入有限，仅够支付利息，至 1937 年抗战爆发仍一文未付。

颜德庆还有一项工作也彪炳史册，那就是领导建设中国最早的火车轮渡——南京下关火车轮渡，在 20 世纪 30 年代这是举世瞩目、蔚为壮观的浩大工程。早在 20 世纪初，沪宁、津浦铁路相继建成通车后，因受长江阻隔，下关与浦口之间的南北交通线无法接轨贯通，只好靠轮船来转载旅客，而货物的运输也必须装卸搬运转驳过江，费时费力，而且还会增加物品破损率。当时的清政府和民初的北京政府都曾有建桥之议，但终因南京地区江宽水深，工程困难，加上费用浩大而成泡影。1918 年，英籍工程师伟纳新提出火车轮渡方案，也因经费困难而作罢。1927 年国民政府定都南京，沪宁、津浦两路过江问题更显重要。1930 年 10 月，国民政府铁道部轮渡设计委员会由技监颜德庆等 13 人组成并参与设计。几经研究，他们比较了多种轮渡类型，最后采用了设计科科长郑华所提出的"活动引桥式轮渡"方案。这种类型的轮渡，建造、运用、维修等费用均较低廉，且运用方便，既不影响长江航运，又不受限于潮水涨落，实为最经济、最安全之良计。按着方案，1933年9月完工，火车轮渡连接了沪宁、津浦两条铁路干线，并定名"长江号"，长113.3 m、宽17.86 m，载重1 550 t，全船可载40 t，货车21辆或客车12辆。南京火车轮渡建好通行后，风晨雨夕，穿雾破浪，整整运行了40年，为我国的铁路运输事业做出了重要的贡献。

8.5.2 对"人字形"设计起到决策参考作用的陈西林

在北京詹天佑事迹展览馆，留存有詹天佑与陈西林的合影，以及陈西林的部分遗物。透过静静的历史文物，可以触摸到二人修筑京张铁路时的点滴往事。二人携手合作，配合默契，共克时艰，为中国近代铁路建设创造了光辉业绩。陈西林（1867—1946年），1875年入本村私塾开蒙，1887年中秀才。但此后陈西林却放弃科考，投笔从戎。1889年，考录李鸿章所创建的北洋武备学堂。该校教学讲究"学以致用"，初设步、马、炮、工程四科，1890年后增设铁路科。学习两年后，陈西林学堂考核优等，赏给六品功牌，却因身体素质欠佳，转入铁路工程科就读。该科聘任德国铁路专家，教授20名中国学生。这些学生日后大多成为中国铁路建设事业的中坚力量。两年后，陈西林学满毕业，考列优等，赏五品顶戴，被李鸿章派往北洋铁轨官路总局实习。28岁的陈西林与詹天佑结缘，在詹天佑指导下帮办勘测及工程事宜。陈西林跟随詹天佑，学习认真刻苦，深得詹天佑的赏识，成为其倚重的得力助手，并一起参加建设新易铁路。

1905年7月，詹天佑面见直隶总督袁世凯，直接要求"请立即调用陈西林"。随即，陈西林被派往工程状况最复杂的青龙桥段，对詹天佑初定的三条路线加以详勘。到达目的地后，他立即率工程技术人员，背着标杆、经纬仪，冒着生命危险，在悬崖峭壁上定点、制表。他白天翻山越岭，晚上则伏在小油灯下绘图计算，一天工作要十五六个小时，甚至通宵不寐，终于测出比较理想的施工线路。詹天佑到达青龙桥观察比较线在日记记载："经过各种方案进行研究后，我们决定将原测路线稍加延长"，即"由原测路线走进经过黄土岭路线的入口，然后再退出，走向原测路线去往八达岭"。这样"使路线升高到与117测站相同的高度。我们用此办法，可使八达岭山洞的长度由6 000英尺缩短到3 000英尺"，"约可节省10万银两"。这就是被后人津津乐道的"人"字形路线，解决了全线越岭的关键问题。8月4日詹天佑到达青龙桥，

8月5日就做出采用"人"字形设计的决断,是因为陈西林对地形状况最为熟悉,他的意见对詹天佑的决断影响最大,这是陈西林在京张铁路设计中立下的不朽功勋。

路线勘定后,整个工程紧锣密鼓地展开。中外瞩目的京张铁路在丰台开始正式修建。詹天佑和陈西林自豪地宣称:"修筑京张铁路的工程师不仅已经出世,而且现在存于世也。"第一段工程自丰台柳村开始铺轨。詹天佑特别邀请陈西林和他一起前往主持。詹天佑在日记中写道:"铺轨工程开始,与陈工程师去丰台主持开工。我打下第一颗道钉,位于第三根枕木右轨外侧,陈工程师打下对面钢轨外侧道钉……"能和詹天佑共同主持开工,足见陈西林作用之重要。经过精心调度和指挥,克服资金不足等困难,出色地完成了居庸关和八达岭这两处艰难的隧道工程。施工时间比原定缩短两年,建造成本也比之前预算节省约29万两白银,铁路总花费甚至只有外国承包商过去索取费用的1/5。而这一切都和当初陈西林的测绘与选线密不可分。

日后,时局动荡,陈西林还成功主持了张绥铁路的建设工程。1932年,因为痛恨当时的贪腐横行,陈西林自请退职,定居北京。孰料随着形势恶化,中日战争阴云日稠,伪政权官员频繁登门拜访,希望陈西林出任铁路系统伪职。虽然缺乏经济来源,生活清苦,但陈西林不惧威胁利诱,大义抉择,多次以年老多病为由,坚决拒绝。

8.5.3 当过铁路管理学校(现北京交通大学)校长的俞人凤

俞人凤是詹天佑修建京张铁路的重要助手。北洋武备学堂曾是直隶总督兼北洋大臣李鸿章创设于天津的新式陆军军官学校,采取德国教学法。1886年,13岁的俞人凤考入北洋武备学堂附设的幼年铁路学堂学习,学制5年。18岁俞人凤毕业时被分配到号称"大清第一路"的京奉铁路古冶至山海关段担任技术工作,詹天佑正好主持这一路段的建设。俞人凤虚心向詹天佑学习,业务水平提高很快。二人成为相知相识的同事。1905年俞人凤32岁时便成为"詹天佑团队"的主要成员,担当车务总管,也成为独当一面的工程师,以后一直风餐露宿,忙于全国各地铁路建设。

1910年京张铁路竣工后,俞人凤派任刚通车不久的京汉、津浦铁路担任管理工作。1915年俞人凤担任交通部的车务处长。随后清政府将1909年创办的北京铁路管理传习所升格为北京铁路管理学校(北京交通大学的前身),俞人凤出任首任校长,并兼京汉铁路管理局长(1917年7月—1919年2月),1923—1926年管理学校改名为北京交通大学。当时,西直门站东北方向有个上园村，那里有个地方叫红果园。20 世纪 60 年代，传说这里是当年为慈禧太后种红果的地方。北京交通大学是在新中国成立后才在这里建址的，一百多年来，培养了十多万铁路人，对中国铁路的发展功不可没！其校名也几经更改，曾叫北京铁道学院，后与唐山铁道学院合并称北方交通大学。

　　詹天佑的"爱国敬业、自主创新、追求卓越"的精神深深地印在俞人凤等铁路人的心坎里。俞人凤继承了詹天佑的遗志，詹天佑过逝后，他担起了中国铁路建设的重任，勤勤恳恳，丝毫不敢懈怠。1920 年，俞人凤参加了京绥铁路的建设，打算将京张铁路延伸到绥远，改善西北的交通状况。等到了斯大林时期的苏联，继承老沙皇俄国侵略的衣钵，行使着对中东铁路沿线护路、电话电报、矿产森林等的各项权利，成为烫手山芋。1922 年，俞人凤任中东铁路会办，在和苏联的周旋中，不卑不亢，刚柔兼施，保护国家尊严。1924 年，俞人凤回北京交通部担任技正，相当于部总工程师，主导沧石铁路（沧州到石门，今石家庄）筹备、川粤汉铁路规划。1926 年，俞人凤勘察包宁（包头到宁夏）铁路路线。

　　1945 年 9 月 21 日，俞人凤到天津开会，会毕，购买了回北京的兴亚车二等席票，因列车晚点，又遇到一位朋友，同乘下一班车津浦车三等座。当列车驶入廊坊万庄时，按行车时刻，理应在万庄进入避车道，为兴亚列车让道。不料，道岔发生故障，站外信号装置也失去作用，津浦车和兴亚车同时进入站道，一瞬间，兴亚车追尾了津浦车，发生了猛烈的碰撞，一代铁路天骄离世也在铁路上。

第 9 章　京张铁路再揭秘

9.1　百年西直门站

如今的北京北站，也就是原来的西直门站，由于铁路拆迁已经成为原京张铁路线的起点。沿京张铁路的始发点也要从这里开始。北京北站位于原北京内城的西直门外，几乎紧贴着西直门的城门楼。但现在西直门城楼已经看不到了，在 20 世纪 70 年代初已经全部被拆除，只能从照片中去欣赏了。在位于北京西直门的北京北站北侧，坐落着一座造型独特的老建筑，这就是京张铁路西直门站。这座车站是京张铁路沿线的标志性站点。如今它历经风雨，成为我国铁路发展史上的重要实物例证。20 世纪初的西直门站老站房如图 9.1 所示。

图 9.1　20 世纪初的西直门站老站房

京张铁路沿途最初设计修建 14 座车站，西直门站是第二站。1905 年 12 月，清政府考虑到能让慈禧太后等方便地从颐和园沿高梁河水路到火车站，向西行可以到张家口，也可以往东取道丰台，沿京奉铁路到天津、奉天，于是钦定将西直门站选址在高梁桥边。车站于 1906 年 8 月建成，包括主站房、站台、天桥、机车库和宿舍等设施，由詹天佑先生亲自设计。

1906 年 10 月，京张铁路丰台至南口段率先通车，至此西直门站正式投入使用。其建站初即设定为头等站，也是京张铁路于北京设置的唯一一座头等站。车站兼营客货运输，货运以到达为主，是京张铁路南端的中间站。

1907年，京张铁路京门支线兴工修建，到1908年9月，京门支线全线完工开通。列车由西直门站南端接轨转向西，经五路、西黄村、石景山、三家店等至门头沟，自此经过西直门站的铁路由一条增至两条。

1915年6月，由袁世凯政府官款官办的中国第一条城市铁路——京师环城铁路开工建设。铁路线路由西直门起，经过德胜、安定、东直、朝阳四门。1916年1月1日，环城铁路正式通车运营，自此，西直门站成为京张、京门、环城铁路三线的换乘站。同年12月27日，京绥铁路管理局将西直门站核定为一等站。

1918年，西直门站经历了扩建改造。据专家考证，现存两层站房为当时建成。车站平面近似矩形，主站房面积2 300 m^2，车站正面入口为3孔外券廊，朝站台一面用连廊，站台为并列式，旅客进站方向与站台垂直，建有跨越铁道的铁架天桥。站房建筑为西式建筑风格，但装饰上十分简洁有力，体现了工业时代的设计风格。

1928年，车站改称"平绥铁路西直门车站"，直至1949年。2011年，对老站房进行修缮时，车站站名又改回"京绥铁路西直门车站"。

1988年，西直门站改名为北京北站。1995年，平绥铁路西直门站旧址被北京市政府评为第五批北京市文物保护单位。2005年，北京北站开始改造站台。2007年，新建北京北站6层主站房。2009年1月17日，新建北京北站主站房正式启用。此后，平绥铁路西直门站旧址被作为文物予以保留。西直门站的建成促进了城市的发展，改善了北京西直门地区的交通状况。在车站建成之前，虽然该地区交通比较发达，但仍停留在步、马、船的时代；在铁路通达之后，西直门地区正式步入了轨道交通的时代，公共交通的发展速度得到了飞速的提升，京师环城铁路的开通便是有力的佐证；交通的便捷又进一步促进了该地区的商业发展，该地区逐渐形成了商铺林立的繁盛面貌，一直持续至今。

2016年，由于修建京张高铁，北京北站停止办理客运业务。将来的西直门站将成为现代化的京张高铁的起点，新老京张在此交会。西直门站的再次改造扩建，必将谱写这座百年老站新的辉煌篇章。

9.2 青龙桥站采风

9.2.1 青龙桥站

青龙桥车站始建于1907年7月，坐落在青山和长城怀抱之中，青灰色的古朴外墙,古老的油灯座、百叶窗,仍保留原貌,具有明显的20世纪西洋风格,而这座站房最出名的便是"人"字形线路。"人"字形线路建成至今已有110多年的历史,最经典的一段就在青龙桥线路。由南口到八达岭,平均坡度是30‰。青龙桥车站运营之初,车站只设有站长和值报(电报员)两个职务,托运、搬运等职务由临时工承担,扳道则由工务担当。旅客乘车是采取由站长签注单据作为乘车凭证。

青龙桥车站站名由京张铁路会办关冕钧题写,因长时间经过风雨侵蚀,表面逐渐模糊。2008年,首都博物馆原副馆长王武和他的团队对车站进行了细致考察,从美学和艺术的角度对站名字体的粗细、配色以及修复所用的材料提出了建议。青龙桥车站站长存信吸取建议,对站名进行修复并粉刷,恢复其白底黑字的风格。青龙桥车站通过对青龙桥工业遗址的规划、开发和利用,成为京张铁路沿线上一座具有代表性的老车站,具有深厚的历史价值和意义。它不仅在文物保护方面作出了示范性的贡献,更是对京张铁路文化和天佑崇高精神的传承与发扬起到了非常重要的作用。京张铁路"人"字形路段如图9.2所示。

图9.2 今天的京张铁路"人"字形路段

青龙桥站是京张铁路上唯一一座使用至今的百年老站。一对父子,两代人70年坚守在大山深处。父亲去世前对儿子说:"存信,一定要守护好老祖宗留下来的这座车站。"1982年,当杨存信接替退休的父亲上班第一天,在詹天佑铜像前,父亲对他说:"京张铁路是中国人自主设计的第一条铁路,以后每天工作都是在詹老爷子注视之下,要是干不好就对不起这身铁路制服。"1982年,初中毕业后的杨存信子承父业,也在青龙桥火车站工作。一开始做扳道工,后来当过助理值班员、车站值班员,1991年成为站长,对这座车站上的钢轨、道岔、油灯座都很熟悉。不知不觉干了半辈子,杨存信说:"我父亲干了一辈子,我对这个工作太了解了。行车工作是比较艰苦的,老是倒班。夜班整宿不能休息,精神还要高度集中,工作比较枯燥,责任大,还总做重复工作。工作这么多年,我只在家中过过一个春节，是新婚那年，同事们照顾我，后来我照顾同事。"如今，他将车站打造成爱国主义教育宣讲平台，已累计接待各级领导参观考察、社会团体和游客到站接受教育近 20 万人次。杨存信作为"专业"讲解员，连同他所在的由太极图、瓦楞铁、女儿墙、男女分设候车室等复旧的车站一起渐成"网红"。

青龙桥站是"中国铁路活态博物馆"。京张铁路建成通车时，聘请当时的著名摄影师谭锦堂拍摄了 183 张京张铁路沿线站房、山洞、桥梁等照片。这些照片集结成《京张路工摄影》留存后世，使我们得以见到京张铁路当年的样貌。在京张铁路现存的车站中，青龙桥站是原貌保存最完好的，被誉为"中国铁路活态博物馆"。青龙桥站建站之初被划定为三等站，主站房按三等站样式建造。站房分前后两排，两排间设有通道和庭院，前排共有 7 间房屋，分别为候车大厅、杂役室、服务员室、电报房、售票处、站长室和宿舍，后排设有 2 间房屋，是杂役室和厨房。站房正面中央上方设置站名匾，站名匾由关冕钧题写，汉字下方配有韦氏拼音写法的英文字母站名。现在青龙桥站的站台、候车室包括窗台、窗扇等都是京张铁路原物，候车室的布局依然保持着京张铁路建设初期男女候车室分开的模样。"清朝官员"敲响报站钟，动车组列车驶入小火车站。如图 9.3、9.4 所示。

图 9.3 今天的青龙桥站及候车室内景

图 9.4 青龙桥站演绎穿越话剧

百年老站房及男女候车室，灰墙木门百叶窗，别样风韵老站房。青灰色的古朴外墙、木制的弧形门、复古的油灯座、保留旧时代传统的候车室……青龙桥车站的站房是许多文艺青年拍照打卡的理想圣地，尤其是在春天鲜花盛开的季节。这不仅是因为它意味悠远的历史，更因为它中西方碰撞、极具风味的车站建筑，车站对面山脊上蜿蜒的长城和山下铁轨缓缓停靠的火车，不仅是古老文明与现代文明的奇妙碰撞，也是东方文化和西方文化的完美结合。

"应该说我们车站这个建筑比较有特点，在老北京东交民巷使馆区的有些建筑里头还能见着这样的建筑，它所采用的百叶窗应该是借鉴西式建筑的。"杨站长引着众人看向车站牌匾——"青龙桥车站"。

走进站房内，是两个完整的展室，一个是詹天佑铁路实物展，一个是候车室。进到站台的候车室里，可以看到1905年火车站候车室普遍采取的男女分开候车的形式，分别为男宾候车室、女宾候车室。

铁路实物展室里，珍贵老照片见证着青龙桥车站的历史；贵宾室里，1953年毛主席视察官厅水库时在车站下车的照片、郭沫若来车站的照片都悬挂在里面。几间展室平时并不总对外开放。"你看这张，是1937年的6月30日，是随民国政府成立的西北考察团路经青龙桥车站照的，也就是抗战前七天。"杨存信对老照片里的许多历史事件都很了解，他指着一张照片告诉人们，小站站台上站了一些士兵，显示当时战争将至，一种紧迫感从照片里释出。

1923年，京绥铁路局对车站等级划分进行调整，青龙桥站被定为大站，但由于青龙桥站站舍面积有限，并未设置男女候车室。

1950年，青龙桥站废除一、二、三等客票，改为软、硬席制。1960年12月，青龙桥西站投入运营，青龙桥站改为只接、发开往北京方向的上行列车；而青龙桥西站则接、发开往包头方向的下行列车。

1960年，在青龙桥车站西2 km处，建立了青龙桥西站。与老站一样，同样建有"人"字形岔道。1979年，北京铁路分局又在73 km处修建了临时候车室和简易站台，形成了3个分界点的布局，3站各有分工。碑文上称，为纪念这位对我国铁路建设事业作出重大贡献的工程师，中华人民共和国铁道部、北京铁路局和中国铁道学会于1982年5月20日，将詹天佑先生及夫人谭菊珍女士骨灰移葬于居庸关下青龙桥车站先生铜像之后。

进入21世纪后，随着人们文物保护意识的不断增强，青龙桥站也进入了一个新的发展时期。2006年，青龙桥车站被命名为"北京铁路局爱国主义教育基地"。2008年，首都博物馆确定青龙桥站为北京市工业遗产，对老站房和天佑夫妇合葬墓等进行了恢复，并将其作为爱国主义教育基地向公众开放。

修后，恢复了老站房上独特的女儿墙及建筑图案。2013 年 3 月，国务院核定公布了第七批共计 1 943 处全国重点文物保护单位名单，包括青龙桥车站在内的京张铁路南口段至八达岭段入选名单，青龙桥车站正式成为全国重点文物被保护，同时它也是第七批"国保"名单中唯一仍在运营的一段铁路。如图 9.5 所示。

图 9.5 动车组穿越"人"字形铁道

2007 年 6 月 30 日，青龙桥站停止出售硬板票。2008 年，首都博物馆确定青龙桥站为北京市工业遗产，对老站房和詹天佑夫妇合葬墓等进行了修缮和原貌恢复，并将之作为爱国主义教育基地向公众开放。同年 8 月，京张铁路旅游专线——北京市郊铁路 S2 线开通，青龙桥站停止办理客运业务。2013 年 3 月，青龙桥站被国务院确定为全国重点文物保护单位。2018 年 4 月 10 日，全国铁路大调图，青龙桥站不再有国铁列车经过，改为只办理北京方向 S2 线列车的接发业务。2018 年也是青龙桥车站建站 110 周年。詹天佑纪念馆承办的工业产自百年老站——京张铁路青龙桥车站展览正式开幕。该展览作为青龙桥车站基本陈列展览，旨在弘扬京张文化和天佑精神，激励世人为国家进步、民族振兴而奋斗。如今，前往参观的游客络绎不绝，这座新型的既能参观展示又可发挥使用价值的博物馆，在长城脚下默默地展现着京张铁路那段历经百年又依旧辉煌的历史。青龙桥车站虽已不再办理客运业务，但京张铁路旅游专线——北京市郊铁路 S2 线及一些普通列车仍在青龙桥车站停靠，旅客乘坐 S2 线列车回京时，不下车即可近距离看到青龙桥车站的百年站房、詹天佑铜像、纪念碑亭及詹天佑夫妇合葬墓等珍贵历史文物。

2018 年 4 月 11 日 8 点 55 分，当 K1596 乌海西至昌平北的列车停靠青龙桥车站作"人"字形运行时，京张铁路的百年老站青龙桥正式告别绿皮列车。站长杨存信站在站台边，做了最后一次出入站工作。他面对着最后一趟普速旅客列车，长时间敬礼。他清楚，青龙桥火车站从此再无普速列车停靠，车站脚下在施工的京张高铁，注定将替代绿皮火车。虽然绿皮车已经不从这里经过，但现在，青龙桥火车站是京郊列车 S2 线的必经车站，由于不再具备上下乘客条件，车辆在这里只掉头，乘客不下车，只经"人"字形铁路折返继续前行。

如今，青龙桥站早已停止办理客运业务，不再出售车票，旅客也不能在这里上下车，但每天还会有上行方向的市郊铁路 S2 线列车从康庄站驶来，在这里停车调换方向，再向南口站方向驶去。旅客可以在列车上看到这座美丽的百年老站，感受"人"字形铁路的魅力。2013 年，这里被确定为第七批全国文物重点保护单位。那么人们看到的另一座青龙桥站，又是怎么回事呢？其实，它的标准站名叫作"青龙桥西站"，于 1960 年开工建设，1962 年开通运营，也是京张铁路上的一座中间站，与 1905 年开通建设的青龙桥老站一样，也坐落在八达岭长城下，两站镜像而立，直线距离不到 1 km。京张铁路最初建成时为单线铁路，作为曾经北京通往西北方向唯一的干线铁路，在 20 世纪 50 年代最高峰时，每天通过的客货列车多达 64 趟，十分繁忙。

为提升运输能力，1960 年，京张铁路复线工程开始建设。由于青龙桥站周围险要的地势和建造"人"字形折返线的特殊需要，没有选择原地扩建，而是在老站西南方向相距不足 1 km 的地方，新建了一处同样有"人"字形铁路的新站，也就是青龙桥西站。1962 年，青龙桥西站投入运营后，青龙桥站改为只接发开往北京方向的上行列车；而青龙桥西站则只接发开往包头方向的下行列车。这也就是为什么，有些人乘车在"人"字形铁路折返时看到的"青龙桥站"，没有詹天佑铜像、网红老站房和"苏州码子"了，因为他们乘坐的是从北京开出的下行列车！和青龙桥老站一样，青龙桥西站现在也不再办理客运业务，仅供市郊铁路 S2 线列车在这里完成换向行驶。如图 9.6 所示。

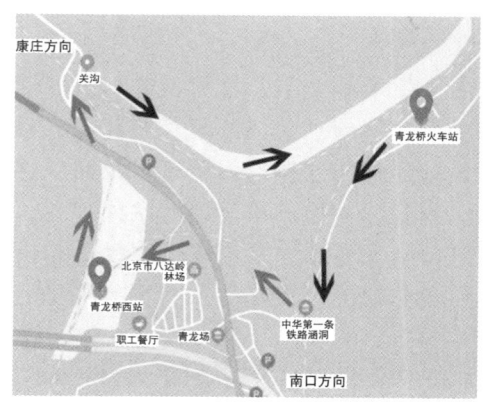 

图 9.6 青龙桥西站及其位置

9.2.2 詹天佑铜像

青龙桥站和"人"字形铁路以及八达岭隧道，堪称京张铁路的点睛之笔，亦是詹天佑的得意之作。詹天佑一生主持过许多铁路工程，但京张铁路是他殚心竭力之所在，他说过："魂梦所寄，终不忘京张。"他在生前曾对亲属表示过：将来年老退休以后，要举家迁来北京定居。1921 年，亲属根据他的遗愿，将他的灵柩迁来北京，安在西郊万泉庄的村外、苏州街东高坡上，坟墓四周栽种了一行小柏树。1919 年 4 月 28 日，汉粤川铁路湘鄂线局长颜德庆领衔的有 525 位中国工程师签名的呈文，送到北洋政府交通部，请求为詹天佑建造全身铜像，永远纪念这位杰出的爱国的铁路工程师，并恳请从优褒恤，呈请交通部将其生平事迹，宣付国史馆立传，表彰事迹并给后人瞻仰。6 月 6 日，中华工程师学会会长邝孙谋、京绥铁路局局长丁士源率领所属呈请交通部并转呈大总统徐世昌，为交通部已故技监詹天佑在青龙桥车站建设铜像。

1922 年，民国政府委托日本著名雕塑家建畠大梦为詹天佑雕刻了一大一小两尊铜像，大铜像高 2.4 m，立于青龙桥站，小铜像高 1.18 m，现收藏于詹天佑纪念馆。铜像修筑完成后经过多方勘定，选定在青龙桥车站西侧的空地安放并建立纪念亭，于 1922 年 4 月 23 日在青龙桥车站举行铜像及落成典礼。

詹天佑铜像下方镌刻着"詹公天佑之象"，很多游客来到这里总有疑问："'象'字是不是写错了？应该是'像'吧。"为了搞清"像""象"之别，有人从詹天佑嫡孙詹同济先生那里得到答案。原来所用"象"字意为这尊纪念铜像没有任何艺术加工，见像如见人，是代表詹天佑原貌的意思。

在青龙桥站台北侧，基座上站立的詹天佑中等个子，身材微胖，身着西洋礼服，右手插进口袋，左手下垂，手中捏着一副手套，两眼直视前方，目光坚毅有神，仿佛一直眺望着由他自己设计建造的这条"人"字形线路。这是一座穿越世纪硝烟的铜像，若仔细抬头查找，铜像的腋窝处有两处弹孔，那是侵华日军留下的。据说日寇在夜间进攻青龙桥站时，将铜像误认为站岗哨兵而开枪射击。大半个世纪过去，侵略者总想掩饰侵略罪行，而弹孔仍留在铜像上，为铁一般的历史作证。

詹天佑铜像除了身高以外，其他都是按照詹天佑原貌铸造的，栩栩如生，没有任何艺术夸张，使用"象"意为见象如见真容。1937 年日军占领了青龙桥站，进站时，日本兵以为铜像是中国军队的哨兵，便开了 3 枪，见屹立不倒，日本兵来到跟前一看才知道是铜像。后来日军得知铁路是詹公所筑，便向铜像鞠躬。开枪者被惩罚每日清洁铜像。

1967年，詹天佑铜像被红卫兵拉倒，头部与身体险些断开，后背严重裂开，破坏严重。毁坏过程中，除了青龙桥车站有人向上级反映，没人敢上前阻拦，最后铜像被存放于站房一旁。数年后，国家文物局局长向周恩来总理汇报詹天佑铜像被拉倒一事。周总理说，他是中国人的光荣，铜像应该立起来。于是，铜像被北京车辆段修复。1971年铜像被重立于青龙桥车站。

1976年，詹天佑铜像由铁道部牵头修复，又被重新立了起来。很多人问杨存信，这座惟妙惟肖的铜像到底是由谁铸造的？"所有书里面的记载，都只说是由日本人铸造的。什么年代、具体什么人铸造的，全都不清楚，没人记载。"这个谜团在2008年有了进展。这一年，青龙桥火车站和首都博物馆联合筹办青龙桥车站展览，一位名叫程旭的设计师对此颇感兴趣。之后，程旭在一次去日本时，竟偶然发现了詹天佑铜像的真正铸造者。"程旭给我打电话，让我看看詹天佑铜像脚下有没有什么东西，我赶紧去看，擦干净仔细看并没有发现什么东西。但当时日本人一共铸造了一大一小两个铜像，另外一个小型的放在詹天佑纪念馆。我就过去看，发现那个小铜像两脚中间写着篆书'大梦'二字。程旭说：'那就对了，这个人叫建畠大梦，是东京美术学校的雕塑系主任，就是他主持修建的铜像。当时中华工程师协会想铸造铜像，通过竞标，由建畠大梦赢得了铸造权。'""大梦"就是雕塑家留在铜像下的名字，程旭在日本看他的作品，发现他的所有作品都有"大梦"二字。

为什么青龙桥车站这座铜像偏偏没有这两个字呢？杨存信在詹天佑纪念馆遇见建馆人之一的刘扬三先生，便紧忙把这个心中的疑问说了出来："我当时问他，修补这个铜像时有没有注意这脚底下是否有字？"刘老先生的话让杨存信恍然大悟："铜像的额头和胸口当时摔破了，重新立起来很仓促、任务很紧，从别的地方弄来的铜不是同时期的东西，修补上去色差大，不可行。我们就把詹天佑铜像脚底下的铜板取了下来，熔化后补在了额头和胸前，所以现在脚底下蹬的是钢板。"消失的"大梦"，至此似是有了答案。詹天佑铜像如图9.7所示。

在詹天佑铜像与青龙桥站的站房之间，是时任大总统徐世昌为表彰詹天佑不朽业绩而建立的碑亭。碑亭内的"大总统颁给之碑"，碑文为徐世昌题写。部分碑文为："粤汉川铁路同仁，中华工程师学会及京绥铁路同仁会呈请政府为詹公天佑建祠立像，以为后世楷模。"

图 9.7　詹天佑铜像和詹天佑墓

在铜像和碑亭后面的山坡上，有詹天佑夫妻合葬的墓地。詹天佑的墓地本在北京西郊海淀小南庄村。1926 年，詹天佑的夫人谭菊珍女士逝世，也葬于这里与詹天佑合墓。1982 年，铁道部将墓地迁移至青龙桥车站。墓前立面刻着"詹天佑先生之墓"7 个汉隶金字为著名书法家徐之谦先生手书，墓后是一座宽 2.6 m、高 1.4 m 的墓碑，花岗岩边的大理石上镌刻着 500 余字的《詹天佑先生生平》。1984 年，北京市文物局将"詹天佑铜像及墓"正式确立为北京市文物保护单位。詹天佑铜像及墓与青龙桥车站，不仅是修建京张铁路的历史见证，更是对詹天佑精神以及京张铁路文化的传承。

今天，当人们乘坐京张铁路穿越"人"字形铁路，经过青龙桥车站时，都可以透过车窗瞻仰矗立站台上的詹天佑铜像。詹天佑先生也永远凝视着他缔造的京张铁路。

如今，张家口南站、北京交大、西南交大、兰州交大等多地都有詹天佑先生的像，材质有所不同，形象也均有所不同。2015 年 6 月 28 日，合福高铁的通车不仅解决了高铁沿线部分地区不通火车的历史，也为当地经济发展注入了活力。在合福高铁线上，有一个车站格外引人关注，那就是婺源站，被誉为"中国最美乡村"的婺源不仅人文景观资源丰富，车站也是一大亮点，在詹天佑祖籍的婺源站又耸立起一座詹天佑雕像，气势非凡，形象高大。而青龙桥这座早年的铜像，没做过多修饰，更没有艺术的夸张，应该是最难得的先生真容吧！

9.2.3　苏州码子

在参观天佑纪念馆或者青龙桥车站时，可以看到一种刻有神秘符号的石碑，这就是京张铁路建成之初沿线使用的标志碑，而石碑上的神秘符号则是使用苏州码子标识的数字。苏州码子脱胎于中国文化历史上的算筹，也是唯一还在被使用的算筹系统。花码由南宋时期从算筹分化。旧时的一些公文、契约、账表、官帖、私钞、当票中以及背书等所有涉及经济方面带有数字的文档中，经常会出现一些特殊的组合数码，而且广泛地运用于政治、经济、军事、商业、工业及百姓生活等各个领域。"〡、〢、〣、〤、〥、〦、〧、〨、〩、十"分别表示"1，2，3，4，5，6，7，8，9，10"。同算筹一样，花码是一种进位制计数系统。与算筹不同的是算筹通常用在数学和工程上，花码通常用在商业领域里，主要用途是速记。据《中国通史》第八卷、第五节《中国数码和零的符号》记载："我国在商周时期已出现记数的符号，但在很长时期内并未形成一套完整的用于记数和演算的数码。至唐代才开始用数码记数，宋元时期逐步得到完善，其使用也更加普遍。"北洋政府的军队中，兵士的右边领章上由阿拉伯数字和罗马数字组合的数码，左边领章上则有一种奇怪的符号。如陆军第一师第一旅步兵第一团第二营，第三百六十四号之兵士，其领章号码为：左侧缀标明兵号之数码"〣〦〤"，右侧缀标明团号之阿拉伯数码和表明营号之罗马数码"Ⅱ 1"。

　　京张铁路建成之初，沿线的标志碑上所记载的线路里程表示的都是以"清制华里"为单位的数字。民国时期，开始在社会各个领域推行公制单位。《京绥铁路规章汇览》中记载，1919年1月7日，京绥铁路管理局颁布了第三号训令："国有铁路第六次联运会议第十四议决案，采用公吨公里制度。议定于民国十年一月一日为实行更改日期。"作为京绥铁路一部分的京张铁路由此开始采用"公里"作为里程单位，这就需要对沿线的表示里程的标志进行重新布置，重新布置之后的标志碑在一段时间内仍使用苏州码子表示数字。中华人民共和国成立后，苏州码子碑停用，京张铁路沿线标志统一使用阿拉伯数字。今天，我们仍旧能够在博物馆中找到使用苏州码子计数的老京张铁路标志碑，很多为铁路职工自发收集保护。它们上面神秘的数字符号保存了一段传统、一种文化，这已经成为京张铁路说不完的故事的一个重要部分。直到20世纪初，阿拉伯数字在中国开始推广使用后，苏州码子才逐渐被取代。

　　詹天佑在铁路线路标志设计中采用了这种中国传统数字符号——苏州码子，以明确显示这条铁路的中国血统。使用苏州码子的另一个原因是，在京张铁路修建通车的20世纪初，阿拉伯数字刚刚开始在中国推广，铁路职工对阿拉伯数字比较陌生，而对苏州码子更加熟悉，所以詹天佑选择了这种亲切的数字表示形式。有一块苏州码子坡道牌是杨存信前几年在车站进站口无意中发现的，当时碑只露出了小边，是用以标记铁路线路坡度的，设置于坡度有变化的地点。"用苏州码子表示坡度值，汉字'上''下'或'平'表示坡道类型。苏州码子的一至三都是由竖的笔画来表示，照片上的'川二下'表示坡度为 1/32 的下坡。"杨存信说。苏州码子如图 9.8 所示。

图 9.8　苏州码子

9.2.4　列车指挥设备

百年前京张铁路开通时采用的标志包括里志牌、桥志牌、坡道牌、放汽牌和道拨牌五种。其中里志牌又叫里程碑，为上圆下方的形状，上面白底黑字刻有苏州码子表示的数字，代表铁路线路延伸到此处的里程。桥志牌的形状与里志牌类似，设于桥梁一端，用作标出桥梁编号，编号数字也是用苏州码子表示，采用黑底白字的形式与里志牌相区分。坡道牌用苏州码子标出了铁路线路上坡道的坡度数值等信息，设置于线路坡度改变处。坡道牌比前两种标志略大，形状上下均为方形。除了标出坡度数值外，在坡度牌还用汉字标明"上""下"或"平"表示坡道变化类型。放汽牌相当于鸣笛标，其作用是提示司机鸣笛，以提醒人们列车即将到达。一般在弯道等不易瞭望的地点设置这种标志。在蒸汽机车时代，机车鸣笛是靠司机放蒸汽吹响汽笛，所以这种标志在当时叫作"放汽牌"。道拨牌是一种分段标志，是用于划分铁路沿线线路养护道班负责的区域。

在车站门前外墙的长廊上吊挂着一根锈迹斑斑的铁轨，这可不是一般的铁轨，当时火车站没有提醒旅客上下车的广播，这根铁轨的作用就如同现在车站的广播铃声。每当要发车时，工作人员就会敲击铁轨通知乘客，而且敲击声里还暗含着密码——单数代表着出京方向的列车，双数则代表着进京方向的列车。杨存信说：他和父亲杨宝华两代人共为这座车站工作了 66 年，运转从未发生过设备不良记录。杨存信就是在青龙桥车站斜对面的职工宿舍里出生和长大的。小时候，杨存信的家和青龙桥火车站就隔着一条小路，他说"我小时候每天早上都是被火车汽笛声叫醒的，父亲忙的时候就让我坐在值班室的椅子上。父亲在这里工作的时候，火车进出站的信号灯还是煤油灯，我从小就看着父亲和站上的叔叔们接发车、扳道岔、打旗语"。青龙桥站办理接发列车和物件如图 9.9、9.10 所示。

图 9.9　青龙桥站办理接发列车

图 9.10　青龙桥站办理接发列车物件

车站脚下 4 m，正如杨存信站长说的："速度 350 km 的京张高铁，正在百年京张铁路下生成，又一个奇迹即将展现在美丽的中国大地上。""110 年前，象征着中国历史文化的长城与西方的工业文化在青龙桥车站实现了第一次的交汇；110 年以后新的京张高铁即将从我们'人'字线的下方穿过，象征着我们中国经济发展速度的智能京张高铁，在 110 年以后又将与老的京张铁路第二次实现地上与地下的立体交汇。两次交汇都发生在我们青龙桥车站，应该说我们这个车站包括老的京张铁路,见证了100年间的历史变迁。"杨存信说。从当年的蒸汽机车到曾经的内燃机车,再到如今的高速动车,一次次的跨越,詹天佑铜像与青龙桥车站都是历史的见证者,他们在这里注视着京张铁路的过去、现在和将来。青龙桥火车站2008年被首都博物馆确定为工业遗产,2013年又被国务院确定为全国重点文物保护单位。青龙桥站历经百年,早已超越了车站本身的意义,它记录着中国铁路发展的前生和来时路,也见证着中国铁路进步的历程和未来。

9.3 京张铁路应该从哪里算起

八达岭隧道始建于1909年,全长1 091 m,是詹天佑主持修建的京张铁路4座隧道之一。100多年过去,隧道门头依然保持着当年的模样,是全国重点文物保护单位。对于八达岭隧道的开凿,当时外国工程师给出的设计方案为开凿3 000 m的长度,詹天佑经过反复勘测设计,将开凿长度减少到1 000多米,别瞧隧道长度仅仅减少1 000多米,设计难度却是呈几何级数地增加。因当时我国施工机械比较简单落后,为了加快人力开挖进度,詹天佑因地制宜地采用了"竖井施工法",在隧道中部开凿2个直井,6个工作面同时施工,大大加快了施工进度。

清朝末年时,京张铁路原计划是从天津修到北京的通县,叫津通铁路。由于漕粮官吏和北运河船户的反对,后来改为津榆铁路,终点就是马家堡车站。由天津经丰台到马家堡,这条路后来就是由正阳门东到奉天的京奉铁路,现在就是北京站到沈阳的京沈铁路。从现在的北京南站西行,中途路过一个原马家堡车站的遗迹,如今只剩下站房的地基了,据说压在一个工厂厂房的下面,位置在右安门和永定门之间,靠近马家堡村的地方。再往西行,过了右安门的方位,在现在的铁路路线上就是柳村线路所了。这个柳村线路所可是个不简单的地方,说京张铁路线必定要说到它。詹天佑反复勘察后决定将柳村作为京张铁路的起点,经广安门、阜成门、西直门,再到南口、青龙桥、康庄、沙城,最后到张家口。但由于历史的原因,关于京张铁路的起点,现在形成了3种说法:

其一,起自原为西直门车站的北京北站。这种说法目前被多数人认可。因为现在坐火车去京张线(其实应该叫乘京包线列车)就是指北京北站上车的。之所以如此,那是因为1968年为修环城地铁,不仅拆了北京城墙,同时广安门站到西直门的铁路也被拆掉了。

其二，起自丰台。因为柳村线路所不能办理客货业务，所以当初是借用了津榆铁路从丰台站到柳村的一段铁路，由丰台站办理京张线的业务。丰台站对于京张铁路线来说也是相当重要的。20 世纪 80 年代初，曾在丰台火车站工作过 3 年时间，对它有所了解的人翻开《中国铁路大事记》，书中记载：1909 年 10 月 2 日，京张铁路自丰台至张家口，全长 201.2 km。这表明京张铁路是从丰台站开始的。原因就是柳村无法办理客货业务，只有丰台能够办理，所以应说京张铁路是由丰台开始的。京张铁路的起点是在丰台北货场的一站台上。如今丰台站大改造，这个遗迹也就消失了。京张铁路的起始点如图 9.11 所示。

图 9.11　京张铁路的起始点

其三，起自柳村线路所。柳村在丰台东 3 km 的地方，京张铁路的确是从这里开修的。如今，柳村线路所仍然存在，并能够正常使用，但它的作用在发生变化。最初广安门车站还在的时候，从丰台到广安门的列车是通过这个线路连接的，随后广安门车站被撤销并拆除了。但北京西站去往京包线的列车经过了广安门原有的一段铁路，并保留了柳村线路所，使北京西站可以连接丰台方向并与京沪线贯通。除此之外，又加了经过柳村的几条线路，柳村线路所变得更繁忙了。由徐启恒、李希泌撰写的《詹天佑和中国铁路》也提到"光绪三十一年（1905 年）十二月十二日，京张铁路开始从丰台铺轨。詹天佑在群众的欢呼声中在轨道上钉下第一根道钉"。其实詹天佑钉下的第一根道钉在柳村 60 号桥处。今天的南口机务折返段如图 9.12 所示。

图 9.12　今天的南口机务折返段

9.4　八达岭下留下的谜

在《交通史路政编》中，詹天佑在光绪三十四年（1908 年）向清政府邮传部汇报京张铁路隧道完工时的一篇《京张铁路山洞完工申报邮传部文》里对八达岭隧道有这样的描述："惟八达岭洞工，尤为险要……继由山岭打通大小二井，距抛线深一百十尺余。遂于井内再由南北两向开凿，计分六处同时工作……"除此之外，1909 年，詹天佑在京张铁路通车典礼上用英文致辞时提道，"……最长之山洞，在长城之下开凿，穿过硬岩层。在修筑时，我们开凿了二井，在井底分向两面开凿，连同两端开凿，共有六个工作面，日夜不停施工"。这里所说的"最长之山洞"就是八达岭隧道。由此可见，詹天佑在不同场合都曾经明确表示过，为修筑八达岭隧道曾在山岭上垂直向下打了两口竖井，并形成了 6 个施工工作面。

但是在 1915 年詹天佑亲自编写出版的《京张铁路工程纪略》（以下简称《纪略》）中，关于八达岭隧道，在《山洞》一章里有着这样的记述："八达岭山洞因洞身过长，仅恃两端开凿之法费时必久，故于洞身之中部开辟大井，与两端同时并进……是井之深为八十四尺，井径为十尺……"在这段话中，仅仅提到了一口大井，同时在示意图中也展示了一口竖井的工作场景。由于《纪略》出版于 1915 年，此时京张铁路已建成多年，詹天佑先生在书中只提到大井。

多年来，铁路部门和当地的铁路工人经过时可看到有一口井，但另一口井哪儿去了呢？如果另一口井在施工结束后被填充用，起码也会留下一些痕迹，可现在连一点儿痕迹都找不到了，直到京张路建成百年之时，才有了答案。詹天佑嫡孙詹同济一直以来致力于祖父书信、日记和手稿的整理工作，他对八达岭隧道竖井问题也进行了深入的研究，并多次前往现场观察，向多位参与过京张铁路工程的老工人和负责隧道维护工作的铁路工务部门了解情况，发现现在隧道内只有接近中点位置有一座直井，作为通风井一直使用至今。从竖井的直径尺寸看，可以断定，这就是史料文献中描述过的"大井"。那"小井"究竟存不存在？经过实地探访，詹同济给出了这样的推断，他认为八达岭隧道道面靠近青龙桥一侧，山坡陡峭。而北面近康庄一侧，山势稍平。若全段都以隧道形式修建，工程量大。而如果康庄一侧筑成深挖路堑，则要相对经济。因此，除了在隧道中部一带下挖口大竖井之外，另在隧道的康庄出口附近下挖一竖直小井。这样，同时施工就有 6 个工作面，会大大缩短工期。随着康庄一隧道的深入和路堑的深挖成功，先前山岭上的小井也就逐渐变成露天开挖工作面，并最终随着路堑的形成而消失了。两种隧道挖掘方法比较和动车组通过八达岭隧道如图 9.13 所示。

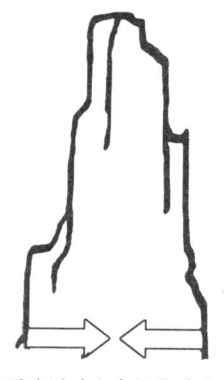

两端同时向中间凿进法

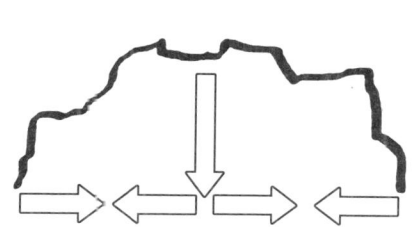

中部凿井法

图 9.13　两种隧道挖掘方法比较和动车组通过八达岭隧道

9.5 清华园站和张家口站的回忆

京张铁路虽然是在当时特殊历史背景下的一个"心酸胜利",但詹天佑和京张铁路,以及蕴含其中的民族精神却成为国人永远的骄傲。京张铁路起始自北京丰台柳村,经居庸关、八达岭,河北的沙城、宣化至张家口,全长为201.2 km。全程站点包括:丰台站—北京北—清华园—清河—沙河—昌平—南口—东园—居庸关—三堡—青龙桥—青龙桥西—八达岭—西拨子—康庄—东花园—妫水河—狼山—土木—沙城—新保安—西八里—下花园—辛庄子—宣化—沙岭子东—沙岭子—张家口南—茶坊—张家口。这条约200 km长的铁路站点不少,其中有几个站颇具特色,在中国铁路史上留下不灭印记。如图9.14所示。

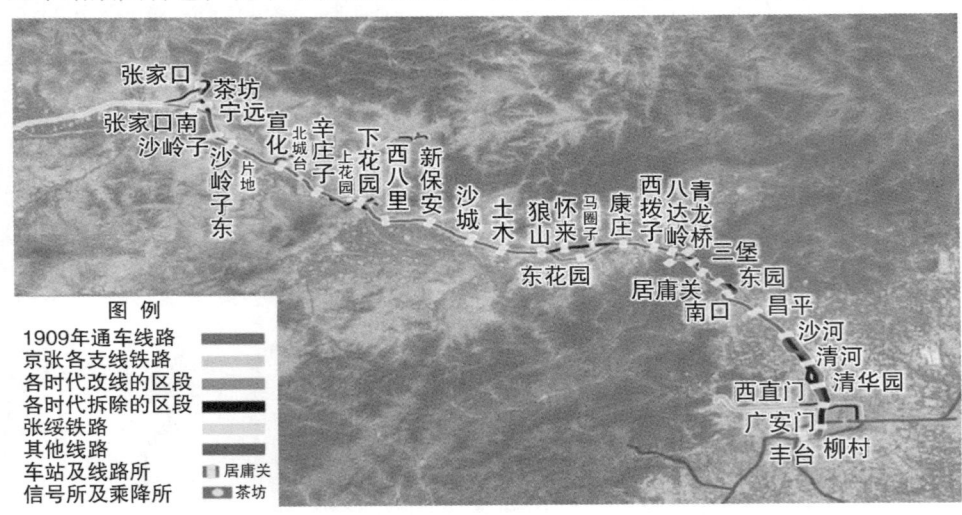

图9.14 京张铁路车站设置图

1. 清华园站

清华园站坐落于北京市海淀区清华园地区,是京张铁路老车站中距离北京城最近的一个。在成府路弯弯曲曲的街巷中,藏着这座清华园站。百年前的中国,清华园站不失为一个火车"大站"。它的站房采取了当时比较先进的对称式三拱门结构,不大的空间内,集中了候车室、售票处、贵宾室和货运仓库等各种建筑,尤其对于城内出郊和郊外进城的人来说,清华园站更承载了满满的回忆。2016年11月1日凌晨,建站106年的京张铁路清华园火车站关闭。全长53 km的京张高铁清华园隧道开始建设。在现在的铁路客站分类等级中,清华园站属于第三等车站,主要承担着市郊之间或旅游地点的列车始发和终到作业，为运送通勤、通学及游客服务。清华园站停运的消息发布后，当即引起一些市民"围观"，途经"清华园"站的所有车票，也已早早售罄。以前在此工作多年的车站工作人员也前来跟这座"百年车站"依依作别。

清华园站建于1910年，就在京张铁路"人"字形铁轨的南端，原建筑面积 2 908 m²。很多人以为清华园站是以清华大学定名的。其实，清华园火车站得名的时间，比清华大学成立的时间要更早。1954年，清华大学为了发展的需要规划要突破铁路向东发展。后经与高教部、铁道部、北京市等部门磋商，决定将该段南北约 5 km 的铁路，整体向东移动 800 m。原有的（老）清华园车站随即取消，并另建了新清华园站。1960 年 3 月底迁移工程竣工后，新的清华园站投入使用。于是当年詹天佑修建的这座老站就废弃，逐渐成为铁路职工宿舍的一部分。老站历经风雨的侵蚀，显得更加沧桑，原来的站房一部分已经拆除。令人欣慰的是站房大门上詹天佑亲手题写的匾额保存完好，"清华园车站，宣统二年冬季，詹天佑书"一行苍劲有力的大字和小字落款依然清晰。当时的"清华"的拼音是 Chinghua，既不是现今的汉语拼音 Qinghua，也不是清华大学目前采纳的 Tsinghua。如图 9.15 所示。

图 9.15 清华园站

清华园站除了在中国铁路发展史上有着特殊的地位，承载着人们的记忆外，还与党和国家的命运息息相关。2023 年 3 月 25 日，清华园车站旧址正式面向社会公众开放，这一天也是中共中央进京"赶考"74 周年纪念日。74 年前，毛泽东等老一辈革命家率领中共中央机关和中国人民解放军总部进驻北平抵京第一站就是清华园车站。毛泽东幽默地称他们这次进入北平是"赶考"。他们原计划从前门站进京，但是当时前门地区特务活动猖獗，最后决定从清华园站进入北平。清华园站因此见证了这一重要的历史时刻。时光如梭，当年的车站早已不再使用，经过保护修缮、环境整治，如今清华园车站旧址"焕颜"亮相。

2. 张家口站

张家口站是京张铁路的终点站，1909年建成通车。张家口站是中国近代史和中国铁路史上划时代的标志性建筑，见证了张家口百年发展的历程。如图9.16所示。

图9.16　张家口站

1912年9月6日，京张铁路通车后，孙中山先生在京张铁路总工程师詹天佑等人陪同下来到张家口考察。孙中山一行考察张家口路后，于9月8日从张家口火年站乘火车返回北京。詹天佑曾亲笔题写"张家口车站"站名，站名匾的下半部为英文KALGAN。"卡拉根"是100年前张家口的国际称谓。罗斯联邦布里亚特共和国恰克图市博物馆藏有一张俄国商人100年前绘在羊皮上的茶叶之路地图，图中用文标出了中国的北京，标出了黄河、长江，标出了库伦（乌兰巴托），也标出了茶叶之路的起点张家口（ｋａａＨ音：卡拉根）。1908年，上海商务印书馆出版的《英华大辞典》和1911年出版的《英汉辞典》中，"张家口"词的对照词条都是"KALGAN"。

2014年6月30日，这个辛勤服役105年的车站圆满完成了自己的使命，正式退出历史舞台。

第10章　今天的京张铁路

10.1　新中国成立后的京张铁路

从自主修建铁路到建设"世界之最"工程，百年京张，记录了中国铁路从落后者到追赶者再到领跑者的华丽转身，书写着中国铁路乃至整个中华民族爱国奋斗、自尊自强的传奇。京张铁路的变迁史大致可划分为3个阶段，且每个时期变化都是考虑到城市的需求，由城市发展与更新决定。

1. 初建与战乱期（1905—1949年）

这一阶段跨越了晚清、民国和新中国成立初期的近50年时间，主要反映了近代民族工业的兴起与战乱带来的衰败。京张铁路在1909年全线开通运行之后，为了进一步提高运输能力，1910年在京西三才堂等地增设了包括清华园在内的5座车站。民国期间，京张铁路的建设仍在继续并发挥了更加重要的作用：1921年京张铁路向西续建至绥远（今呼和浩特），先后更名为"京绥铁路"和"平绥铁路"，1923年又续建至包头。1937年日本全面侵华之后为了掠夺更多资源而在铁路上续建了很多支线。在抗日战争和解放战争时期，铁路在战火中遭受到了较为严重的破坏。直至新中国成立之后，国家对铁路进行恢复重建并于1949年重新通车，京张铁路更名为"京包铁路"，主要承担由首都至西北的客货运输。

晚清、民国时期，京张铁路正式运营后，随着运量增长，关沟段路线日渐成为限制运输能力的瓶颈，此路段增建了东园、居庸关、三堡和西拨子4个会让站，以缩短站间距离。1924年，下花园站至蛇腰湾一段，因羊河水涨，改线6 km。日伪时期，青龙桥车站的股道延长至280 m，关沟段的其他车站线路延长至320 m。1939年夏的水灾之后，该段改线，五桂头、石佛寺两座隧道被废弃，另建4处隧道，路线延长约500 m，新建桥梁200 m，全部工程于1940年7月完成。同时，平绥铁路经历了军阀混战、抗日战争，再加上洪水泛滥多次冲毁路线，线路破坏程度很大。1949年，旧中国的铁路回到了人民的手中，京张铁路迎来了新生。

2. 发展期与改造期（1949–2001 年）

中华人民共和国成立后，首先对全国遭受战争破坏的基础设施进行了大规模的修复和重建。遭受重创的平绥铁路也于 1949 年 10 月修复通车，正式更名为京包铁路。广安门车站向北，自北京宣武区手帕口至西直门火车站的一段铁路拆除，西直门站（北京北站）成为京包铁路始发终到客站。今京包铁路沿线千米标还是以最初起始点北京丰台柳村 0 km 标开始计算，并未随着改动，实际正线缩短 12 km，但京张铁路"人字形"很独特，一直没有改变。

1950 年，为绕行官厅水库蓄洪区，京张铁路由康庄站西约 2.5 km 处，经清水、花园定州营，跨越官厅水库至狼山站东约几千米处与原线接轨。该段线路全长 1 597 km，中间设东花园站（即原西花园站），撤销怀来站。共修筑 664 m 长的特大桥 1 座，92.6 m 长的大桥 1 座，中小桥 16 座，涵洞 2 处，车站 1 处。当时，设计妫水河大桥的苏联专家没有考虑到冬季冰面压力对桥墩的影响，结果在通车后的第一个冬天有 6 座桥被冻裂，桥面上本来笔直的轨道弯曲变形，严重影响行车安全。从此以后的几十年中，在每年冬季只能依靠人工破冰和长期限速来保证行车安全，除此之外没有彻底解决冰害的好方法。直到 1997 年 12 月，老桥南侧新建起了一座钢梁大桥，彻底取代了病害重重的老桥。20 世纪 50 年代末，因清华大学扩建，清华园站东移 0.8 km，较原京张线延长 106 m，另建清华园新站，到发线有效长 650 m，原货场仍保留使用，并与新站连接工程于 1960 年一季度完成。

1952 年，由于原京张铁路关沟段一带通过能力较差，另外建成了来往丰台及沙城（怀来）的丰沙铁路。丰沙线的走向即当年詹天佑认为较好但因造价较高而被迫放弃的路线。

张家口站地处市区中心，站内货场线有效长仅 366 m，且进站线路存在一个曲线半径仅 243 m 的弯道。应张家口市要求，改线工程于 1955 年 11 月开工，自宁远站以东，京包线 1 884 km 处另选新线并修建二线，线路跨清水河至 2 175 km 处与原京包线相接。改线长 7 324 km，较原京包线缩短 1.781 km，最小曲线半径 600 m。张家口新站设到发线 6 股，编组线 6 股，设机务折返段及三角线，改线工程于 1956 年 4 月竣工。

1957 年，为改善北京市政交通，环城铁路封闭，京张铁路起点改为西直门站（北京北站）。1969 年 8 月，北京铁路枢纽东郊（北京东）站至沙河站间东北环线开通运营，原环城铁路各站拆除，京包铁路改由北京站始发，经东北环线到沙河后与原线接轨。

1955 年 11 月，沙城站至郭磊庄站段改线及复线工程开工，1958 年 11 月完工。这是京包铁路全线首个进行复线建设的区段。

1957 年 8 月，京包铁路包头枢纽环线开工建设，环线全长 29.2 km，自包头东站至昆都仑召站止。1962 年 12 月工程全部完工，交付使用。

1958 年 7 月，大同站至包头站段的线路改建和复线工程正式开工。

1960 年 1 月，京包铁路在北京地区的辅助线路，北京枢纽东北环线（今双沙铁路）新建工程开工。新建线路自百子湾东侧信号所开始，向北后折向西，止于京包铁路 K28 乘降所（原为 28 km 信号所），线路全长 32.1 km，1966 年 12 月建成正式投入运营。同年 2 月，西直门站至河北沙城站区段复线工程开工，因中苏交恶，施工于 1961 年 7 月下马。其中，在原"人"字形铁路青龙桥站附近新建青龙桥西站。青龙桥西站与青龙桥站相距不足 1 km，原本拟扩建青龙桥站，增加到发线，但因附近地形限制，建成了纵列式的新站场。青龙桥西站投入运营后，青龙桥站只接、发开往北京方向的上行列车；青龙桥西站则只接、发开往包头方向的下行列车。1960—1961 年期间，南口至康庄间修建了双线。京包铁路最初起始点为北京丰台的柳村。

1968 年，丰台至广安门站向北，经宣武区手帕口至西直门火车站的一段铁路拆除，西直门火车站（北京北站）成为京包铁路始发终到客站。京包铁路沿线千米标还是以北京丰台柳村 0 km 标开始计算，并未随着改动，实际正线则缩短 12 km。

1970 年至 1973 年期间，京张铁路完成了下花园老龙背改线工程。该工程修建复线隧道长 191 m，京包线自 149.5 km 处至 150.635 km 处改线，改线全长 1 135 m，较原线路缩短 78 m，消除了原线路小半径曲线、长期限速及钢轨磨损严重等问题。新改线限坡 5%，设 800 m 曲线 1 处，有涵洞 2 座，砌筑导流设施 700 m。

1971 年 7 月，北京境内的西北环铁开工建设。该线路全长 33.3 km，连接京包铁路沙河站和丰沙铁路三家店站，是北京地区重要的铁路联络线之一。于 1979 年 12 月初步建成，前后历时 8 年之久。

1977 年 4 月开始，沙城站至大同站之间线路安装全线自动闭塞，同年年底完工。

1981 年 4 月，京包铁路进行电气化改造，自北京，经沙城、张家口南、大同，至口泉铁路上的口泉站止，电气化改造总里程共计 379 km。

1983 年 4 月 3 日，京包铁路与陇海铁路、兰新铁路及包兰铁路四大线路的旅客列车扩大编组试验结束。根据试验结果，铁道部决定对以上 4 条干线的共计 17 对旅客快速列车陆续实施扩大编组，共计可扩编 29 辆，相当于每日增开 3 对列车，每天可提高长途旅客运能达 9 000 多人。

1984 年 12 月 30 日，历时三年半的京包铁路北京至大同间复线电气化改造完成，伴随丰沙铁路的电气化改造完成，丰沙大电气化铁路通道正式开通，全线投入运营。京包铁路北京至大同段成为丰沙大电气化铁路最为重要的组成部分。该线在大秦铁路建成前后，均是晋煤外运的重要通道之一，虽然经过多次技术改造，并由单线改为复线，由蒸汽机车牵引改为部分内燃机车牵引，由半自动闭塞改为自动闭塞。实现电气化后，年运输能力将由 5 000 余万吨逐步提升至 6 000 万吨以上。

1987 年 11 月 6 日，青龙桥站附近建成詹天佑纪念馆。位于京包铁路八达岭段最高点处的詹天佑纪念馆建成并正式开馆，它建于京张铁路八达岭隧道上方，依山势而建，造型简朴，与长城内侧青龙桥火车站詹天佑铜像和墓地遥遥相对。纪念馆设瞻仰厅、序幕厅和陈列厅，瞻仰厅正面为詹天佑全身大幅照片，并在上首悬挂周恩来题字："中国人的光荣"。如图 10.1 所示。

图 10.1　詹天佑纪念馆

1990 年 3 月 10 日，大同站至包头站段的线路改建和复线工程全面完工，复线正式开通。大包段复线工程早于 1958 年就已开工，因内外多方面因素导致工程几次停复工，历时 32 年之久方才完成。至此，京包铁路复线实现全线通车。

1996 年 5 月 22 日，跨官厅水库的妫水河大桥新桥开工建设。原桥开通运营 43 年来，由于冬季屡次受到冰害影响，全桥 19 个桥墩先后被冰挤断 10 个，多次造成铁路断道，影响正常的客货运输。后决定在原桥下游（南侧）30 m 处新建大桥。

1997 年 12 月 2 日，新桥完工通入运营，京包铁路改走新桥，旧桥被弃置拆除，现仅存桥墩。新妫水河大桥正桥和引桥全长 852.64 m，水中墩高 14.7 m，承台直径 18 m，厚 3.5 m。该桥墩台基础结构坚固，完全可以抵御冰害的影响。到 1997 年年末，京张线共有车站 38 个（含支线 7 站），其中特等站 1 个，一等站 4 个，二等站 3 个，三等站 7 个，四等站 23 个。京张铁路初建了 3 条支线，到 1997 年年末只剩 1 条支线。

1998 年 1 月，北京站至北京东站区段增建第二线工程开工，于同年 6 月 11 日完工。工程增铺新线 5 km，将原单线区段改为复线。

发展期与改造期这一阶段主要反映了新中国成立 50 年来铁路事业的蓬勃发展与局部改造情况。一方面，铁路的客货运功能对城市的意义重大；另一方面，城市建设开始与京张铁路的历史线路出现了，京张铁路不得不调整局部线路和车站以适应城市发展需求，但总体上仍保留了历史线路。

3. 矛盾发展期（2001—2016 年）

为构筑京包铁路快速运输通道，集宁与包头间拟新建第二复线。2008 年 7 月 21 日，增建第二复线的控制工程、位于内蒙古自治区卓资县境内的八苏木隧道提前开工建设。该隧道为双线隧道，进口在卓资县八苏木乡西沟村附近，出口在该县马盖图乡南营子村附近，隧道全长 8 230 m，2011 年 2 月贯通。2009 年是京张铁路一百周年纪念，有关方面申报京张铁路沿线保留的遗迹为文物保护单位。

2009 年 4 月 1 日，集宁至包头段增建第二双线工程开工，预计 2012 年 8 月完工开通。该工程沿原有铁路平行铺设，起点为古营盘站，终点为包头站，全长 307.955 km，概算 149.84 亿元人民币，总投资 162.6 亿元人民币。附属项目还包括包头站、包头东站、包头西站枢纽改造工程。集包铁路第二双线建成后，与张集线一起形成京包间运输通道，可有效解决内蒙古西部能源基地的外运瓶颈，缓解京藏高速公路运输压力。

2012 年 12 月 3 日，集包铁路第二双线运行通车。集包铁路建成后，与既有京包铁路实现客货分开，有效地缓解了运输压力。呼和浩特地区货车外绕至新建瓜房子站、呼和浩特南、沙良三个车站，取消了原有的台阁牧站、呼和浩特站及呼和浩特东站。瓜房子站与台阁牧站间利用原有上行京包铁路建成瓜房子联络线，作为集包铁路和京包铁路之间的唯一通道。

2014 年 7 月 1 日，京张铁路张家口支线停止运营。

2016 年 11 月 1 日，因新建京张高铁，京包铁路北京北至昌平段暂停运营，位于北京市海淀区的四道口、五道口、六道口（双清路道口）全部拆除，北京北站、清河站、沙河站、昌平站暂停办理客运业务，清华园站停止办理客运业务，距离昌平站 7 km 的昌平北站投入使用。北京北站所有普速列车均改为昌平北站始发终到，S2 线列车则改为黄土店始发终到。与此同时，清华园隧道准备建设。

2018 年 1 月，入选第一批中国工业遗产保护名录。2018 年 4 月 10 日，全国铁路大调图，京包铁路昌平至沙城段为不可移动文物，不再走行国铁旅客列车，只走行 S2 线列车。

2019 年 9 月 15 日，京张铁路遗址公园五道口启动区正式向公众开放，作为京张绿廊铁路遗址公园的一部分，启动区北至成府路 13 号线五道口站，南至北四环铁路桥，全长约 800 m。2019 年 12 月 30 日，随着京张高铁正式开通运营，北京北站至昌平站间恢复客运业务。

在这一阶段中，城市化进程的加快、城市用地规模的增加、城市用地功能的转变以及城市交通的延伸都对京张铁路的线路及附属设施产生了重要影响。一方面，随着城市规模由外地扩张，原有的铁路用地逐渐被市中心所包围，因城市用地的调整、一些货运车站的功能移至城市外部，这直接导致了广安门车站、清华园火车站旧址等铁路沿线历史建筑的衰落。另一方面，城市公路及轨道交通的完善同样对京张铁路造成了冲击，2001 年修建北四环深槽路段以及 2002 年修建城市轨道交通 13 号线时，新旧两座清华园火车站之间的联络线遭到了切断及部分废弃，随着货运功能的丧失，曾经围绕清华园火车站旧址形成的货运物流中心彻底遭到了废弃。

然而，这一地区的城市功能很快就得到了更新，因第五个铁路交道口而得名的"五道口"地区，凭借其优越的区位优势迅速地发展为远近闻名的教育和商业中心。而藏匿于城市之中的京张铁路历史建筑因无人重视而走向衰败，与外部光鲜亮丽的城市风貌形成了鲜明对比。

不仅如此，随着城市建设的完善以及人口密度的增加，京张铁路北京城区段的线路给城市造成了前所未有的负面影响。在交通上，列车每天都要数次穿越若干城市主要道路，一些支路因出现断头而无法有效发挥疏导交通的作用，这极大地加剧了道路的拥堵情况，一些路段在早晚高峰时甚至面临瘫痪。同时，京张铁路及并行的城市轨道交通 13 号线具有较强的隔绝性，直接导致了铁路沿线的城市用地因交通不便和噪声污染等原因而成了廉价地块，相应地成了批发市场、棚户区的聚集地，致使这一地区呈现出建筑密度高、建筑风貌差、人口密度高、绿地率低的衰败化、郊区化和生态环境恶化的趋势。

10.2 开往春天的列车

在北京居庸关通往八达岭长城的山谷里，一条铁路依着山势蜿蜒穿行其中，这条铁路因为长城与沿途的花海而备受关注，行驶在铁道线上的动车组

第 10 章 今天的京张铁路

被人们称为"开往春天的列车"。它满载游客穿越漫山遍野的山桃花,如同行驶在童话的世界中。这条线路就是北京市郊铁路 S2 线。

2008 年 4 月,北京市郊铁路 S2 线在京包铁路和康延支线的基础上升级改建而成,而京包铁路的前身就是大名鼎鼎的京张铁路。S2 线由原铁道部和北京市政府共同投资,通过政府购买服务方式强化通勤功能。建设运营单位为北京城市铁路投资发展有限公司,运营管理委托北京铁路集团公司负责。线路采取类似国铁的运营组织方式,采用"S"字头车次,开行列车种类包括各站停车和大站快车,同时定期开行北京北—沙城的京包线直通运行列车。

当年 8 月 6 日,S2 线开通运营,成为在京包铁路和康延支线上开行的通勤铁路运输系统。该线路由北京市西城区北京北站始,途经海淀区、昌平区,至延庆县延庆站,另有支线前往河北省怀来县沙城站。日输送旅客能力将近 20 000 人次。使用与北京市域铁路 S2 线相同的 NDJ3 型内燃动车组组织运营,乘客可通过其超大车窗欣赏怀柔—密云线沿途风景。同时,新购动车组加装了车厢端门自动补偿器,提高了快速乘降速度。此外,动车组经过技术改造,车载运营能力得到提升,最大载客量可达 900 人。

北京市郊铁路 S2 线是北京第一条市郊通勤铁路,也是非电气化铁路。起始于北京北站,终点是沙城站,中途设有黄店站、南口站、八达岭站、康庄站和延庆站。2016 年为了配合京张高铁北京北至清河段铁路工程施工,将始发站迁移至黄店站。北京 S2 线线路示意图如图 10.2 所示。

图 10.2　北京 S2 线线路示意图

第二篇　京张铁路 1909

　　为吸引更多的潜在客流，北京市政府和北京铁路集团公司达成协议，按"政府购买服务"模式补贴 S2 线运营，使得 S2 线从旅游线路改为"公交化"运营，S2 线调整运力，恢复每天 16 对列车开行，并调整时刻表。此外，全线有 5 站设置刷卡机，旅客可以使用一卡通付费。从 2011 年 7 月 1 日起这个"新运营模式"实行，此后 S2 线客流量大增。为确保旅客安全，工作人员会根据列车停留站台及客流量，开车前 3 或 5 min 停放旅客。

　　2012 年 12 月 21 日，北京市域铁路 S2 线首次开出北京界，延伸至怀来的沙城火车站。2016 年 11 月 1 日，由于京张高铁建设，S2 线始发站调整至黄土店站，撤销停靠北京北站、清华园站、清河站、昌平站。停靠站仅剩下南口站、八达岭站、康庄站、延庆站、沙城站。

　　S2 线线路途经居庸关长城时，因两边山林种满各种植物，特别是樱花树，所以每当春天满山植物花朵盛开的时候，S2 列车犹如穿过花海，因此此线路所用的"和谐长城号"列车组，也被昵称为"开往春天的列车"。又因为 S2 线可以采用北京公交卡刷卡上车和地铁一样，也有许多车迷称市域铁路 S2 为"开往春天的地铁"。每周一到周四日开行 8 对，周五、周六、周日、节假日及前后一天日开行 12 对。各次列车停靠站点并不完全相同，除起讫站外，大部分列车均停靠八达岭站，但也有部分列车为不停站的直达列车。此外，昌平站、清河站、南口站和清华园站也会有部分列车停靠。青龙桥站以及青龙桥西站分别为上行以及下行的技术停车车站。2017 年年底票制调整为与北京地铁相同的里程进位票制。

　　在每年春天迎来它最惊艳的时刻，百年京张铁路的人字坡两侧开满杏花、桃花、樱花。列车以 C 形、S 形的优美体态，缓缓穿过漫山遍野的花海，路途经百年青龙桥站，见证中国铁路的峥嵘岁月。去八达岭长城游玩的旅客，都对节假日 S2 线的人山人海进站、赛跑冲刺抢座印象深刻，也一定会对满山遍野的花海记忆犹新。

　　北京市郊铁路 S2 线全长 108.3 km，运行的列车是 NDJ3 型内燃动车组，最高运行时速 120 km。该线路的一部分是百年京张铁路，从南口站到八达岭站间，线路弯道多、隧道多、坡度大，平均坡度在 30‰左右，居庸关长城脚下的这段线路最大坡度达 36‰。这对驾驶这趟列车的火车司机提出了很高的操纵技术要求，特别是下坡时要控制好车速，保持列车约 40 km 的时速安全正点运行。为了确保列车运行安全和周边游客的人身安全，每当列车经过居庸关附近都会响起清脆的风笛，提示游客远离铁路线。列车行驶到这一站，改变运行方向。列车途经百年老站青龙桥站，这里不办理旅客乘降业务，列车进行技术性停车后，改变运行方向后再驶离。在列车短暂停留的时间内，旅客可以透过宽大的车窗，看到灰色墙体配有红色木质门窗的站房，站房西侧矗立着詹天佑先生铜像以及京张铁路使用的钢轨，写有苏州码子的老路标等。

乘客们还可以看到，"人"字形铁路两侧开满粉色桃花、白色杏花，几位穿着黄色马甲的铁路职工正拿着各种工具沿着铁路线行走，他们是为铁路"体检"的线路工。线路工们每天在线路上步行约 10 km，用道尺测量、用肉眼观察，通过钢轨水平、高低、轨距等数值确认各种设备状态。"人"字形铁路区段的道岔与普通铁路线上的道岔不同，线路工区此需要增加检查的频次。春暖花开的季节也是他们最忙的时候，气温上升，雪融之后可能存在轨道下沉、线路不平等安全风险，更要增加检查次数，确保列车安全运行，提高旅客乘车舒适度。

值得一提的还有五道口。五道口位于海淀区中心位置，是北京著名的铁路平交道口，在区内所辖的 23 个行政街道中，有 9 个与五道口相邻。京张铁路打此路过，众多名校、重点科研院所、商业银行以及知名企业云集于此，不同肤色、不同国籍的人们在这里相聚，这里曾被人戏称为"宇宙中心"。北京市郊铁路列车驶过五道口如图 10.3 所示。

图 10.3　北京市郊铁路列车驶过五道口

五道口人声鼎沸，车马喧嚣。列车平均不到 20 min 通过一次，上下班高峰时期，常常让这里的交通混乱不堪。清华大学的几位学者曾做出了一份调研报告指出：五道口从预警关闭铁栅栏到火车通过打开铁栅栏平均耗时 6 min，按照北京北站的运输能力，每天要有 57 列火车经过五道口，所以一天中五道口有 5 h 7 min 是处于关闭状态的，这时五道口俨然成了马路上的"停车场"。

10.3　京张铁路遗址公园

从詹天佑先生的京张铁路到今天的京张高铁，穿越百年风云，抒写民族传奇，承载着民族记忆和历史的老京张铁路，已经成为一份厚重的历史文化遗产，而作为遗产保护的京张铁路遗址公园将成为书写历史文化、具有国际水准和历史价值的北京新地标。京张铁路遗址公园的建构，将从时间和空间两个维度出发构建一脉相承的京张文化遗产廊道，通过互通交织的生态网络连通周边各类绿地，共同形成网状多层级生态系统，形成人与动物共生的多生境。

京张铁路遗址公园南起西直门，北至北五环，纵贯海淀南北，全长约 9 km，建成后将服务沿线 9 个街道乡镇，惠及 20 余所高校和科研院所、近 70 个社区。全长约 9 km 的京张铁路遗址公园分段分期实施。遗址公园如图 10.4 所示。

图 10.4　遗址公园

2016 年，随着京张高铁建设的推进，原京张铁路在北京市区的部分路段由地上改为地下，如何妥善利用原线释放出来的地面空间成为大家热议的话题。"要加强京张铁路历史遗存保护，传承京张铁路与詹天佑精神"已经成为共同的呼声。为做好京张铁路遗存保护与文化传承，铁道科学院老科技工作者和铁路文化专家，多次组织参与课题研究，深入挖掘京张铁路文化，提出"报国图强、独造精良、创新敢为、清廉尚德"等京张铁路与詹天佑精神，以此彰显中华民族的自强不息与顽强拼搏，推动京张铁路的文化传承，助力京张铁路遗址公园规划建设。正如老专家说得那样：京张铁路是民族精神的象征，是工业文明的代表，是科技创新的起点，也是北京城市的记忆。几年前，北京四道口、五道口火车通过的声音还在耳边缭绕；现如今，京张高铁已在京城地下悄然而过，留下这段铁路的"城市记忆"。

2019 年 10 月，京张铁路遗址公园贯通概念方案国际征集启动。来自全球的60家知名设计单位激烈竞争，经过各领域权威专家评审和10万余名公众投票，最终评选出全线优胜和节点优胜方案，6支团队的设计方案脱颖而出。

2020年5月，基于"文化性、开放性、集约性、生态性、可实施性"五方面系统考虑，经11位各领域权威专家评审和超过10万人次公众投票，继续深入评选出全线概念设计优胜方案3名，4个节点详细设计优胜方案各1名。

京张铁路遗址公园建成后，地上京张铁路遗址与地下京张高铁将构成跨越百年历史与未来的立体式交会。京张铁路遗址公园方案沙盘如图10.5所示。

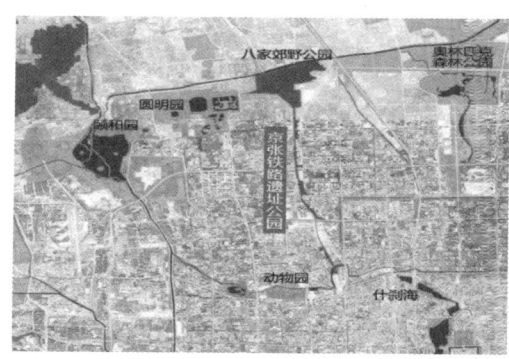

图10.5 京张铁路遗址公园方案沙盘

2021年，京张铁路遗址公园开工建设，年内完成知春路至成府路约2 000 m区段，公园旨在发掘弘扬京张铁路承载的精神价值，为居民增添一处听得到鸟语虫鸣、看得到历史新生、触摸得到城市温度的标志性城市活力空间。公园设计建设过程中部分恢复了京张铁路正线，并将铁路文化创新应用于景观元素中。行走在公园里，在"京张动线主题互动墙"上刻有对应园区的线路图，可以用"调动""火车"的方式找到自己的目的地，按下中央的红色按钮，还能听到5种火车的声音。火车厢元素的移动盒子，红色的、绿色的，时尚绚丽，将为公园提供多样的空间……园区内设置和展示了车站、铁轨、道岔、机车、车厢、火车转盘等20余种铁路元素，中国铁路百年历史在方寸间掠过。京张铁路遗址公园预计在"十四五"期间全线贯通。

百年京张，梦魂所系。承载着铁路文化、传颂着京张铁路精神的遗址公园将从一张蓝图，变为我们身边听鸟语虫鸣、看历史新生、触摸城市温度的活力空间，充分发掘京张铁路承载的精神价值，让京张铁路这一国人骄傲重焕生机。从规划设计到文化研究，从城市更新到遗产保护，京张铁路遗址公园聚焦社会各界的关注，承载社区居民的期待，相信不久的将来，一切美好将如期而至。

10.4　新时代的京张铁路精神

京张铁路百余年的风雨历程是一项项填补空白的"世界之最"，是中国人攻坚克难、自主创新的最佳写照。詹天佑主持设计和修建的京张铁路，是第一条完全靠中国人自己的力量设计、建造的铁路。在国家积弱、内忧外患、备受欺辱的阶段，完全依靠自己的力量完成铁路的建设是多么不易。詹天佑的智慧才能发挥得淋漓尽致，演绎出中国铁路早期建设史上的一大奇迹，也充分体现出詹天佑等一批铁路工程师们强烈的爱国主义情怀和民族自尊心，正是他们才奠定了中国铁路发展的基础。京张铁路已经成为中华民族众志成城、勤劳、智慧的象征，更是中国自主创新之路的生动写照和发源之地。

百年京张见证了中国铁路的辉煌发展历程。在为实现中华民族伟大复兴而努力奋斗的今天，我们更应该继承和弘扬以"爱国、创新、自力更生、艰苦奋斗"为主要内涵的詹天佑精神，更应该继承和弘扬以"爱国、奋斗、敬业、工匠、创新"为主要内涵的京张铁路精神。

如今，世界第一的铁路强国绝不是一蹴而就的，背后凝聚了无数中国铁路人的辛勤劳作，他们将自己的汗水融入每一根枕木，融入每一条轨道，融入每一份技术当中，一辈又一辈的中国铁路人无畏艰险、前仆后继，将自己的热血和生命奉献给中国铁路事业。经过百余年的发展，中国铁路发展不断突破世界新高。

随着我国铁路事业的不断发展，铁路人也在不断地与时俱进，在新时代用实际行动向人们诠释着京张铁路精神。铁路事业的优质发展靠的是默默无闻无私奉献的现代铁路人，中国铁路人，他们热爱自己的工作，以自己的工作为荣，是平凡岗位上的英雄。中国铁路人的精神主要体现在：

1. 执着专注

从我国铁路事业的起步发展到现在的风驰电掣，铁路人用自己的执着专注谱写这一段华丽的新篇章！他们在平凡的岗位为祖国铁路事业添砖加瓦。他们坚定不移地与党中央保持高度一致，他们抓住历史契机，发扬光荣传统。

执着专注于交通强国的建设,是新一代铁路人光荣而神圣的历史使命!是新一代铁路人继承和弘扬正确的人生观、价值观最好的体现!

2. 不忘初心

人民离不开铁路,铁路也离不开人民。以服务为宗旨是一代又一代无数铁路人忠于职守的继承和弘扬,他们始终贯彻人民铁路为人民的使命与责任。他们矢志不渝地坚持做到让社会满意、让人民点赞,他们立志将中国高铁做大、做专、做实、做细、做强、做精、做优。中国铁路人不忘初心,砥砺前行!

3. 砥砺前行

新时代的铁路精神,是无数铁路人的理想信念。安全优质是中国铁路人对价值的追求,和谐发展是新时代铁路人共同努力的方向。中国铁路人致力于将铁路精神和中国梦完美无瑕地融入到一起,人类对铁路事业发展的美好向往,就是中国铁路人新时代的奋斗目标!

4. 继往开来

"交通强国,铁路先行"是中国铁路的历史传承,面对建设交通强国新的时代要求,一代又一代的铁路人作出了有力的回答。中国铁路人用信念铸就铁路魂!用实际行动诠释"安全优质、兴路强国"。中国铁路人将全力以赴,做到最好!只有更好!

10.5 京张铁路的变与不变

1. 如今的京张铁路场景

2019年12月30日,上午8时30分,G8811次智能高速列车,从位于北京西直门的北京北站开出,"世界上最聪明的高速铁路"——京张高铁正式开通运营。18 min后,列车从老的京张铁路青龙桥火车站下方4 m处呼啸而过,这列世界最先进的列车从八达岭长城脚下穿过,与100多年前京张铁路并肩前行,画下浓墨重彩的一笔。新老京张铁路跨越110年,实现立体相交。110年前,詹天佑创造性地运用了"折返线"原理,在青龙桥修建了"人"字形铁路;110年后,在青龙桥车站下穿的京张高铁,这一"横",让"人"字变成了"大"字。

110年前,京张铁路速度只有35 km/h。尽管有詹天佑创造性的"人"字

第二篇　京张铁路1909

形设计，让关沟段线路坡度降低到33‰以下，但是这个坡度仍然不算小，列车翻越"人"字坡须用时78 min。110年后速度350 km/h的"复兴号"京张智能高速列车穿越12 km长的八达岭隧道，用时只两三分钟。这一瞬间，京张铁路与京张高铁、1909与2019，两条铁路，百年时光，在同一个时间与空间的交会点上，实现了奇妙的相遇。

京张高铁的建设是中国高端制造装备的典型代表。智能京张是我国智能高铁的集中体现。110多年前，"中国工程之父"詹天佑在长城脚下建成了中国第一条铁路——京张铁路。如今，一条新的智能高铁于2022年北京冬奥会期间亮相，与老京张铁路交相辉映，穿越中华民族的百年梦想。北京至张家口最快车次运行时间从3 h 12 min缩短至1 h内。京张高铁已超越了詹天佑所期望的速度。一百多年前，中国第一条由国人自行勘测、选线、设计、筹资、购料、施工的干线铁路京张铁路建成通车。一百多年后，设计速度350 km/h、集中国高铁技术之大成的京张高铁开工建设。詹天佑精神和京张铁路文化，激励世人为国家进步、民族复兴而奋斗。

一百多年来，京张铁路也发生了很大的变化。首先，京张铁路修成不久，随着从张家口继续向当时的绥远（包头）延伸，最终京张铁路成为京包铁路的一部分。中华人民共和国成立后，京张铁路连接的北京环城铁路拆除，丰台至西直门段的铁路和京门支线的拆除，使原京张铁路的始点变成了现在的北京北站。而京包铁路的始点通过清河到北京站的连线，变成了北京站。随着铁路建设的不断发展，原京张铁路线上不断地修起新的支线，除清河站叉出连接北京站的线路外，沙河站也叉出连接丰沙线的支线；沙河站通过昌平站接通了原为沙通线的京通铁路线，八达岭修了青龙桥西站，在使用多年后，又修建了八达岭车站，而八达岭车站又出到延庆的支线，怀来车站和来河大桥由于建官厅水库，与怀来城一起沉没水底，因而新修了东花园车站和新的妫水河大桥；变化最大的是沙城站，丰沙线的建成使它成为晋煤外运黄金通道上的重要车站，而今沙蔚线的建成，使它成为联通3线、4个方向的大站；宣化站也修出来通往庞家的宣庞支线；更有原来没有的张家口南站异军突起，成为原京张线现京包线上的重要车站。

不过，京张铁路变化最大的还是铁路动力机车的运用和速度的提升。詹天佑在修建京张线的时候，为了能够爬上八达岭的高坡，不仅设计了"人"字形线路，而且还使用两台大马力的机车前拉后拽地把列车拉上去（根据列车重量适时采取），那时的南口机务段和康庄的机务折返段就成为铁路上繁忙的重要单位之一了。随着内燃机车和动车组的机车动力改变，关沟段"前拉后拽"的奇景没有了，特别是动车组的出现把列车的运行速度大大提高了。

关沟段仅保留的为旅游服务的"S"头的旅游列车，从北京北站到八达岭的时间只需要 1 h 20 min。过去，这点儿时间只够从南口到八达岭的。如今，北京北站到张家口的列车更多地运用了丰沙线的通道，从北京到张家口只有 3 个多小时了。如今的京张铁路场景如图 10.6 所示。

图 10.6　如今的京张铁路场景

如今，由张家口南站始发和通过的客车就达 30 对之多，而曾经繁华的张家口站只是象征性地保留了下来。从 2014 年 7 月 1 日开始，张家口车站完全停止了接发列车作业，原有的列车改在张家口南站接发了。张家口站停止使用后，为了方便旅客买票，还暂时保留了售票业务。这样，原京张铁路的终点站也作为文物被保存下来。

2. 新丰台站启用

2022 年 6 月 20 日早 7:26，在位于北京丰台站的 32 号站台，首发高铁列车——由北京丰台开往太原南的 G601 次复兴号列车迎着朝阳出发，标志着经过近 4 年的改扩建，亚洲最大铁路枢纽客站——北京丰台站以全新面貌正式开通运营，为北京又添城市新地标。北京丰台站是作为我国首座双层车场设计的大型车站、亚洲最大铁路枢纽客站，站房采用地上 4 层、地下 3 层的布局，车场规模为 17 台 32 线。北京丰台站开启了百年老站新篇章，将客运专线、城际铁路、市郊铁路、城市公交、轨道交通等基础设施融为一体，形成北京城南地区新的大型综合交通枢纽，促进城南地区经济社会发展。

丰台站的故事要上溯到 120 多年前。1895 年 4 月，清政府决定兴建从天津到北京卢沟桥的铁路，称为津芦铁路（卢沟桥时名芦沟桥）。当时清政府不具备自主修建铁路的能力，津芦铁路督办胡燏棻向英国借款 40 万英镑，开创了借洋债修铁路的先河。英国人金达被聘任为总工程师，他把津芦铁路修成了中国最早的复线铁路。丰台火车站曾服务老京张铁路、京广铁路、京沪铁路等多条线路，开办客货运输、列车编组技术作业等业务。随着首都城市建设和铁路的快速发展，车站承担的相关业务相继移交北京西站、丰台西站等站办理，至 2010 年运输业务全部停办，2018 年 9 月实施改扩建工程。如今，老丰台站的站房已被原地保护，封存历史与回忆。如图 10.7 所示，丰台站建成初期的中英文站牌，后方为站舍。同时，为使各国籍铁路工人均能看懂，当时货车的车号使用阿拉伯数字和中国传统数字——苏州码子，如站牌后方的敞车车号为"793"，即苏州码子"〡〢〣"。

图 10.7　丰台站老站图

北京丰台站开通运营后，将安排京广高速铁路，京沪、京九普速铁路等多条线路的列车始发终到作业，运营初期安排旅客列车 120 列。北京丰台站是我国首座采用高铁、普铁双层车场重叠设计的特大型车站，形成了"顶层高铁、地面普铁、地下地铁"的综合立体交通模式，并有 4 600 多个指引标识、266 部电梯、170 个智能检票闸机等设施，方便旅客便捷出行。北京丰台站周边轨道交通、地面公交、出租车（含网约车）、大巴车、小汽车、自行车、步行道等多种交通方式的投入使用，可方便快捷地服务广大旅客出行。另外，市民驾车从西南三环、西南四环前往北京丰台站时，通过周边道路即可直接驶入北京丰台站二层东侧落客平台，无须经过地面即可进入车站候车室。

北京丰台站的"智慧大脑"拥有北京局集团公司客运站，最大面积的超大屏幕，由 5 行 12 列，共 50 块 LCD 屏幕构成，总面积达 46.8 m²。"智慧大脑"由 9 个模块组成，客运数据、作业实时状态、设备管控等数据一目了然，有效提高了北京丰台站的作业指挥效率。如可按客流分时段统计预测模块实时显示旅客上下车情况，工作人员可通过曲线峰值，提前预判客流高峰时段，合理调配作业人员。同时，可实现车站设备状态实时监控，哪些设备有故障，哪些设备需要及时维护，"智慧大脑"会及时提醒工作人员。

从"北京最早"到"亚洲最大"，北京丰台站处处彰显着新发展理念。车站主体钢结构用钢量近 20 万吨，7 万多条焊缝都有"身份证"，可追溯查验。这一超级工程还应用了物联网、大数据、云计算等前沿科技，树立了世界智能铁路客站的新标杆。从高空俯瞰，呈"中"字造型的北京丰台站衔接京广高铁、京沪铁路、京九铁路等多条大通道。北京丰台站也在重塑首都乃至京津冀的发展格局，如图 10.8 所示。

图 10.8　新丰台站

3. 大桥的守护者

京张铁路妫水河特大桥（京包线 88 号桥）是连接首都北京和大西北的重要通道，承载着重要的铁路运输任务，大桥地处风口，湖面风大浪急。走在 20 多米高的桥上，桥梁工们肩扛、手拿几十斤重的工具却如履平地，疾步如飞。退伍后的马立明就是守护 88 号桥的一名护桥工，18 年里他都与妫水河特大桥相伴。

为确保 S2 线动车运行的绝对安全，每天桥梁工们都要一起从大桥最南端走到最北边，顶风行进在横跨湖面的铁路桥上，全方位地进行桥梁检修工作。他们作业分工很明确，分别有人携带道尺负责丈量铁轨间距，用扳手负责检查螺栓是否拧紧，用工锤敲打铁轨凭回音检查铁轨质量，用望远镜观察桥梁上方的螺栓等，当然还有防护员携带信号旗负责维护工友安全。

妫水河特大桥修建于 20 世纪 50 年代，1997 年年底，新桥建成通车，旧桥同时报废，如今只剩下十几座旧桥墩见证着铁路发展的变迁。马立明说："一年中最辛苦的季节莫过于冬季，数九寒天，狂风凛冽，六七级的西北风吹在脸上，像刀割一样。走在桥上都会站立不稳，即使穿着厚厚的大衣，也会感到冰凉刺骨，发生手脚和耳朵冻伤的现象非常多。"妫水河特大钢梁桥和遗留下来的旧桥桥墩如图 10.9 所示。

图 10.9　1997 年建成的妫水河特大钢梁桥和遗留下来的旧桥桥墩
（远处的京张高铁官厅湖特大桥正在建设）

作为妫水河铁路桥梁的守护者和见证者，旧桥由父亲守护、新桥由儿子守护，两代人守护两座大桥，父子两个见证并终于迎来了京张铁路百年圆梦的新时代。马立明年过七旬的父亲马建忠曾担任老京张铁路妫水河桥梁工区工长，负责维修保养妫水河大桥旧桥。站在旧桥桥墩前，马建忠对他 20 年的桥梁工生涯记忆犹新。尽管旧桥现在只剩下桥墩，但马建忠依然很怀念在妫水河大桥上奋斗的日子。"每年冬天的破冰是工区一年中最辛苦的工作。""曾经陪伴我 20 年的旧桥。我就觉得大桥像个朋友似的。""父亲经常和我讲桥梁工作中每一个细节的重要性，遇到什么难题我也会让父亲帮我分析。"马立明说。

举目远眺，大桥南侧 1 600 m 处是一座宏伟的京张高铁官厅湖特大桥。马立明说："当京张高铁通车后，我们又增加了新的任务，同时肩负起新老京张铁路两座大桥的维修养护任务。"

4. 变与不变

京张铁路是中国人自行设计和施工的第一条铁路干线，是中国人民和中国工程技术界的光荣，也是中国近代史上中国人民反帝斗争的一个胜利。由中国人自己修建京张铁路，这虽然是当时特殊历史背景下的一个心酸胜利，但詹天佑和京张铁路，以及蕴涵其中的民族精神却成为国人永远的骄傲。2014 年 8 月，百年老线京张铁路最后一段木枕线路——S2 线南口至八达岭区段日前动工换枕。这段线路长 12 km，是京张铁路线上坡度最陡的一段，坡度均超过 30‰，最陡处达到 36.8‰。此次，该段上下行间的 38 939 根木质枕木将全部更换为"水泥枕"，即新型混凝土枕木。京张铁路作为工业文明走进中国的象征，它的发展与变迁映射着中国百年发展的年轮。

特别值得一说的是，在技术方面，詹天佑对京张铁路关沟段采取了一系列创造性的措施，如：利用青龙桥东沟的天然地形，采用"人"字形展线（见铁路定线技术），并结合用 33.33‰的坡度；用马莱（Mallet）复式机车，该机车较轻便（重仅 136 t）、灵活（可以通过很小的曲线半径）；关沟段共有 4 个隧道，其中八达岭隧道最长，为 1 091 m，开凿该隧道时采用中间竖井法，加速成峒的速度；大量采用混凝土拱桥，就地取材，节省工费。在较短时间内，用最低的费用，顺利地完成了全线兴建任务。在选线、设计方面，詹天佑不是单纯采取提高线路标准，增大工程量的办法，而是着眼于顺从自然，工、机配合的先进的选线设计基本原则，一方面顺从展线定坡，另一方面借重机车，以补不足，使京张铁路成为在当时情况下经济合理的铁路线。

随着社会的不断发展，世界上只有"变"是不变的，一切都在变。除了前面提到的京张铁路的变化外，在铁路大提速的情况下，京张线上的许多四等小站都停止客运服务了，如关沟段的东园、居庸关堡及青龙桥，还有八达岭过后的西拨子、东花园、土木、狼山以及西八里、辛庄子和新保安站。不管怎么变，有一点是永远不会变的，那就是詹天佑主持修建的中国第一条自建铁路的历史意义。京张铁路是中国人自行设计和建造的第一条干线铁路，不变的就是中国人自主创新精神的继承。一百多年来，京张铁路见证了我国从军阀割据、列强掠夺，到祖国统一、国富民强。百年间沧桑变幻，百年前曾有中国不能自主修建铁路的谣言，而如今中国铁路总公司总工程师何华武院士自豪地说："八达岭隧道打通，这个车站建成，那对我们中国人来说，就没有修不成的隧道，没有建不成的高铁！"新老京张铁路的交汇点如图 10.10 所示。

图 10.10　新老京张铁路的交汇点

登高望远，新老京张铁路在军都山的居庸关至八达岭一带，两条线路基本是相伴而行，相对于老京张铁路依山势而行。以"人"字形展线委蛇应对，京张高铁则显然直截了当，径直打开一条 12.01 km 的新八达岭隧道，这是真正意义上的"逢山开路"。当时受施工条件的诸多制约，这已经是铁路穿越八达岭的最佳选择，也是没有办法的唯一办法，詹天佑修建的京张铁路是被"逼"上了八达岭。

如今，高铁改变的是不断刷新的"中国速度"。智能京张高铁的贯通是我们科技强大的体现，更是我们在实现伟大中国梦路上坚实的脚印，不变的是京张铁路和它代表的民族复兴的中国梦。智能京张高铁的成功建设更是我国超级工程的缩影，是无数中国人为中国梦奋斗的缩影！百年前，京张铁路被誉为"中国人的光荣"；百年后，京张高铁见证了中国铁路从"落后"走向"引领"。作为新时代的铁路人，我们应该更好地继承和发扬先人留给我们的优良传统和民族精神，在新时代国家和民族发展的征途上坚持"守初心、担使命"和詹天佑强国之梦，坚持自主创新的创造精神，使之产生深远影响，成为从京张铁路到京张高铁，从历史到未来，始终不变的铁路魂。如今，西南交通大学成都校区建有巍峨的詹天佑体育馆，馆前矗立着詹天佑塑像，北京交通大学大礼堂前也有詹天佑塑像，以供学人和后世瞻仰。矗立在西南交通大学和北京交通大学内的詹天佑铜像如图 10.11 所示。

图 10.11　矗立在西南交通大学和北京交通大学内的詹天佑铜像

如今，北京交通大学图书馆所藏百余种京张铁路相关资料独具特色且非常珍贵，常设京张铁路相关展品共计 30 余册(件)。图书馆特藏文献部设有京张铁路研究资料室，对馆藏京张铁路文献进行深度挖掘与展示，多次举办相关展览，并建有"京张铁路研究资料"数据库，全面收录京张铁路相关图书、报刊、新老照片、口述史视频等资料。数据库提供全文在线阅览服务，不仅是研究京张铁路不可或缺的第一手资料，也让读者看到铁路基因的传承与创新。

从京张铁路到京张高铁，这中间的 110 年可以浓缩整个中国风云激荡的历史，也是中国铁路走过的 110 年历史。回望百年历史，从自主设计修建实现零的突破到世界最先进水平，从速度 35 km/h 到 350 km/h，百年京张的身后，是中国铁路飞速发展的亮丽轨迹。穿越百年京张，不变的两条钢轨，蕴涵其中的民族精神成为中国人永远的骄傲。百年前，在西方列强多重压迫，民族工业举步维艰的环境下，当时的两条钢轨饱受心酸屈辱，克服了无数困难，融铸成独立自主、自强不息精神。穿越百年，这种精神再次在京张高铁建设过程中展现，打破技术壁垒、创新工作方法、革新技术项目，让 200 多千米的铁路线为世人所瞩目。新时代新征程，我们要继续发扬独立自主、自强不息的民族精神，以激励我们不断战胜前进道路上的各种艰难险阻，为实现中华民族伟大复兴中国梦而不懈奋斗！

致敬每一个为中国速度奋斗的人！京张之变不仅是铁路之变，更将带来区域发展、人民生活的巨变，百年京张铁路正因京张高铁的开通而再为世人瞩目。不论是百年前的京张铁路，还是新时代的京张高铁，一样的起点终点均承载着同样的自强不息精神，而不一样的时代力量却折射在一样的铁道线上。从京张铁路到京张高铁，自主创新，始终是不变的魂。而这一切的一切，都来源于中国铁路人的付出，是他们的争相绽放，为中国发展引来了阵阵芳香，而余香将愈发浓烈、历久弥新。詹天佑的风范常在，楷模永存！

一代人有一代人的使命，一代人有一代人的担当。这里再讲一个高铁车钩自主创新的故事。高铁列车之间对接的是否牢固全部依靠所用的车钩。早期高铁列车对接使用的是日本"柴田车钩"。它是一种密接式车钩，将一边的突椎插进对方的凹椎孔中，然后再将钩折沿逆时针方向旋转 40°，一旦连接上之后，不仅不会随便晃动，平稳性也有保障。而且，因为无缝衔接，所以在行驶过程中一般不会出现什么磨损，能增加列车车钩的寿命，这一般情况下，由 8 节车厢和前后两个车头组成，它是一个独立完整的系统。车厢之间采用的是半永久的钩缓装置，以便灵活应对客流量的变化。中车四方所学习了詹天佑改进"詹氏车钩"故事后，自主研发了属于我们国家高铁的全自动车钩，能够实现车辆自动连接和自动分解功能的同时，通过

第二篇 京张铁路1909

纵向动力学的仿真计算,还设计研发了车钩缓冲系统,以满足列车的碰撞吸能要求。除了能够保证两车以 350 km/h 运行时的安全性,还能实现各辆列车间电气和网络的联通,这就打破了日本"柴田车钩"多年来的垄断。

　　交通强国,铁路先行,回望过往的奋斗路,恢宏的历史,以玉汝于成留下深刻印记,也以波澜壮阔铸就铁路荣光。眺望前方的奋进路,今天的中国,正向着历史的山巅行进,中国共产党人的奋勇开拓与中华民族的伟大复兴,形成穿越时空的激昂合奏。

　　铁路是国民经济发展的大动脉。一条京张路,不仅是百年铁路历史,而且折射出110多年国家民族发展的进程,那里面有血汗、艰难、顽强、奉献。一条线,两条路,一种接力,两个奇迹,铭记奋斗历程,担当历史使命。作为新时代的铁路人,我们更要立足新发展阶段、贯彻新发展理念、构建新发展格局,努力实现铁路高质量发展,在全面建设社会主义现代化国家的新征程上,书写更加壮丽的铁路篇章!

参考文献

[1] 李蓉,齐中熙. 大国速度:百年京张[M]. 北京:外文出版社,2020.

[2] 曲思源. 高速铁路运营管理纵横[M]. 成都:西南交通大学出版社,2018.

[3] 马建军,李平,邵赛,等. 智能高速铁路高铁关键技术研究及发展路线图探讨[J]. 中国铁路,2020,7:1-8.

[4] 泰初文化 Ocemy. 长城下的高铁:京张智能高铁建成了[M]. 北京:中国铁道出版社,2020.

[5] 周渝慧. 智慧型京张奥运高铁[M]. 北京:北京交通大学出版社,2019.

[6] 曲思源. 大国重器:高速铁路技术发展纵横[M]. 成都:西南交通大学出版社,2021.

[7] 曲思源. 时代脉动:高速铁路发展简史[M]. 成都:西南交通大学出版社,2021.

[8] 曲思源. 高速铁路运营组织与管理[M]. 上海:同济大学出版社,2022.

[9] 石玉林. 那一条天路:詹天佑与京张铁路的故事[M]. 北京:人民出版社,2017.

[10] 乔俊飞,王洪雨,王通,等. 京张高铁总体设计与技术创新[M]. 北京:人民交通出版社,2021.

[11] 中国铁道博物馆. 詹天佑与京张铁路[M]. 北京:中国铁道出版社,2019.

[12] 任亮,贾巨才. 天佑京张(从詹天佑精神看京张铁路百年发展)[M]. 南昌:江西教育出版社,2019.

[13] 张琦. 高速铁路智能调度技术[M]. 北京:中国铁道出版社,2020.

[14] 张凤奇. 百年圆梦路[M]. 北京:中国铁道出版社,2020.

[15] 邓海,等. 京张智能高速动车组(列车)[M]. 上海:上海科学技术文献出版社,2020.

[16] 傅志寰,刘忠民,李子明. 中国铁路百年发展与创新[J]. 中国铁路,2021（7）：1-7.

[17] 曲思源. 知行天下：高速铁路问答[M]. 上海：上海科学技术文献出版社，2022.

[18] 曲思源. 铁路运输组织科技工作漫谈[M]. 北京：北京交通大学出版社，2023.